Concurrent
Programming

동시성 프로그래밍

| 표지 설명 |

표지의 동물은 코퍼밴드 나비고기 Copperband Butterflyfish (학명: *Chelmon rostratus*)다. 선명한 노란색의 줄무늬와 긴 주둥이가 특징이다. 서태평양과 버마해, 류큐 열도, 오스트레일리아 주변의 바다에서 찾아볼 수 있다. 자웅동체이며 몸길이는 약 20cm, 수심 1~25m의 산호군이나 바위, 하구 근처에 홀로 또는 한 쌍으로 생식한다. 긴 주둥이로 산호나 바위 사이에 숨어 있는 작은 갑각류를 잡아먹는다. 선명한 무늬 때문에 관상용으로 인기가 있지만 세력에 대한 의식이 강하며 길들이기가 쉽지 않아 사육은 쉽지 않다고 알려져 있다.

동시성 프로그래밍

Rust, C, 어셈블리어로 구현하며 배우는 동시성 프로그래밍 A to Z

초판 1쇄 발행 2022년 4월 5일

지은이 다카노 유키 / **옮긴이** 김모세 / **펴낸이** 김태헌
펴낸곳 한빛미디어(주) / **주소** 서울시 서대문구 연희로2길 62 한빛미디어(주) IT출판부
전화 02-325-5544 / **팩스** 02-336-7124
등록 1999년 6월 24일 제25100-2017-000058호 / **ISBN** 979-11-6224-542-2 93000

총괄 전정아 / **책임편집** 홍성신 / **기획** 이윤지 / **교정·전산편집** 김철수
디자인 박정화
영업 김형진, 김진불, 조유미 / **마케팅** 박상용, 송경석, 한종진, 이행은, 고광일, 성화정 / **제작** 박성우, 김정우

이 책에 대한 의견이나 오탈자 및 잘못된 내용에 대한 수정 정보는 한빛미디어(주)의 홈페이지나 아래 이메일로 알려주십시오. 잘못된 책은 구입하신 서점에서 교환해드립니다. 책값은 뒤표지에 표시되어 있습니다.
한빛미디어 홈페이지 www.hanbit.co.kr / **이메일** ask@hanbit.co.kr

지금 하지 않으면 할 수 없는 일이 있습니다.
책으로 펴내고 싶은 아이디어나 원고를 메일(**writer@hanbit.co.kr**)로 보내주세요.
한빛미디어(주)는 여러분의 소중한 경험과 지식을 기다리고 있습니다.

Concurrent Programming

동시성 프로그래밍

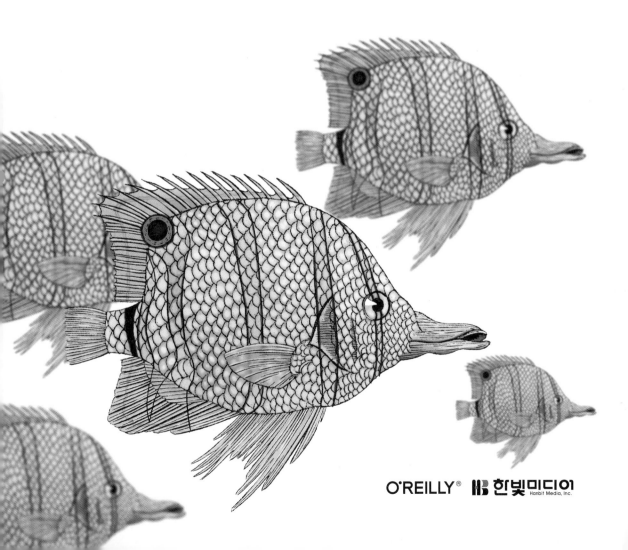

O'REILLY® ║┣ 한빛미디어
Hanbit Media, Inc.

지은이 · 옮긴이 소개

지은이 **다카노 유키** 高野 祐輝

정보공학 박사학위를 수료했고 컴퓨터 사이언티스트이자 해커다. 이시카와 고등전문학교, 호쿠리쿠 첨단과학기술대학원을 거쳐 2012년에 정보통신 연구에 합류했다. 2018년 10월부터 오사카대학 특임 준교수로 교편을 잡았다. 현재 시스템 소프트웨어와 프로그래밍 언어 이론을 융합하기 위해 Rust 언어로 프로그래밍 언어 처리 계열, OS, 펌웨어, 세션형 시스템 등을 설계 및 구현하고 있다.

옮긴이 **김모세** creatinov.kim@gmail.com

대학 졸업 후 소프트웨어 엔지니어, 소프트웨어 품질 엔지니어, 애자일 코치 등 다양한 부문에서 소프트웨어 개발에 참여했다. 재미있는 일, 나와 조직이 성장하고 성과를 내도록 돕는 일에 보람을 느끼며 나 자신에게 도전하고 더 나은 사람이 되기 위해 항상 노력하고 있다. 저서로 『코드 품질 시각화의 정석』(지앤선)이 있고, 옮긴 책으로는 『제대로 배우는 수학적 최적화』(한빛미디어), 『그림으로 공부하는 TCP/IP』, 『파이썬 머신러닝 실무 테크닉 100』, 『라라벨 실전 웹 애플리케이션 개발』(이상 제이펍), 『애자일 컨버세이션』(에이콘) 등이 있다.

리뷰어 소개

쓰다 유 津田 侑
교토대학 정보학 박사과정을 수료했고 국립연구개발법인 정보통신연구기구 사이버보안연구실 선임연구원이다. 사이버 공격 대책 개발에 참여했으며, Rust 언어를 이용해 몇 가지 프로젝트를 진행하고 있다. Ruby를 좋아한다.

가나야 노부유키 金谷 延幸
1992년에 주식회사 후지쯔 연구소에 입사했다. 현재는 국립연구개발법인 정보통신연구기구에서 일하고 있다. 사이버 공격 대책 연구 개발을 진행하고 있다. 오라일리에서 출간한 Perl 책을 모두 가지고 있을 정도로 Perl을 좋아한다.

오이와 나오히로 大岩 尚宏
서버용 및 임베디드용 Linux에서 사용자 공간, 커널을 가리지 않고 조사하며 이상 현상을 해석한다. 공저서로 『Debug Hacks―극한의 디버깅 테크닉 & 도구 Debug Hacks―デバッグを極めるテクニック&ツール』, 『Linux 커널 Hacks―성능 개선, 개발 효율 향상, 저전력화를 위한 테그닉 Linux カーネル Hacks―パフォーマンス改善,開発効率向上,省電力化のためのテクニック』 등을 출간했으며 『Effective Debugging―소프트웨어 시스템을 디버깅하는 66가지 목록 Effective Debugging―ソフトウェアとシステムをデバッグする66項目』 등을 감수했다.

다케나카 모토키 竹中 幹
오사카 대학 · 대학원 졸업, 수료 후 2021년 NTT 커뮤니케이션즈 주식회사에 입사했다. 학생 시절에는 네트워크 방어 시스템에 관한 연구를 했으며, 현재는 네트워크 구축과 자동화 연구 개발을 하고 있다.

옮긴이의 말

동시성 프로그래밍^{concurrent programming}은 우리 삶과 매우 밀접한 다양한 곳에서 이용되고 있습니다. 쉽게 말하면 네트워크로 연결된 모든 시스템에 동시성 프로그램이 적용되어 있다고 해도 과언은 아닐 것입니다. 스마트폰으로 스트리밍 음원(혹은 장치에 저장된 음원)을 들으면서 모바일 브라우저를 열어 웹 브라우징을 하고, 화면을 분할해 한쪽에 메모를 하거나 메신저 애플리케이션으로 메시지를 보내는 것 모두가 동시성 프로그래밍의 혜택으로 가능한 것들입니다.

그럼에도 '동시성 프로그래밍이 무엇인가?'라는 질문에는 쉽게 대답할 수 없습니다. 추상적인 이미지를 떠올릴 수는 있지만 구체적으로 '이런 것이 동시성이다'라 표현하기는 쉽지 않습니다. 동시성 프로그래밍이 어려운 이유로는 동시성 프로그래밍의 구조를 이해하는 어려움과 동시성 프로그래밍의 본질적인 어려움을 들 수 있습니다.

동시성 프로그래밍의 개념은 대부분 저수준 언어(어셈블리 등)에서 구현되므로 추상화된 고수준 언어에서는 크게 신경을 쓰지 않는 경향이 있습니다. 고수준 언어와 저수준 언어의 소통을 담당하는 가상 머신 등에 그 역할을 모두 맡기면 된다고 말하기도 합니다. 그러나 런타임, 다시 말해 프로그램이 작동하는 하드웨어, OS, 라이브러리 등에 관한 이해가 높을수록 실행 속도가 높고 메모리 효율(성능)이 좋은 설계와 구현을 할 수 있습니다. 성능 향상은 물론 구조적인 허점을 피해 보다 안전하고 유지보수성이 높은 소프트웨어를 만들 수도 있을 것입니다.

이 책은 동시성 프로그래밍의 구조를 이해하고 이를 통해 동시성 프로그래밍의 본질적인 어려움에 도전할 수 있도록 쓰였습니다. 동시성 프로그래밍의 구조를 먼저 이해한다면 이를 활용할 수 있는 더 많은 방법도 찾을 수 있을 것입니다. 동시성 개념에서 시작해 동시성 프로그래밍이 갖는 독특한 특징(동기 처리, 레이스 컨디션, 락, 비동기 처리, IO 다중화, 멀티태스킹 등), 어셈블리 언어와 알고리즘, 계산 모델에 이르는 광범위한 주제를 담고 있으므로 오랫동안 옆에 두고 동시성 프로그래밍에 도전해볼 수 있을 것입니다.

끝으로 좋은 책을 번역할 수 있는 기회를 주신 한빛미디어 김태헌 대표님, 편집 과정에 많은 도움을 주신 이윤지 편집자에게 감사합니다. 또한 바쁜 번역 일정 가운데서도 끊임없는 지지와 사랑으로 함께한 아내와 세 아이에게도 감사의 말을 전합니다. 고맙습니다.

_김모세 드림

들어가며

이 책은 2020년 3월경부터 전 세계적으로 유행한 신형 코로나 바이러스 COVID-19 팬데믹 중에 썼다. 2021년 4월 코로나 바이러스의 유행이 시작되고 1년 이상의 시간이 지났음에도 불구하고 그 기세는 꺾일 기미가 보이지 않고 오히려 증가하는 추세다. COVID-19 팬데믹에 따른 긴급 사태 선언, 도시 봉쇄 등으로 세계 경제는 크나큰 타격을 입었지만 필자 입장에서는 오히려 이 책을 빠르게 쓸 수 있었다. 긴급 사태 선언으로 인한 재택근무 효과도 있었지만 그보다는 내일 당장 죽을지도 모른다고 생각해 서둘러 작업했기 때문이다. 다행히 필자는 감염되지 않고 안전하게 생활하고 있지만 코로나에 감염되어 유명을 달리한 사람도 많다. 그런 분들의 명복을 빌며 하루라도 빨리 이 상황이 나아지길 바란다. 의료종사자 및 필수부문종사자 분들의 노력에 감사드린다.

동시성 프로그래밍은 어렵다는 말을 많이 한다. 그 '어려움'은 두 가지로 나눌 수 있다. 동시성 프로그래밍의 구조를 이해하지 못하는 데서 느끼는 어려움과 동시성 프로그래밍의 본질적 어려움이다. 이 책은 전자의 어려움을 해소하고 후자의 어려움에 본격적으로 도전할 수 있도록 하기 위한 입문서다.

프로그래밍을 할 때는 먼저 리스트나 트리, 정렬 등의 구조를 이해해야 한다. 이용할 도구나 라이브러리의 작동 원리를 이해하고 난 뒤 프로그래밍을 하면 개발 속도와 실행 속도를 높이면서 동시에 효율적으로 실행할 수 있다. 하지만 동시성 프로그래밍의 경우에는 구조 자체를 이해하지 못한 상태에서 프로그래밍을 하는 것을 자주 보게 된다. 이는 개발자의 학습이 부족해서가 아니다. 성실한 개발자라 하더라도 동시성 프로그래밍에 대해 정확하게 이해하지 못한 경우가 많다.

다양한 원인이 있겠지만 동시성 프로그래밍에 관해 전체적으로 설명한 책이 거의 없거나, 있다 하더라도 아주 오래된 것뿐이라는 점을 원인 중 하나로 꼽고 싶다. 다양한 장치가 네트워크로 연결되면서 프로그래밍 기술을 요하는 소프트웨어가 폭발적으로 늘어났음에도 불구하고 동시성 프로그래밍에 관한 전반적인 학습을 할 수 없다는 점은 매우 걱정된다.

이 책은 이런 상황을 극복하고자 동시성 프로그래밍과 관련된 주제를 전반적으로 다룬다. 오라일리 재팬의 편집자인 아카이케가 "이 책은 다른 동시성 프로그래밍 책과 무엇이 다른가요?"라고 물었을 때 필자는 이렇게 답했다. "어셈블리에서 알고리즘, 계산 모델에 이르는 광범위한 주제를 총체적으로 다룬 세계 최초의 책입니다." 실제로 필자가 아는 동시성 프로그래밍의 구현과 이론을 포함해 이 정도로 넓은 범위를 다룬 책은 없다.

이 책은 주로 Rust 언어를 이용해서 설명하지만 C 언어와 어셈블리 언어도 절반 정도 사용한다. Rust 언어를 중심으로 선택한 이유는 Rust가 동시성 프로그래밍에서 안정성을 제공하고, 메모리를 고려해 코드를 작성할 수 있으며 async/wait 등의 고급 개념을 적용하고 있기 때문이다. C 언어와 어셈블리 언어도 함께 사용해 설명한 이유는 Rust의 배경이 되는 구조도 설명하기 위해서다.

고도로 추상화된 프로그래밍 언어를 이용하면 메모리 모델을 고려하지 않고도 동시성 프로그래밍을 할 수 있다고 생각하는 사람들이 있다. 이런 사고는 심지어 매력적이기까지 하며 어셈블리 언어를 학습하는 것은 상식에 어긋난다. 그러나 필자는 이런 사고는 런타임^{runtime}을 너무 가벼이 여긴 데서 기인한 것이라 생각한다. 런타임, 다시 말해 프로그램이 작동하는 하드웨어, OS, 라이브러리 등을 이해해야 실행 속도가 빠르고 메모리 효율(성능)이 좋은 설계와 구현을 할 수 있다. 성능은 사람들을 매료시키는 특성 중 하나다. 이를 반박하기는 상당히 어려울 것이다.

한편 작동 성능이 가장 중요하다고 주장하며 프로그래밍 언어 이론에 기반한 고도의 추상화를 배척하는 사람들도 있다. 필자는 그런 사고에도 찬성하지 않는다. 물론 성능은 매우 중요하지만 동시성 프로그래밍에서는 오류 없이 구현하는 것 또한 매우 중요하다. 고도의 추상화는 동시성 프로그래밍 특유의 함정을 피하고 코드의 가독성을 높임으로써 유지보수성이 높은 소프트웨어를 구현하는 데 도움을 준다. 성능과 추상화의 균형을 맞춤으로써 목적에 적합한 설계를 할 수 있는 것은 뛰어난 아키텍트라는 증거다.

기존 프로그래밍 언어는 C나 C++ 같이 하드웨어나 OS 설명에 적합한 언어이거나 Erlang이나 Haskell같이 고도의 추상화를 설명하기에 적합한 언어였다. Rust는 이 두 가지를 동시에 설명할 수 있는 최상의 언어다. 이 책을 읽다보면 필자가 Rust를 선택한 이유를 이해하게 될 것이다.

Rust는 동시성 프로그래밍 관점에서 심사숙고해 만들어진 프로그래밍 언어다. 물론 완벽한 언어는 아니며 여전히 발전해나갈 여지가 있다. 예를 들어 이 책에서 설명할 세션 타입^{session type}이나 소프트웨어 트랜잭셔널 메모리^{software transactional memory}를 다루는 데 여전히 개선이 필요하다. 이 책을 읽으면서 앞으로 Rust 언어가 발전해나갈 단면을 볼 수 있을 것이다.

대상 독자 및 필요한 사전 지식

이 책은 C나 Rust의 기본을 습득하고 본격적으로 소프트웨어를 구현하는 단계에 들어선 대학교 3, 4학년 또는 대학원생 및 사회인을 대상을 썼다. 그리고 프로그래밍 경험이 어느 정도 있으며 동시성 프로그래밍에 관해 체계적으로 학습하고자 하는 엔지니어와 연구자들도 대상에 포함된다. 그러므로 프로그래밍 경험이 많지 않은 독자라면 먼저 C나 Rust 언어 관련 입문서로 학습을 한 뒤 이 책을 읽는 것이 좋다.

이 책의 독자는 C 언어를 일정 수준 이상 이해하고 있다고 가정한다. 특히 포인터^{pointer}를 이해하지 못했다면 이 책을 읽기 어려울 수 있다. 포인터를 전혀 모른다면 다른 책을 참고하면서 이 책을 읽기 바란다. Rust 언어의 경우 이 책에서도 기본적인 문법은 설명하지만 읽고 이해되지 않는 부분이 있다면 다른 서적이나 온라인 문서를 참조하기 바란다.

이 책에서는 어셈블리 언어도 이용한다. 어셈블리 언어를 이해하기 위해서는 컴퓨터 아키텍처 관련 지식이 필요하다. 어셈블리 언어는 이 책에서도 간단히 설명하므로 순서대로 읽어가면 이해할 수 있을 것이다.

CPU 아키텍처로는 Arm의 AArch64와 AMD 및 Intel의 x86-64를 모두 이용한다. X86-64는 널리 보급되어 있는 개인용 컴퓨터, 랩톱 컴퓨터, 클라우드 서비스 등에서 사용하고 있으므로 이를 이용하면 될 것이다. 한편 AArch64는 스마트폰 등에서 많이 사용하지만 최근에는 애플의 맥에도 탑재되어 있다(이 책이 출간되었을 즈음에는 맥의 CPU가 이미 Arm 아키텍처로 구현되었을 수도 있다). 맥 외에도 라즈베리 파이^{Raspberry Pi}나 파인64^{Pine64} 같은 싱글 보드 컴퓨터^{single board computer}나 아마존 EC2^{Amazon EC2}의 Arm 인스턴스에서 제공하는 AArch64 환경을 이용해 테스트를 할 수도 있다.

이 책에 실린 코드는 리눅스를 이용해 테스트했다. 따라서 리눅스 기본 사용 방법을 학습해두는 것이 좋다. 단, 이 책에서 설명하는 대부분의 프로그램은 맥이나 BSD 계열 OS에서도 작동하므로 해당 환경을 이용해도 좋다. 리눅스에서만 작동하는 코드는 epoll이라는 비동기 IO를 구현하기 위해 시스템 콜^{system call}을 사용하는 코드뿐이다. 윈도우에서는 검증하지 않았으므로 주의하기 바란다.

이상으로 필요한 사전 지식을 몇 가지 설명했다. 그러나 이런 지식보다 실제로 여러분이 매일 코드를 작성하고 실행해보는 것이 무엇보다 중요하다. 이 책에 실린 모든 코드는 필자가 구현했으며 작동을 확인했다. 하지만 이는 어디까지나 샘플 코드이며 간결한 설명을 위해 에러 핸들링을 생략하거나 전역 변수를 이용하는 등 여러 가지를 적용했기 때문에 개선해야 할 점도 발견할 수 있을 것이다. 각자의 환경에서 구현, 개선하며 실행 속도도 측정해보길 바란다. 그 과정에서 앞서 설명한 첫 번째 '어려움'을 해소하고 동시성 프로그래밍의 구조를 이해하게 될 것이다.

이 책의 내용 및 읽는 방법

1장에서는 동시성^{concurrency}의 개념과 주변 기술을 설명하고 동시성 프로그래밍이 중요한 이유를 살펴본다. 대부분 컴퓨터 기술에 관한 일반적인 내용이며 많은 독자가 이미 알고 있는 내용일 것이므로 가볍게 읽고 넘어가도 좋다.

2장에서는 어셈블리 언어, C 언어, Rust 언어 및 프로그래밍 언어의 기본 개념과 구문 등을 설명한다. 어느 정도 프로그래밍 경험이 있는 독자라면 이 장은 건너뛰어도 좋다. 여러분이 가지고 있는 지식에 맞춰 내용을 선택적으로 읽는 것도 좋다.

3장과 4장에서는 동시성 프로그래밍의 필수 사전 지식인 동기 처리 알고리즘과 동시성 프로그래밍 특유의 버그를 설명한다. 특히 이 책을 읽는 데 반드시 필요한 지식을 설명하므로 주의해서 읽기 바란다. 뮤텍스^{mutex}나 데드락^{deadlock} 등에 관한 기본적인 설명도 포함하고 있어 숙련된 프로그래머는 이미 알고 있는 내용일 수도 있다. 그러나 Rust 언어 특유의 장점과 문제점 등도 함께 설명했으므로 한 번 정도 읽어보면 좋을 것이다.

5장부터 8장까지는 보다 전문적인 주제를 다룬다. 5장 이후는 여러분이 흥미를 가진 장부터 순서에 관계없이 읽어도 좋다.

5장에서는 비동기 프로그래밍, 특히 IO 다중화와 Rust 언어의 async/await에 관해 설명한다. async/await를 구현하기 위한 기반 기술, 코루틴^{coroutine} 및 IO 다중화를 설명하고 Rust로 async/await의 간소한 런타임을 구현한다. 따라서 async/await 사용 방법에 그치지 않고 정확한 개념부터 구조까지 학습할 수 있다. 이 지식은 JavaScript나 Python 등 다른 프로그래밍 언어에서 async/await를 이용할 때도 활용할 수 있다.

6장에서는 멀티태스크^{multi task}를 설명한다. 멀티태스크란 CPU의 코어 수보다 많은 프로세스를 동시에 작동시키기 위한 기술이며, 일반적으로 OS 관련 전문 서적에서 소개하는 내용이다. 하지만 멀티태스크 기술은 운영체제(OS)뿐만 아니라 Erlang이나 Go 언어 등 동시성 프로그래밍에 강한 프로그래밍 언어에서도 이용되므로 동시성 프로그래밍의 구조를 이해하기 위한 필수 지식이라 생각해 여기에서도 설명한다. Rust 언어를 이용해 액터 모델^{actor model}을 사용자 공간에서 구현하는 다른 책에서 볼 수 없는 유니크한 방법으로 멀티태스크를 설명한다.

7장에서는 공평한 동기 처리, 소프트웨어 트랜잭셔널 메모리^{software transactional memory, STM}, 락프리 데이터^{lock-free data} 구조 등 보다 고도의 동기 처리 기술을 설명한다. STM은 하스켈^{Haskell}이나 클로저^{Clojure} 언어에 채용된 동기 처리 기법이며 뮤텍스 등과는 완전히 다른 특성을 갖는다. STM 사용법은 물론 알고리즘도 설명한다. 락프리 데이터 구조는 뮤텍스 등과의 배타 제어를 필요로 하지 않는 데이터 구조와 알고리즘이다. 이러한 알고리즘과 문제점도 설명한다.

8장에서는 동시성 프로그래밍을 계산 모델의 측면에서 설명한다. 계산 모델^{computational model}이란 이론적인 상상속의 계산기이며, 이 장에서는 이론상의 계산기들을 이용해 동시성을 해석한다. 동시 계산 모델은 몇 가지 종류가 있으나 필자가 특히 중요하다고 생각하는 액터 모델과 파이 계산을 대상으로 이를 학습하기 위해 필요한 람다 계산을 설명한다. 파이 계산을 설명하는 절에서는 동시성 프로그래밍에 관한 통신을 기술하기 위한 최신 형태의 시스템인 세션 타입^{session type}을 살펴본다.

코드 예제 다운로드

이 책의 코드는 역자의 깃허브에서 다운로드할 수 있다.

```
https://github.com/moseskim/concurrent_programming
```

감사의 글

정보통신연구기구의 쓰다 유 박사님과 가나야 노부유키 님께서 리뷰를 해주었다. 쓰다 유 박사님은 정보통신연구기구에서 Rust 언어를 이용해 실제 몇몇 제품을 개발하고 있으며, 그 경험에 기반한 중요한 의견을 주었다. 가나야 노부유키 님은 하드웨어, CPU, 소프트웨어 공학에 관한 깊은 지식을 기반으로 한 중요한 의견을 많이 주었다. 바쁜 중에도 도움을 준 두 분께 깊은 감사드린다. 『Linux Kernel Hacks』와 『Debug Hacks』 집필 및 『Effective Debugging』의 기술 감수를 담당해주었던 오이와 나오히로 님도 이 책의 리뷰를 해주었으며, 기술적인 관점은 물론 편집자 관점에서도 매우 날카로운 지적을 해주었다. 바쁜 중에도 큰 도움을 주신 것을 감사드린다. 오사카 대학 수료생으로 현재 NTT 커뮤니케이션즈에서 활약하고 있는 다케나카 모토키 님도 이 책의 리뷰를 해주었다. 발견하기 어려운 버그를 찾아준 것에 감사드린다.

호쿠리쿠 선단과학기술대학원대학 박사 후기 과정에 재학 중인 미우라 료스케 님은 2장의 Rust 언어에 대한 코멘트를 해주었다. 소프트뱅크 주식회사 및 그곳의 호리바 카쓰히로 박사님에게는 세션 타입에 관한 연구 지원을 받았다. 호리바 카쓰히로 박사님은 컴퓨터 네트워크 전문이면서 동시에 소프트웨어 공학의 지식을 네트워크 분야에도 활용하고 싶다는 생각을 가지고 있어 필자와 뜻을 같이 하고 있다. 호리바 카쓰히로 박사님 및 소프트뱅크 주식회사의 지원에 깊이 감사드린다. 오라일리 재팬 편집부의 아카이케 료코 님에게는 집필 과정에서 다양한 도움을 받았다. 아카이케 료코 님의 도움이 없었다면 이 책은 세상에 나오지 못했을 것이다. 그리고 이 책에 사용했던 릴레이 달리기 그림을 그려준 아내 후미에게도 감사를 전한다.

_다카노 유키

CONTENTS

CHAPTER **1** 동시성과 병렬성

CHAPTER **2** 프로그래밍 기본

CHAPTER 3 동기 처리 1

CONTENTS

CHAPTER 4 동시성 프로그래밍 특유의 버그와 문제점

CHAPTER 5 비동기 프로그래밍

CONTENTS

CHAPTER 8 동시 계산 모델

APPENDIX A AArch64 아키텍처

APPENDIX B x86-64 아키텍처

CONTENTS

동시성과 병렬성

이 책은 동시성 프로그래밍에 관한 책이다. **동시성**^{concurrency}과 비슷한 용어로 **병렬성**^{parallelism}이 있으며 두 용어에 관해 함께 설명한다. 실제 동시성과 병렬성을 같은 의미로 사용하는 경우가 많고 이 단어들의 해석에 상당한 혼란이 있는 것으로 보인다. 이 장에서는 동시성 프로그래밍을 설명하기 전에 매우 비슷한 이 두 개념을 자세히 살펴본다.

1.1 프로세스

동시성과 병렬성을 설명하기 전에 프로세스^{process}라는 용어와 개념을 정의한다. 존재론적으로 설명하자면 물질에는 사물과 프로세스가 있다. 사물은 공간상에서의 넓이를 갖지만 시간적인 넓이는 갖지 않는 것이며, 프로세스는 공간과 시간의 넓이를 모두 갖는 것이다. 즉, 사물은 특정한 시점에 전체가 존재하지만 프로세스는 특정한 시점에 일부만 존재한다. 예를 들어 축구공은 특정한 시점에 전체가 존재하는 사물이지만 축구 게임은 특정한 시점에 경기의 일부만 존재하는 시간적인 넓이를 가진 프로세스라 볼 수 있다.

프로세스는 이처럼 어떤 카테고리를 나타내는 용어지만 이 책에서는 어떤 계산을 수행하는 추상적인 계산 실행 주체라는 계산과 관련된 프로세스만 가리킨다. 이런 프로세스에는 화면에 그림을 그리는 프로세스, 시험의 평균 점수를 계산하는 프로세스 등 다양한 계산 또는 처리를 수행하는 프로세스가 존재한다. 프로세스는 계산을 완료하기 위해 몇 가지 단계를 거친 뒤 최종적으로 계산을 멈춘다(계산이 멈추지 않으면 영원히 실행 상태에 있게 된다). 이 책에서는 프로세스를 다음과 같이 정의한다.

> **정의** **프로세스**
>
> 프로세스란 계산을 실행하는 주체를 가리키며 크게 다음 네 가지 상태를 변경하면서 계산을 진행한다.
>
> 1 **실행 전 상태**: 계산을 실행하기 전의 상태. 실행 상태로 전이할 수 있다.
> 2 **실행 상태**: 계산을 실행하고 있는 상태. 대기 상태 또는 계산 종료 상태로 전이할 수 있다.
> 3 **대기 상태**: 계산을 일시적으로 정지한 상태. 실행 상태로 전이할 수 있다.
> 4 **종료 상태**: 계산을 종료한 상태

NOTE_ 이 책에서는 추상적인 계산 실행 주체를 프로세스라 표기하며 운영체제(OS)에서 제공하는 프로세스는 OS 프로세스라 표기한다.

다음 그림은 프로세스의 상태 전이를 보여준다.

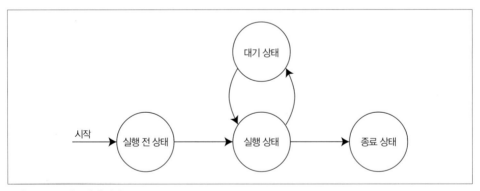

그림 1-1 프로세스 상태 전이

그림에서 알 수 있듯이 프로세스의 상태는 실행 전 상태에서 시작해 실행 상태, 대기 상대를 거쳐 종료 상태로 전이한다. 즉, 프로세스는 항상 실행 상태인 것이 아니라 실행 전 상태에서 종료 상태로 전이하는 도중에 대기 상태가 될 수도 있다. 대기 상태로 전이하는 이유는 다음 세 가지다.

첫째, 데이터가 도착하기를 기다린다. 계산이란 어떤 데이터에 대해 연산을 수행하는 것으로 데이터가 없거나 아직 도착하지 않았다면 계산을 할 수 없다. 따라서 계산 대상이 되는 데이터가 도착하기를 기다리는 동안 프로세스는 대기 상태가 된다.

둘째, 계산 리소스의 확보를 기다린다. 예를 들어 2명의 수학자가 있는데 이 두 수학자가 계산을 하기 위해서는 자가 필요하다고 가정하자. 하지만 자는 하나뿐이다. 이때 한순간에 수학자 한 명만 자를 사용할 수 있으므로 다른 수학자는 기다릴 수밖에 없다. 이 상황에서는 자가 계산 리소스에 해당하며 수학자(프로세스)는 리소스를 사용할 수 있을 때까지 대기 상태에 있게 된다.

셋째, 자발적으로 대기 상태로 진입한다. 자발적으로 대기 상태로 진입하는 이유로는 타이머 timer 등을 들 수 있다. 정기적으로 어떤 계산을 수행하지만 그 이외의 시간, 다시 말해 아무것도 할 필요가 없을 때 프로세스는 대기 상태가 된다. 이렇게 함으로써 계산 리소스를 불필요하게 점유하지 않게 된다.

이렇게 프로세스는 실행 상태와 대기 상태로의 전이를 반복하면서 계산을 수행한다. 동시성과 병렬성은 이 실행 상태 및 대기 상태와 관련된 개념이다.

1.2 동시성

동시성은 2개 이상의 프로세스가 동시에 계산을 진행하는 상태를 나타내는 용어다. 이 절에서는 동시에 계산을 진행하는 상태를 엄밀하게 정의한다.

다음 그림은 어떤 프로세스의 상태가 시간에 따라 전이하는 모습을 나타낸 것이다.

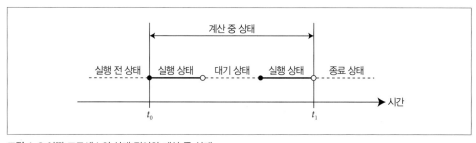

그림 1-2 어떤 프로세스의 상태 전이와 계산 중 상태

이 프로세스는 시각 t_0에서 계산을 시작하고, t_1에서 계산을 종료한다. 프로세스가 실행 상태 또는 대기 상태에 있을 때 이 프로세스는 계산 중 상태에 있다고 정의한다. 즉, 프로세스가 계산 중 상태에 있다는 것은 계산을 수행하고 있는 상태라고 말할 수 있다.

따라서 프로세스가 동시에 실행되고 있는 상태는 다음과 같이 정의할 수 있다.

정의 동시

시각 t에서 여러 프로세스 $p_0 \cdots p_n$이 계산 중 상태에 있다. $\Leftrightarrow$ 프로세스 $p_0 \cdots p_n$은 시각 t에서 동시에 실행되고 있다.

다음 그림은 임의의 2개 프로세스의 상태 전이를 시간 축에 따라 나타낸 것이다.

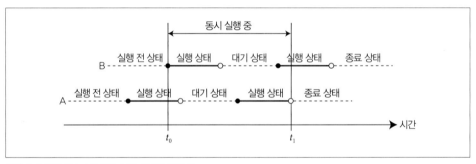

그림 1-3 프로세스 A와 B의 실행 상태와 동시성

위 예에서 프로세스 A가 프로세스 B보다 먼저 실행 전 상태에서 실행 상태로 전이하며, 먼저 종료 상태로 전이한다. 따라서 앞의 정의에 따라 A, B 두 프로세스가 계산 중 상태인 시간 $t \mid t_0 \leqq t < t_1$일 때 프로세스 A와 프로세스 B는 동시에 실행 중이라 할 수 있다.

일반적으로 동기 계산 또는 동시 처리 가능이라고 할 때는 어떤 시각 t에서 2개 이상 최대 n개 프로세스가 동시에 계산 중 상태를 유지할 수 있는 계산 모델 및 기반을 나타낸다. OS 분야에서는 동시에 하나의 프로세스만 다룰 수 있는 OS를 싱글태스크 OS$^{single\ task\ OS}$, 동시 처리를 할 수 있는 OS를 멀티태스크 OS$^{multi\ task\ OS}$라 부른다. 대표적인 싱글태스크 OS라 할 수 있는 MS-DOS는 현재 거의 사용되지 않으며, 가장 널리 보급되어 있는 OS인 리눅스나 BSD, 윈도우는 모두 멀티태스크 OS다.

OS 프로세스^{OS process}와 스레드^{thread}에 관해 간단히 살펴보자. 일반적으로 OS 프로세스는 커널^{kernel}에서 본 프로세스를 의미하며, 스레드는 OS 프로세스 안에 포함된 프로세스로 분류된다. 많은 경우 애플리케이션을 기동하면 하나(또는 소수)의 OS 프로세스가 생성되고, 그 OS 프로세스 안에서 여러 스레드를 만든다.

다음 그림은 OS 프로세스와 스레드의 특징을 간단히 나타낸 것이다.

그림 1-4 OS 프로세스와 스레드

위 그림과 같이 OS 프로세스에서는 OS가 각 프로세스에 독립된 가상 메모리 공간을 할당하고, 각 스레드는 소속된 OS 프로세스의 가상 메모리 공간과 시스템 자원을 공유한다. 여기서 시스템 리소스란 파일 디스크립터^{file descriptor} 등을 의미한다. 즉, 같은 OS 프로세스 내의 스레드 사이에서는 같은 파일 디스크립터는 같은 파일을 가리키지만 다른 OS 프로세스 사이에서는 같은 파일 디스크립터라도 다른 파일을 가리킨다.

> **TIP** 파일 디스크립터는 정숫값으로 표현한다. 즉, 프로세스 A의 10이라는 파일 디스크립터와 프로세스 B의 10이라는 파일 디스크립터는 대부분 다른 파일을 가리킨다.

실제 리눅스의 경우 스레드는 경량의 OS 프로세스로 구현되어 있으며 스케줄링할 때도 일반적인 프로세스와 마찬가지로 취급되기 때문에 구현 면에서는 거의 차이가 없다고 할 수 있다. 한편 nmap 등을 이용하면 프로세스 사이에서 메모리 공간을 공유할 수 있으므로 프로세스 사이의 메모리가 완전히 다른 공간이라고 말할 수는 없다. 어쨌든 OS 프로세스나 스레드 모두 동시성을 구현하기 위한 메커니즘이라고 생각하면 된다.

1.3 병렬성

동시성은 2개 이상의 프로세스가 동시에 계산 중인 상태에 있는 것이라고 설명했다. 반면 병렬성은 같은 시각에서 여러 프로세스가 동시에 계산을 실행하는 상태를 의미한다. 즉, 여러 프로세스가 동시에 실행 중일 때 이를 병렬로 작동하고 있다고 말한다. 따라서 프로세스가 병렬로 실행되는 상태는 다음과 같이 정의할 수 있다.

> **정의 병렬**
>
> 시각 t에 여러 프로세스 $p_0 \cdots p_n$이 실행되고 있다. ⇔ 프로세스 $p_0 \cdots p_n$은 시각 t에 병렬로 실행되고 있다.

다음 그림은 프로세스 A와 B의 상태 전이를 시간 축 위에 나타낸 것으로 프로세스 A와 B가 병렬 실행되는 시간을 표시한 것이다. 이 예에서는 시각 $t \mid t_0 \leqq t < t_1$, $t_2 \leqq t < t_3$일 때 프로세스 A와 프로세스 B가 모두 실행되고 있으므로 시각 t에서 프로세스 A와 프로세스 B는 병렬 실행 중이라고 할 수 있다.

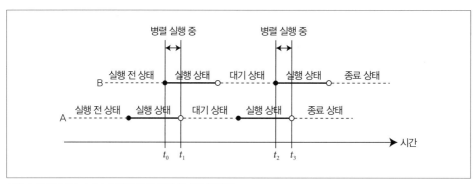

그림 1-5 프로세스 A와 프로세스 B의 실행 상태와 병렬성

이는 프로세스 관점에서 병렬성을 정의한 것이다. 컴퓨터 아키텍처, 즉 하드웨어에서 보면 병렬성은 태스크 병렬성, 데이터 병렬성, 인스트럭션 레벨 병렬성의 3종류로 나뉜다. 이 3종류의 병렬성을 간단히 살펴보자.

1.3.1 태스크 병렬성

앞서 설명한 병렬 처리는 **태스크 병렬성**task parallelism이다. 태스크 병렬성은 여러 태스크(이 책에서는 프로세스)가 동시에 실행되는 것을 의미한다. OS는 계산 처리를 OS 프로세스 또는 스레드라 불리는 프로세스로 추상화하고 있으며, 태스크 병렬 처리에서는 이 OS 프로세스 또는 스레드를 여러 CPU를 이용해 동시에 작동시킨다. 태스크 병렬성은 스레드 병렬성thread parallelism이라 부르기도 한다.

1.3.2 데이터 병렬성

데이터 병렬성data parallelism은 데이터를 여러 개로 나눠서 병렬로 처리하는 방법이다. 예를 들어 벡터 $v_1 = [1, 2, 3, 4]$와 벡터 $v_2 = [5, 6, 7, 8]$을 더하는 경우 한 단계씩 실행하면 다음과 같이 된다.

$$
\begin{aligned}
v_1 + v_2 &= [1+5, \ 2+6, \ 3+7, \ 4+8] \\
&= [6, \ 2+6, \ 3+7, \ 4+8] \\
&= [6, \ 8, \ 3+7, \ 4+8] \\
&= [6, \ 8, \ 10, \ 4+8] \\
&= [6, \ 8, \ 10, \ 12]
\end{aligned}
$$

이것은 연산기가 하나밖에 없는 경우의 계산 방법(즉, 한 번에 1회의 계산만 실행할 수 있는 방법)이다. 만약 연산기가 4대라면 각 계산을 4대의 연산기에서 따로 계산하므로 보다 빠르게 실행할 수 있다. 이를 데이터 병렬 처리에서 벡터 연산이라 부른다. 예를 들어 Intel CPU에 탑재되어 있는 AVX 명령은 벡터 연산용 명령어이며 그래픽 프로세싱 유닛Graphic Processing Unit, GPU 내부에서는 벡터 연산 기반의 연산을 한다.

데이터 병렬성은 CPU가 제공하는 벡터 연산 명령 이외의 방법으로도 구현할 수 있다. 예를 들어 위에서 설명한 벡터 간 덧셈을 4개의 스레드로 실행하면 데이터 병렬성을 구현했다고 할 수 있다. 이것은 태스크 병렬성을 이용해 데이터 병렬성을 구현한 것이 된다. 단, 이처럼 계산량이 적은 문제에서는 스레드 생성이나 동기 처리를 위한 오버헤드가 크기 때문에 한 단계씩 계산하는 것보다 오히려 속도가 느려지므로 주의해야 한다.

응답 속도와 처리량

계산 속도에 관해 정리하고 넘어가자. 계산 속도는 응답 속도와 처리량^{throughput}이라는 두 가지 척도로 생각해볼 수 있다. 응답 속도는 계산을 시작해서 마칠 때까지의 시간을 나타낸다. 응답 속도를 나타내기 위해 소비 CPU 클록^{clock} 수나 소비 CPU 인스트럭션 수 등이 척도로 이용되는데, 이는 모두 시간으로 바꿀 수 있다. 아래에 응답 속도와 소비 CPU 클록 수, 소비 CPU 인스트럭션 수의 관계를 나타냈다.

$$응답\ 속도 = \frac{소비\ CPU\ 클록\ 수}{CPU\ 작동\ 클록\ 주파수}\ [s]$$

$$응답\ 속도 = \frac{소비\ CPU\ 인스트럭션\ 수 \times CPI}{CPU\ 작동\ 클록\ 주파수}\ [s]$$

위 식에서 CPI는 Cycles Per Instruction의 약자이며 1인스트럭션당 평균 CPU 사이클 소비량을 나타낸다. CPI는 프로그램 종류에 따라 다르므로 주의해야 한다. 최근의 CPU는 소비 전력을 억제하기 위해 작동 클록 주파수를 동적으로 변화시킬 수 있으므로 위 식의 CPU 작동 클록 주파수에는 프로그램 실행 시의 작동 클록 주파수를 대입해야 한다.

처리량이란 단위 시간당 실행 가능한 계산량을 나타내며 단위로는 MIPS, FLOPS 등을 이용한다. MIPS는 Million Instructions Per Second의 약자로 1초당 몇 백만 개의 인스트럭션을 실행할 수 있는지 나타내며 FLOPS는 FLoating point number Operations Per Second의 약자로 1초당 몇 번의 부동소수점 연산을 실행할 수 있는지 나타낸다.

암달의 법칙

병렬화를 통한 응답 속도 향상 정도는 병렬화 가능한 처리 부분과 병렬화 불가능한 처리 부분의 비율 그리고 병렬화를 위한 오버헤드에 따라 결정된다. 다음 그림은 순차 처리를 병렬화할 때의 모습을 나타낸 것이다. 그림에서 실선으로 그려진 사격형은 병렬화 가능한 처리, 점선으로 그려진 사격형은 병렬화 불가능한 처리를 나타내며 실선 부분의 처리를 4병렬로 병렬화했다.

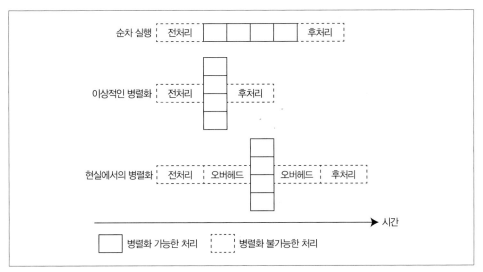

그림 1-6 병렬화를 통한 고속화 예

두 번째 그림을 보면 4병렬로 병렬화하면 순차 실행할 때보다 응답 속도가 향상되는 것을 알 수 있다. 하지만 현실에서는 스레드 생성이나 동기 처리 등 병렬화에 수반되는 오버헤드가 원인이 되어 세 번째 그림과 같이 순차 실행할 때보다 속도가 더 느려지기도 한다.

일반적으로 병렬화 불가능한 처리의 비율이 병렬화 가능한 처리의 비율보다 훨씬 작을 때는 병렬화를 통한 고속화가 효과적이다. 그렇지 않을 때는 세 번째 그림과 같이 병렬화한 쪽이 오히려 느려지기도 하므로 데이터 병렬화를 할 때는 어느 정도의 정밀도로 병렬화할 것인지 충분히 고려해야 한다.

암달의 법칙 Amdhal's Law 은 일부 처리의 병렬화가 전체적으로 고속화에 어느 정도 영향을 미치는지 예측하는 법칙이다. 암달의 법칙에 따르면 병렬화에 의한 응답 속도 향상률은 다음과 같다.

$$\frac{1}{(1 - P) + \dfrac{P}{N}}$$

여기에서 P는 전체 프로그램 중에서 병렬화 가능한 처리가 차지하는 비율, N은 병렬화 수다. 이 식은 병렬화에 수반되는 오버헤드가 없는 이상적인 상태에서 성능 향상률을 나타낸다. 오버헤드를 고려한 경우의 성능 향상률을 다음 식으로 얻을 수 있다.

$$\frac{1}{H + (1 - P) + \dfrac{P}{N}}$$

여기서 H는 오버헤드의 응답 속도와 순차 실행했을 때의 응답 속도의 비율이다.

예를 들어 순차 실행했을 때의 응답 속도가 100[ns]이고, 병렬화의 오버헤드가 50[ns]일 때 $H = \dfrac{50}{100} = 0.5$가 된다. 또한 순차 실행 중 처리의 절반을 병렬화할 수 있다면 $P = 0.5$가 된다. 따라서 이 처리를 4병렬로 병렬화했을 때의 값을 구하면 다음과 같다.

$$\frac{1}{0.5 + (1 - 0.5) + \dfrac{0.5}{4}} = \frac{1}{1.125} \approx 0.889$$

따라서 병렬화한 경우 속도가 약 0.889배 빨라진다. 다시 말해 응답 속도로 환산하면 순차 실행할 때보다 1.125배의 시간이 걸리며 병렬화한 쪽이 속도가 느려진다. 이를 나타낸 것이 [그림 1-6]이다.

[그림 1-7]은 병렬화 수를 바꾸었을 때 고속화되는 배율을 구한 예다.

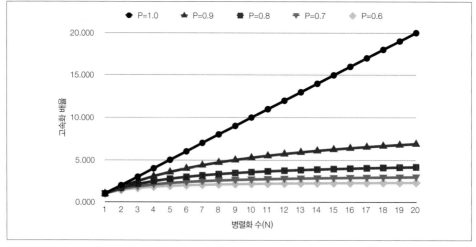

그림 1-7 병렬화 수와 고속화 배율의 관계

그림에서 보면 $P = 1.0$일 때 이상적인 값이 되며 병렬화 수가 N일 때 N배 빨라지지만 P 값이 작아짐에 따라 병렬화에 의한 고속화 배율 또한 작아지는 것을 알 수 있다. 이처럼 비교적 많은 데이터를 분할해 데이터를 병렬화할 때는 P 값이 커져 병렬화에 의한 고속화 효과가 커지지만 적은 데이터를 분할 때는 병렬화의 효과를 크게 얻을 수 없다는 점에 주의해야 한다.

1.3.3 인스트럭션 레벨 병렬성

인스트럭션 레벨 병렬성instruction-level parallelism은 이름 그대로 인스트럭션, 다시 말해 CPU의 명령어 레벨에서 병렬화를 수행하는 방법이다. 인스트럭션 레벨 병렬화는 현재 주로 하드웨어나 컴파일러가 암묵적으로 수행하는 병렬화이며 프로그래머가 인스트럭션 레벨 병렬성을 고려해 프로그래밍을 하는 경우는 거의 없다. 그러나 대단히 높은 수준의 최적화를 할 때는 프로그래머가 인스트럭션 레벨 병렬성까지 고려해야 한다.

인스트럭션 레벨 병렬성까지 고려해서 프로그래밍을 하는 예로는 루프 전개를 수행할 때나 데이터 프리페치data prefetch를 수행하는 경우다. 루프는 전형적으로 조건문과 실제 실행을 수행하는 두 개의 구문으로 구성되며 조건문과 실제 실행문을 짧은 빈도로 반복하면 조건문이 원인이 되어 인스트럭션 레벨 병렬성이 낮아지기도 한다. 루프 전개를 해두면 이러한 상황을 피할 수도 있다.

데이터 프리페치는 나중에 메모리에 있는 데이터를 이용해 계산을 수행할 것을 미리 알고 있을 경우 사전에 데이터를 메모리에 읽어두는 방법이다. 메모리에 미리 읽어두는 이유는 메모리 읽기 명령은 덧셈이나 뺄셈 같은 명령에 비해 응답 속도가 느린 명령이기 때문이다. CPU에 나열된 인스트럭션 레벨 병렬화 기능에 의해 메모리를 읽어 들이는 중에도 다른 덧셈이나 뺄셈 같은 연산 명령을 실행할 수 있기 때문에 메모리 읽기와 연산을 병렬로 실행 가능하다. 이 방법은 일반적으로 메모리 프리페치memory prefetch라 부르며 프로그래머가 명시적으로 지정할 수도 있다. 루프 전개, 데이터 프리페치 모두 컴파일러가 최적화를 수행하는 경우가 대부분이며 프로그래머가 명시적으로 지정하는 경우는 그리 많지 않다.

인스트럭션 레벨 병렬성도 심도가 깊은 흥미로운 기술이지만 이 책의 주제와는 다소 벗어나므로 이 절에서는 인스트럭션 레벨 병렬화 방법의 하나인 파이프라인 처리 개념만 설명한다. 인스트럭션 레벨 병렬성에 관해 자세히 알고 싶다면 참고 문헌[1]*을 참조하기 바란다. 이 문헌에서는 파이프라인 처리뿐 아니라 아웃 오브 오더 out-of-order 실행이나 투기적 실행 등의 인스트럭션 레벨 병렬성도 설명한다. 또한 데이터 병렬성이나 태스크 병렬성의 하드웨어 구현 방법도 설명하므로 하드웨어에도 흥미가 있다면 참고하기 바란다.

파이프라인 처리에 관한 개요를 설명하기 전에 먼저 CPU 내부에서의 명령 실행 방법을 설명한다. CPU는 일정 간격마다 명령어 배열을 실행해나간다. 현재 사용되고 있는 대부분의 CPU는 하나의 명령을 몇 개의 단계로 나눠서 실행한다. 예를 들어 명령 실행을 5개로 나누면 다음과 같다.

명령 읽기(IF: Instruction Fetch)

다음에 실행할 명령을 메모리에서 읽는다.

명령 해석(ID: Instruction Decode)

읽은 명령을 해석한다.

실행(EX: EXecution)

실제 명령을 실행한다.

메모리 엑세스(MEM: MEMory access)

메모리에 접근한다(읽기 또는 쓰기).

쓰기(WB: Write Back)

레지스터에 연산 결과를 쓴다.

이는 덧셈, 뺄셈, 메모리 읽기와 쓰기 같은 명령이 5개의 단계로 나뉘어 실행되는 것을 나타낸다. 이 분할된 작은 단계를 파이프라인 스테이지 pipeline stage라 부르며 분할한 수를 파이프라인 수라고 부른다. 이 예에서 파이프라인 수는 5다.

[그림 1-8]에 각 파이프라인 스테이지에서 처리가 어떻게 실행되는지 개념적으로 나타냈다.

---

* 옮긴이_ 본문에서 [1]과 같은 첨자는 참고 문헌 번호다.

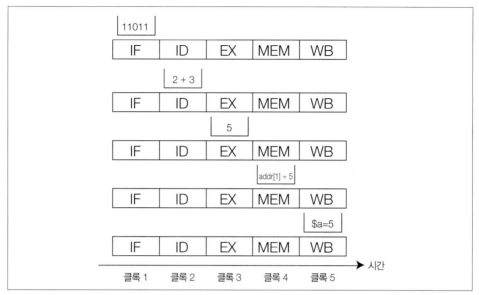

그림 1-8 각 파이프라인 스테이지의 실행 예

TIP 위 그림에서 클록 1의 버킷 안에 있는 데이터 11011은 2 + 3을 계산해 addr[1]과 a 레지스터에 결과를 저장하는 명령을 나타내는 바이너리 열이다.

위 예에서는 2 + 3이 실행되고 addr[1]과 a 레지스터($a)에 결과를 저장하는 명령을 실행하고 있다. 파이프라인 처리는 종종 버킷 릴레이^{bucket relay}★로 비유되기 때문에 이 책에서도 버킷 릴레이로 비유한다. 또한 CPU는 클록 사이클 단위로 처리를 진행하므로 시간 축에는 경과 클록 수를 표시한다.

그림에서는 먼저 클록 1에서 IF로 메모리상에서 명령을 읽어 버킷에 명령을 저장한다. 그 뒤 클록 2에서 버킷 안에 있는 명령을 해석한다. 여기에서는 2 + 3이 실행되어 addr[1]과 a 레지스터에 결과를 저장하는 명령이라고 해석한다(간소하게 설명하기 위해 그림에는 addr[1]과 a에 저장하는 명령이라는 표기는 생략했다). 클록 3에서는 실제로 2 + 3이 실행되어 버킷의 내용이 실행 결과인 5로 치환된다. 그 뒤 클록 4에서 addr[1]에 결과가 쓰이고, 클록 5에서 a 레지스터에 결과가 쓰인다.

이것은 실제 CPU에 비해 훨씬 간단하게 추상화한 설명이지만 파이프라인 처리에서 어떻게 명

★ 옮긴이_ 양동이(bucket)에 물을 길어 줄지어 나른다(relay)라는 뜻

령이 여러 단계로 분할되어 실행되는지 분명하게 설명하고 있다. 여기에서 명확하게 알 수 있듯이 각 클록에서는 처리를 실행하는 단계 이외에는 아무것도 수행하지 않는다. 버킷 릴레이에서는 여러 버킷을 사용하면 하나의 버킷을 사용해서 물을 나를 때보다 많은 양을 옮길 수 있지만, 파이프라인 처리에서도 버킷 릴레이와 마찬가지로 [그림 1-8]의 비어 있는 단계에서도 동시에 처리를 수행함으로써 여러 인스트럭션을 병렬로 실행한다.

다음 그림은 파이프라인 처리의 작동 원리를 나타낸 것으로 가로축은 경과 시간, 세로축은 명령어 배열이다. 각 클록에서 단계마다 어떤 명령이 실행되는지 나타냈다.

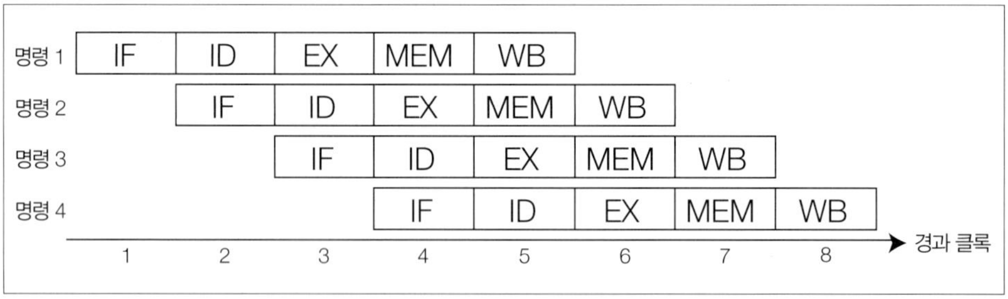

그림 1-9 파이프라인 처리 작동 원리

위 그림과 같이 병렬로 명령을 실행할 수 있으며 단위 시간당 실행할 수 있는 명령어 수, 즉 처리량이 향상된다. 그러나 파이프라인 처리를 포함해 인스트럭션 레벨 병렬성으로는 응답 속도가 향상되지 않는다는 점에 주의해야 한다. 또한 그림에서는 8 클록으로 4개 명령을 병렬로 실행하므로 CPI는 $\frac{8}{4}=2$이며 파이프라인 처리를 수행하지 않을 때의 CPI는 5다. 따라서 이 경우의 처리량은 $\frac{5}{2}=2.5$배 향상된다.

단순 계산으로 파이프라인 처리를 수행하면 처리량은 파이프라인 수의 배율만큼 향상된다. 즉, [그림 1-9]의 예에서는 최대 5배까지 향상된다. 그러나 실제로는 데이터 의존 관계 등으로 인해 이론적인 배율만큼 되지 않는 경우가 대부분이다. 데이터 의존 관계 등의 원인으로 인스트럭션 레벨에서 병렬 실행할 수 없는 상태를 파이프라인 해저드pipeline hazard라 부르며 CPU나 컴파일러는 각종 파이프라인 해저드에 대응한 처리를 해야 한다. 이 책에서는 파이프라인 해저드 처리 방법은 설명하지 않으며 파이프라인 해저드의 종류만 소개한다. 파이프라인 해저드에 관한 자세한 내용은 참고 문헌[1]을 참조하기 바란다. 파이프라인 해저드는 다음 3종류가 있다.

구조 해저드 structural hazard

하드웨어적으로 병렬 실행할 수 없는 명령을 실행했을 때 발생한다. 예를 들어 [그림 1-9]에서는 IF와 MEM이 모두 메모리 접근을 수행한다고 설명했지만 하드웨어적으로 동시에 메모리 접근을 할 수 없는 경우 IF와 MEM을 병렬로 실행할 수 없어 구조 해저드 상태가 된다.

데이터 해저드 data hazard

데이터 의존 관계가 있을 때 발생한다. 예를 들어 명령 1의 연산 결과를 명령 2에서 이어서 이용하는 경우 데이터 해저드 상태가 된다.

제어 해저드 control hazard

조건 분기가 있을 때 발생한다. 명령 1이 조건 분기고, 그 결과에 따라 명령 2의 실행 여부가 결정되는 경우 제어 해저드 상태가 된다.

이 절에서는 인스트럭션 병렬성에 관해 간단히 설명했다. 그러나 이 책의 주제인 동시성 프로그래밍에서는 설계나 구현 단계에서 인스트럭션 레벨 병렬성을 거의 의식하지 않으며 대부분 최적화 단계에서 수행한다.

1.4 동시 처리와 병렬 처리의 필요성

지금까지 동시성과 병렬성에 관해 설명했다. 이 절에서는 병렬 처리와 동시 처리가 중요한 이유를 설명한다.

1.4.1 병렬 처리와 성능 향상

병렬 처리는 단순히 성능 향상을 위해 필요하다. 그러나 데이터 병렬성과 인스트럭션 레벨 병렬성은 소프트웨어 측에서는 크게 의식하지 않으며 컴파일러나 하드웨어가 암묵적으로 수행한다. 이는 이 책 집필 시점은 물론 과거에도 그러했으며 미래에도 크게 달라지지 않을 것이다. 하지만 태스크 병렬성은 여러 CPU가 탑재된 멀티코어 CPU 또는 수백 개 단위의 CPU가 탑재된 매니코어 many core CPU의 등장으로 인해 소프트웨어 측에서도 의식해야 하는 문제가 되었다. 소프트웨어 측에서도 병렬성을 의식하지 않으면 안 되는 근본 원인은 하드웨어, 즉 반도체 기술의 기술적 한계에 있으며, 그 경위를 간단히 살펴보는 것도 좋을 것이다.

CPU 등의 칩^{chip}은 얇은 원판 형태의 실리콘 위에 인쇄하는 구조다. 다음 그림은 실리콘 웨이퍼^{silicon wafer} 위에 여러 **다이**^{die}(CPU의 칩 등에 해당)가 만들어진 상태를 보여준다.

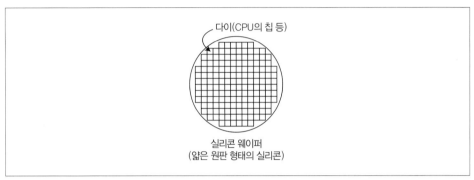

그림 1-10 실리콘 웨이퍼와 다이

반도체 소자의 미세화 기술이 발전하면 실리콘 웨이퍼 위에 인쇄할 수 있는 회로 수가 많아져 동일 면적당 보다 많은 회로를 인쇄할 수 있다. 그러면 웨이퍼당 만들 수 있는 다이가 많아진다. 면적당 만들 수 있는 회로의 수가 많아지면 이 장에서 설명한 파이프라인 처리나 벡터 연산을 수행하는 복잡한 회로를 추가할 수 있게 된다. 또한 웨이퍼당 만들 수 있는 다이 수가 많아지면 제조 단가가 낮아지는 이점이 있다. 이런 비용 문제는 반도체 소자의 미세화 기술을 발전시키는 이유 중 하나다.

또한 반도체 소자를 미세화할수록 반도체로 만드는 트랜지스터를 빠르게 온오프할 수 있게 되어 CPU의 작동 클록을 높일 수 있다는 이점도 있다. 그러나 작동 주파수를 높이면 소비 전력이 높아져 발열도 높아진다. 발열이 높아지면 반도체 소자의 열화가 빨라지고 작동이 불안전하게 된다. 소비 전력과 발열을 낮추기 위해서는 전압 또는 CPU의 작동 주파수를 낮추면 되지만 CPU 고속화를 위해 CPU의 작동 주파수를 낮추는 것은 본말이 전도되므로 일반적으로는 동작 주파수가 아니라 전압을 낮춤으로써 소비 전력과 발열 문제에 대처한다.

이 방법은 어느 정도 수준까지는 효과적이었지만 반도체 소자가 너무 미세화되자 이제는 반도체 트랜지스터 안에서의 전류 누출이 문제가 되었다. 트랜지스터는 수도꼭지와 같은 것으로, 수도꼭지를 조작해 물이 흐르는 양(전류)을 변화시키는 장치다. 전류 누출이란 수도꼭지를 열지 않았는데 물이 흘러나오거나 수도꼭지 자체에서 물이 새는 것과 같다. 전류 누출이 많아지면 전력이 쓸데없이 소비되고 발열은 물론 오작동의 원인이 된다.

이 전류 누출은 양자 터널 효과로 인해 일어나므로 이를 해결하기 위해서는 반도체 소자를 키우거나 전압을 올려야 한다. 그러나 반도체 소자를 키우면 제조비용이 높아지고 작동 주파수가 낮아지며, 전압을 올리면 발열과 소비 전력이 많아진다. 이처럼 반도체 소자의 미세화 발전, 작동 주파수, 소비 전력, 발열, 누출 전류와 같은 문제들이 모두 한계에 이르렀다. 그 결과 CPU는 반도체 소자의 미세화와 작동 주파수의 고속화라는 방향에서 멀티코어나 매니코어 CPU의 방향으로 진화했다. 이런 변화가 일어난 것이 2000년 초반부터 중반까지이며 이 책 집필 시점도 그 흐름에서 이어진다. 그래서 2000년대 전반까지는 소프트웨어 측에서는 병렬성은 크게 의식하지 않아도 문제없었지만 현재는 소프트웨어 측에서 반드시 고려해야 하는 상황이 되었다.

1.4.2 동시 처리의 필요성과 계산 경로 수 급증

동시 처리가 필요한 이유와 처리할 때의 문제점을 알아보자. 동시 처리가 중요한 이유는 효율적인 계산 리소스 활용, 공평성(공정성), 편리성의 세 가지를 들 수 있다. 동시 처리가 가능하면 IO 대기 상태 중에 다른 일을 할 수 있기 때문에 계산 리소스를 효율적으로 이용할 수 있다. 예를 들어 세탁을 할 때 세탁기가 종료되기 전에 다른 일을 아무것도 하지 않는 사람은 거의 없을 것이다. 대부분 세탁기가 작동하는 동안 다른 일을 처리한다.

동시 처리의 큰 특징으로 공평성을 들 수 있으며, 이는 높은 편리함을 제공한다. 예를 들어 스마트폰으로 음악을 들으면서 인터넷에 접속해 웹사이트 등을 볼 수 있는 이유는 스마트폰 또는 그 위에서 작동하는 OS가 동시 처리 가능한 소프트웨어를 기반으로 하기 때문이다. 만약 스마트폰이 동시 처리를 하지 못한다면 음악을 들으면서 다른 처리는 할 수 없는 이름뿐인 스마트폰이 된다. 이런 처리는 한쪽 처리에 치우친 것으로 공평하다고 말할 수 없으며, 결과적으로 매우 불편하다.

동시 처리는 효율이 좋고 편리한 반면 복잡성이라는 문제도 안고 있다. 동시 처리가 안고 있는 복잡성을 설명하기 위해 간단한 예를 들어보자. 4개의 프로세스 a, b, c, d가 있다고 가정하자. 여기서 각 프로세스가 동시에 작동하지만 병렬로 작동하지는 않을 때 각 프로세스의 실행 패턴은 어떻게 될까? 다음 그림은 4개 프로세스가 동시 실행되는 예다. 예에서는 a, b, c, d 순으로 프로세스가 실행된다.

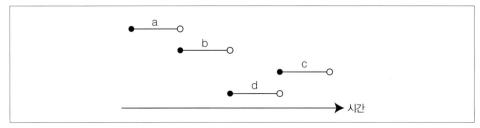

그림 1-11 프로세스 a, b, c, d의 동시 처리 예

이러한 순서 외에도 실제로 실행될 수 있는 순서(계산 경로)는 명확하게 여럿 존재한다. 다음 그림은 이를 **계산 트리**^{computation tree}로 나타낸 것이다.

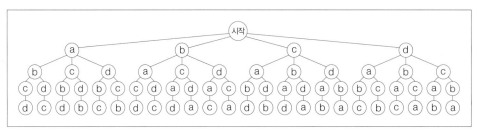

그림 1-12 프로세스 a, b, c, d의 계산 트리

프로세스가 4개뿐이지만 취할 수 있는 계산 경로의 패턴은 24개나 된다. 이 값은 순열식으로 $_4P_4 = 4! = 24$로 얻어진다. 즉, 프로세스가 n개면 조합 수는 $n!$이 된다. 이는 만약 $n!$개의 패턴 중 몇 개에 버그가 존재하는 경우 재현성이 매우 낮은 희소한 버그가 된다는 것을 의미한다. 예를 들어 $n = 10$만 되어도 계산 경로 수가 3,628,800개까지 증가한다.

동시 처리는 이런 복잡성, 즉 계산 경로 수의 급증이라는 문제를 안고 있다. 그렇기 때문에 두서없이 병렬 프로그래밍 기술로 동시성 프로그래밍을 하게 되면 이런 함정에 쉽게 빠지게 된다. 이런 상황에 놓이지 않기 위해서는 동시성 프로그래밍의 작동 원리와 이론 모델을 학습하고 버그를 줄이고 편리성을 유지하면서도 병렬로 고속 작동하는 소프트웨어를 구현하는 기술을 익혀야 한다.

CHAPTER 2

프로그래밍 기본

이 장에서는 어셈블리 언어와 C 언어, Rust 언어의 기본 내용을 설명한다. C 언어는 기본 문법은 설명하지 않고 동시성 프로그래밍과 관계있는 주제만 다룬다. Rust 언어는 최근 등장한 언어지만 동시성 프로그래밍과 그 안전성을 이야기할 때 피할 수 없는 언어라고 판단해 채택했다.

실제로 이 책에서 사용하려고 한 것은 Rust와 어셈블리 언어뿐이었지만 OS와의 인터페이스나 표준 API를 설명하기 위해서는 C 언어가 필요하기 때문에 C 언어도 이용한다. 단, 이 책의 독자는 C 언어의 기초 부분은 이미 알고 있다고 가정하므로 C 언어의 기본 문법을 잘 알지 못하는 경우에는 다른 서적도 참고하기 바란다.

어셈블리 언어 절에서는 기본적인 어셈블리 언어 작성에 관해 설명한다. C 언어 절에서는 Pthreads와 volatile 수식자를 설명한다. Rust 언어 절에서는 전체적인 기능을 간단히 설명한다. Rust 언어의 모든 기능을 설명하지 않으므로 필요하다면 다른 서적이나 공식 문서[2]를 참조하기 바란다.

2.1 어셈블리 언어

이 절에서는 어셈블리 언어를 간단하게 설명한다. 어셈블리 언어를 알면 동시성 프로그래밍의 원리를 알 수 있고 컴퓨터의 본질을 이해할 수 있게 되기 때문이다. 어셈블리 언어는 CPU 아키텍처별로 다르지만 이 책에서는 AArch64와 x86-64 어셈블리를 이용하기 때문에 이 두 가지를 간단하게 설명하겠다. AArch64는 Arm의 64bit 아키텍처이며, x86-64는 AMD와 Intel CPU의 CPU 아키텍처이다. 자세한 내용은 부록 A 'AArch64 아키텍처'와 부록 B 'x86-64 아키텍처'를 참조 바란다.

2.1.1 어셈블리 언어 기본

여기에서는 어셈블리 언어의 기본을 간단히 설명한다. 다음과 같은 수식을 생각해보자.

```
x0 = x1 + x2
```

군이 설명할 필요는 없겠지만 x1과 x2를 더한 값을 x0에 대입하는 식이다. 우리가 일반적으로 보는 수식은 연산자가 변수 사이에 위치하는 기법으로 나타내며 이는 중위 표기법^{infix notation}이라 불린다. 반면 어셈블리 언어에서는 연산자를 제일 앞에 놓는다. 즉, 다음과 같이 기술한다.

```
+ x0 x1 x2
```

하지만 어셈블리 언어에서는 +와 같은 기호는 사용하지 않으며 모두 영단어로 기술한다. 그러므로 이 식은 AArch64 어셈블리에서 다음과 같이 기술된다.

ASM AArch64

```
add x0 x1 x2 ; x0 = x1 + x2
```

여기에서 add는 니모닉^{nmemonic}이라 불리는 명령의 종류를 나타내며 x0, x1, x2는 변수를 나타낸다. 또한 ;부터 행의 마지막까지는 주석이다.

어셈블리 언어의 1 명령은 이 니모닉이라는 명령의 종류(오퍼레이션 코드^{operation code})를 나타내는 코드와 피연산자^{operand, 오퍼랜드}라 불리는 하나 또는 여러 상수로 레지스터에서 이루어진다. 레지스터^{register}란 컴퓨터 안에서 가장 접근 속도가 빠르고 용량이 적은 기억 영역을 가리킨다. 위 식에서 x0, x1, x2라는 변수가 레지스터에 해당하나. 니모닉을 함수명, 피연신자를 인수라고 생각하면 이해하기 쉬울 수도 있다. 어셈블리 언어로 쓰인 프로그램을 어셈블리 코드, 어셈블리 코드를 기계어로 컴파일하는 소프트웨어를 컴파일러라 부른다.

컴파일 시 니모닉은 적절한 기계어로 변환되며, 명령을 나타내는 바이트 코드를 오퍼레이션 코드라 부른다. 만약 add 명령을 나타내는 바이트 코드가 0x12라고 가정하면 0x12가 오퍼레이션 코드가 된다. 이런 이유에서 니모닉 자체를 오퍼레이션 코드라 부르기도 한다.

어셈블리 프로그래밍에서는 레지스터와 함께 메모리 접근도 중요하다. 메모리 접근은 예를 들어 [x1]이 x1 레지스터를 가리키는 주소로의 접근을 나타내는 것이라고 정의하면 메모리 읽기를 다음과 같이 기술할 수 있다.

```
ldr x0, [x1] ; [x1]의 메모리 값을 x0에 읽는다.
str x0, [x1] ; [x1]의 메모리에 x0의 값을 쓴다.
```

여기서 ldr은 메모리 읽기^{load}, str은 메모리 쓰기^{store}를 의미하는 AArch64 명령이다.

AArch64에서 값을 대입할 때는 mov 명령어를 사용한다.

```
mov x0 x1 ; x1의 값을 x0으로 복사
```

2.1.2 x86-64 어셈블리 기초

지금까지의 예에서는 AArch64를 이용했다. 이 책에서는 x86-64 어셈블리도 사용하므로 x86-64에서의 예도 간단하게 설명하겠다. x86-64 어셈블리 기술은 2종류가 있으며 이 책에서는 AT&T 기법을 따른다. 이는 clang이나 gcc 등의 C 컴파일러를 이용할 때 AT&T 기법을 사용할 때가 많기 때문이다.

x86-64에서는 덧셈을 다음과 같이 수행한다.

```
addl %ebx, %ecx ; ebx와 ecx를 더한 결과를 ecx에 저장
```

이것은 ebx와 ecx 레지스터의 값을 더해 결과를 ecx 레지스터에 저장하는 명령이다. AArch64에서는 저장 위치의 레지스터를 지정했지만 x86-64에서는 읽기와 저장 레지스터가 동일하다. 그리고 addl의 l은 오퍼레이션 서픽스$^{operation\ suffix}$라 불리며 이는 레지스터 크기를 지정한다. ebx, ecx의 레지스터는 32비트, rbx, rcx 등의 레지스터는 64비트 레지스터가 된다.

다음은 64비트 레지스터를 복사하는 명령이다.

```
movq %rbx, %rcx ; rbx의 값을 rcx로 복사
```

64비트 레지스터에서의 오퍼레이션 서픽스는 q다. 쓰기 대상 레지스터를 데스티네이션 레지스터destination register, 쓰기 원본 레지스터를 소스 레지스터source register라 부르지만 AT&T 기법에서는 AArch64와 비교해서 소스와 데스티네이션 레지스터의 위치가 반대인 점에 주의해야 한다.

x86-64에서는 메모리 읽기와 쓰기도 mov 명령으로 실행할 수 있다. 다음은 메모리 읽기와 쓰기 명령의 예다.

```
movq (%rbx), %rax ; rbx가 가리키는 메모리상의 데이터를 rax로 전송
movq %rax, (%rbx) ; rax의 값을 rbx가 가리키는 메모리로 전송
```

1행이 메모리를 읽는 명령, 2행이 메모리에 쓰는 명령이다.

이상이 어셈블리 언어의 기본이다. 어셈블리 프로그래밍의 분위기를 느꼈을 것이다. 이외에도 많은 명령이 있으며 자세한 내용은 명령어를 사용할 때 설명한다.

2.2 C 언어

이 절에서는 C 언어를 이용해 레지스터를 다루는 방법과 volatile 수식자는 설명하지만 C 언어의 기본 문법은 설명하지 않는다. 이 책의 독자는 C 언어의 기본 문법을 어느 정도 알고 있을 것이라 가정하기 때문이다. C 언어를 이용하는 것에 대해서는 논의의 여지가 있지만 현재 주류 OS는 C 언어로 구현되어 있으며, 멀티스레드용 라이브러리인 Pthreads 역시 C 언어의 API를 기본으로 하고 있으므로 동시성 프로그래밍의 원리를 아는 의미에서 C 언어를 채택했다.

C 언어는 구문이 간단해 습득하기 어렵지 않으므로 C 언어를 잘 모르는 독자는 C 언어 서적을 참고하면서 이 책을 읽기 바란다. 필자는 C 언어를 배울 때 오라일리의 『C 실전 프로그래밍』[3]으로 학습했고 이 책을 추천하고 싶지만 매우 오래된 책이므로 다른 책을 참고하는 것이 좋을

수도 있다. 최근 웹에 공개되어 있는 『고생하며 배우는 C 언어』[4]와 인쇄본[5], 『명쾌 입문 C』[6] 등도 추천한다.

또한 C 언어를 학습하는 과정에서 포인터^{pointer}라는 벽을 넘지 못하는 경우가 많은데, 그것은 포인터를 이해하지 못해서가 아니라 컴퓨터의 메모리 모델을 이해하지 못하기 때문이다. 포인터에서 막힌 독자는 먼저 참고 문헌[1],[7]을 통해 어셈블리나 하드웨어를 이해하는 것이 좋다. 얼핏 멀리 돌아가는 것처럼 보일지도 모르지만 실제로는 포인터를 이해하기 위한 가장 빠른 방법이다. 또한 포인터를 주로 다루는 서적[8]을 참고하는 것도 좋다.

2.2.1 Pthreads

이 절에서는 Pthreads의 기본 사항을 설명한다. 많은 프로그래밍 언어에서 스레드를 다루는 기능을 기본 라이브러리로 제공하지만 C 언어에서는 외부 라이브러리를 이용해야 한다. Pthreads는 POSIX 표준 인터페이스를 갖춘 스레드 라이브러리를 총칭한다. 리눅스나 BSD 등 유닉스 계열의 OS에서 이용 가능하며 윈도우용도 존재한다.

스레드 생성과 종료 대기

다음 코드는 Pthreads를 이용해 스레드의 생성과 종료 대기를 수행하는 예다.

```
#include <pthread.h> // ❶
#include <stdio.h>
#include <stdlib.h>
#include <unistd.h>

#define NUM_THREADS 10 // 생성할 스레드 수

// 스레드용 함수
void *thread_func(void *arg) { // ❷
    int id = (int)arg; // ❸
    for (int i = 0; i < 5; i++) { // ❹
        printf("id = %d, i = %d\n", id, i);
        sleep(1);
    }

    return "finished!"; // 반환값
}
```

```
int main(int argc, char *argv[]) {
    pthread_t v[NUM_THREADS]; // ❺
    // 스레드 생성 ❻
    for (int i = 0; i < NUM_THREADS; i++) {
        if (pthread_create(&v[i], NULL, thread_func, (void *)i) != 0) {
            perror("pthread_create");
            return -1;
        }
    }

    // 스레드 종료 대기 ❼
    for (int i = 0; i < NUM_THREADS; i++) {
        char *ptr;
        if (pthread_join(v[i], (void **)&ptr) == 0) {
            printf("msg = %s\n", ptr);
        } else {
            perror("pthread_join");
            return -1;
        }
    }

    return 0;
}
```

❶ Pthreads를 사용할 때는 반드시 이 pthread.h를 읽는다.

❷ 스레드용 함수. 이 함수가 동시에 작동한다.

❸ Pthreads에서 스레드용 함수는 void* 타입의 값을 받아 void* 타입의 값을 반환하는 함수여야 한다. 인수 arg는 스레드 생성 시 전달되며 void* 타입이다. 그러므로 void* 타입에서 실제 타입인 int 타입으로 캐스팅한다.

❹ 스레드 함수가 수행하는 메인 처리. 여기에서는 인수로 전달된 값과 루프 횟수를 표시해 1초 정지sleep하는 간단한 처리를 수행한다.

❺ 스레드용 핸들러를 저장하는 배열을 정의한다. 스레드를 생성하면 pthread_t 타입의 값에 정보가 저장되며, 그 값에 대한 조작은 생성한 스레드에 대한 조작이 된다.

❻ NUM_THREADS의 수만큼 스레드를 생성한다. 스레드의 실제 생성은 pthread_create 함수를 호출해서 수행한다.

❼ 스레드 종료 대기 코드. 스레드 종료 대기는 pthread_join 함수에서 수행한다. 스레드의 대기를 일반적으로 join하기도 한다.

pthread_create 함수는 첫 번째 인수에 pthread_t 타입의 포인터를 받아 두 번째 인수에 스레드의 특징을 나타내는 어트리뷰트^{attribute}를 전달한다. 이 코드에서는 두 번째 인수에 널^{null}을 전달해 기본 어트리뷰트를 적용한다. 세 번째 인수에는 스레드 생성용 함수를 전달하고, 네 번째 인수에는 세 번째 인수에 전달한 함수의 인수를 전달한다. 즉, 네 번째 인수의 값이 arg 변수에 전달된다. pthread_create 함수는 성공하면 0, 실패하면 0 이외의 값을 반환한다. 실패했을 때는 errno에 정보가 저장되므로 perror 함수에서 세부 정보를 표시할 수 있다. Pthreads의 다른 함수도 마찬가지다. 실패했을 때는 errno에 정보가 저장되고 perror 함수를 이용할 수 있으므로 별도의 설명은 하지 않겠다. 에러 정보에 관해서는 man 명령어 등을 통해 직접 세부 내용을 확인하기 바란다.

pthread_join 함수는 첫 번째 인수에 pthread_t 타입의 값, 두 번째 인수에 스레드의 반환값을 받는 void** 타입의 포인터 변수를 전달한다. 이 코드에서는 thread_func 함수가 char* 타입의 포인터를 반환하므로 두 번째에는 char* 타입의 ptr의 포인터를 전달한다. 그 후 스레드의 반환값을 표시한다. 여기에서는 반환된 문자열 finished!가 표시된다. pthread_join도 성공했을 때는 0, 실패했을 때는 0 이외의 값을 반환한다.

디태치 스레드

앞의 예에서는 스레드 종료를 pthread_join 함수에서 기다렸다. pthread_join 함수로 종료 처리를 수행하지 않으면 메모리 누출이 되므로 반드시 join을 해야 한다. 한편 스레드 종료 시 자동으로 스레드용 리소스를 해제하는 방법도 있으며, 그런 스레드를 디태치 스레드^{detach thread}라 부른다. 스레드를 디태치 스레드로 만드는 방법은 두 가지다. 첫 번째는 pthread_create 함수 호출 시 어트리뷰트(두 번째 인수)로 지정하는 방법, 두 번째는 pthread_detach 함수를 호출하는 방법이다.

다음 코드는 어트리뷰트를 지정해 디태치 스레드를 생성하는 예다.

C

```c
#include <pthread.h>
#include <stdio.h>
#include <stdlib.h>
#include <unistd.h>
```

```c
// 스레드용 함수
void *thread_func(void *arg) {
    for (int i = 0; i < 5; i++) {
        printf("i = %d\n", i);
        sleep(1);
    }
    return NULL;
}

int main(int argc, char *argv[]) {
    // 어트리뷰트 초기화 ❶
    pthread_attr_t attr;
    if (pthread_attr_init(&attr) != 0) {
        perror("pthread_attr_init");
        return -1;
    }

    // 디태치 스레드로 설정 ❷
    if (pthread_attr_setdetachstate(&attr, PTHREAD_CREATE_DETACHED) != 0) {
        perror("pthread_attr_setdetachstate");
        return -1;
    }

    // 어트리뷰터를 지정해 스레드 생성
    pthread_t th;
    if (pthread_create(&th, &attr, thread_func, NULL) != 0) {
        perror("pthread_create");
        return -1;
    }

    // 어트리뷰트 파기
    if (pthread_attr_destroy(&attr) != 0) {
        perror("pthread_attr_destroy");
        return -1;
    }

    sleep(7);

    return 0;
}
```

❶ 어트리뷰트용 pthread_attr_t 타입의 변수를 정의하고 pthread_attr_init 함수로 초기화한다.

❷ pthread_attr_setdetachstate 함수를 이용해 어트리뷰트에 PTHREAD_CREATE_ DETACHED를 설정해 디태치 스레드로 설정한다. 어트리뷰트에는 이외에도 스레드의 스택 크기$^{\text{stack size}}$나 CPU 어피니티^{affinity}(스레드를 어떤 CPU에서 작동시킬 것인지에 관한 정보) 등도 설정할 수 있다.

다음 코드는 스레드를 생성한 뒤 디태치 스레드로 만드는 예다.

C

```c
void *thread_func(void *arg) {
    pthread_detach(pthread_self());
    // 무언가 처리
    return NULL;
}
```

이 함수는 스레드용 함수이며 pthread_self로 자신의 정보를 얻어 pthread_detach 함수에서 자신을 디태치 스레드로 하고 있다. 스레드를 디태치할 뿐이라면 어트리뷰트를 이용하는 것보다 이 방법이 효과적이다. 물론 직접 디태치하지 않고 pthread_create 함수 직후에 pthread_detatch 함수를 호출해도 좋다.

2.2.2 volatile 수식자

이 절에서는 volatile 수식자를 설명한다. volatile 수식자를 이용하면 컴파일러의 최적화를 억제한 메모리 접근을 구현할 수 있다. 메모리 접근은 레지스터 접근에 비해 속도가 느리므로 컴파일러는 메모리 접근을 억제하기 위해 일단 레지스터에 복사해서 값을 이용한다. 하지만 메모리상의 값을 감시하거나 할 때 이 최적화는 장애가 되기도 하며, 이때는 volatile 수식자를 사용한다.

다음은 메모리상의 값이 0이 아닐 때까지 대기하는 C 코드다.

C

```c
void wait_while_0(int *p) {
    while (*p == 0) P{}
}
```

여기에서는 인수로 포인터를 받고 그 포인터가 가리키는 값이 0이 아닐 때까지 루프를 돈다. 이 코드를 -03 -S 옵션을 붙여서 컴파일하면 다음과 같은 어셈블리 코드(AArch64)가 출력된다.

ASM AArch64

```
wait_while_0:
    ldr w8, [x0]    ; 메모리에서 읽어 w8에 넣는다. ❶
    cbz w8, .LBB0_2 ; if w8 == 0 then goto .LBB0_2 ❷
    ret
.LBB0_2:
    b .LBB0_2       ; goto .LBB0_2
```

❶ 메모리에서 값을 읽어 0인지 확인한다.

❷ 값이 0이 아니면 함수를 반환한다. 0이면 .LBB0_2로 점프해서 무한 루프가 된다.

이 코드는 명백히 기대하던 것이 아니다. 이런 코드가 출력되는 것은 메모리 접근이 최적화되었기 때문이다. 다음 코드는 volatile 수식자를 이용해 메모리 접근의 최적화를 억제한 것이다.

C

```
void wait_while_0(volatile int *p) {
    while (*p == 0) {}
}
```

기본 부분은 동일하지만 인수에 volatile을 지정했다. 이 코드를 -03 -S 옵션을 붙여 컴파일하면 다음과 같은 어셈블리 코드(AArch64)가 출력된다.

ASM AArch64

```
wait_while_0:
.LBB0_1:
    ldr w8, [x0]     ; 메모리에서 읽어 w8에 넣는다. ❶
    cbz w8, .LBB0_1 ; if w8 == 0 then goto .LBB0_1 ❷
    ret
```

❶ 메모리에서 읽는다.

❷ 메모리의 값이 0인지 체크하여 0이면 .LBB0_1로 점프해서 반복한다. 0이 아니면 반환한다.

이와 같이 여러 프로세스에서 같은 메모리에 접근을 하는 경우 컴파일러의 최적화에 따른 메모리 접근을 수행하지 않으면 문제가 발생하므로 주의해야 한다. 이처럼 컴파일러에 의한 최적화도 동시성 프로그래밍을 어렵게 만드는 원인 중 하나다. C 언어에서는 volatile 수식자를 사용하지만 다음 절에서 설명할 Rust 언어에서는 read_volatile과 write_volatile 함수를 제공하며 이를 이용해 메모리 접근을 확실하게 수행한다. Rust 언어의 예는 이 함수를 사용할 때 다시 설명하겠다.

2.2.3 스택 메모리와 힙 메모리

이 책을 제대로 읽으려면 컴퓨터 메모리 모델에 관해 반드시 이해하고 있어야 한다. 그래서 이 절에서는 스택 메모리^{stack memory}와 힙 메모리^{heap memory}를 간단히 설명한다. 스택 메모리는 함수의 로컬 변수를 저장하기 위한 메모리 영역, 힙 메모리는 함수의 스코프에 의존하지 않는 메모리를 동적으로 확보하기 위한 메모리 영역이다.

다음 코드는 fun1 함수에서 fun2 함수를 호출하는 단순한 예다.

C

```c
int fun1() {
    int a = 10;
    return 2 * fun2(a);
}

int fun2(int a) {
    int b = 20;
    return a * b;
}
```

이 코드에서는 fun1 함수 안에서 로컬 변수 a, fun2 함수 안에서 로컬 변수 b를 정의하고 있다. 로컬 변수의 생존 기간은 함수에서 반환하는 시점까지이고 그 데이터는 스택상에 저장된다. 그리고 컴파일러에 의한 최적화가 수행되면 a, b 모두 스택이 아니라 레지스터에 저장되지만 이번에는 컴파일러에 의한 최적화는 수행되지 않는다고 가정한다. 이 상태를 다음 그림에 나타냈다.

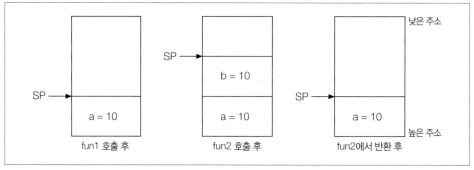

그림 2-1 스택 메모리

스택 메모리는 대부분의 경우 높은 주소에서 낮은 주소 방향으로 진행한다. 위 그림에서 SP는 스택 포인터를 의미하며 어느 정도까지 스택 메모리를 소비했는지 나타내는 레지스터다. 먼저 fun1 함수가 호출되었을 때는 로컬 변수 a의 정보만 스택에 저장된다. 그 뒤 fun2 함수가 호출되면 로컬 변수 b의 정보도 스택에 저장된다. fun2 함수에서 반환을 하면 로컬 변수 b는 해제된다.

TIP 실제 스택 조작은 스택 포인터 값을 변경하는 것만으로 수행되므로 이 시점에서는 로컬 변수 b의 정보는 스택 상에 남아 있다. 그러나 여기에서는 개념적인 의미에서 생각하길 바란다. 소프트웨어에서는 개념과 구현을 구분해서 생각하는 것이 중요하다.

이처럼 로컬 변수는 함수에서 반환하면 파기된다. 하지만 힙 메모리를 이용하면 함수의 스코프에 묶이지 않고 변수를 정의할 수 있다. 다음 코드는 힙 메모리를 이용하는 예다. C 언어에서는 힙 메모리 저장과 해제를 malloc과 free로 수행한다.

`C`

```c
#include <stdlib.h>

void fun1() {
    int a = 10;         // 지점 A
    int *b = fun2(a);   // 지점 C
    free(b);            // 힙 메모리 해제
}

int* fun2(int a) {
    int *tmp = (int*)malloc(sizeof(int)); // 힙 메모리 확보
    *tmp = a * 20;
    return tmp;         // 지점 B
}
```

이 코드에서는 먼저 fun1이 호출된 뒤 fun2가 호출된다. fun2에서는 malloc으로 힙 메모리를 확보하고 함수 내의 a * 20이라는 값을 저장한다. fun2가 반환하는 값은 힙 메모리의 앞을 가리키는 포인터이며, fun2에서 값을 반환하더라도 힙 메모리상에 저장된 a * 20이라는 값은 그대로 남아 있다. 마지막으로 fun1이 free를 호출하면 힙 메모리가 해제된다.

이를 그림으로 나타내면 다음과 같다.

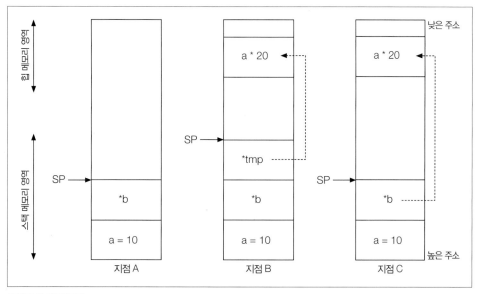

그림 2-2 힙 메모리

컴퓨터상에서 메모리는 적어도 스택 메모리와 힙 메모리로 역할을 나누어서 이용한다. 지점 A의 시점에서는 fun1의 로컬 변수 a와 *b만 스택 메모리상에 확보되어 있다. 하지만 지점 B에서는 fun2의 로컬 변수 *tmp가 스택 메모리에, a * 20이라는 값이 힙 메모리에 확보된다. 그 후 지점 C까지 처리가 진행되어도 a * 20이라는 값은 힙 메모리상에 그대로 보존된다. 힙 메모리상의 값은 명시적으로 해제될 때까지 확보된 상태를 유지한다는 점에 주의해야 한다.

힙 메모리상에 확보된 값의 해제를 잊는 것을 메모리 누출이라 부르며, C 언어에서는 주요 버그 중 하나다. 다음 절에서 설명할 Rust 언어에서는 힙 메모리상에 확보된 값의 생존 기간을 컴파일러가 추정함으로써 메모리 누출을 방지할 수 있다.

2.3 Rust 언어

이 절에서는 Rust 언어를 간단히 설명한다. Rust는 파이어폭스^{Firefox} 브라우저 등을 개발하던 모질라^{Mozilla}의 직원이었던 그레이든 호아레^{Graydon Hoare}가 개인 프로젝트로 개발했다. 그 후 모질라도 개발에 참여해 2015년에 정식 버전인 1.0을 출시했다. 현재 Rust는 파이어폭스 브라우저를 시작으로 많은 프로젝트에서 채택되기 시작했으며 그 흐름은 더욱 빨라질 것으로 예상한다.

Rust는 타입 세이프티^{type safety, 타입 안전}한 시스템을 제공한다는 것이 큰 특징이다. 그래서 댕글링 포인터^{dangling pointer}나 널 포인터 예외^{null pointer exception} 등의 포인터 관련 문제가 잘 발생하지 않는다. 하지만 완벽하게 타입 세이프티한 것은 아니며 시스템 프로그래밍이 쉽기는 하나 언세이프^{unsafe}한 프로그래밍을 하게 되기도 한다. 타입 세이프티한 프로그래밍과 언세이프한 프로그래밍의 균형을 잘 맞춰 기술할 수 있다는 것이 Rust가 널리 채택되고 있는 이유 중 하나다.

2.3.1 타입 시스템

Rust는 정적 타입 언어^{static typed language}이므로 타입에 대한 고려가 바탕이 되어야 보다 좋은 프로그래밍을 할 수 있다. 그러므로 먼저 Rust의 타입 시스템에 관해 설명한다. Rust의 타입 시스템은 C 언어의 타입과 함수형 언어의 대수적 데이터 타입을 혼합한 형태다.

기본 타입

다음 표는 정수 타입의 목록이다.

표 2-1 정수 타입

비트 길이	부호 있는 정수	부호 없는 정수
8	i8	u8
16	i16	u16
32	i32	u32
64	i64	u64
128	i128	u128
환경 의존	isize	usize

Rust에서는 8에서 128비트까지의 정수 타입을 이용할 수 있고, 부호 있는 정수는 접두사 i, 부호 없는 정수는 접두사 u를 타입 이름에 붙인다. 숫자는 비트 길이를 나타내며, 뒤에 숫자가 붙지 않는 isize와 usize의 비트 길이는 환경에 따라 달라진다. 즉, 64비트 CPU에서는 isize와 usize가 64비트 길이가 되며, 32비트 CPU에서는 32비트 길이가 된다.

다음 표는 정수 타입 이외의 기본 타입을 정리한 것이다.

표 2-2 정수 타입 이외의 기본 타입

타입	설명	리터럴
f32	32비트 부동소수점	3.14
f64	64비트 부동소수점	3.14
bool	논릿값	true, false
char	문자	'a', '가'
(타입, 타입, ...)	튜플	(true, 10)
[타입; 정숫값]	배열	[3; 10], [3, 5, 7]

접두어에 f가 붙은 타입은 부동소수점수 타입으로 f32와 f64는 각각 32비트와 64비트 길이의 부동소수점수 타입이다. 부동소수점수의 리터럴은 3.14와 같이 쓸 수 있다. bool 타입은 논릿값 타입으로 리터럴은 true 또는 false 중 하나다. char 타입은 문자열이지만 C 언어와 달리 UTF-32이므로 32비트 길이가 된다. 문자 리터럴은 작은따옴표로 감싸며 'a', '가'와 같이 기술할 수 있다.

튜플^{tuple}은 여러 값을 가진 타입으로 Rust에서는 소괄호 안에 여러 타입을 나열해서 표기한다. 구체적인 값은 (true, 10)처럼 기술할 수 있으며 이 값의 타입은 (bool, u32)와 같다. 배열도 여러 값을 가지는 타입이기는 하지만 모든 요소가 같은 타입이어야 한다. 예를 들어 [u32, 10]으로 쓴 경우에는 u32 타입의 값을 10개 가진 배열 타입이 된다. 배열값은 [3; 10]과 같이 기술할 수 있으며 이는 3이 10개 있는 배열값이 된다. 또한 [3, 5, 7]과 같이 기술할 수도 있으며 이는 3, 5, 7의 값을 가진 요소 수가 3인 배열이다.

사용자 정의 타입

Rust에서는 대수적 데이터 타입을 이용할 수 있으며 합 타입$^{\text{sum type}}$이 열거 타입^{enum}, 곱 타입$^{\text{multiple type}}$이 구조체^{struct}가 된다. 열거 타입은 C 언어의 열거 타입과 비슷하지만 함수형 언어와 같은 패턴 매칭에 이용할 수 있다. 패턴 매칭은 뒤에서 설명한다.

다음 코드는 열거 타입 정의의 예다. Gender라는 열거 타입을 정의하고 있으며, 이 타입은 Male 또는 Female 중 하나의 값을 갖는다.

```Rust
enum Gender{
    Male,
    Female
}
```

다음 코드는 값을 가진 열거 타입의 예다. Gender의 예에서는 Male 또는 Female 중 하나의 값이라는 정보만 있었지만 여기에서는 더 많은 값을 포함하고 있다.

```Rust
enum Rule {          // ❶
    Player(u32, u64), // ❷
    Supporter(u32)    // ❸
}
```

❶ Role이라는 이름의 열거 타입을 정의한다.

❷ Player 뒤에 (u32, u64)라는 타입이 지정되어 있다. Player는 u32, u64의 값을 갖는다는 것을 나타낸다.

❸ 마찬가지로 Supporter 뒤에 있는 (u32)는 Supporter가 u32의 값을 갖는다는 것을 나타낸다.

다음 코드는 사용자 정의 타입의 인스턴스 생성 예로 Person 타입을 생성한다.

```Rust
Person {
    age: 20,
    gender: Gender::Female,
    role: Role::Supporter(70)
}
```

구조체에서는 타입명에 이어 중괄호 안에 멤버 변수의 값을 넣는다. 2행 이후에 멤버 변수를 초기화하며, 변수명에 콜론(:)을 붙인 후 해당 변수의 초깃값을 사용해서 초기화한다. 앞선 정의에서 Supporter는 u32 타입의 값을 하나 가지므로 여기에서는 70이라는 값을 지정했다. 이렇게 사용자 정의 타입의 인스턴스를 생성할 수 있다.

Rust에서는 기본적으로 모든 변수는 이용 시 반드시 초기화해야 한다. 따라서 C 언어처럼 구조체의 인스턴스를 먼저 생성하고 난 뒤 값을 정의할 수는 없다. 다소 번잡하게 보일지 모르지만 변수 초기화를 하지 않아 버그가 발생하는 경우가 많으므로 그런 버그의 발생 여지를 없앨 수 있기도 하다.

> **NOTE_** 변수를 초기화하지 않는 방법도 있지만 OS 등을 구현하지 않는 한 이용할 일은 없을 것이다.

제네릭스

일반적으로 함수는 값을 받아 값을 반환하지만 제네릭스^{generics}는 타입을 받아 타입을 반환하는 함수다. 제네릭스가 적용된 타입을 제네릭^{generic}이라 부른다. 다음 코드는 제네릭한 열거 타입의 예다.

`Rust`

```rust
enum Option<T> {
    Some<T>,
    None
}
```

앞에서 본 Gender 타입과 거의 같으나 1행의 <T> 부분이 다르다. 이 <T>는 타입 인수라 불리며 여기에 타입을 대입하면 새로운 타입을 얻을 수 있다. 예를 들어 Option<i32>로 하면 Some<T> 부분이 i32로 치환된 Option 타입을 얻을 수 있다. 이 T는 변수이므로 무엇을 사용해도 좋지만 Rust에서는 알파벳 대문자로 시작하는 변수명을 사용할 것을 권장한다.

다음 코드는 제네릭한 구조체의 예다.

`Rust`

```rust
struct Pair<A> {
    first: A,
    second: A
}
```

이전과 동일하게 1행에서 <A>로 타입 인수를 정의하고 있으며, Pair<bool>과 같이 사용하면 Pair 안의 A가 bool로 치환된 Pair 타입을 얻을 수 있다.

Option 타입은 Rust에서 매우 잘 사용되는 타입으로 직접 정의하지 않아도 표준으로 이용할 수 있다. 이 Option 타입은 어떤 실패하는 함수가 있을 때 성공하면 Some 안에 값을 포함시키고 실패하면 None을 반환하는 데 이용한다. 이는 함수형 언어인 ML 계열 언어(option 타입)나 Haskell(Maybe 타입) 등에서도 자주 이용하는 방법이다.

또한 실패할 가능성이 있는 함수의 반환값에는 다음과 같은 Result 타입도 자주 이용한다.

```Rust
enum Result<T, E> {
    Ok(T),
    Err(E)
}
```

성공하면 Ok에 값을 포함해 반환하고, 실패하면 Err에 에러 세부 정보를 포함해 반환한다.

참조 타입

컴퓨터에서 Person이나 u64라는 객체는 메모리상에 배치되며, 참조^{reference}는 메모리 주소만 저장하기 위한 타입이다. 이는 C 언어의 포인터에 해당하지만 프로그래밍 언어에서는 참조라 부르는 경우가 많다. Rust에서는 타입 앞에 &를 붙여 참조 타입을 만든다. 다음은 참조 타입의 예다.

```Rust
&u64        // ❶
&mut u64    // ❷
&Person     // ❸
&mut Person // ❹
&&u64       // ❺
```

❶ u64의 참조 타입. Rust는 기본적으로 파괴적 대입은 허용하지 않으므로 &u64의 참조 타입을 통해 원 데이터를 치환할 수 없다.

❷ 파괴적 대입이 가능한 u64의 참조 타입. 참조 위치에 대해 파괴적 대입을 가능하게 하려면 & 뒤에 mut를 붙인다. mut는 뮤터블^{mutable}의 약어다.

❸ Person의 이뮤터블^{immutable}한 참조 타입

❹ Person의 뮤터블한 참조 타입

❺ 참조의 참조. 참조도 당연히 메모리상에 배치되므로 참조가 저장된 위치를 참조하는 참조를 얻을 수 있다.

2.3.2 기본 문법

Rust 구문은 기본적으로 C 언어를 기반으로 한다. 그렇기 때문에 같은 C를 베이스로 하는 JavaScript나 Java와 구문이 유사하다(JavaScript와 Java는 이름은 비슷하지만 전혀 다른 언어다).

let 문

let 문은 변수를 정의하는 구문이다. Rust는 정적 타입 언어지만 타입 추론^{type inference}을 채택하고 있어 타입 지정자를 생략할 수 있다. 단, 변수는 반드시 초기화해야 하므로 let 문을 정의한 변수는 let 문 안 또는 함수 안 어딘가에서 초기화해야 한다. 초기화하지 않은 변수를 참조하는 경우 컴파일 에러가 발생한다.

다음 코드는 let 문의 예다.

Rust

```rust
fn let_example() -> u32 {
    let x = 100;
    let mut y = 20; // 뮤터블 변수 ❶
    let z: u32 = 5; // 명시적으로 타입을 지정할 수 있다.
    let w;          // ❷
    y *= x + z;     // y는 mut로 선언되었으므로 파괴적 대입이 가능하다.
    w = 8;          // ❸
    y + w           // ❹
}
```

❶ let 뒤에 있는 mut 지정자는 y가 뮤터블, 즉 파괴적 대입이 가능한 변수임을 나타내는 것으로 변수 y에 다른 값을 대입할 수 있다.

❷ let 문 안에서 초기화되지 않은 변수 w를 정의한다.

❸ w에 초깃값을 대입한다. 그렇지 않으면 컴파일 에러가 발생한다.

❹ 함수의 반환값

Rust에서는 세미콜론이 행의 끝(또는 식의 끝)에 있으면 구문^{statement}으로 간주하므로(정확히 말하면 ( )라는 빈 튜플을 반환하지만 자세한 설명은 생략한다) 세미콜론을 이용해서 여러 식 ^{expression}을 연속해서 나열할 수 있다. 반대로 끝에 세미콜론이 없는 것은 값을 반환하는 식이다.

프로그래밍 언어에서 식이란 무언가 계산해 값을 반환하는 코드를 의미하며, 구문은 값을 반환하지 않는 코드를 의미한다. 세미콜론의 의미론적인 이야기는 람다(λ) 계산 등으로 형식적으로 설명하면 좀 더 깊이 이해할 수 있지만 이 책에서는 더 이상 자세히 설명하지 않는다.

함수 정의와 호출

Rust에서 함수는 fn으로 정의하고 fn 뒤에 함수명, 인수명, 함수 본체를 기술한다. 다음 코드는 함수 정의의 예다.

`Rust`

```rust
fn hello(v: u32) { // ❶
    println!("Hello World!: v = {}", v); // ❷
}

fn add(x: u32, y: u32) -> u32 { // ❸
    x + y
}

fn my_func1() {
    let n = add(10, 5); // 함수 호출
    hello(n);
}
```

❶ hello라는 함수를 정의하고, 이 함수에서는 u32 타입의 값을 v라는 변수로 받는다.

❷ Hello World!와 받은 v의 내용을 표시한다.

❸ u32 타입의 값을 2개의 변수 x와 y로 받는 add라는 함수를 정의한다. 함수의 반환값 타입은 u32이며 이는 뒤에 기술한 '-> 32'로 지정된다.

println!은 함수가 아니라 매크로^{macro}다. 매크로를 호출할 때는 매크로 이름 끝에 느낌표(!)를 붙인다. println!은 표준 출력으로 문자를 출력하는 매크로이며, 첫 번째 인수에 출력할 문자열을 전달한다. 출력할 문자열 안에 있는 {}라는 문자열은 두 번째 인수 이후의 값을 표시하는 위치를 나타내며, C에서 printf의 %d 등과 같다.

if 식

C 언어에서 if는 구문이며 값을 반환하지 않지만 Rust에서 if는 식이므로 값을 반환한다. 이때 조건이 참일 때 반환하는 값과 거짓일 때 반환하는 값의 타입이 일치해야 한다. C나 JavaScript 등만 아는 경우 이는 다소 이상하게 느껴지겠지만 OCaml이나 Haskell 같이 타입에 엄격한 프로그래밍 언어에서는 일반적이고 극히 자연스러운 것이다. 다음 코드는 if 식의 예다.

Rust

```rust
fn is_even(v: u32) -> bool {
    if v % 2 == 0 {
        true  // 참인 경우 if 식의 값
    } else {
        false // 거짓인 경우 if 식의 값
    }
}
```

Rust에서는 if 식의 조건이 반드시 bool 타입이어야 한다. C 등에서는 조건 부분을 괄호로 감싸야 하지만 Rust에서는 그럴 필요가 없다. 현명한 독자는 이 if 식은 나머지 계산이므로 v % 2 == 0만으로 충분하다고 생각할지 모르지만 여기에서는 if 식의 예를 보여주기 위해 이렇게 작성했으므로 이해해주기 바란다.

match 식

match 식은 패턴 매칭^pattern matching이라 불리는 구조를 구현한 것으로 C에서의 switch에 가깝다. match 식도 if 식과 마찬가지로 식이므로 값을 반환한다. 다음 코드는 match 식의 예다. 전달받은 수의 하나 앞의 값(즉, 1을 뺀 값)을 반환하는 함수의 정의와 해당 함수를 사용한 예를 보여준다.

Rust

```rust
fn pred(v: u32) -> Option<u32> { // ❶
    if v == 0 {
        None
    } else {
        Some(v - 1)
    }
}
```

```
fn print_pred(v: u32) {
    match pred(v) {      // ❷
        Some(w) => {     // ❸
            println!("pred({}) = {}", v, w);
        }
        None => {        // ❹
            println!("pred({}) is undefined", v);
        }
    }
}
```

❶ 전달받은 u32 타입 값의 하나 앞의 값(즉, 1을 뺀 값)을 반환하는 함수를 정의한다. u32 타입에는 0보다 이전 값은 없으므로 0을 전달받은 경우에는 Option 타입의 None을 반환하고, 그 이외에는 Some으로 값을 감싸서 반환한다.

❷ 패턴 매칭

❸ Some인 경우에 수행하는 처리. Some(w)로 Some에 포함된 정숫값을 w라는 변수에 대입하고, println! 매크로로 결과를 표시한다.

❹ None인 경우에 수행하는 처리

TIP 패턴 뒤에 식을 하나만 쓰면 중괄호를 생략할 수 있다. 즉, Some(w) => w와 같이 쓸 수 있다.

이렇게 match 식을 사용하면 값에 따라 나누어 기술할 수 있다.

for 문

Rust의 for 문은 반복을 수행하는 구문이지만 C 언어와 달리 반복을 수행하는 대상을 명시적으로 지정한다. 이것은 Python의 for(for each라 부르기도 한다)와 가깝다. 다음 코드는 for 문의 예다.

`Rust`

```
fn even_odd() {
    for n in 0..10 {
        println!("{} is {}", n,
            if is_even(n) { "even" } else { "odd" });
    }
}
```

2행부터 for 문이며 여기에서는 0..10이 반복 수행 대상이다. 0..10은 0 이상 10 미만의 범위를 나타내며 0, 1, 2 ... 9가 순서대로 변수 n에 대입되어 println!가 실행된다.

loop 문

Rust에는 C의 while이나 do while 문이 없기 때문에 loop 문을 이용해 구현한다. 다음 코드는 loop 문의 예다.

```rust
fn even_odd() {
    let mut n = 0;
    loop {
        println!("{} is {}", n,
            if is_even(n) { "even" } else { "odd" });
        n += 1;
        if n >= 10 {
            break;
        }
    }
}
```

루프 안에서 n 값을 검사하여 10 이상이면 loop를 벗어난다. loop나 for는 C에서처럼 break를 이용해 벗어날 수 있다.

참조 취득과 참조 제외

앞에서 참조는 실체가 아니라 주소를 저장하는 변수라 설명했다. 따라서 참조 대상의 실체를 얻으려면 참조 제외를 해야 하고, 실체의 주소를 얻으려면 참조 취득을 해야 한다. 다음 코드는 참조 취득과 참조 제외의 예다.

```rust
fn mul(x: &mut u64, y: &u64) {
    *x *= *x * *y; // (*x) = (*x) * ((*x) * (*y))라는 의미 ❶
}

fn my_func2() {
    let mut n = 10;
    let m = 20;
```

```
    println!("n = {}, m = {}", n, m); // n = 10, m = 20
    mul(&mut n, &m); // ❷
    println!("n = {}, m = {}", n, m); // n = 2000, m = 20
}
```

❶ 참조 x가 가리키는 대상에 (*x) * ((*x) * (*y))라는 식을 대입한다. 변수 앞의 애스터리스크(*)가 참조 제외를 수행하는 연산자다. 단, *=의 *, *x와 *y 사이에 있는 *는 곱셈 연산자다.

❷ n과 m의 참조를 mul 함수에 전달해서 호출한다.

여기서 참조 취득 방법으로 &mut n과 &m을 사용했다. &mut를 사용하면 뮤터블한 참조, &를 사용하면 이뮤터블한 참조를 얻을 수 있다.

함수 포인터

함수 포인터^{function pointer}란 이름 그대로 함수의 주소를 가리키는 것이다. 포인터와 참조, 같은 의미의 두 용어를 혼재하여 사용하는 것을 이상하게 생각할지도 모르지만 Rust에서는 참조와 포인터를 구별한다. 참조는 뒤에서 설명할 소유권이나 라이프타임에 의해 안정성이 보증되고 있지만 포인터는 그렇지 않다. 하지만 대부분의 경우 실행 코드가 동적으로 변하지는 않으므로 함수 포인터에 한정해서는 안전하게 이용할 수 있다. 다음 코드는 함수 포인터의 예다.

Rust

```rust
fn app_n(f: fn(u64) -> u64, mut n: u64, mut x: u64) -> u64 {
    loop {
        if n == 0 {
            return x;
        }
        x = f(x);
        n -= 1;
    }
}

fn mul2(x: u64) -> u64 {
    x * 2
}

fn my_func3() {
    println!("app_n(mul2, 4, 3) = {}", app_n(mul2, 4, 3));
}
```

app_n 함수는 x를 초깃값으로 하여 함수 f를 n번 적용한다. app_n 함수의 인수 f는 u64 타입의 값을 받아 u64 타입의 값을 반환하는 함수 포인터 타입이다. 이런 방식으로 인수 f를 함수로 이용할 수 있다.

다음은 Rust와 C의 함수 포인터를 비교한 것이다.

Rust

```
f: fn(isize) -> isize
```

C

```
int (*f)(int)
```

모두 부호 있는 정숫값 하나를 인수로 받아 부호 있는 정숫값을 반환하는 함수 포인터 f를 정의하고 있다. C의 함수 포인터 정의는 의미를 알기 어렵지만 Rust의 함수 포인터 정의는 상당히 알기 쉽다.

클로저

클로저^{Closure}는 함수를 가리키는 것으로, 함수 본체와 함께 함수 바깥에서 캡처한 자유 변수의 값을 포함한다. 클로저의 원 개념은 람다(λ) 계산이 출현한 1960년대 경으로 거슬러 올라갈 수 있는데, 당시에는 그저 간단한 이름 없는 함수였다. 하지만 스택 기반의 실행 환경에서 자유 변수를 캡처하면 스택상에 확보된 값이 파기되기도 하는 문제가 발생했다. 그래서 란딘^{Landin}이 1964년에 발표한 SECD 머신에서는 힙상에 변수와 자유 변수 환경을 배치해 이 문제를 해결하고 이를 클로저라 정의했다.[9] Rust에서도 클로저는 함수와 자유 변수 환경으로 구성된다. 다음 코드는 클로저의 예다.

> **NOTE_** 함수 밖에서 정의된 변수를 자유 변수, 함수 안에서 정의된 변수를 종속 변수라고 부른다. 함수 타입 언어의 흐름도 이어받은 Rust는 함수 안에서 함수를 정의할 수 있기 때문에 클로저에 관해 생각할 때는 함수 안 또는 밖 어디에서 변수가 정의되었는지 구별해야 한다. C에서는 함수 안에서 함수를 정의할 수 없으므로 자유 변수는 글로벌 변수고, 종속 변수는 로컬 변수다. 그러나 Rust의 경우에는 글로벌 변수는 자유 변수지만 로컬 변수는 자유 변수와 종속 변수 모두 될 수 있다(같은 변수라도 함수에 따라 다르다). 자유 변수와 종속 변수는 8.2절 'λ 계산'에서 자세히 설명한다.

```
fn mul_x(x: u64) -> Box::<dyn Fn(u64) -> u64> { // ❶
    Box::new(move |y| x * y)      // ❷
}

fn my_func4() {
    let f = mul_x(3);            // ❸
    println!("f(5) = {}", f(5)); // ❹
}
```

❶ u64 타입의 값(x)을 받아 Box::<dyn Fn(u64) -> u64> 타입의 값을 반환하는 함수 mul_x를 정의한다.

❷ 클로저를 정의한다. 클로저는 '|변수1, 변수2...| 식'과 같이 기술할 수 있으며 변수1, 변수2...가 클로저의 인수, 식이 클로저의 본체가 된다.

❸ mul_x에 3을 전달하고 |y| 3 * y라는 클로즈를 힙상에 생성한다.

❹ 생성한 클로저를 호출하고 3 * 5를 계산해서 출력한다.

Box는 컨테이너의 일종으로 힙상에 데이터를 배치할 때 이용한다. Box는 스마트 포인터smart pointer의 일종이므로 Box 타입의 변수가 스코프에서 벗어나면 확보된 데이터가 자동으로 파기된다. dyn은 트레이트trait의 작동이 동적으로 결정되는 것을 나타낸다. 즉, dyn 트레이트의 참조는 함수와 데이터로의 포인터(환경)를 가지며 이들은 동적으로 할당된다. C++의 가상 함수 테이블과 클래스의 멤버 변수라고 생각하면 이해하기 쉬울 수도 있다. 앞에서 설명한 것처럼 클로저는 함수와 자유 변수 환경을 가지고 있으므로 이 dyn이 클로저에서 필요하다. Fn(u64) -> u64는 함수 포인터와 마찬가지로 u64 타입의 값을 받아 u64 타입의 값을 반환하는 함수다. 즉, Box::<dyn Fn(u64) -> u64> 타입은 힙상에 확보된 함수와 데이터로의 포인터를 가진 클로저에 대한 스마트 포인터다.

|y| x * y라는 클로저는 변수 y가 인수에 나타나 있으므로 y는 종속 변수지만 x는 자유 변수다. 다시 말해 클로저 바깥에서 정의된 변수 x가 이 클로저에서 캡처된다. 클로저의 변수 캡처 전략에는 차용(참조를 취득) 혹은 소유권 이동이 있으며, 클로저 정의 전에 move라고 기술하면 소유권을 이동시킨다(소유권에 관해서는 뒤에서 설명한다).

2행에서 소유권을 이동한 것은 참조를 얻었을 때 변수 x는 함수 mul_x에서 벗어난 시점에서 파기되어 무효한 참조가 되기 때문이다. Rust에서는 이런 무효한 참조를 생성할 수 없으며 컴파

일 에러가 발생한다. 즉, Box::new(move |y| x * y)는 힙상에 x * y를 수행하는 클로저를 생성하고, 자유 변수 x는 소유권 이동으로 캡처된다는 의미다.

2.3.3 소유권

Rust의 소유권을 설명하기 전에 다소 벗어난 이야기일 수는 있지만 선형 논리라는 논리 체계를 설명하겠다. Γ(감마)와 φ(파이)를 논리식의 집합이라고 하면 $\Gamma \vdash \varphi$라고 하는 식은 Γ가 옳을 때 φ가 옳다고 증명할 수 있다는 것을 의미한다. 다음 식은 전건 긍정$^{modus\ ponens,\ 모더스\ 포}$ 넌스**라 불리는 논리 법칙이다(분수가 아님).

$$\frac{A \quad A \rightarrow B}{B}$$

이는 A이고 $A \rightarrow B$(A이면 B)이면 B다라고 추론할 수 있다는 규칙이다. 예를 들어 A가 '비가 온다', B가 '땅이 젖는다'라고 할 때 $A \rightarrow B$는 '비가 오면 땅이 젖는다'가 되며 이를 옳다고 하자. 그러면 다음 식과 같이 쓸 수 있다.

비가 온다. 비가 오면 땅이 젖는다. ⊢ 땅이 젖는다.

이를 기호로 쓰면 다음과 같은 식이 된다.

$$A, \quad A \rightarrow B \vdash B$$

여기에서 C를 '우산이 팔린다', $A \rightarrow C$를 '비가 오면 우산이 팔린다', $A \rightarrow C$가 옳다고 하자. 그러면 이는 다음과 같이 나타낼 수 있다.

$$A, \quad A \rightarrow B, \quad A \rightarrow C \vdash B \wedge C$$

이상이 고전적(또는 직관주의적)인 논리다.

＊ 옮긴이_ 긍정 논법 또는 함의 소거라고도 불리며 논리학에서 가언 명제와 그 전제로부터 결론을 유도해내는 추론 규칙이다. 즉, '만약 P면 Q다'와 'P다'에서 'Q다'를 추론한다.

여기에서 A(비가 내린다)라는 이미 있는 전제를 한 번 더 추가해보자. 그러면 다음과 같이 나타낼 수 있다.

$$A, \ A, \ A \rightarrow B, \ A \rightarrow C \vdash B \wedge C$$

이는 '비가 내린다'와 같은 말을 2번 반복했을 뿐이므로 원래 식과 논리적으로는 동일하다. 이 논리가 성립하는 이유는 비가 온다는 사실은 이용 횟수에 제한이 없고, 한 번 말한 것은 횟수에 제한 없이 사용할 수 있기 때문이다.

그럼 다음과 같은 경우는 어떻게 될까? A를 '사과가 1개다', B를 '배가 부르다', C를 '돈이 늘어난다'라고 한다면 다음 식은 어떻게 될까?

$$A, \ A \rightarrow B, \ A \rightarrow C \vdash ?$$

사과가 있으면 배가 부르거나 돈이 늘어날 수 있지만 사과가 하나뿐이라면 양쪽을 모두 달성하기 불가능하다. 따라서 이 식의 ?에는 B 또는 C 둘 중 하나만 가능하다. 이렇게 자원 이용에 제한을 가질 수 있는 논리 체계에 선형 논리가 있다. 선형 논리에서는 →(~라면)를 ⊸으로 표시한다. 그러면 이 식은

$$A, \ A \multimap B, \ A \multimap C \vdash B$$

또는

$$A, \ A \multimap B, \ A \multimap C \vdash C$$

가 된다.

선형 논리를 기반으로 한 타입 시스템에 선형 타입이 있으며, 선형 타입을 적용한 프로그래밍 언어에는 Cyclone[10]이 있다. Rust는 Cyclone의 영향을 크게 받아 개발된 언어이며, Rust에서는 선형 타입의 자매 격인 어핀^{affine} 타입을 적용하고 있다.

다음 코드는 Rust의 소유권과 move 구문의 예다.

`Rust`

```rust
struct Apple {}        // 사과 ❶
struct Gold {}         // 돈
struct FullStomach {} // 포만감
```

```
// 사과를 팔아 돈을 얻는 함수
fn get_gold(a: Apple) -> Gold {
    Gold{}
}

// 사과를 먹고 포만감을 얻는 함수
fn get_full_stomach(a: Apple) -> FullStomach {
    FullStomach{}
}

fn my_func5() { // ❷
    let a = Apple{};        // 사과가 1개 있다고 하자. ❸
    let g = get_gold(a); // 사과를 팔아 돈을 얻는다. ❹

    // 아래는 사과를 팔아 이미 돈을 얻었으므로 컴파일 에러가 발생한다.
    // let s = get_full_stomach(a); ❺
}
```

❶ 사과, 돈, 포만감을 나타내는 타입을 정의한다.

❷ 사과를 팔아 돈을 얻는 작동을 나타내는 함수

❸ 먼저 사과가 1개임을 정의한다. 이때 사과의 소유권은 변수 a에 있는 것으로 한다.

❹ 사과가 get_gold 함수에 전달되고 돈을 얻는다. 처음에는 변수 a가 사과를 소유하지만 get_cold 함수에 전달함으로써 사과의 소유권이 get_gold 함수로 이동한다. 이 소유권 이동을 move, 그 의미론을 move 시맨틱이라 부른다.

❺ 소유권이 변수 a에서 get_gold로 이동했으므로 판매한 사과를 이용해 포만감을 얻을 수 없으며 컴파일 에러가 발생한다.

이상으로 Rust의 소유권에 관해 간단히 설명했다. 소유권의 기반인 선형 논리와 함께 생각해 보면 그 의미가 명확해진다. 많은 프로그래밍 언어에는 소유권이 존재하지 않기 때문에 소유권의 개념을 어렵게 느끼는 입문자들이 많지만 전제가 되는 사상을 생각해보면 매우 합리적인 사고방식임을 알 수 있다.

2.3.4 라이프타임

Rust의 변수는 라이프타임^{lifetime}이라 불리는 상태를 유지한다. 라이프타임은 이름 그대로 해당 변수의 생존 기간, 즉 변수가 존재하기 시작하는 시점부터 사라지는 시점까지 나타내는 정보다. 다음 코드는 Rust의 변수에 라이프타임을 명시적으로 기술할 수 있도록 확장한 언어의 예다(실제로는 Rust 언어에 다음과 같은 확장은 없으므로 주의한다).

```
{
    let r@'a;               // ❶
    {
        let x@'b = 5;       // ❷
        r = &x;
    }                       // ❸
    println!("r: {}", r);
}                           // ❹
```

r@'a나 x@'b에서 r과 x는 변수명, @ 이후의 'a와 'b는 각각 변수의 라이프타임이다. 라이프타임 'a는 변수 r이 생성되고 스코프를 벗어날 때까지, 즉 1에서 4까지의 구간이 된다. 한편 라이프타임 'b는 변수 x가 생성되고 스코프를 벗어날 때까지의 2에서 3까지의 구간이 된다. 즉, 'a = [1, 4], 'b = [2, 3]이라고 생각할 수 있다. 그러면 변수 x의 라이프타임이 'b = [2, 3]인데 그 참조를 저장하는 라이프타임이 'a = [1, 4]면 println! 행에서는 변수 r은 생존하지 않는 변수 x로의 무효한 메모리 참조가 된다. Rust 컴파일러는 이런 무효한 참조를 컴파일 시 검출해 에러를 출력한다.

다음 코드는 Rust에서 라이프타임을 명시하는 예다. 앞의 코드는 Rust 언어를 독자적으로 확장한 것이며 실제 작동하지 않지만 다음은 올바른 코드다.

```
struct Foo {
    val: u32
}

fn add<'a>(x: &'a Foo, y: &'a Foo) -> u32 { // ❶
    x.val + y.val
}

fn my_func6() {
    let x = Foo{val: 10}; // ❷
    {
        let y = Foo{val: 20};
        let z = add(&x, &y); // ❸
        println!("z = {}", z);
```

```
    }
}
```

❶ add 함수는 라이브타임을 'a라는 변수로 받고, &'a Foo 타입의 참조를 변수 x와 y로 받아
u32 타입의 값을 반환한다.

❷ x와 y에 Foo 타입의 값을 대입한다.

❸ 그 후 add 함수를 참조 전달로 호출한다.

예시 코드는 제네릭의 일종이며 타입을 인수로 받는 함수다. 즉, 2.3.1절 '타입 시스템'에서는
'타입'을 받아 '타입'을 반환하는 '타입'에 관해 설명했지만 이는 '타입'을 받는 '함수'를 반환하는
'함수'다. 사실 라이프타임도 타입의 일종이며, 라이프타임을 받는 인수에는 접두사로 작은따
옴표를 붙인다. 작은따옴표를 접두사로 붙일 수 없는 변수에는 u32나 bool 등 일반적인 타입을
인수로 붙일 수 있다. Rust에서는 라이프타임을 참조에만 명시할 수 있으며 이때는 & 뒤에 라
이프타임 변수를 기술한다. 즉, &'a Foo가 라이프타임을 명시한 참조 타입이 된다.

add 함수의 인수 x와 y의 라이프타임은 같아야 할 것처럼 보인다. 하지만 my_func6 안의 x의
라이프타임을 행 번호라 생각하면 [10, 16]인 것에 비해 y의 라이프타임은 [12, 15]로 다르다.
그러나 이 경우 [12, 15] < [10, 16]이므로 x와 y 양쪽의 라이프타임을 범위의 적은 쪽인 [12,
15]에 맞춰 참조를 전달해도 좋다고 간주할 수 있다. 이렇게 Rust에서는 다른 라이프타임이더
라도 한쪽으로 합칠 수 있으며 이는 **서브타이핑**^{subtyping}이라 부르는 기술을 이용해 구현한다.

서브타이핑은 원래 객체 지향에서 클래스로 다형성^{polymorphism}을 구현하기 위한 타입 시스템
의 일종이었다. 예를 들어 객체 지향 언어에서는 개나 고양이 같은 클래스는 같은 기능을 가지
고 있으므로 동물이라는 클래스에서 파생해 양쪽 모두 같은 함수로 조작할 수 있다. 동물에서
개나 고양의 클래스를 파생한 것을 동물 < 개, 동물 < 고양이라고 생각하면 동물을 다루는 함수
는 양쪽 모두 조작할 수 있기 때문에 이를 구현하는 것이 서브타이핑이 된다. 라이프타임의 경
우 [12, 15] < [10, 16]을 클래스의 파생이라고 생각하면 [10, 16]은 [12, 15]로 다룰 수 있다
고 생각할 수 있어 클래스의 서브타이핑과 같다. 단, Rust의 경우는 라이프타임의 서프타이핑
을 특별히 라이프타임 서브타이핑^{lifetime subtyping}이라 부른다.

2.3.5 차용

이 절에서는 차용에 관해 설명한다. 2.3.3절 '소유권'에서는 소유권과 move 시맨틱을 설명했다. 그러나 move 시맨틱만 사용한다면 함수에 대한 소유권을 전달해서 계산한 뒤 다른 계산을 할 때 해당 함수로부터 소유권을 다시 반환해야 한다. 다음 코드는 이러한 계산의 예다.

`Rust`

```rust
struct Foo {
    val: u32
}

fn add_val(x: Foo, y: Foo) -> (u32, Foo, Foo) {
    (x.val + y.val, x, y) // ❶
}

fn mul_val(x: Foo, y: Foo) -> (u32, Foo, Foo) {
    (x.val * y.val, x, y) // ❷
}

fn my_func7() {
    let x = Foo{val: 3};
    let y = Foo{val: 6};
    let (a, xn, yn) = add_val(x, y); // ❸
    let (b, _, _) = mul_val(xn, yn); // ❹
    println!("a = {}, b = {}", a, b);
}
```

❶ Foo 안의 멤버 변수 val을 더한다. 단, 이들 함수는 일단 변수 x와 y에 소유권을 얻은 값을 반환값으로 하여 결괏값과 함께 반환한다.

❷ Foo 안의 멤버 변수 val을 곱한다. 마찬가지로 변수 x, y의 소유권을 반환한다.

❸ add_val 함수에 변수 x와 y가 가진 Foo의 소유권을 전달해 호출한다. 결괏값(변수 a)과 함께 반환된 Foo의 소유권을 변수 xn과 yn에 저장한다.

❹ 변수 xn과 yn의 소유권을 mul_val 함수에 전달해 호출한 뒤 결과를 변수 b에 넣는다.

> **TIP** 여기에서 mul_val 함수에서 반환되는 값은 이후에는 이용하지 않으므로 변수명에 언더스코어(_)를 붙인다. 이는 결과를 무시할 때 이용하는 특수 변수명이다. 마찬가지로 언더스코어로 시작하는 변수(예: _foo)도 무시된다.

이 코드도 올바른 Rust 코드지만 이런 방식은 매우 장황하며 실제로는 참조를 이용해 구현한다. Rust에서 참조는 차용이라는 개념이며 참조 이용 방법에 몇 가지 제약을 두고 있다. 제약으로 인해 기술의 자유도는 떨어지지만 고속성, 안전성이라는 큰 장점을 얻을 수 있다.

차용이 중요한 곳은 파괴적 대입이 가능한 객체의 경우이며, 차용은 다음 두 가지를 보증한다.

- 어떤 객체에 파괴적 대입을 수행할 수 있는 프로세스는 동시에 2개 이상 존재하지 않는다.
- 어떤 시각에 어떤 객체에 파괴적 대입을 수행할 수 있는 프로세스가 존재하는 경우 그 시각에는 해당 객체의 읽기 쓰기가 가능한 프로세스가 더 이상 존재하지 않는다.

이를 보증하는 큰 이유 중 하나는 동시성 프로그래밍 시 발생하는 문제를 줄이기 위해서다. 공유 객체를 여러 프로세스가 보유하고 업데이트하면 해당 객체가 어느 타이밍에 업데이트되는지 완전하게 파악하여 프로그래밍해야 한다. 그러나 1.4.2절 '동시 처리의 필요성과 계산 경로 수 급증'에서 살펴본 것처럼 동시 프로세스가 취할 수 있는 상태가 방대해지므로 전체를 파악하는 것이 어렵고 버그의 온상이 된다. 그래서 Rust에서는 참조에 앞에서 설명한 것과 같은 제약을 부여함으로써 상태 관리를 용이하게 하고 버그를 줄인다. 분산 컴퓨팅 세계에서는 고효율의 계산과 고가용성을 구현하기 위한 설계 사상으로 셰어드-낫씽 shared-nothing 이라 불리는 것이 있다. 셰어드-낫씽에서는 공유 자원을 모두 가지지 못하도록 분산 시스템을 설계 및 구현하며 Rust에서의 소유권과 차용 역시 셰어드-낫씽에 기반한 사고방식이라고 생각된다.

Rust의 차용을 이해하기 위해서는 변수를 '뮤터블 변수', '이뮤터블 변수', '뮤터블 참조', '이뮤터블 참조'의 4종류로 나눌 수 있다는 점과 각 변수의 상태 전이를 알아야 한다. 뮤터블 변수와 참조는 이름 그대로 파괴적 대입을 허용하는 변수 및 참조, 이뮤터블 변수와 참조는 파괴적 대입을 허용하지 않는 변수 및 참조다. 이 중 이뮤터블 변수의 차용은 특별히 문제가 될 것이 없으므로 뮤터블 변수, 뮤터블 참조, 이뮤터블 참조에 관해 설명한다.

다음 그림은 이 세 가지 변수의 상태 전이를 보여준다.

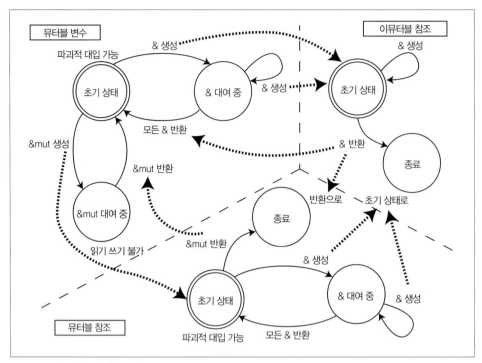

그림 2-3 차용 시의 상태(간략화)

> **CAUTION_** 실제 Rust 컴파일러는 참조 생성만으로는 검사를 수행하지 않으며 읽고 쓰기를 수행하는 시점에 검사를 수행하므로 이 상태 전이도는 엄밀히 실제와 다르다. 그러나 차용을 이해하고 구현하기 위해 필요한 개념을 충분히 담은 간략한 모델이라고 생각하면 좋을 것이다.

가장 먼저 생성되는 것은 뮤터블 변수이며, 거기에서 &나 &mut로 이뮤터블과 뮤터블 참조를 생성한다. 이 참조 생성을 Rust에서는 차용이라 부르며, 그림에서는 굵은 점선으로 차용과 반환(참조 파기)을 나타내고 있다. 파괴적 대입이 가능한 것은 뮤터블 변수 또는 뮤터블 참조가 초기 상태인 경우밖에 없으며 그 이외의 상태에서는 불가능하다. 또한 뮤터블 변수가 &mut 대여 중인 경우에는 읽고 쓰기 모두 불가능하다.

다음 코드는 차용의 예다.

`Rust`

```rust
struct Foo {
    val: u32
}
```

```
fn my_func8() {
    let mut x = Foo{val: 10}; // x는 뮤터블 변수 ❶
    {
        let a = &mut x; // a는 뮤터블 참조 ❷
        println!("a.val = {}", a.val);

        // x는 '&mut 대여 중' 상태이므로 에러
        // println!("x.val = {}", x.val); ❸

        let b: &Foo = a; // b는 이뮤터블 참조 ❹
        // a.val = 20; // a는 '& 대여 중' 상태이므로 에러 ❺
        println!("b.val = {}", b.val); // ❻
        // 여기에서 b가 차용 중인 소유권이 반환된다.

        a.val = 30;
    }

    {
        let c = &x; // c는 이뮤터블 참조 ❼
        println!("c.val = {}", c.val);
        println!("x.val = {}", x.val);

        // let d = &mut x; // x는 '& 대여 중' 상태이므로 에러 ❽
        // d.val = 40;

        println!("c.val = {}", c.val);
    }

    println!("x.val = {}", x.val);
}
```

❶ 뮤터블 변수 x의 상태는 '초기 상태'다.

❷ 뮤터블 변수 x에서 뮤터블 참조를 생성하고 그것을 뮤터블 참조 a가 차용한다. 이때 뮤터블 변수 x는 '&mut 대여 중', 뮤터블 참조 a는 '초기 상태'가 된다.

❸ 뮤터블 변수 x에 접근하려고 해도 변수 x가 '&mut 대여 중'이므로 컴파일 에러가 발생한다.

❹ 뮤터블 참조 a에서 이뮤터블 참조를 생성하고 그 소유권을 이뮤터블 참조 b가 차용한다. 이때 뮤터블 참조 a는 '& 대여 중', 이뮤터블 참조 b는 '초기 상태'가 된다.

❺ 뮤터블 참조 a에 파괴적 대입을 수행하면 컴파일 에러가 발생한다.

❻ 이뮤터블 참조 b가 마지막으로 이용되고, 차용된 참조의 반환은 그 후에 일어난다. 그러

므로 이 행을 실행한 후 이뮤터블 참조 b가 차용했던 소유권이 변수 a로 반환되고, 뮤터블 참조 a는 '초기 상태'로 돌아간다. 그 결과 뮤터블 참조 a에 대해 다시 파괴적 대입이 가능하게 된다.

❼ 뮤터블 변수 x에서 이뮤터블 참조가 생성되고, 그 소유권을 이뮤터블 참조 c가 차용한다. 이때 뮤터블 변수 x는 '& 대여 중', 이뮤터블 참조 c는 '초기 상태'가 된다.

❽ 따라서 뮤터블 변수 x에서 뮤터블 참조를 생성해 파괴적 대입을 수행하려 하면 컴파일 에러가 발생한다.

이상 차용에 관해 설명했다. 소유권과 차용이라는 개념을 도입해 얻을 수 있는 장점은 앞에서 설명한 동시성 프로그래밍에서 맞닥뜨리는 문제와 가비지 컬렉션$^{garbage\ collection,\ GC}$에서 맞닥뜨리는 문제를 해결할 수 있다는 것이다. 어떤 객체가 여러 위치에서 참조되는 상황에서는 해당 객체를 참조할 수 없는 타이밍을 감지해서 객체를 파기해야 한다(그렇지 않으면 메모리 누출이 발생한다). 이를 수행하는 것이 GC지만 GC는 일반적으로 프로그래머가 관리하기 어렵고 실행 속도가 핵심적인 부분에서는 GC가 방해가 되기도 한다. 또한 참조 카운터 등을 포함해 GC 에는 일정 이상의 오버헤드가 발생한다. 하지만 소유권과 차용이 있다면 객체를 파기하는 타이밍을 컴파일 시 알 수 있어 그런 문제가 발생하지 않는다.

2.3.6 메서드 정의

객체 지향 언어에서는 어떤 객체에 대한 함수를 정의할 수 있으며 이를 **메서드**^{method}라 부른다. Rust에서는 impl 키워드를 이용해 메서드를 정의할 수 있다. 다음 코드는 메서드 정의의 예다.

`Rust`

```rust
struct Vec2 {
    x: f64,
    y: f64
}

impl Vec2 { // ❶
    fn new(x: f64, y: f64) -> Self { // ❷
        Vec2{x, y}
    }

    fn norm(&self) -> f64 { // ❸
```

```
            (self.x * self.x + self.y * self.y).sqrt()
        }

        fn set(&mut self, x: f64, y: f64) { // ❹
            self.x = x;
            self.y = y;
        }
    }

    fn my_func9() {
        let mut v = Vec2::new(10.0, 5.0); // ❺
        println!("v.norm = {}", v.norm());
        v.set(3.8, 9.1);
        println!("v.norm = {}", v.norm());
    }
```

❶ Vec2 타입용 메서드를 정의한다.

❷ new 메서드는 Vec2 타입 객체를 생성하기 위한 함수이며, 이 메서드는 인스턴스를 인수로 갖지 않아도 호출할 수 있다. Rust에서는 관습적으로 객체 생성을 위해 new 메서드를 구현하는 경우가 많다.

❸ 피타고라스의 정리를 이용해 벡터의 길이를 계산하는 norm 메서드를 정의한다. 여기에서는 Vec2 인스턴스의 이뮤터블 참조를 &self 변수로 한다.

❹ 여기에서 self는 뮤터블 참조다.

❺ new 메서드를 이용해 Vec2를 생성한 뒤 Vec2의 메서드를 호출한다.

self는 C++나 Java에서는 컴파일러가 숨기기 때문에 보지 못한 분들도 있겠지만 사실 C++ 등에서도 뒤에서는 몰래 self와 동일한 것을 메서드에 전달하며 이들은 this라 불린다. Rust(또는 Python)에서는 self를 숨기지 않고 명시한다. 덧붙여 .sqrt( )는 f64 타입으로 구현되어 있는 sqrt 메서드를 호출한다.

> **TIP** self의 타입은 참조뿐만 아니라 참조가 아닌 일반적인 타입, Box, 또는 뒤에서 설명할 Arc라는 스마트 포인터를 지정할 수도 있다. 참조가 아닌 일반적인 타입으로 지정하면 함수 호출 시 (호출자가) 소유권을 빼앗는다.

impl은 메서드 정의뿐만 아니라 다음 절에서 설명할 트레이트 함수를 구현하는 데도 이용된다. 이 책에서는 impl로 메서드를 정의하거나 트레이트 함수를 구현하는 것을 해당 타입으로 구현한다고 말한다. 그리고 메서드는 단순한 함수이므로 함수라 부른다.

2.3.7 트레이트

트레이트^{trait}는 Java에서 말하는 인터페이스와 Haskell의 타입 클래스를 혼합한 기능이다. 트레이트로 구현한 주요 기능 중 애드혹 다형성^{Ad-Hoc polymorphism}(C++에서의 다중 정의)이 있다. 애드혹 다형성은 다른 함수를 같은 함수명으로 정의하고 이용할 수 있는 특성이다. 예를 들어 u32 타입 덧셈과 f32 타입 덧셈의 실제 처리는 다르지만 동일하게 +(플러스) 연산자를 이용해서 덧셈을 할 수 있는 것은 애드혹 다형성 덕분이다. 애드혹 다형성이 없는 OCaml에서는 정수의 덧셈 연산자는 +, 부동소수점수의 덧셈 연산자는 +.가 된다.

> **NOTE_** OCaml 설계가 나쁘다고 말하는 것은 아니다. 예를 들어 0.1 + 0.1 + 0.1 == 0.3을 다양한 프로그래밍 언어에서 계산해보면 정수와 부동소수점수의 덧셈이 다르다는 것을 알 수 있다.

다음 코드는 트레이트 정의 예다.

`Rust`

```rust
trait Add<RHS=Self> { // ❶
    type Output; // ❷
    fn add(self, rhs: RHS) -> Self::Output; // ❸
}
```

이 예는 Rust의 표준 라이브러리인 Add 트레이트를 나타낸 것으로, Add 트레이트를 구현한 타입은 + 연산자를 이용할 수 있게 된다.

❶ Add 트레이트 정의. 이 트레이트는 제네릭으로 되어 있어 타입 인수를 받는다. RHS가 타입 인수이고, Self가 기본 타입 인수이며, 타입 인수가 지정되지 않으면 RHS는 Add 트레이트를 구현한 타입과 같다.

❷ 이 트레이트 안에서 이용하는 타입을 정의한다.

❸ 구현할 add 함수 타입을 정의한다.

다음 코드는 트레이트를 이용하는 예다.

`Rust`

```rust
use std::ops::Add; // ❶

struct Vec2 {
    x: f64,
```

```rust
        y: f64
}

impl Add for Vec2 { // ❷
    type Output = Vec2;

    fn add(self, rhs: Vec2) -> Vec2 {
        Vec2 {
            x: self.x + rhs.x,
            y: self.y + rhs.y,
        }
    }
}

fn my_func10() {
    let v1 = Vec2{x: 10.0, y: 5.0};
    let v2 = Vec2{x: 3.1, y: 8.7};
    let v = v1 + v2; // + 연산자를 사용할 수 있다. v1과 v2의 소유권은 이동 ❸
    println!("v.x = {}, v.y = {}", v.x, v.y);
}
```

❶ Add 트레이트를 표준 라이브러리에서 임포트

❷ Vec2 타입을 위한 Add 트레이트 구현. Output 타입과 add 함수를 정의한다.

❸ add 함수 호출

덧붙여 ❸에서는 소유권 이동이 발생하므로 v1과 v2는 더 이상 이용할 수 없다. 그러나 다른 u32 타입 등에서는 소유권 이동은 일어나지 않으므로 + 연산 후에도 접근할 수 있다. 이 작동은 Copy 트레이트 구현 여부에 따라 달라진다. 즉, u32 타입 등은 Copy 트레이트를 구현하므로 변수 종속 시 복사가 발생하지만 Vec2 타입은 Copy 트레이트를 구현하지 않으므로 변수 종속은 소유권 이동이 된다.

Copy 트레이트는 위와 같이 구현할 수도 있지만 derive 어트리뷰트를 사용해 보다 간단하게 구현할 수 있다. 다음 코드는 derive 어트리뷰트 예다.

`Rust`

```rust
#[derive(Copy, Clone)]
struct Vec2 {
    x: f64,
    y: f64
}
```

Vec2 타입은 Copy와 Clone 트레이트를 컴파일러 측에 자동적으로 구현하도록 지정했다. 그리고 Clone은 Copy 어트리뷰트 구현에 필요한 트레이트이므로 이들도 지정해야 한다.

어떤 트레이트를 구현한 객체를 대상으로 하는 제네릭스 함수는 트레이트 제약[trait constraint]이라 불리는 기능을 이용해서 구현한다. 다음 코드는 트레이트 제약의 예다.

Rust

```rust
fn add_3times<T>(a: T) -> T
where T : Add<Output = T> + Copy // ❶
// where 이후를 기술하는 대신 ❷
// fn add_3times<T : Add<Output = T> + Copy>(a: T) -> T
// 라고 기술할 수도 있다.
{
    a + a + a
}
```

❶ where에서 타입 인수 T의 트레이트 제약을 명시. 여기에서 타입 T는 Add와 Copy 트레이트를 구현하고 있으며 Add 트레이트 안의 Output 타입은 T로 하고 있다. 이렇게 함으로써 add_3times는 Add와 Copy 트레이트를 구현한 타입에만 적용할 수 있다.

❷ where라고 기술하는 대신 타입 인수 안에 트레이트 제약을 기술할 수 있다.

2.3.8 ? 연산자와 unwrap

기본적으로 Rust의 에러 처리는 Option 타입 또는 Result 타입을 이용해서 수행하지만 모든 에러 판정을 패턴 매칭으로 수행하면 코드가 장황해진다. 그래서 간략하게 표기할 수 있도록 ? 연산자와 unwrap 함수를 제공한다.

다음 코드는 ? 연산자를 사용한 예다.

Rust

```rust
// ? 연산자의 예
let a = get(expr)?; // ❶

// get 함수가 Option 타입을 반환하는 경우
// 위 ? 연산자는 다음 패턴 매칭과 동일하다.
let a = match get(expr) { // ❷
    Some(e) => e,
```

```
        None => return None,
    };

    // get 함수가 Result 타입을 반환하는 경우
    // 위 ? 연산자는 다음 패턴 매칭과 동일하다.
    let a = match get(expr) { // ❸
        Ok(e) => e,
        Err(e) => return Err(e),
    };
```

❶ Option 타입이나 Result 타입 중 하나의 값을 반환하는 get 함수를 호출하고 있으며 그 뒤에 ? 연산자를 기술했다.

❷ get 함수의 반환값 타입이 Option 타입인 경우

❸ get 함수의 반환값 타입이 Result 타입인 경우

즉, ? 연산자는 match와 return의 신택틱 슈가 syntactic sugar, 통사론적 설탕다. ? 연산자는 매우 편리하므로 이용 방법을 기억해두도록 한다.

다음 코드는 unwarp 함수의 예다. Rust에서는 Option 타입이나 Result 타입 등에 unwrap이라는 함수를 구현하는 경우가 있으며, 성공해 값을 꺼낼 수 있으면 꺼내고, 꺼낼 수 없으면 panic으로 종료시키는 작동을 기술할 수 있다.

Rust

```
// unwrap 함수의 예
let a = get(expr).unwrap(); // ❶

// get 함수가 Option 타입을 반환하는 경우
// 위 unwrap 함수 호출은 다음 패턴 매칭과 동일하다.
let a = match get(expr) { // ❷
    Some(e) => e,
    None => { panic!() },
};

// get 함수가 Result 타입을 반환하는 경우
// 위 unwrap 함수 호출은 다음 패턴 매칭과 동일하다.
let a = match get(expr) { // ❸
    Ok(e) => e,
    Err(e) => { panic!() },
};
```

❶ Option 타입이나 Result 타입 중 하나의 값을 반환하는 get 함수를 호출하고 있으며 그 곳에 구현된 unwrap 함수를 호출한다.

❷ get 함수의 반환값 타입이 Option 타입인 경우

❸ get 함수의 반환값 타입이 Result 타입인 경우

unwrap 함수는 실패한 경우 프로그램을 이상 종료시키므로 이를 이용할 때는 항상 주의해야 한다. unwrap을 호출하더라도 코드상 명확하게 panic이 되지 않는 경우에 자주 사용하며, 그렇지 않은 경우에는 적극적으로 에러 핸들링을 해야 한다. 이 책에서는 예외 코드를 가능한 한 짧게 하기 위해 unwrap을 자주 사용하므로 실제 업무에서 이용할 때는 주의해야 한다.

2.3.9 스레드

이 절에서는 Rust에서 스레드 이용 방법을 설명한다. 다음 코드는 스레드 이용 예다.

Rust

```
use std::thread::spawn; // ❶

fn hello() { // ❷
    println!("Hello World!");
}

fn my_func11() {
    spawn(h).join(); // ❸

    let h = || println!("Hello World!"); // ❹
    spawn(h).join();
}
```

❶ 스레드를 생성하기 위해 spawn 함수 임포트

❷ 스레드 생성에 이용할 함수 정의

❸ spawn 함수를 호출해 스레드 생성. spawn 함수의 인수에는 hello라는 함수 포인터를 전달하므로 다른 스레드에서 Hello World!가 표시된다. Rust의 스레드는 기본적으로 어태치 스레드^{attach thread}이므로 join할 필요는 없지만 join 함수를 이용해 스레드가 종료되기까지 대기할 수 있다.

❹ 클로저를 이용해도 스레드를 생성할 수 있다.

다음 코드는 좀 더 복잡한 스레드 이용 예다.

Rust

```rust
use std::thread::spawn;

fn my_func12() {
    let v = 10;
    let f = move || v * 2; // ❶

    // Ok(10 * 2)를 얻는다.
    let result = spawn(f).join(); // ❷
    println!("result = {:?}", result); // Ok(20)이 표시된다.

    // 스레드가 panic인 경우 Err(패닉값)을 얻을 수 있다.
    match spawn(|| panic!("I'm panicked!")).join() { // ❸
        Ok(_) => { // ❹
            println!("successed");
        }
        Err(a) => { // ❺
            let s = a.downcast_ref::<&str>();
            println!("failed: {:?}", s);
        }
    }
}
```

❶ 스레드 생성을 위해 클로저 정의. Rust의 스레드는 값을 반환할 수 있다.

❷ 정의한 클로저를 spawn 함수에 전달해 스레드 생성. 스레드의 반환값은 join 함수의 반환값에 포함된다. 단, join 함수의 반환값은 Result 타입이므로 실제로는 Ok(20)을 포함해서 반환한다.

❸ 스레드가 패닉에 빠져 종료한 예. panic! 매크로를 호출해 스레드를 패닉으로 만드는 클로저를 spawn 함수에 전달해 스레드를 생성하고 join한다.

❹ 스레드가 올바르게 종료된 경우의 처리

❺ 스레드가 패닉이 된 경우 join 함수의 반환값에 Result 타입의 Err에 패닉 시의 값이 포함된다. Err에 포함된 값의 타입은 어떤 타입도 될 수 있는 Any라 불리는 특수한 타입이다. 그리고 이 Any 타입으로부터 println! 함수에 전달하기 위해 &str 타입으로 캐스트해서 표시한다.

이렇게 함으로써 스레드의 반환값 또는 패닉에 빠졌을 때의 반환값을 얻을 수 있다.

지금까지 Rust에 관해 간단히 설명했다. 여기에서 설명한 것 외에도 학습할 것들이 많지만 설명하지 않았다. 여기에서 설명한 것 이외의 기능을 사용할 때는 해당 부분에서 추가로 설명하겠다. 세부 내용은 Rust 관련 서적[11] (프로그래밍 Rust)이나 Rust 공식 문서[2]를 참조하기 바란다.

CHAPTER 3

동기 처리 1

세상에서 일어나는 일들은 동시에 진행된다. 차들은 도로 위를 각각 독립적으로 움직인다. 하지만 완전히 독립된 것은 아니며 신호나 규칙에 따라 일정하게 협력한다. 협력하여 작동함으로써 많은 차량이 혼란 없이 주행할 수 있다. 동시성 프로그래밍에서도 여러 프로세스 사이에 협조가 필요하다. 여러 프로세스 사이에 타이밍 동기화, 데이터 업데이트 등을 협조적으로 수행하는 처리를 동기 처리^{synchronous processing}라 부른다. 이 장에서는 동시성 프로그래밍의 기본적인 요소인 동기 처리에 관해 하드웨어 관점의 메커니즘에서 시작해 알고리즘까지 설명한다.

이 장에서는 먼저 동기 처리가 필요한 이유, 즉 레이스 컨디션^{race condition}을 설명한 뒤 C 언어와 어셈블리를 이용해서 현대적인 CPU에서 이용할 수 있는 아토믹^{atomic} 연산 명령과 아토믹 처리를 설명한다. 또한 동기 처리의 기본인 뮤텍스, 세마포어^{semaphore}, 조건 변수, 배리어 동기^{barrier synchronization}, Readers-Writer락, Pthread를 설명한다. 그리고 C 언어와 어셈블리를 이용해 원시적인 명령과 함수를 보다 깊이 이해한다.

이후 Rust 언어의 동기 처리 라이브러리에 관한 현대적인 동기 처리 기법을 설명한다. 원시적인 명령과 함수를 이용해도 동기 처리를 할 수 있지만 몇 가지 함정이 있다. 한편 Rust 언어에서는 동기 처리에서 놓치기 쉬운 실수를 타입 시스템을 이용해 방지할 수 있다. 프로그래머들이 반드시 습득하기를 바라는 부분이다. C와 Rust의 동기 처리 기법을 비교 학습함으로써 Rust의 선진적인 동기 처리 기법을 깊이 이해할 수 있다. 마지막으로 아토믹 명령에 의존하지 않은 대표적인 동기 처리 알고리즘인 베이커리 알고리즘^{bakery algorithm}을 소개한다.

이 장에서는 스레드나 OS 프로세스를 모두 프로세스라고 부른다. 이 장에서 설명하는 내용은 OS에 한정되어 있지 않기 때문이다. 실제로 이 장에서 설명하는 아토믹 명령이나 스핀락 spinlock은 스레드나 OS 프로세스뿐만 아니라 커널 공간에도 적용된다.

3.1 레이스 컨디션

레이스 컨디션 race condition 은 경합 상태라 불리며, 여러 프로세스가 동시에 공유하는 자원에 접근함에 따라 일어나는 예상치 않은 이상이나 상태를 의미한다. 동시성 프로그래밍에서는 이 레이스 컨디션을 일으키지 않고 올바르게 프로그래밍하는지가 중요한 문제다.

레이스 컨디션의 예로 공유 메모리상에 있는 변수를 여러 프로세스가 증가 increment 시키는 상황을 생각해보자. 단, 메모리에 읽기와 쓰기를 동시에 수행할 수는 없으며, 각기 다른 타이밍에 수행해야 한다고 가정한다. 다음 그림은 프로세스 A와 B가 공유 변수 v를 증가시키는 예다.

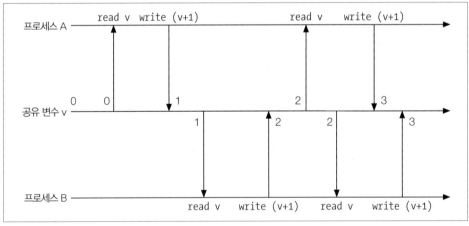

그림 3-1 레이스 컨디션 예

먼저 프로세스 A가 v에서 값을 읽고, 곧바로 v에 증가한 값을 쓴다. v의 초깃값은 0이므로 이 시점에는 v의 값이 1이 된다. 다음으로 프로세스 B가 v에서 값을 읽고 그 값을 증가시켜 값을 다시 쓴다. 그러면 v의 값은 2가 된다. 여기까지는 문제가 없다. 하지만 이어진 처리에서 프로세스 A가 v의 값을 읽은 뒤 곧바로 프로세스 B가 v의 값을 읽는다. 이때 두 프로세스 모두 읽은 값이 2이므로 증가한 3을 v에 써넣으려 한다. v의 최종 기댓값은 4지만 실젯값은 3이 된다. 이처럼 동시성 프로그래밍에서 예기치 못한 결함에 빠지는 상태를 레이스 컨디션이라 부른다.

레이스 컨디션을 일으키는 프로그램 코드 부분을 **크리티컬 섹션**critical section, 위험 영역이라 부른다. 크리티컬 섹션을 보호하기 위해서는 이 장에서 설명하는 동기 처리 구조를 이용한다.

3.2 아토믹 처리

아톰atom은 고대 그리스 철학자 데모크리토스Democritus가 발명한 용어로 이 세상은 더 이상 분할할 수 없는 단위의 물질로 구성되어 있다는 생각에서 출발했다. 마찬가지로 **아토믹 처리**atomic operation란 불가분 조작 처리라 불리며 처리로 더 이상 나눌 수 없는 처리 단위를 의미한다. 엄밀하게 생각하면 CPU의 add덧셈나 mul곱셈 같은 명령도 아토믹 처리로 생각할 수 있지만 일반적으로 아토믹 처리는 여러 번의 메모리 접근이 필요한 조작이 조합된 처리를 말하며 덧셈이나 곱셈 등 단순한 명령을 의미하지는 않는다.

이 책에서는 아토믹 처리를 엄밀하게 정의하지 않지만 그 성질은 다음과 같이 정의할 수 있다.

> **정의** **아토믹 처리의 성질**
> 어떤 처리가 아토믹하다. ⇒ 해당 처리의 도중 상태는 시스템적으로 관측할 수 없으며, 만약 처리가 실패하면 처리 전 상태로 완전 복원된다.

최근의 CPU에서는 아토믹 처리용 명령을 지원하며, 이 아토믹 처리를 이용해 다양한 동기 처리 기능이나 보다 추상적인 프로그래밍 언어 수준에서의 아토믹 처리를 구현한다. 이 절에서는 CPU에서 제공하는 몇 가지 대표적인 아토믹 처리를 설명한다. 현대의 컴퓨터상에서의 동기 처리 대부분은 아토믹 명령에 의존한다. 아토믹 처리에 관해 학습함으로써 동시성 프로그래밍의 구조를 보다 깊이 이해할 수 있다.

3.2.1 Compare and Swap

Compare and Swap^{CAS}은 동기 처리 기능의 하나인 세마포어^{semaphore}, 락프리$^{lock-free}$, 웨이 트프리$^{wait-free}$한 데이터 구조를 구현하기 위해 이용하는 처리다. 다음 코드는 CAS의 의미를 나타낸 예다.

`C`

```c
bool compare_and_swap(uint64_t *p, uint64_t val, uint64_t newval)
{
    if (*p != val) { // ❶
        return false;
    }
    *p = newval; // ❷
    return true;
}
```

❶ *p의 값이 val과 다르면 false를 반환한다.

❷ *p의 값이 val과 같으면 *p에 newval을 대입하고 true를 반환한다.

일반적으로 이 프로그램은 아토믹하지 않다. 실제로 2행의 *p != val은 5행의 *p = newval과 별도로 실행된다. compare_and_swap 함수는 C 언어 컴파일러에서 다음과 같은 어셈블리 코드 (x86-64, System V x86-64 ABI)로 컴파일된다. 세미콜론(;) 이후의 구문은 필자가 추가한 주석이다.

예제 3-1 x86-64에서의 컴파일 결과

`ASM x86-64`

```
        cmpq %rsi, (%rdi) ; %rsi == (%rdi) ❶
        jne LBB0_1        ; if %rsi != (%rdi) then goto LBB0_1 ❷
        movq %rdx, (%rdi) ; (%rdi) = %rdx
        movl $1, %eax     ; %eax = 1
        retq              ; ❸
LBB0_1:
        xorl %eax, %eax   ; %eax = 0 ❹
        retq              ; ❺
```

❶ rsi 레지스터의 값과 rdi 레지스터가 가리키는 메모리상의 값을 비교한다. 그 결과가 ZF 플래그에 저장된다.

❷ 비교 결과(ZF 플래그를 검사)가 같지 않으면 LBB0_1 라벨로 점프한다.

❸ 1을 반환한다.

❹ xrol 명령에서 eax 레지스터의 값을 0(즉, false)으로 설정한다.

❺ 0을 반환한다.

rdi, rsi, rdx는 각각 함수의 첫 번째, 두 번째, 세 번째 인수로 이용되는 레지스터이며, 이는 System V x86-64 Application Binary Interface^{ABI}에 결정되어 있다. 즉, rdi, rsi, rdx 레지스터는 C 언어 코드 안의 변수 p, val, newval에 해당한다. 그리고 %rsi와 같이 기술했을 때는 rsi 레지스터에 저장된 값 자체를 가리키며, (%rdi)와 같이 소괄호로 감쌌을 때는 rdi 레지스터에 저장된 주소가 가리키는 메모리상의 값을 가리킨다. 즉, 어셈블리 코드 안의 (%rdi)는 C 코드의 *p에 해당한다.

이렇게 C 코드에서 나타낸 처리는 일반적으로 어셈블리 코드 레벨에서도 여러 조작을 조합해 구현한다. 하지만 gcc나 clang 같은 C 컴파일러에서는 이와 같은 조작을 아토믹으로 처리하기 위한 내장 함수인 __sync_bool_compare_and_swap을 제공한다.

`C`

```c
bool compare_and_swap(uint64_t *p, uint64_t val, uint64_t newval)
{
    return __sync_bool_compare_and_swap(p, val, newval);
}
```

__sync_bool_compare_and_swap 함수의 의미와 인수는 앞서 소개한 compare_and_swap 함수와 완전히 동일하다. 단, C 언어에서는 0이 false, 0이 아니면 true를 의미하므로 반환값의 타입은 int 타입이 된다.

이 코드는 다음 어셈블리 코드로 변환된다.

예제 3-2 x86-64의 CAS

`ASM x86-64`

```asm
movq %rsi, %rax            ; %rax = %rsi ❶
xorl %ecx, %ecx           ; %ecx = 0 ❷
lock cmpxchgq %rdx, (%rdi) ; CAS ❸
sete %cl                   ; %cl = ZF flag ❹
movl %ecx, %eax            ; %eax = %ecx
retq
```

❶ 두 번째 인수를 의미하는 rsi 레지스터의 값을 rax 레지스터로 복사한다.

❷ ecx 레지스터의 값을 0으로 초기화한다.

❸ cmpxchgq 명령을 이용해 아토믹하게 비교 및 교환한다. lock을 지정할 경우 지정된 명령 중의 메모리 접근은 배타적으로 수행됨을 보증한다. 더 구체적으로 이야기하면 명령 안에 지정된 메모리에 해당하는 CPU 캐시 라인의 소유권이 배타적인 것을 보증한다. 즉, CPU가 여럿인 경우에도 lock에 설정된 메모리에 접근할 수 있는 CPU는 동시에 하나뿐이다.

❹ sete 명령은 Set Byte on Condition 명령이라 불리는 명령의 하나이며, ZF 클래스의 값을 cl 레지스터(sete 명령은 8비트 레지스터만 지정할 수 있으므로 cl 레지스터는 ecx 레지스터의 하위 8비트에 해당함)에 저장한다.

cmpxchgq 명령은 다음 코드와 그 의미가 같다.

```C
if (%rax == (%rdi)) {
    (%rdi) = %rdx
    ZF = 1
} else {
    %rax = (%rdi)
    ZF = 0
}
```

즉, cmpxchgq %rdx, (%rdi)에서는 먼저 rax 레지스터의 값과 첫 번째 인수를 나타내는 rdi 레지스터가 가리키는 메모리상의 값을 비교하여, 값이 같으면 rdi 레지스터가 가리키는 메모리상에 네 번째 인수를 나타내는 rdx의 값을 대입하고 ZF 플래그의 값을 1로 설정한다. 그렇지 않을 때는 rdi 레지스터가 가리키는 메모리상의 값을 rax 레지스터에 설정하고 ZF 플래그의 값을 0으로 설정한다. 당연하지만 이 코드의 의미는 compare_and_swap 함수와 같다.

3.2.2 Test and Set

다음 코드는 Test and Set^{TAS}이라 불리는 조작을 수행하는 함수다.

```C
bool test_and_set(bool *p) {
    if (*p) {
        return true;
```

```
    } else {
        *p = true;
        return false;
    }
}
```

이 함수는 입력된 포인터 p가 가리키는 값이 true면 true를 그대로 반환하고, false면 p가 가리키는 메모리의 값을 true로 설정하고 false를 반환한다. TAS도 CAS와 마찬가지로 아토믹처리의 하나이며, 값의 비교와 대입이 아토믹하게 실행되며 스핀락 등을 구현하기 위해 이용된다.

이 코드를 그대로 컴파일해도 아토믹하게 실행되지 않지만 CAS와 마찬가지로 gcc나 clang 등의 C 컴파일러에서는 TAS용 내장 함수인 __sync_lock_test_and_set을 제공한다. 하지만 이함수의 작동은 test_and_set 함수(TAS 함수)와는 다르며, 그 의미는 다음 코드와 같다.

C

```
type __sync_lock_test_and_set(type *p, type val) {
    type tmp = *p;
    *p = val;
    return tmp;
}
```

이 함수는 포인터 p와 값 val을 인수로 받고, val을 포인터 p가 가리키는 값에 대입하고, p가가리키던 이전 값을 반환한다.

__sync_lock_test_and_set 함수의 두 번째 인수에 1(true)을 지정함으로써 TAS 함수와 동일하게 작동한다. 다음은 TAS 함수 호출 전후의 *p의 상태를 나타낸 표다.

표 3-1 내장 TAS 함수의 작동

	*p	*p'	반환값
TAS	0	1	0
	1	1	1
내장 TAS	0	1	0
	1	1	1

여기에서 *p는 TAS 함수 호출 전의 값이고 *p'은 호출 후의 값이며 1은 true, 0은 false를 나

타낸다. 또한 내장 TAS 함수(즉, __sync_lock_test_and_set 함수)의 두 번째 인수는 1로 고정하는 것으로 한다. 이 표에서 두 TAS 함수의 작동 자체는 동일함을 알 수 있다.

다음 코드는 내장 함수를 이용해 아토믹하게 작동하는 TAS 함수다.

`C`

```c
bool test_and_set(volatile bool *p) {
    return __sync_lock_test_and_set(p, 1);
}
```

여기에서는 앞서 설명한 것처럼 두 번째 인수에 상수 1을 전달할 뿐이다. 이 코드는 다음 어셈블리 코드와 같이 컴파일된다.

예제 3-3 x86-64의 TAS

`ASM x86-64`

```
movb    $1, %al      ; %al = 1
xchgb   %al, (%rdi)  ; TAS ❶
andb    $1, %al      ; %al = %al & 1 ❷
retq
```

❶ xchgb 명령으로 al 레지스터의 값과 첫 번째 인수를 의미하는 rdi 레지스터가 가리키는 메모리의 값을 교환한다. xchgb 명령의 의미는 TAS 함수와 동일하다. 결과적으로 rdi 레지스터가 가리키던 메모리의 값은 al 레지스터에 보존된다.

❷ al 레지스터의 하위 1비트의 값이 추출된다(1 또는 0의 값만 메모리에 저장한다면 이 논리적 명령은 필요하지 않지만 여기서는 컴파일러가 출력한 코드를 그대로 실었다).

TIP xchgb 명령은 lock 명령 프리픽스가 없어도 lock이 붙어 있는 것으로 취급된다.

__sync_lock_test_and_set 함수에서 설정한 플래그는 __sync_lock_release를 이용해 해제할 수 있으며, 다음과 같이 매우 단순한 코드로 구현할 수 있다.

`C`

```c
void tas_release(volatile book *p) {
    return __sync_lock_release(p);
}
```

이 함수는 단순히 false(즉, 0)를 대입할 뿐이다.

3.2.3 Load-Link/Store-Conditional

x86-64나 그 기반이 되는 x86 등의 CPU 아키텍처에서는 lock 명령 접두사를 사용해 메모리에 읽고 쓰기를 배타적으로 수행하도록 지정했다. 한편 ARM, RISC-V, POWER, MIPS 등의 CPU에서는 Load-Link/Store-Conditional[LL/SC] 명령을 이용해 아토믹 처리를 구현한다.

표 3-2 AArch64의 LL/SC 명령(A/L은 load-Acquire와 store-reLease 명령)

	LL	SC	클리어 명령
8비트	ldxrb	stxrb	clrex
8비트(A/L)	ldaxrb	stlxrb	clrex
16비트	ldxrh	stxrh	clrex
16비트(A/L)	ldaxrh	stlxrh	clrex
32 또는 64비트	ldxr	stxr	clrex
32 또는 64비트(A/L)	ldaxr	stlxr	clrex
페어	ldxp	stxp	clrex
페어(A/L)	ldaxp	stlxp	clrex

LL 명령은 메모리 읽기를 수행하는 명령이지만 읽을 때 메모리를 배타적으로 읽도록 지정한다. SC 명령은 메모리 쓰기를 수행하는 명령이며, LL 명령으로 지정한 메모리로의 쓰기는 다른 CPU가 수행하지 않는 경우에만 쓰기가 성공한다.

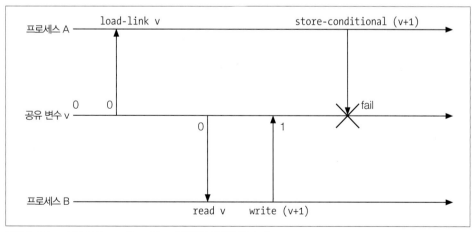

그림 3-2 Load-Link/Store-Conditional 명령을 이용한 증가 예

먼저 프로세스 A가 LL 명령을 이용해 공유 변수 v의 값을 읽는다. 이어서 다른 프로세스 B가 공유 변수 v에서 값을 읽고, 그 후 어떤 값을 써넣는다. 다음으로 프로세스 A가 SC 명령을 이용해 값을 써넣지만 프로세스 A의 LL 명령과 SC 명령 사이에 공유 변수 v로의 쓰기가 발생하므로 이 쓰기는 실패한다. 쓰기가 실패한 경우에는 다시 한번 읽기와 쓰기를 수행함으로써 실질적으로 아토믹하게 증가시킬 수 있다.

A.3절 '메모리 읽기 쓰기'에서 설명한 것처럼 읽기 수행 명령은 읽기 쓰기 수행 크기에 따라 다르므로 각각에 대응한 LL/SC 명령을 제공한다(별도로 나열하지 않으므로 자세한 내용은 매뉴얼을 참조한다). 그리고 ldaxr 같이 명령 중에 a가 있는 LL 명령은 load-acquire를 의미하고, stlxr 같이 명령 중에 l이 있는 SC 명령은 store-release를 의미한다. load-acquire 명령에 이어지는 명령은 반드시 이 명령이 종료된 후 실행되는 것을 보증하며, store-release 명령어 이전의 명령은 이 명령 실행 전에 반드시 모두 실행됨을 보증한다. 이는 CPU의 아웃 오브 데이터^out-of-data 실행을 제어하기 위한 것으로 자세한 내용은 4.7절 '메모리 배리어'에서 설명한다. clrex 명령은 클리어 명령이라 불리는 명령어로 ldxr 명령 등에서 배타적으로 읽기를 수행한 메모리 상태를 배타 접근 상태에서 열린 접근^open access 상태로 되돌리는 명령어다.

다음 코드는 AArch64 어셈블리를 이용해 TAS 함수를 구현한 예다.

예제 3-4 AArch64의 LL/SC 명령을 이용한 TAS

`ASM AArch64`

```
    mov w8, #1          ; w8 = 1
.LBB0_1:
    ldaxrb w9, [x0]     ; w9 = [x0] ❶
    stlxrb w10, w8, [x0] ; [x0] = w8 ❷
    cbnz w10, .LBB0_1   ; if w10 != 0 then goto .LBB0_1 ❸
    and w0, w9, #1      ; w0 = w9 & 1
    ret
```

❶ 첫 번째 인수를 나타내는 x0 레지스터가 가리키는 메모리의 값을 w9 레지스터에 저장한다.

❷ w8 레지스터의 값을 x0 레지스터가 가리키는 메모리에 써넣는다. 이 쓰기는 ldaxrb 명령 이후 같은 메모리 위치에 대해 다른 CPU에 의한 쓰기가 없을 때만 수행한다. 쓰기가 가능한 경우에는 w10 레지스터의 값을 0, 그렇지 않은 경우에는 1로 설정한다.

❸ w10 레지스터의 값이 0이 아니면 3행부터 다시 처리를 실행하고, 그렇지 않으면 처리를 진행한다.

LL/SC 명령을 사용한 간단한 예를 다음 코드에 나타냈다. 이 코드는 아토믹하게 값을 증가시키는 예이며, 공유 변수로의 주소는 x0 레지스터에 저장되어 있다고 가정한다.

예제 3-5 AArch64의 LL/SC 명령을 이용한 아토믹 증가

`ASM AArch64`

```
.LBB0_1:
    ldaxr w8, [x0]     ; w8 = [x0] ❶
    add w8, w8, #1     ; w8 = w8 + 1 ❷
    stlxr w9, w8, [x0] ; [x0] = w8 ❸
    cbnz w9, .LBB0_1   ; if w9 != 0 goto .LBB0_1 ❹
```

❶ x0 레지스터가 가리키는 메모리에서 값을 읽어 w8 레지스터에 저장한다.

❷ w8 레지스터의 값을 증가시킨다.

❸ w8 레지스터의 값을 x0 레지스터가 가리키는 메모리에 저장한다. 단, ldaxr 명령과 이 명령 사이에 다른 CPU로부터 해당 메모리에 쓰기가 있는 경우 이 쓰기 처리는 실패한다.

❹ w9 레지스터의 값을 검사해서 0이 아니면 다시 한번 처리를 실행한다.

LL/SC 명령은 이렇게 다른 CPU로부터의 쓰기 여부를 검출할 수 있으며 이는 x86-64의 lock 명령 접두사와 크게 다른 점이다. x86-64 아키텍처에서 이를 검출하려면 해저드 포인터^{hazard pointer}라 불리는 기법 등을 이용해야 한다. 이에 관해서는 7.3.2절 'ABA 문제'에서 설명한다.

> **NOTE_** Arm v8.1부터 cas 명령 등이 추가되었기 때문에 LL/SC를 사용하지 않고 아토믹 처리를 구현할 수 있게 되었다.

3.3 뮤텍스

뮤텍스^{Mutex}는 MUTual EXecution의 약어이며 배타 실행^{Exclusive Execution}이라고도 불리는 동기 처리 방법이다. 이름 그대로 뮤텍스는 크리티컬 섹션을 실행할 수 있는 프로세스 수를 최대 1개로 제한하는 동기 처리다. 배타적 실행을 위해 공유 변수로 사용할 플래그를 준비하고 해당 플래그가 true면 크리티컬 섹션을 실행하고 그렇지 않으면 실행하지 않는 처리를 생각할 수 있다. 구체적으로는 다음과 같은 코드가 될 것이다.

```c
bool lock = false; // 공유 변수 ❶

void some_func() {
retry:
    if (!lock) { // ❷
        lock = true; // 락 획득
        // 크리티컬 섹션
    } else {
        goto retry;
    }
    lock = false; // 락 해제 ❸
}
```

❶ 각 프로세스에서 공유되는 변수를 정의한다. 초깃값은 false다.

❷ 이미 다른 프로세스가 크리티컬 섹션을 실행 중이 아닌지 확인하고, 아무 프로세스도 실행하고 있지 않다면 크리티컬 섹션을 실행 중이라는 것을 나타내기 위해 공유 변수 lock에 true를 대입하고 크리티컬 섹션을 실행한다. 반대로 만약 다른 크리티컬 섹션을 실행 중인 프로세스가 있다면 재시도한다.

❸ 공유 변수 lock에 false를 대입하고 처리를 종료한다.

> **NOTE_** 크리티컬 섹션 실행 권한을 얻는 것을 '락을 획득한다'고 말하며, 획득한 권한을 반환하는 것을 '락을 해제한다'고 말한다.

이 함수는 여러 프로세스에서 동시에 호출되며, lock 변수는 모든 프로세스에서 공유된다. 이 프로그램은 얼핏 잘 작동할 것처럼 보이지만 여러 프로세스가 크리티컬 섹션을 동시에 실행하게 될 가능성이 있다. 다음 [그림 3-3]은 배타 실행이 되지 않는 예를 보여준다.

그림에서는 2개의 프로세스 A와 B가 공유 변수 lock에 접근한다. 프로세스 A가 some_func 함수 안에 있는 if의 조건 부분을 실행한 직후 프로세스 B가 마찬가지로 if의 조건 부분을 실행한다. 프로세스 B에 의한 lock 변수의 읽기는 프로세스 A가 lock 변수에 true를 설정한 것보다 먼저 실행되므로 결과적으로 프로세스 A와 B 모두 같은 시각에 크리티컬 섹션을 실행하게 된다.

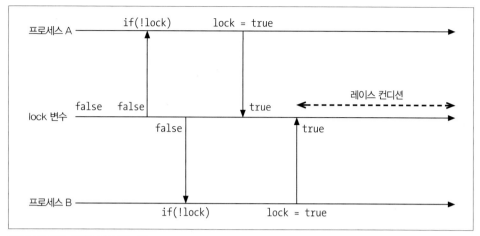

그림 3-3 배타 실행이 되지 않는 예

다음 코드는 올바른 배타 제어를 수행하는 구현 예다.

예제 3-7 good_mutex.c

```c
bool lock = false; // 공유 변수

void some_func() {
retry:
    if (!test_and_set(&lock)) { // 검사 및 락 획득
        // 크리티컬 섹션
    } else {
        goto retry;
    }
    tas_release(&lock); // 락 해제(반환)
}
```

이 코드에서는 단순히 lock 변수를 검사해서 값을 설정하는 것뿐만 아니라 아토믹 버전의 TAS 함수를 이용해 검사와 값 설정을 수행한다. [그림 3-3]에 나타낸 것처럼 [예제 3-6]의 코드에서는 검사와 값의 설정이 여러 조작으로 만들어져 있으며, 이것이 올바르게 배타 제어가 되지 않는 원인이었다. 그래서 여기에서는 TAS를 이용해 아토믹하게 검사와 값 설정을 하도록 수정했다.

다음 그림은 올바르게 배타 제어가 되는 예를 보여준다.

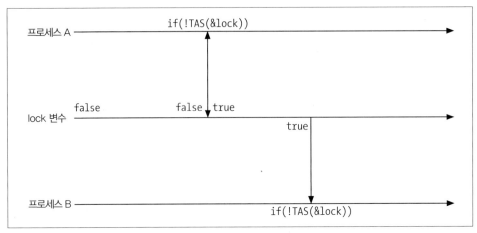

그림 3-4 올바르게 배타 실행이 되는 예

그림과 같이 TAS를 이용함으로써 lock 변수에 읽기와 쓰기를 동시에 수행할 수 있게 된다. 그리고 TAS에서 이용되는 xchg 명령은 캐시 라인을 배타적으로 설정하므로 같은 메모리에 대한 TAS는 동시에 실행되지 않는다.

3.3.1 스핀락

[예제 3-7]에서는 락을 얻을 수 있을 때까지 루프를 반복했다. 이렇게 리소스가 비는 것을 기다리며 polling 확인하는 락 획득 방법을 스핀락spinlock이라 부른다. 전형적으로 스핀락용 API는 락 획득용과 락 해제용 함수 두 가지가 제공되며, 이들은 다음 코드와 같이 기술된다. 이 알고리즘에서는 bool 타입의 공유 변수 lock을 하나 이용하며 초깃값은 false다.

C

```
void spinlock_aqcuire(bool *lock) {
    while (test_and_set(lock)); // ❶
}

void spinlock_release(bool *lock) {
    tas_release(lock); // ❷
}
```

❶ 공유 변수에 대한 포인터를 받아 TAS를 이용해 락을 획득할 때까지 루프를 돈다.

❷ 단순히 공유 변수를 인수로 tas_release 함수를 호출한다.

코드는 정상 작동하지만 일반적으로 아토믹 명령은 실행 속도상의 페널티가 크다. 그래서 TAS 를 호출하기 전에 검사를 하고 나서 TAS를 수행하도록 개선할 수 있으며 개선한 결과는 다음 코드와 같다.

```
void spinlock_aqcuire(volatile bool *lock) { // ❶
    for (;;) {
        while(*lock); // ❷
        if (!test_and_set(lock))
            break;
    }
}

void spinlock_release(bool *lock) {
    tas_release(lock);
}
```

❶ volatile로 설정한 것은 루프 중의 최적화를 막기 위해서다.

❷ lock 변수가 false가 될 때까지 루프를 돌기 때문에 아토믹 명령을 불필요하게 호출하는 횟수를 줄인다.

이렇게 TAS 전에 테스트를 수행하는 방법을 Test and Test and Set^{TTAS}이라고 한다.

스핀락에서는 락을 획득할 수 있을 때까지 루프에서 계속해서 공유 변수를 확인하기 때문에 크리티컬 섹션 안에서의 처리량이 많은 경우에는 불필요한 CPU 리소스를 소비하게 된다. 그래서 락을 획득하지 못한 경우에는 컨텍스트 스위치$^{Context Switch}$로 다른 프로세스에 CPU 리소스를 명시적으로 전달해 계산 자원 이용을 효율화하는 경우가 있다. 그리고 크리티컬 섹션 실행 중에 OS 스케줄러에 의해 OS 프로세스가 할당되어 대기 상태가 되어버린 경우에는 특히 페널티가 크다. 하지만 유저랜드^{userland} 애플리케이션에서는 OS에 의한 할당을 제어하기 어렵기 때문에 단일 스핀락 이용은 권장하지 않으며 다음에 설명할 Pthread 또는 프로그래밍 언어 라이브러리가 제공하는 뮤텍스를 이용하거나 스핀락과 이들 라이브러리를 조합해 이용해야 한다.

다음 코드는 스핀락의 이용 예를 보여준다.

```
bool lock = false; // 공유 변수

void some_func() {
    for (;;) {
        spinlock_aqcuire(&lock); // 락 획득 ❶
        // 크리티컬 섹션 ❷
        spinlock_release(&lock); // 락 해제 ❸
    }
}
```

사용 방법은 매우 간단하지만 실제로 프로그램을 작성하다 보면 락 해제를 잊는 경우가 있으므로 충분히 주의해야 한다.

3.3.2 Pthreads의 뮤텍스

Pthreads의 뮤텍스에 관해 알아보자. 앞에서 설명했듯이 일반적인 프로그램의 경우 스핀락 등은 직접 구현하는 것보다 라이브러리에서 제공하는 뮤텍스를 이용하는 것이 바람직하다. 다음 코드는 Pthreads의 뮤텍스 이용 예다.

```
#include <stdio.h>
#include <stdlib.h>
#include <pthread.h>

pthread_mutex_t mut = PTHREAD_MUTEX_INITIALIZER; // ❶

void* some_func(void *arg) { // 스레드용 함수
    if (pthread_mutex_lock(&mut) != 0) { // ❷
        perror("pthread_mutex_lock"); exit(-1);
    }

    // 크리티컬 섹션

    if (pthread_mutex_unlock(&mut) != 0) { // ❸
        perror("pthread_mutex_unlock"); exit(-1);
    }

    return NULL;
}
```

```c
int main(int argc, char *argv[]) {
    // 스레드 생성
    pthread_t th1, th2;
    if (pthread_create(&th1, NULL, some_func, NULL) != 0) {
        perror("pthread_create"); return -1;
    }

    if (pthread_create(&th2, NULL, some_func, NULL) != 0) {
        perror("pthread_create"); return -1;
    }

    // 스레드 종료 대기
    if (pthread_join(th1, NULL) != 0) {
        perror("pthread_join"); return -1;
    }

    if (pthread_join(th2, NULL) != 0) {
        perror("pthread_join"); return -1;
    }

    // 뮤텍스 객체 반환(릴리즈)
    if (pthread_mutex_destroy(&mut) != 0) { // ❹
        perror("pthread_mutex_destroy"); return -1;
    }

    return 0;
}
```

❶ 뮤텍스용 변수 mut를 정의한다. Pthreads에서는 뮤텍스용 공유 변수의 타입은 pthread_mutex_t이며 초기화는 PTHREAD_MUTEX_INITIALIZER 매크로에서 수행한다. 뮤텍스 초기화는 pthread_mutex_init 함수에서도 가능하다.

❷ pthread_mutex_lock 함수에 뮤텍스용 공유 변수 mut의 포인터를 전달해 락을 얻는다.

❸ pthread_mutex_unlock 함수에 mut로의 포인터를 전달하고 락을 해제한다. 이렇게 Pthreads에서는 pthread_mutex_lock과 pthread_mutex_unlock 함수를 호출해 락 획득과 해제를 할 수 있다.

❹ 생성한 뮤텍스용 변수는 pthread_mutex_destory 함수로 반환하지 않으면 메모리 누출을 일으킨다.

이들 pthread 계열 함수는 성공한 경우 0을 반환하므로 코드에서는 반환값이 0인지 체크하여 그렇지 않으면 프로그램을 종료시킨다.

3.4 세마포어

뮤텍스에서는 락을 최대 1개 프로세스까지 획득할 수 있었지만 **세마포어**^{semaphore}를 이용하면 최대 N개 프로세스까지 동시에 락을 획득할 수 있다. 여기서 N은 프로그램 실행 전에 임의로 결정할 수 있는 값이다. 즉, 세마포어는 뮤텍스를 보다 일반화한 것으로 또는 뮤텍스를 세마포어의 특수한 버전이라고 생각할 수 있다.

다음 코드는 세마포어의 알고리즘을 나타낸다. 여기에서 NUM은 동시에 락을 획득할 수 있는 프로세스 수의 상한이다. 이 알고리즘에서는 int 타입의 공유 변수 cnt를 하나씩 이용하며 초깃 값은 0이다.

예제 3-8 semaphore.c   `C`

```c
#define NUM 4

void semaphore_acquire(volatile int *cnt) { // ❶
    for (;;) {
        while (*cnt >= NUM); // ❷
        __sync_fetch_and_add(cnt, 1); // ❸
        if (*cnt <= NUM) // ❹
            break;
        __sync_fetch_and_sub(cnt, 1); // ❺
    }
}

void semaphore_release(int *cnt) {
    __sync_fetch_and_sub(cnt, 1); // ❻
}

#include "semtest.c"
```

❶ 인수로 int 타입의 공유 변수에 대한 포인터를 받는다. 뮤텍스의 경우 락이 이미 획득되어 있는지만 알면 되므로 bool 타입 공유 변수를 이용했지만 세마포어에서는 다수의 프로세스가 락을 획득했는지 알아야 하므로 int 타입을 이용한다.

❷ 공유 변숫값이 최댓값 NUM 이상이면 스핀하며 대기한다.

❸ NUM 미만이면 공유 변숫값을 아토믹하게 증가한다.

❹ 증가한 공유 변숫값이 NUM 이하인지 검사하여 그렇다면 루프를 벗어나 락을 얻는다.

❺ 그렇지 않으면 여러 프로세스가 동시에 락을 획득한 것이므로 공유 변숫값을 감소하고 다시 시도한다.

❻ 락을 반환한다. 공유 변숫값을 아토믹하게 감소한다.

세마포어는 물리적인 계산 리소스 이용에 제한을 적용하고 싶은 경우 등에 이용할 수 있다. 항공기 등의 이용은 좌석 수에 제한이 있기 때문에 이용자 수에 제한을 거는 것과 같다. 그러나 당연하지만 세마포어에서는 여러 프로세스가 락을 획득할 수 있으므로 뮤텍스에서는 피할 수 있었던 시뮬레이션을 피할 수 없는 경우가 많으므로 주의해야 한다.

다음 코드는 세마포어 이용 예다.

C

```c
int cnt = 0; // 공유 변수

void some_func() {
    for (;;) {
        semaphore_aqcuire(&cnt); // 락 획득
        // 무언가 처리
        semaphore_release(&cnt); // 락 해제
    }
}
```

이용 방법은 뮤텍스와 같으며 세마포어 역시 락 반환을 잊지 않도록 주의해야 한다.

3.4.1 LL/SC 명령을 이용한 구현

LL/SC 명령을 이용한 세마포어 구현을 알아보자. [예제 3-8]에서는 락 획득을 실패한 경우에도 아토믹하게 공유 변수를 감소시켜야 했는데, 이는 락 획득 시 값을 검사하지 않고 아토믹하게 증가시켰기 때문이다. 한편 LL/SC 명령을 이용하면 공유 변수를 검사해 필요한 경우에만 증가시키는 처리를 아토믹하게 수행할 수 있으므로 semaphore_acquire 함수 안에서 감소 처리할 필요가 없다.

다음 코드는 AArch64의 LL/SC 명령을 이용한 세마포어의 락 획득 함수다. 여기에서는 락을 획득할 수 있는 프로세스의 최대 수가 4이며, 공유 변수에 대한 주소가 x0 레지스터에 저장되어 있는 것으로 가정한다.

```
.LBB0_1:
    ldr     w8, [x0]      // while (*x0 > 3); ❶
    cmp     w8, #3
    b.hi    .LBB0_1
.Ltmp1:
    ldaxr   w2, [x0]      // w2 = [x0] ❷
    cmp     w2, #4
    b.lo    .Ltmp2        // if (w2 < 4) then goto .Ltmp2 ❸
    clrex                 // clear exclusive
    b       .LBB0_1       // goto .LBB0_1
.Ltmp2:
    add     w2, w2, #1    // w2 = w2 + 1 ❹
    stlxr   w3, w2, [x0]  // [x0] = w2
    cbnz    w3, .Ltmp1    // if (w3 != 0) then goto .Ltmp1
    ret
```

❶ C 언어의 while (*x0 > 3);에 해당하는 코드

❷ x0 레지스터가 가리키는 메모리상의 값을 w2 레지스터로 읽는다.

❸ 그 값이 4 미만인지 검사하여 그렇다면 .Ltmp2로 점프하고, 그렇지 않으면 LL 명령으로 설정한 배타적 읽기 설정을 초기화하고 .LBB0_1로 점프한다.

❹ w2 레지스터의 값을 증가시키고 그 값을 SC 명령에서 조건부로 쓴다. 쓰기가 가능하지 않으면 .Ltmp1로 점프하고, 쓰기가 가능하면 반환한다.

3.4.2 POSIX 세마포어

여기에서는 세마포어의 표준적인 구현인 POSIX 세마포어를 설명한다. 다음 코드는 POSIX 세마포어 이용 예다.

         C

```
#include <pthread.h> // ❶
#include <fcntl.h>
#include <sys/stat.h>
#include <semaphore.h>
#include <stdio.h>
#include <stdlib.h>
#include <unistd.h>
```

```c
#define NUM_THREADS 10 // 스레드 수
#define NUM_LOOP 10    // 스레드 안의 루프 수

int count = 0; // ❷

void *th(void *arg) { // 스레드용 함수
    // 이름이 있는 세마포어를 연다. ❸
    sem_t *s = sem_open("/mysemaphore", 0);
    if (s == SEM_FAILED) {
        perror("sem_open");
        exit(1);
    }

    for (int i = 0; i < NUM_LOOP; i++) {
        // 대기 ❹
        if (sem_wait(s) == -1) {
            perror("sem_wait");
            exit(1);
        }

        // 카운터를 아토믹하게 증가
        __sync_fetch_and_add(&count, 1);
        printf("count = %d\n", count);

        // 10ms 슬립
        usleep(10000);

        // 카운터를 아토믹하게 감소
        __sync_fetch_and_sub(&count, 1);

        // 세마포어 값을 증가시키고 ❺
        // 크리티컬 섹션에서 벗어난다.
        if (sem_post(s) == -1) {
            perror("sem_post");
            exit(1);
        }
    }

    // 세마포어를 닫는다. ❻
    if (sem_close(s) == -1)
        perror("sem_close");

    return NULL;
}
```

```c
int main(int argc, char *argv[]) {
    // 이름이 붙은 세마포어를 연다. 세마포어가 없을 때는 생성한다.
    // 자신과 그룹이 이용할 수 있는 세마포어로
    // 크리티컬 섹션에 들어갈 수 있는 프로세스는 최대 3개다. ❼
    sem_t *s = sem_open("/mysemaphore", O_CREAT, 0660, 3);
    if (s == SEM_FAILED) {
        perror("sem_open");
        return 1;
    }

    // 스레드 생성
    pthread_t v[NUM_THREADS];
    for (int i = 0; i < NUM_THREADS; i++) {
        pthread_create(&v[i], NULL, th, NULL);
    }

    // join
    for (int i = 0; i < NUM_THREADS; i++) {
        pthread_join(v[i], NULL);
    }

    // 세마포어를 닫는다.
    if (sem_close(s) == -1)
        perror("sem_close");

    // 세마포어 파기 ❽
    if (sem_unlink("/mysemaphore") == -1)
        perror("sem_unlink");

    return 0;
}
```

---

❶ POSIX 세마포어는 Pthreads 라이브러리를 인클루드하면 컴파일 및 실행 가능하다.

❷ 각 스레드 안에서 증감할 글로벌 변수 count를 정의한다.

❸ 스레드에서 이름이 붙은 세마포어를 생성한다.

❹ sem_wait 함수를 호출하고, 락을 획득할 때까지 대기한다.

❺ sem_post 함수를 호출하고, 세마포어의 값을 증가시켜 크리티컬 섹션을 벗어난다.

❻ 필요 없어진 세마포어는 sem_close 함수를 호출해서 닫아야 한다.

❼ main 함수 안에서 이름이 붙은 세마포어를 생성한다. 여기에서는 O_CREAT를 지정했으므로 이미 해당 이름의 세마포어가 존재할 때는 생성하지 않고 열기만 한다. 세 번째 인수인

0660은 권한permission을 의미하며 이는 유닉스 계열 OS의 파일 권한과 동일하다. 여기에서는 OS 프로세스의 소유자와 그룹이 읽고 쓸 수 있도록 지정한다. 네 번째 인수인 3은 락을 동시에 획득할 수 있는 프로세스의 상한이다.

❽ 이름이 있는 세마포어를 닫은 것은 핸들러를 닫은 것뿐이므로 OS 측에는 세마포어용 리소스가 남아 있다. 이를 완전히 삭제하려면 sem_unlink 함수를 호출해야 한다.

이상이 POSIX 세마포어 이용 예다. 세마포어가 올바르게 작동한다면 count 변수의 값은 락을 동시 획득 가능한 프로세스의 상한선보다 커지지 않을 것이다. 이 코드를 실제로 작동시키면 count 변숫값은 반드시 3 이하가 되며, 올바르게 세마포어가 작동하는 것을 확인할 수 있다.

POSIX 세마포어에는 이름 있는 세마포어와 이름 없는 세마포어가 있다. 이름 있는 세마포어는 슬래시로 시작해 널 문자열로 끝나는 문자열로 식별되며, 이 문자열은 OS 전체에 적용되는 식별자가 된다. 이름 있는 세마포어를 열 때(또는 생성할 때)는 sem_open 함수를 이용하고, 기본 세마포어를 닫을 때는 첫 번째 인수에 이름을 지정하고, 두 번째 인수에 0을 지정한다. sem_open 함수의 두 번째 인수에는 0 또는 O_CREATE 또는 O_CREAT | O_EXCL을 지정할 수 있다. 0을 지정하면 기존의 이름 있는 세마포어를 열고, O_CREAT를 지정하면 기존의 이름 있는 세마포어가 있으면 열고, 없으면 새로 생성한다. O_CREAT | O_EXCL을 지정하면 기존의 이름 있는 세마포어가 없을 때만 새롭게 세마포어를 생성한다. O_CREAT를 지정했을 때는 세 번째 인수에 umask, 네 번째 인수에 세마포어로 락을 동시 획득할 수 있는 프로세스의 상한을 지정한다. sem_open 함수가 실패하면 SEM_FAILED가 반환된다.

이름 있는 세마포어는 예제와 같이 파일로 공유 리소스를 지정할 수 있으며, sem_open으로 생성과 열기, sem_close와 sem_unlink로 닫기와 파기를 수행한다. 그렇기 때문에 이름 있는 세마포어를 이용하면 메모리를 공유하지 않는 프로세스 사이에서도 편리하게 세마포어를 구현할 수 있다. 한편 이름 없는 세마포어를 생성하면 공유 메모리 영역이 필요하며 공유 메모리상에 sem_init으로 생성하고, sem_destroy로 파기한다.

3.5 조건 변수

어떤 조건을 만족하지 않는 동안에는 프로세스를 대기 상태로 두고, 조건이 만족되면 대기 중인 프로세스를 실행하고 싶을 때가 있다. 예를 들어 교차로의 신호등을 생각해보자. 우리는 파란불일 때는 교차로를 오가지만 빨간불일 때는 대기 상대로 파란불이 들어올 때까지 기다린다. 이 신호에 해당하는 것을 동시성 프로그래밍 세계에서는 조건 변수라고 부르며 조건 변수를 기반으로 프로세스의 대기를 수행한다.

다음 코드는 Pthreads를 이용한 조건 변수의 예다. Pthreads에서는 pthread_cond 계열 타입과 함수를 이용해 조건 변수를 구현한다. 이 코드에는 어떤 데이터를 생성하는 프로세스와 생성된 데이터를 소비하는 프로세스가 있으며, 데이터를 소비하는 프로세스는 데이터가 생성될 때까지 대기한다. 코드 양이 많기 때문에 조건 변수 이외의 에러 처리는 생략했다.

C

```c
#include <stdbool.h>
#include <stdio.h>
#include <stdlib.h>
#include <pthread.h>

pthread_mutex_t mut = PTHREAD_MUTEX_INITIALIZER; // ❶
pthread_cond_t cond = PTHREAD_COND_INITIALIZER;  // ❷

volatile bool ready = false; // ❸
char buf[256]; // 스레드 사이에서 데이터를 주고받기 위한 버퍼

void* producer(void *arg) { // 데이터 생성 스레드 ❹
    printf("producer: ");
    fgets(buf, sizeof(buf), stdin); // 입력을 받는다.

    pthread_mutex_lock(&mut);
    ready = true; // ❺

    if (pthread_cond_broadcast(&cond) !=0) { // 전체에 알림 ❻
        perror("pthread_cond_broadcast"); exit(-1);
    }

    pthread_mutex_unlock(&mut);
    return NULL;
}

void* consumer(void *arg) { // 데이터 소비 스레드 ❼
    pthread_mutex_lock(&mut);

    while (!ready) { // ready 변숫값이 false인 경우 대기
        // 락 반환과 대기를 동시에 실행
        if (pthread_cond_wait(&cond, &mut) != 0) { // ❽
```

```
                    perror("pthread_cond_wait"); exit(-1);
            }
        }

        pthread_mutex_unlock(&mut);
        printf("consumer: %s\n", buf);
        return NULL;
    }

int main(int argc, char *argv[]) {
        // 스레드 생성
        pthread_t pr, cn;
        pthread_create(&pr, NULL, producer, NULL);
        pthread_create(&cn, NULL, consumer, NULL);

        // 스레드 종료 대기
        pthread_join(pr, NULL);
        pthread_join(cn, NULL);

        // 뮤텍스 객체 반환
        pthread_mutex_destroy(&mut);

        // 조건 변수 객체 반환 ❾
        if (pthread_cond_destroy(&cond) != 0) {
            perror("pthread_cond_destroy"); return -1;
        }

        return 0;
    }
```

❶ 조건 변수는 여러 스레드에서 접근하므로 조건 변수의 업데이트 등은 뮤텍스로 락을 얻은 뒤에 수행해야 한다.

❷ 조건 변수 cond를 정의한다. 조건 변수 타입은 pthread_cond_t이며 초기화는 PTHREAD_COND_INITIALIZER에서 수행한다. 초기화에 pthread_cond_init 함수를 이용할 수도 있다.

❸ Pthreads가 아닌 커스텀 조건 변수 ready를 정의한다. 이것은 producer 함수를 이용한 데이터 생성이 consumer 스레드 생성 이전에 실행될 가능성이 있기 때문이며 Pthreads의 wait는 의사 각성이라 불리는 현상이 일어날 가능성이 있기 때문이다. 의사 각성은 4.5절 '의사 각성'에서 자세히 설명한다.

❹ 데이터를 생성하는 producer 함수를 정의한다. 이 함수에서는 표준 입력으로 입력을 받아 그것을 생성 데이터로 하여 공유 버퍼인 buf에 저장하고 그 후 조건 변수에 접근하기 위해 락을 취득한다.

❺ 버퍼에 데이터가 확실히 들어 있는 것을 나타내기 위해 자신의 조건 변수인 ready에 true를 설정한다.

❻ 대기 중인 모든 스레드에 알린다.

❼ 데이터를 소비하는 consumer 함수를 정의한다. 이 함수에서는 조건 변수를 읽기 위해 먼저 락을 획득한다. 그 후 ready를 확인하여 공유 버퍼에서 읽기가 가능하다면 락을 반환하고 데이터를 읽는다.

❽ 읽을 수 없는 경우에는 대기한다. pthread_cond_wait 함수는 락의 반환과 대기를 아토믹하게 수행하는 것을 보증한다. 대기 중에 다른 스레드가 pthread_cond_broadcast 또는 pthread_cond_signal 함수로 알림을 수행한 경우에는 대기를 종료하고 다시 락을 획득해서 처리를 재개한다.

❾ 조건 변수의 리소스 반환은 pthread_cond_destroy 함수로 수행한다.

조건 변수에서 중요한 점은 조건 변수로의 접근은 반드시 락을 획득한 후에 수행해야 한다는 것과 pthread_cond_t 타입의 조건 변수 외에도 실행 가능 여부를 나타내는 조건 변수를 준비해야 한다는 것이다.

대기 중인 스레드 하나만을 대상으로 알림을 수행하고 싶을 때는 pthread_cond_signal 함수를 사용할 수도 있다. pthread_cond_braodcast 함수는 대기 중인 스레드 전체에 알림을 수행하므로 대기 스레드가 많을 때 문제를 일으킬 가능성이 있다. 그러므로 애플리케이션의 특성에 따라 pthread_cond_broadcast와 pthread_cond_signal 함수를 올바르게 구분해서 사용해야 한다.

이 코드와 같이 프로세스를 생산자와 소비자로 나누는 프로그래밍 모델을 생산자-소비자 producer-consumer 모델이라 부른다. 공유 변수로의 접근은 상태 관리가 복잡해지지만 생산자-소비자 모델을 적용하면 변수로의 접근 주체가 명확하게 되므로 간략하게 구현할 수 있다.

3.6 배리어 동기

예를 들어 초등학교 소풍을 생각해보자. 소풍은 다양한 장소에서 단체로 이동하지만 이동은 반드시 클래스 전체가 모였는지 확인한 후 진행한다. 이렇게 모두 모인 후에 실행 동기를 구현하는 것이 배리어 동기barrier synchronization다. 배리어 동기에 대해 알아보자.

그림 3-5 배리어 동기

3.6.1 스핀락 기반 배리어 동기

배리어 동기의 개념은 간단하다. 먼저 공유 변수를 준비하고, 프로세스가 어떤 지점에 도달한 시점에 해당 공유 변수를 증가한다. 공유 변수가 계속 증가되어 어떤 일정한 수에 도달하면 배리어를 벗어나 처리를 수행한다. 예를 들어 한 반의 학생이 40명이라고 할 때 각 학생이 공유 변수를 준비하고, 준비가 되면 각자 공유 변수를 증가하고 그 값이 40이 되면 이동을 시작하는 것과 같다.

다음 코드는 스핀락 기반의 배리어 동기를 보여준다.

C

```
void barrier(volatile int *cnt, int max) { // ❶
    __sync_fetch_and_add(cnt, 1); // ❷
    while (*cnt < max); // ❸
}
```

❶ 공유 변수에 대한 포인터 cnt와 최댓값 max를 받는다.

❷ 공유 변수 cnt를 아토믹하게 증가시킨다.

❸ cnt가 가리키는 값이 max가 될 때까지 대기한다.

다음 코드는 배리어 동기를 이용하는 예다.

```c
volatile int num = 0; // 공유 변수

void *worker(void *arg) { // 스레드용 함수
    barrier(&num, 10); // 모든 스레드가 여기에 도달할 때까지 기다린다. ❶
    // 무언가 처리

    return NULL;
}

int main(int argc, char *argv[]) {
    // 스레드 생성
    pthread_t th[10];
    for (int i = 0; i < 10; i++) {
        if (pthread_create(&th[i], NULL, worker, NULL) != 0) {
            perror("pthread_create"); return -1;
        }
    }
    // join은 생략
    return 0;
}
```

❶ barrier 함수를 호출하여 배리어 동기를 실행한다. 모든 스레드가 barrier에 도달할 때까지는 5행의 처리가 실행되지 않는다. 여기에서 barrier 함수의 두 번째 인수가 10인 것은 10개의 스레드를 실행하기 때문이다.

3.6.2 Pthreads를 이용한 배리어 동기

스핀락을 이용한 배리어 동기에서는 대기 중에도 루프 처리를 수행하므로 불필요하게 CPU 리소스를 소비하게 될 가능성이 있다. 그러므로 여기에서는 Pthreads의 조건 변수를 이용해 배리어 동기를 수행하는 방법을 설명한다. 단, 기본적인 개념은 동일하므로 그렇게 어렵지 않다.

다음 코드는 Pthreads를 이용해 배리어 동기를 구현한 예다.

```c
#include <pthread.h>
#include <stdio.h>
#include <stdlib.h>

pthread_mutex_t barrier_mut = PTHREAD_MUTEX_INITIALIZER;
pthread_cond_t barrier_cond = PTHREAD_COND_INITIALIZER;

void barrier(volatile int *cnt, int max) {
    if (pthread_mutex_lock(&barrier_mut) != 0) {
        perror("pthread_mutex_lock"); exit(-1);
    }

    (*cnt)++; // ❶

    if (*cnt == max) { // ❷
        // 모든 프로세스가 모였으므로 알림 ❸
        if (pthread_cond_broadcast(&barrier_cond) != 0) {
            perror("pthread_cond_broadcast"); exit(-1);
        }
    } else {
        do { // 모든 프로세스가 모일 때까지 대기 ❹
            if (pthread_cond_wait(&barrier_cond,
                                  &barrier_mut) != 0) {
                perror("pthread_cond_wait"); exit(-1);
            }
        } while (*cnt < max); // 의사 각성을 위한 조건
    }

    if (pthread_mutex_unlock(&barrier_mut) != 0) {
        perror("pthread_mutex_unlock"); exit(-1);
    }
}
```

❶ 락을 획득하고 공유 변수 *cnt를 증가한다.

❷ *cnt가 max와 같은지 확인한다.

❸ 값이 같으면 pthread_cond_broadcast를 호출하고, 조건 변수 barrier_cond로 대기 중인 스레드를 모두 실행한다.

❹ 값이 같지 않으면 pthread_cond_wait를 호출하고 대기한다.

이상으로 Pthreads를 이용한 배리어 동기를 설명했다. 스핀락 버전과 비교해보면 다소 복잡하지만 기본적으로 *cnt의 값이 max가 될 때까지 대기하는 것 외에는 차이가 없다. 사용 방법도 스핀락 버전과 완전히 같다.

3.7 Readers-Writer락

원래 레이스 컨디션이 발생하는 원인은 쓰기 처리 때문이며, 쓰기만 배타적으로 수행하면 문제가 발생하지 않는다. 뮤텍스와 세마포어에서는 프로세스에 특별한 역할을 설정하지 않았지만 Readers-Writer락(RW락)에서는 읽기만 수행하는 프로세스(Reader)와 쓰기만 수행하는 프로세스(Writer)로 분류하고 다음 제약을 만족하도록 배타 제어를 수행한다.

- 락을 획득 중인 Reader는 같은 시각에 다수(0 이상) 존재할 수 있다.
- 락을 획득 중인 Writer는 같은 시각에 1개만 존재할 수 있다.
- Reader와 Writer는 같은 시각에 락 획득 상태가 될 수 없다.

> **NOTE_** Readers-Writer락은 Reader-Writer락이나 Read-Write락으로도 표기한다. Rust 표준 라이브러리에는 Reader-Writer락으로, Pthreads 매뉴얼에는 Read-Write락으로 표기되어 있다. 이 책에서는 Reader가 다수라는 것을 명확하게 하기 위해 Readers-Writer락으로 표기하겠다.

3.7.1 스핀락 기반 RW락

다음 코드는 스핀락 기반의 RW락 알고리즘이다. 이 알고리즘은 Reader 수를 나타내는 변수 rcnt(초깃값 0), Writer 수를 나타내는 변수 wcnt(초깃값 0), Writer용 락 변수 lock(초깃값 false)의 3개 공유 변수를 이용해 배타 제어를 수행한다. 또한 Reader용 락 획득과 반환 함수, Writer용 락 획득과 반환 함수는 별도의 인터페이스로 되어 있어 실제로 이용할 때는 공유 리소스의 읽기만 수행할지 쓰기만 수행할지 적절하게 판단해서 이용해야 한다.

C

```
// Reader용 락 획득 함수 ❶
void rwlock_read_acquire(int *rcnt, volatile int *wcnt) {
    for (;;) {
```

```
        while (*wcnt); // Writer가 있으면 대기 ❷
        __sync_fetch_and_add(rcnt, 1); // ❸
        if (*wcnt == 0) // Writer가 없으면 락 획득 ❹
            break;
        __sync_fetch_and_sub(rcnt, 1);
    }
}

// Reader용 락 반환 함수 ❺
void rwlock_read_release(int *rcnt) {
    __sync_fetch_and_sub(rcnt, 1);
}

// Writer용 락 획득 함수 ❻
void rwlock_write_acquire(bool *lock, volatile int *rcnt, int *wcnt) {
    __sync_fetch_and_add(wcnt, 1); // ❼
    while (*rcnt); // Reader가 있으면 대기
    spinlock_acquire(lock); // ❽
}

// Writer용 락 반환 함수 ❾
void rwlock_write_release(bool *lock, int *wcnt) {
    spinlock_release(lock);
    __sync_fetch_and_sub(wcnt, 1);
}
```

❶ Reader용 락 획득 함수를 정의한다. 2개의 공유 변수 포인터 rnct와 wcnt를 인수로 받는다. rcnt와 wcnt는 각각 Reader와 Writer 수를 나타내는 공유 변수에 대한 포인터다.

❷ *wcnt의 값이 0보다 크면 스핀해서 대기한다. wcnt는 락을 얻은(또는 얻으려고 시도하는) Writer 수를 나타내므로 이 수가 0인 경우에만 Reader가 락을 획득할 수 있도록 설계했다.

❸ Reader 수를 증가한다.

❹ 다시 *wcnt의 값이 0인지 체크한다. 0이면 락을 획득하지만 그렇지 않으면 *rcnt 값을 아토믹하게 감소하고 재시도한다. 다시 *wcnt의 값을 확인하는 이유는 *rcnt를 증가하는 도중에 *wcnt 값이 증가될 가능성이 있기 때문이다.

❺ Reader용 락 반환 함수. 단순히 Reader의 수를 감소한다.

❻ Writer용 로그 획득 함수. Reader와 Writer의 수를 나타내는 포인트 변수 rcnt, wcnt에 더해 Writer용 로그 변수로의 포인터인 lock 변수를 인수로 받는다.

❼ Writer 수를 증가하고, Reader가 없어질 때까지 대기한다.

❽ 뮤텍스용 함수를 이용해 락을 획득한다. 뮤텍스를 이용하므로 동시에 락을 획득할 수 있는 Writer 수를 최대 1개로 제한하는 것이 된다.

❾ Writer용 락 해제 함수. 뮤텍스의 락을 해제하고 Writer 수를 감소시킨다.

RW락을 이용해야 할 상황은 대부분 읽기 처리이며, 쓰기는 거의 일어나지 않을 것이다. 여기에서 소개한 알고리즘은 Writer를 우선하도록 설정되어 있으므로 그런 상황에서는 잘 작동하지만 쓰기가 빈번하게 일어난다면 읽기를 전혀 실행하지 못하게 되므로 주의해야 한다. 쓰기도 많이 수행되는 처리인 경우에는 뮤텍스를 이용하는 편이 실행 속도와 안정성 측면에서 좋다.

다음 코드는 RW락 이용 예다.

C

```
// 공유 변수
int  rcnt = 0;
int  wcnt = 0;
bool lock = false;

void reader() { // Reader용 함수
    for (;;) {
        rwlock_read_acquire(&rcnt, &wcnt);
        // 크리티컬 섹션(읽기만)
        rwlock_read_release(&rcnt);
    }
}

void writer () { // Writer용 함수
    for (;;) {
        rwlock_write_acquire(&lock, &rcnt, &wcnt);
        // 크리티컬 섹션(읽기 및 쓰기)
        rwlock_write_release(&lock, &wcnt);
    }
}
```

사용 방법은 뮤텍스와 거의 동일하지만 구현할 때는 읽기만의 처리인지 또는 쓰기도 수행하는 처리인지 올바르게 파악해야 한다.

3.7.2 Pthreads의 RW락

Pthreads에서도 RW락용 API를 제공한다. 다음 코드는 Pthreads의 RW락 이용 예다. 여기에서도 RW락 외의 에러 처리는 생략한다.

C

```c
#include <stdio.h>
#include <stdlib.h>
#include <pthread.h>

pthread_rwlock_t rwlock = PTHREAD_RWLOCK_INITIALIZER; // ❶

void* reader(void *arg) { // Reader용 함수 ❷
    if (pthread_rwlock_rdlock(&rwlock) != 0) {
        perror("pthread_rwlock_rdlock"); exit(-1);
    }

    // 크리티컬 섹션(읽기만)

    if (pthread_rwlock_unlock(&rwlock) != 0) {
        perror("pthread_rwlock_unlock"); exit(-1);
    }

    return NULL;
}

void* writer(void *arg) { // Writer용 함수 ❸
    if (pthread_rwlock_wrlock(&rwlock) != 0) {
        perror("pthread_rwlock_wrlock"); exit(-1);
    }

    // 크리티컬 섹션(읽기)

    if (pthread_rwlock_unlock(&rwlock) != 0) {
        perror("pthread_rwlock_unlock"); exit(-1);
    }

    return NULL;
}

int main(int argc, char *argv[]) {
    // 스레드 생성
    pthread_t rd, wr;
    pthread_create(&rd, NULL, reader, NULL);
```

```
        pthread_create(&wr, NULL, writer, NULL);

        // 스레드 종료 대기
        pthread_join(rd, NULL);
        pthread_join(wr, NULL);

        // RW락 옵션 반환(해제) ❹
        if (pthread_rwlock_destroy(&rwlock) != 0) {
            perror("pthread_rwlock_destroy"); return -1;
        }

        return 0;
}
```

❶ RW락용 공유 변수를 초기화한다. RW락용 공유 변수의 타입은 pthread_wrlock_t이며, PTHREAD_RWLOCK_INITIALIZER를 이용해 초기화를 수행한다. 초기화는 pthread_rwlock_init 함수를 이용해도 된다.

❷ Reader용 함수 정의. 이 함수의 크리티컬 섹션 안에서는 읽기 처리만 수행한다. pthread_rwlock_rdlock 함수를 호출해 Reader용 락을 획득하고 pthread_rwlock_unlock 함수를 호출해 락을 해제한다.

❸ Writer용 함수 정의. pthread_rwlock_wrlock 함수를 호출해 Writer용 락을 획득한다. 락 해제에는 Read와 마찬가지로 pthread_rwlock_unlock 함수를 이용한다.

❹ pthread_rwlock_destroy 함수를 호출해 RW락용 공유 변수를 해제한다.

3.7.3 실행 속도 측정

여기에서는 RW락의 실행 속도를 측정한다. 다음 코드는 락의 실행 속도를 비교한다. 이 코드는 락을 획득해 HOLDTIME만 루프해서 락을 해제하는 작동을 수행하는 워커 스레드^{worker thread}를 *N*개 실행하고, 이 일련의 작동을 지정한 시간 동안 몇 번 수행하는지 측정한다.

C

```
#include <inttypes.h>
#include <pthread.h>
#include <stdio.h>
#include <stdlib.h>
#include <unistd.h>
```

```c
// do_lock 함수의 내용 전환 ❶

#ifdef RWLOCK
    #include "rwlock.c"
#elif defined(RWLOCK_WR)
    #include "rwlock_wr.c"
#elif defined(MUTEX)
    #include "mutex.c"
#elif defined(EMPTY)
    #include "empty.c"
#endif

#include "barrier.c"

volatile int flag = 0; // 이 플래그가 0인 동안 루프

// 배리어 동기용 변수
volatile int waiting_1 = 0;
volatile int waiting_2 = 0;

uint64_t count[NUM_THREAD - 1]; // ❷

void *worker(void *arg) { // 워커 스레드용 함수 ❸
    uint64_t id = (uint64_t)arg;
    barrier(&waiting_1, NUM_THREAD); // 배리어 동기

    uint64_t n = 0; // ❹
    while (flag == 0) {
        do_lock(); // 필요하다면 락을 획득하고 대기 ❺
        n++;
    }
    count[id] = n; // 루프 횟수 기억

    barrier(&waiting_2, NUM_THREAD); // 배리어 동기

    return NULL;
}

void *timer(void *arg) { // 타이머 스레드용 함수 ❻
    barrier(&waiting_1, NUM_THREAD); // 배리어 동기

    sleep(180);
    flag = 1;
```

```
        barrier(&waiting_2, NUM_THREAD); // 배리어 동기
        for (int i = 0; i < NUM_THREAD - 1; i++) {
            printf("%lu\n", count[i]);
        }

        return NULL;
}

int main() {
    // 워커 스레드 실행
    for (uint64_t i = 0; i < NUM_THREAD - 1; i++) {
        pthread_t th;
        pthread_create(&th, NULL, worker, (void *)i);
        pthread_detach(th);
    }

    // 타이머 스레드 실행
    pthread_t th;
    pthread_create(&th, NULL, timer, NULL);
    pthread_join(th, NULL);

    return 0;
}
```

---

❶ 측정 대상을 전환하기 위한 include 구문으로 rwlock.c는 RW락의 Read락, rwlock_wr.c는 RW락의 Write락, mutex.c는 뮤텍스락, empty.c는 락이 없는 경우의 측정에 사용한다. 이 파일들의 내용은 뒤에서 설명한다.

❷ 워커 스레드를 최종적으로 실행한 크리티컬 섹션의 횟수를 기록하는 배열을 정의한다. NUM_THREAD는 워크 스레드 수와 타이머 스레드 수의 합계를 나타내는 매크로이며 컴파일 시 지정한다.

❸ 워커 스레드용 함수 정의. 인수 arg에는 몇 번째 스레드인지 나타내는 값이 저장된다.

❹ 크리티컬 섹션을 몇 번 실행할 수 있었는지 기록하는 변수

❺ 락, 대기, 락 해제를 수행하는 do_lock 함수를 호출한다. do_lock 함수는 인클루드 파일 안에 작성되어 있다.

❻ 타이머 스레드용 함수 정의. 이 함수는 단순하다. 180초 동안 슬립한 뒤 flag를 1로 설정하고 count 배열에 기재된 값을 출력할 뿐이다.

이어지는 코드는 rwlock.c, rwlock_wr.c, mutex.c, empty.c다. 이들 코드에는 각각의 방법으로 락을 획득하고, HOLDTIME 만큼 대기한 뒤 락을 해제하는 기본적인 내용만 들어 있다. 1.3.2절 '데이터 병렬성'에서 설명한 것처럼 암달의 법칙에 의하면 병렬화 가능한 처리의 실행 시간과 오버헤드의 비율에 따라 실행 속도가 달라지므로 측정은 HOLDTIME 값을 바꾸면서 수행한다.

예제 3-11 empty.c

```c
void do_lock() {
    for (uint64_t i = 0; i < HOLDTIME; i++) {
        asm volatile("nop"); // 아무것도 하지 않음
    }
}
```

예제 3-12 mutex.c

```c
pthread_mutex_t lock = PTHREAD_MUTEX_INITIALIZER;
void do_lock() {
    pthread_mutex_lock(&lock); // 뮤텍스
    for (uint64_t i = 0; i < HOLDTIME; i++) {
        asm volatile("nop");
    }
    pthread_mutex_unlock(&lock);
}
```

예제 3-13 rwlock.c

```c
pthread_rwlock_t lock = PTHREAD_RWLOCK_INITIALIZER;
void do_lock() {
    pthread_rwlock_rdlock(&lock); // 읽기락
    for (uint64_t i = 0; i < HOLDTIME; i++) {
        asm volatile("nop");
    }
    pthread_rwlock_unlock(&lock);
}
```

예제 3-14 rwlock_wc.c

```c
pthread_rwlock_t lock = PTHREAD_RWLOCK_INITIALIZER;
void do_lock() {
```

```
    pthread_rwlock_wrlock(&lock); // 쓰기락
    for (uint64_t i = 0; i < HOLDTIME; i++) {
        asm volatile("nop");
    }
    pthread_rwlock_unlock(&lock);
}
```

다음 그림은 RW락의 읽기락과 뮤텍스락의 실행 속도를 비교한 것이다.

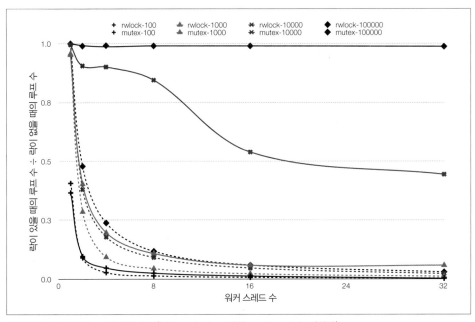

그림 3-6 RW락의 Read락 실행 속도(실선: rwlock.c, 점선: mutex.c, 1.0: 이상값)

empty.c의 코드에서 측정을 수행할 때 실행할 수 있었던 크리티컬 섹션의 횟수를 N, 락을 한 경우(rwlock.c 또는 mutex.c)에 실행할 수 있었던 크리티컬 섹션의 횟수를 N_t라고 했을 때 $\frac{N_t}{N}$가 락을 한 경우와 하지 않은 경우(이상값)의 비가 된다. 이 $\frac{N_t}{N}$가 그림의 세로축이 되며, 가로축은 워크 스레드의 병렬 수가 된다. 그리고 그림 상부에 있는 범례의 수치가 크리티컬 섹션 안의 실행 시간을 나타내는 HOLDTIME 값이 된다. 위 측정 결과는 AMD EPYC 7351 16-Core x 2, 리눅스 커널 5.4.0-45, 컴파일러는 clang 10.0.0을 이용했을 경우의 것이다.

그림에서 볼 수 있듯이 크리티컬 섹션 안의 루프 횟수가 100인 경우에는 RW락이나 mutex락 모두 실행 속도에 큰 차이는 보이지 않는다. 이는 두 경우 모두 락의 오버헤드가 크기 때문인 것으로 보인다. 한편 루프 횟수가 늘어남에 따라 RW락의 실행 속도가 빨라지며 100,000 루프의 경우 거의 이상값에 가까워진다. 또한 1,000 루프 정도에서도 RW락이 약간이지만 실행 속도가 빠른 것을 알 수 있다.

다음 그림은 RW락의 Write락과 mutex락의 실행 속도를 비교한 것이다.

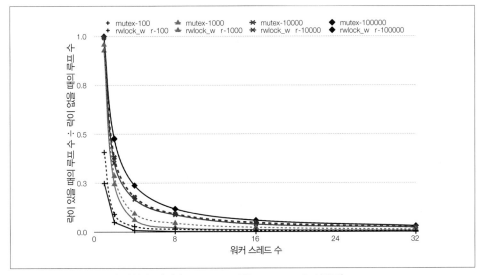

그림 3-7 RW락의 Write락 실행 속도(실선: rwlock.c, 점선: mutex.c, 1.0: 이상값)

그림을 보면 RW락과 mutex락이 큰 차이를 보이지 않는다. RW락이 조금 나쁜 정도다. 이는 RW락의 Read락과 달리 두 가지 모두 동시에 한 스레드만 크리티컬 섹션을 실행할 수 있고 동작에는 거의 차이가 없기 때문인 것으로 보인다.

이상으로 Read가 대부분인 경우에는 뮤텍스보다 RW락을 사용하는 편이 실행 속도가 향상되는 것이 실험적으로 명확해졌다. 그러나 크리티컬 섹션 안에 10,000 정도의 큰 CPU 클록 사이클을 소비하는 기술은 피해야 하며, 이것이 어려운 부분이기도 하다.

3.8 Rust 동기 처리 라이브러리

Rust에서는 기본적인 동기 처리 라이브러리를 표준 라이브러리로 제공한다. Rust의 동기 처리 라이브러리는 크리티컬 밖에서의 보호 대상 객체의 접근과 락 미해제를 타입 시스템으로 방지하는 특징을 갖고 있다. 이 절에서는 Rust의 동기 처리 라이브러리의 기본을 설명한다.

3.8.1 뮤텍스

다음 코드는 Rust의 뮤텍스 이용 예다.

Rust

```rust
use std::sync::{Arc, Mutex}; // ❶
use std::thread;

fn some_func(lock: Arc<Mutex<u64>>) { // ❷
    loop {
        // 락을 하지 않으면 Mutex 타입 안의 값은 참조 불가
        let mut val = lock.lock().unwrap(); // ❸
        *val += 1;
        println!("{}", *val);
    }
}

fn main() {
    // Arc는 스레드 세이프한 참조 카운터 타입의 스마트 포인터
    let lock0 = Arc::new(Mutex::new(0)); // ❹

    // 참조 카운터가 증가될 뿐이며
    // 내용은 클론되지 않음
    let lock1 = lock0.clone(); // ❺

    // 스레드 생성
    // 클로저 내 변수로 이동
    let th0 = thread::spawn(move || { // ❻
        some_func(lock0);
    });

    // 스레드 생성
    // 클로저 내 변수로 이동
    let th1 = thread::spawn(move || {
        some_func(lock1);
```

```
    });

    // 약속
    th0.join().unwrap();
    th1.join().unwrap();
}
```

❶ 동기 처리에 필요한 타입을 임포트한다. Arc는 스레드 세이프한 참조 카운터 타입의 스마트 포인터를 구현한 타입, Mutex는 뮤텍스를 구현한 타입이다.

❷ Arc<Mutex<u64>> 타입의 값을 받는 스레드용 함수.

❸ lock 함수를 호출해 락을 걸어 보호 대상 데이터의 참조를 얻는다.

❹ 뮤텍스용 변수를 저장하는 스레드 세이프한 참조 카운터 타입의 스마트 포인터를 생성한다. 뮤텍스용 변수는 이미 값을 저장하고 있으므로 초깃값을 0으로 설정한다.

❺ Arc 타입의 값은 클론해도 내부 데이터 복사는 하지 않고 참조 카운터만 증가된다.

❻ move 지정자는 클로저 안의 변수 캡처 방법을 지정한다. move가 지정되면 소유권이 이동하고, 지정되지 않으면 참조가 전달된다.

Rust에서는 Mutex용 변수는 보호 대상 데이터를 보존하도록 되어 있어 락을 하지 않으면 보호 대상 데이터에 접근할 수 없다. C 언어에서는 보호 대상 데이터는 락을 하지 않아도 접근할 수 있지만 그런 코드는 레이스 컨디션이 될 가능성이 있다. 한편 Rust에서는 이와 같이 컴파일 시에 공유 리소스로의 부정한 접근을 방지할 수 있도록 설계되어 있다. 또한 보호 대상 데이터가 스코프를 벗어나면 자동으로 락이 해제된다. 그러므로 Pthreads로 발생한 락의 취득과 해제를 잊어버리는 것을 방지할 수 있다.

lock 함수는 LockResult<MutexGuard<'_, T>>라는 타입을 반환하며, LockResult 타입의 정의는 아래와 같다.

```
type LockResult<Guard> = Result<Guard, PoisonError<Guard>>;
```

즉, 락을 획득할 수 있는 경우에는 MutexGuard라는 타입에 보호 대상 데이터를 감싸 반환하고, 이 MutexGuard 변수의 스코프를 벗어날 때 자동으로 락을 해제하는 구조가 구현되어 있다. 또한 어떤 스레드가 락 획득 중에 패닉에 빠지는 경우 해당 뮤텍스는 poisoned 상태에 있다고 간주되어 락 획득에 실패한다. 단, 이 코드에서는 이 체크를 간단하게 unwarap으로 실행하며, 락을 획득할 수 없는 경우 panic으로 종료하도록 했다.

lock의 유사 함수로 try_lock 함수가 있다. try_lock 함수는 락의 획득을 시험해서 획득 가능하면 락을 걸지만 그렇지 않다면 처리를 되돌린다. 그리고 이와 같은 함수가 Pthreads에도 존재한다.

3.8.2 조건 변수

Rust의 조건 변수는 Condvar 타입이며, 이용 방법은 Pthreads의 경우와 거의 같다. 락을 획득한 뒤 조건 변수를 이용해 wait 또는 notify를 수행한다. 다음 코드는 Rust에서 조건 변수를 이용하는 예다.

Rust

```rust
use std::sync::{Arc, Mutex, Condvar}; // ❶
use std::thread;

// Condvar 타입의 변수가 조건 변수이며
// Mutex와 Condvar를 포함하는 튜플이 Arc에 포함되어 전달된다.
fn child(id: u64, p: Arc<(Mutex<bool>, Condvar)>) { // ❷
    let &(ref lock, ref cvar) = &*p;

    // 먼저 뮤텍스락을 수행한다.
    let mut started = lock.lock().unwrap(); // ❸
    while !*started { // Mutex 안의 공유 변수가 false인 동안 루프
        // wait로 대기
        started = cvar.wait(started).unwrap(); // ❹

    }

    // 다음과 같이 wait_while을 사용할 수도 있다.
    // cvar.wait_while(started, |started| !*started).unwrap();

    println!("child {}", id);
}

fn parent(p: Arc<(Mutex<bool>, Condvar)>) { // ❺
    let &(ref lock, ref cvar) = &*p;

    // 먼저 뮤텍스락을 수행한다. ❻
    let mut started = lock.lock().unwrap();
    *started = true;    // 공유 변수 업데이트
    cvar.notify_all(); // 알림
```

```
        println!("parent");
    }

    fn main() {
        // 뮤텍스와 조건 변수 작성
        let pair0 = Arc::new((Mutex::new(false), Condvar::new()));
        let pair1 = pair0.clone();
        let pair2 = pair0.clone();

        let c0 = thread::spawn(move || { child(0, pair0) });
        let c1 = thread::spawn(move || { child(1, pair1) });
        let p  = thread::spawn(move || { parent(pair2) });

        c0.join().unwrap();
        c1.join().unwrap();
        p.join().unwrap();
    }
```

❶ 동기 처리 관계 타입을 임포트한다. Condvar가 조건 변수용 타입이다.

❷ 대기 스레드용 함수 정의. 스레드 고유의 번호를 받는 id 변수 및 Mutex 타입 변수와 Condvar 타입 변수의 튜플을 Arc로 감싼 값을 받는다.

❸ Arc 타입 내부에 포함된 뮤텍스 변수와 조건 변수를 꺼낸다.

❹ 알림이 있을 때까지 대기한다.

❺ 알림 스레드용 함수

❻ 락을 한 뒤 공유 변숫값을 true로 설정하고 알림

child 함수 안에서는 뮤텍스로 보호된 논릿값이 true가 될 때까지 루프를 돈다. notify하는 스레드가 먼저 실행된 경우 및 의사 각성에 대처하기 위해서다. 이 루프는 wait_while 함수를 이용해 작성할 수도 있다. wait_while 함수에서는 두 번째 인수로 전달되는 술어(값)가 false 가 될 때까지 대기한다. wait 계열의 함수도 lock 함수와 마찬가지로 대상 뮤텍스가 poisoned 상태가 되었을 때 실패하며, 여기에서는 unwarp으로 대처한다.

대기 함수에는 타임아웃 가능한 wait_timeout 계열 함수도 있으며, 이 함수에서는 wait하는 시간을 지정할 수 있다. 즉, 지정한 시간 내에 다른 스레드로부터 notify가 없는 경우 해당 함수는 대기를 종료하고 반환한다. 타임아웃 가능한 wait 함수에 관해서는 매뉴얼 등을 참조하기 바란다.

3.8.3 RW락

Rust의 RW락은 뮤텍스와 거의 같으므로 여기에서는 락 구조만 간단히 설명하겠다. 다음 코드는 Rust에서 RW락을 이용하는 예다.

```rust
use std::sync::RwLock; // ❶

fn main() {
    let lock = RwLock::new(10); // ❷
    {
        // 이뮤터블한 참조를 얻음 ❸
        let v1 = lock.read().unwrap();
        let v2 = lock.read().unwrap();
        println!("v1 = {}", v1);
        println!("v2 = {}", v2);
    }

    {
        // 뮤터블한 참조를 얻음 ❹
        let mut v = lock.write().unwrap();
        *v = 7;
        println!("v = {}", v);
    }
}
```

❶ RW락용 타입인 RwLock 타입을 임포트한다.

❷ RW락용 값을 생성하고, 보호 대상 값의 초깃값인 10을 지정한다.

❸ read 함수를 호출해 Read락을 수행한다. Read락은 몇 번이든 수행할 수 있다.

❹ write 함수를 호출해 Write락을 수행한다.

Read락을 수행하는 read 함수를 호출하면 뮤텍스락과 마찬가지로 보호 대상 이뮤터블 참조(정확하게는 RwLockReadGuard 타입으로 감싼 참조)를 얻을 수 있으며, 이 참조를 통해 값에 읽기 접근만 가능하게 된다. 또한 뮤텍스락과 마찬가지로 이 참조의 스코프를 벗어나면 자동적으로 Read락이 해제된다.

write 함수의 경우 보호 대상 뮤터블 참조(정확하게는 RwLockWriteGuard 타입으로 감싼 참조)를 얻을 수 있다. 그러므로 보호 대상 데이터에 쓰기와 읽기 접근 모두 가능하다.

RW락에도 뮤텍스와 마찬가지로 try 계열 함수가 있다. 자세한 내용은 매뉴얼을 참조하라.

3.8.4 배리어 동기

Rust에는 배리어 동기용 라이브러리도 있으며 간단하게 이용할 수 있다. 다음 코드는 Rust에서의 배리어 동기 예다.

```rust
use std::sync::{Arc, Barrier}; // ❶
use std::thread;

fn main() {
    // 스레드 핸들러를 저장하는 벡터
    let mut v = Vec::new(); // ❷

    // 10 스레드만큼의 배리어 동기를 Arc로 감쌈
    let barrier = Arc::new(Barrier::new(10)); // ❸

    // 10 스레드 실행
    for _ in 0..10 {
        let b = barrier.clone();
        let th = thread::spawn(move || {
            b.wait(); // 배리어 동기 ❹
            println!("finished barrier");
        });
        v.push(th);
    }

    for th in v {
        th.join().unwrap();
    }
}
```

❶ 배리어 동기용 Barrier 타입과 Arc 타입을 임포트한다.

❷ 나중 join을 수행하기 위해 스레드 핸드러를 보존하는 벡터를 정의한다. 이 Vec 타입은 동적 배열 객체를 다루는 데이터 컨테이너다.

❸ 배리어 동기용 객체를 생성한다. 인수 10은 10 스레드로 약속을 수행하기 위해서다.

❹ 배리어 동기

배리어 동기는 이와 같이 간단히 수행할 수 있다.

3.8.5 세마포어

Rust 언어에서는 세마포어를 표준으로 제공하지 않는다. 하지만 뮤텍스와 조건 변수를 이용해서 세마포어를 구현할 수 있다. 이 절에서는 Rust를 이용한 세마포어 구현과 세마포어를 이용한 채널 구현을 설명한다.

다음 코드는 Rust를 이용한 세마포어 구현 예다. 여기에서는 Semaphore 타입을 정의하고, 그타입으로 세마포어용 함수인 wait와 post 함수를 구현한다.

예제 3-15 semaphore.rs

<code>Rust</code>

```rust
use std::sync::{Condvar, Mutex};

// 세마포어용 타입 ①
pub struct Semaphore {
    mutex: Mutex<isize>,
    cond: Condvar,
    max: isize,
}

impl Semaphore {
    pub fn new(max: isize) -> Self { // ②
        Semaphore {
            mutex: Mutex::new(0),
            cond: Condvar::new(),
            max,
        }
    }

    pub fn wait(&self) {
        // 카운터가 최댓값 이상이면 대기 ③
        let mut cnt = self.mutex.lock().unwrap();
        while *cnt >= self.max {
            cnt = self.cond.wait(cnt).unwrap();
        }
        *cnt += 1; // ④
    }

    pub fn post(&self) {
        // 카운터 감소 ⑤
        let mut cnt = self.mutex.lock().unwrap();
        *cnt -= 1;
```

```
            if *cnt <= self.max {
                self.cond.notify_one();
            }
        }
    }
}
```

❶ 세마포어용 Semaphore 타입 정의. 뮤텍스와 상태 변수 및 동시에 락을 획득할 수 있는 프로세스의 최대 수를 저장한다.

❷ 초기화 시에 동시에 락을 획득할 수 있는 프로세스의 최대 수를 설정한다.

❸ 락을 해서 카운터가 최댓값 이상이면 조건 변수의 wait 함수로 대기한다.

❹ 카운터를 증가한 뒤 크리티컬 섹션으로 이동한다.

❺ 락을 해서 카운터를 감소. 이후 카운터가 최댓값 이하면 조건 변수로 대기 중인 스레드에 알린다.

이렇게 Semaphore 타입의 변수는 현재 크리티컬 섹션을 실행 중인 프로세스 수를 세고, 그 수에 따라 대기나 알림을 수행한다. 카운터의 증가와 감소는 뮤텍스로 락을 획득한 상태에서 수행되므로 배타적 실행을 보증한다.

다음 코드는 세마포어의 테스트 코드다.

예제 3-16 세마포어의 테스트 코드

`Rust`

```rust
use semaphore::Semaphore;
use std::sync::atomic::{AtomicUsize, Ordering};
use std::sync::Arc;

const NUM_LOOP: usize = 100000;
const NUM_THREADS: usize = 8;
const SEM_NUM: isize = 4;

static mut CNT: AtomicUsize = AtomicUsize::new(0);

fn main() {
    let mut v = Vec::new();
    // SEM_NUM만큼 동시 실행 가능한 세마포어
    let sem = Arc::new(Semaphore::new(SEM_NUM));

    for i in 0..NUM_THREADS {
        let s = sem.clone();
```

```
        let t = std::thread::spawn(move || {
            for _ in 0..NUM_LOOP {
                s.wait();

                // 아토믹하게 증가 및 감소
                unsafe { CNT.fetch_add(1, Ordering::SeqCst) };
                let n = unsafe { CNT.load(Ordering::SeqCst) };
                println!("semaphore: i = {}, CNT = {}", i, n);
                assert!((n as isize) <= SEM_NUM);
                unsafe { CNT.fetch_sub(1, Ordering::SeqCst) };

                s.post();
            }
        });
        v.push(t);
    }

    for t in v {
        t.join().unwrap();
    }
}
```

이 코드에서는 스레드를 NUM_THREADS(8)만큼 만들고, SEM_NUM(4) 스레드만큼 동시에 크리티컬 섹션을 실행할 수 있는 세마포어를 만들었다. 그러므로 wait와 post 사이는 4 스레드 이내로 제한된다.

이를 확인하기 위해 AtomicUsize라는 아토믹 변수를 이용해 스레드 안에서 증가와 감소를 수행하여 그 수를 확인한다. Rust에서는 아토믹 변수를 이용해 아토믹하게 데이터를 변경할 수 있다. 예제에서는 fetch_add와 fetch_sub 명령이 아토믹한 덧셈과 뺄셈 명령이며 load가 읽기 명령이다. Ordering::SeqCst는 메모리 배리어 방법을 의미하며, SeqCst는 가장 제한이 엄격한(순서를 변경할 수 없는) 메모리 배리어 지정이 된다. 메모리 배리어는 4.7절 '메모리 배리어'에서 자세히 설명한다.

이 테스트 코드를 실행하면 SEM_NUM보다 CNT의 값이 커졌을 때 assert 매크로가 실패해야 하지만 그런 일은 일어나지 않는다.

세마포어를 이용하면 큐의 크기가 유한한 채널을 구현할 수 있다. 채널[channel]은 프로세스 사이에서 메시지 교환을 수행하기 위한 추상적인 통신로다. Rust에서는 채널이 송신단과 수신단으로 나뉘어 있으므로 그에 맞춰서 구현하겠다.

다음 코드는 송신단용 Sender 타입이다.

예제 3-17 channels.rs(Sender 타입)

```rust
use crate::semaphore::Semaphore;
use std::collections::LinkedList;
use std::sync::{Arc, Condvar, Mutex};

// 송신단을 위한 타입 ❶
#[derive(Clone)]
pub struct Sender<T> {
    sem: Arc<Semaphore>, // 유한성을 구현하는 세마포어
    buf: Arc<Mutex<LinkedList<T>>>, // 큐
    cond: Arc<Condvar>, // 읽기 측의 조건 변수
}

impl<T: Send> Sender<T> { // ❷
    // 송신 함수
    pub fn send(&self, data: T) {
        self.sem.wait(); // 큐의 최댓값에 도달하면 대기 ❸
        let mut buf = self.buf.lock().unwrap();
        buf.push_back(data); // 인큐
        self.cond.notify_one(); // 읽기 측에 대한 알림 ❹
    }
}
```

❶ Sender 타입은 세마포어를 가지며, 이 세마포어가 채널의 유한성을 구현한다. 큐는 링크드 리스트^{linked list}로 저장한다. cond 변수는 읽기 측에서 대기하는 경우에 알릴 때 이용한다. 송신단을 클론해서 사용할 수 있도록 하기 위해 #[derive(Clone)]을 지정한다. Rust의 표준적인 채널도 송신단만 클론 가능하다.

❷ 송신 함수 구현. 타입 T에 Send 트레이트 구현을 요구함으로써 채널을 이용한 데이터 송신이 허용된 타입만 송신 가능하게 된다.

❸ 세마포어를 이용해 큐의 최댓값을 감지하고 대기한다.

❹ 큐에 넣은 뒤 조건 변수를 이용해 읽기 측에 알린다.

Rust에서는 Send 트레이트를 구현하는 타입만 채널을 통해 송수신 가능하다. 이 제한은 Sender 타입의 T에 Send 트레이트를 요구하는 것으로 수행할 수 있다. 이렇게 함으로써 송수신해서는 안 되는 데이터의 잘못된 송수신을 컴파일 시 발견할 수 있다.

송수신이 금지된 유명한 타입으로 Rc 타입이 있다. Rc 타입은 스레드 세이프하지 않은 참조 카운터 기반의 스마트 포인터다. 따라서 Rc 타입의 값을 송수신하면 여러 스레드가 해당 참조를 저장하게 되므로 정의하지 않은 작동이 된다.

다음 코드는 수신단용 Receiver 타입이다.

예제 3-18 channels.rs(Receiver 타입)

Rust

```rust
// 수신단을 위한 타입 ❶
pub struct Receiver<T> {
    sem: Arc<Semaphore>, // 유한성을 구현하는 세마포어
    buf: Arc<Mutex<LinkedList<T>>>, // 큐
    cond: Arc<Condvar>, // 읽기 측의 조건 변수
}

impl<T> Receiver<T> {
    pub fn recv(&self) -> T {
        let mut buf = self.buf.lock().unwrap();
        loop {
            // 큐에서 추출 ❷
            if let Some(data) = buf.pop_front() {
                self.sem.post(); // ❸
                return data;
            }
            // 빈 경우 대기 ❹
            buf = self.cond.wait(buf).unwrap();
        }
    }
}
```

❶ Receiver 타입은 Sender 타입과 완전히 동일한 변수를 갖는다.

❷ 수신측에서는 큐인 링크드 리스트의 앞에서부터 데이터를 꺼낸다.

❸ 큐에서 데이터를 꺼낸 경우에는 세마포어의 post 함수를 호출해 세마포어의 카운터를 1 감소시킨다. 이렇게 함으로써 새로운 송신을 수행할 수 있게 된다.

❹ 만약 큐가 비어 있다면 송신용 조건 변수로 대기한다.

이처럼 수신 시 세마포어의 카운터를 감소시킴으로써 큐가 비어 있음을 나타낸다. 만약 큐가 가득 찬 경우에는 송신측은 세마포어에 의해 대기한다. 이와 동일한 것을 수행하는 채널을

Rust에서는 std::sync::mpsc::sync_channel 함수를 이용해 생성할 수 있다. sync_channel 은 8장 '동시 계산 모델'에서 자세히 설명한다.

> **CAUTION_** 여기에서는 세마포어의 예로 유한 채널을 설명했다. 실제로는 Rust 표준 sync_channel을 이 용하는 것이 실행 속도 면에서 우수하므로 이를 이용하는 것이 좋다.

다음 코드는 channel 생성을 수행하는 함수다. 이 함수는 큐의 최대 수를 받아 Sender와 Receiver 타입의 값을 생성한다.

예제 3-19 channels.rs(channel 생성) `Rust`

```rust
pub fn channel<T>(max: isize) -> (Sender<T>, Receiver<T>) {
    assert!(max > 0);
    let sem = Arc::new(Semaphore::new(max));
    let buf = Arc::new(Mutex::new(LinkedList::new()));
    let cond = Arc::new(Condvar::new());
    let tx = Sender {
        sem: sem.clone(),
        buf: buf.clone(),
        cond: cond.clone(),
    };
    let rx = Receiver { sem, buf, cond };
    (tx, rx)
}
```

다음 코드는 채널 이용 예다.

`Rust`

```rust
pub mod channel;
pub mod semaphore;

use channel::channel;

const NUM_LOOP: usize = 100000;
const NUM_THREADS: usize = 8;

fn main() {
    let (tx, rx) = channel(4);
    let mut v = Vec::new();
```

```
// 수신용 스레드
let t = std::thread::spawn(move || {
    let mut cnt = 0;
    while cnt < NUM_THREADS * NUM_LOOP {
        let n = rx.recv();
        println!("recv: n = {:?}", n);
        cnt += 1;
    }
});

v.push(t);

// 송신용 스레드
for i in 0..NUM_THREADS {
    let tx0 = tx.clone();
    let t = std::thread::spawn(move || {
        for j in 0..NUM_LOOP {
            tx0.send((i, j));
        }
    });
    v.push(t);
}

for t in v {
    t.join().unwrap();
}
}
```

이 코드에서는 수신용 스레드를 1개만 생성하고 송신용 스레드를 NUM_THREADS(8)만큼 생성한다. 이렇게 채널을 이용하면 생산자-소비자 모델을 매우 명확하게 기술할 수 있다. 생산자 능력이 소비자보다 높고 채널의 큐 크기에 제한이 없는 경우 큐 크기가 넘쳐 메모리 한계까지 소비해 언젠가는 프로그램이 정지된다. 하지만 큐 크기에 제한을 설정함으로써 그런 사고를 방지할 수 있다.

채널의 고속화 방법으로서는 벌크 데이터 전송^{bulk data transfer}이라 불리는 방법이 알려져 있다. 일반적으로 뮤텍스 등의 락 획득은 비용이 높은 계산이다. 그래서 락 획득 횟수를 줄이기 위해 여러 데이터를 일괄로 큐에 넣으면 전송 처리량의 향상을 기대할 수 있다. 단, 소수의 데이터만 있는 경우에는 일정 시간이 지난 후 큐에 넣는 등의 개선이 필요하다.

3.9 베이커리 알고리즘

지금까지 설명한 알고리즘은 lock xchg나 LL/SC 등 CPU가 제공하는 아토믹 명령을 이용한 동기 처리 방법이었다. 하지만 아토믹 명령을 지원하지 않는 하드웨어도 있으며, 그런 경우에는 하드웨어의 아토믹 명령을 이용하지 않는 동기 처리 방법이 이용된다. 이 절에서는 대표 알고리즘인 레슬리 램포트의 베이커리 알고리즘$^{\text{Leslie Lamport's Bakery Algorithm}}$을 소개한다. 베이커리 알고리즘 외에도 데커 알고리즘이나 피터슨 알고리즘 등 아토믹 명령을 이용하지 않는 동기 처리 알고리즘도 있다. 베이커리 알고리즘은 실제로 Arm Trusted Firmware 등에 구현되어 있다.

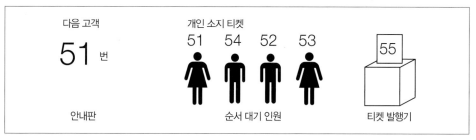

그림 3-8 베이커리 알고리즘

베이커리 알고리즘이라는 이름으로 불리기는 하지만 적어도 필자는 빵집에서 이런 알고리즘을 사용하는 것을 본 적은 없다. 오히려 병원이나 공공기관 등에서 사용하는 알고리즘이라고 생각하면 이해하기 쉬울 것이다. 병원에서는 먼저 접수를 하고 번호가 적힌 티켓을 받는다. 티켓 번호는 자신의 순서를 나타내며, 다른 대기 중인 사람이 가진 티켓 번호보다 자신의 번호가 작을 때 진료를 받을 수 있다. 베이커리 알고리즘은 이런 처리를 수행한다.

다음 코드는 Rust 언어로 구현한 베이커리 알고리즘이다. 사실 현대적인 CPU에서는 아웃 오브 오더 실행이라 불리는 고속화 방법이 적용되어 있으며, 메모리 접근이 반드시 명령어 순으로 실행되지는 않는다. 그렇기 때문에 원래의 베이커리 알고리즘은 현재 CPU에서는 올바르게 작동하지 않기 때문에 메모리 접근의 작동 순서를 보증하기 위한 명령을 이용해야 한다. 다음 코드는 아웃 오브 오더를 수행하는 CPU에서도 올바르게 작동하는 베이커리 알고리즘이다.

```rust
// 최적화 억제 읽기/쓰기용
use std::ptr::{read_volatile, write_volatile}; // ❶
// 메모리 배리어용
use std::sync::atomic::{fence, Ordering}; // ❷
use std::thread;

const NUM_THREADS: usize = 4;    // 스레드 수
const NUM_LOOP: usize = 100000; // 각 스레드에서의 루프 수

// volatile용 매크로 ❸
macro_rules! read_mem {
    ($addr: expr) => { unsafe { read_volatile($addr) } };
}

macro_rules! write_mem {
    ($addr: expr, $val: expr) => {
        unsafe { write_volatile($addr, $val) }
    };
}

// 베이커리 알고리즘용 타입 ❹
struct BakeryLock {
    entering: [bool; NUM_THREADS], // i번째 스레드가 티켓을 획득 중이면 entering[i]는 true
    tickets: [Option<u64>; NUM_THREADS], // i번째 스레드의 티켓은 ticket[i]
}

impl BakeryLock {
    // 락 함수. idx는 스레드 번호
    fn lock(&mut self, idx: usize) -> LockGuard {
        // 여기부터 티켓 취득 처리 ❺
        fence(Ordering::SeqCst);
        write_mem!(&mut self.entering[idx], true);
        fence(Ordering::SeqCst);

        // 현재 배포되어 있는 티켓의 최댓값 취득 ❻
        let mut max = 0;
        for i in 0..NUM_THREADS {
            if let Some(t) = read_mem!(&self.tickets[i]) {
                max = max.max(t);
            }
        }
        // 최댓값 + 1을 자신의 티켓 번호로 한다. ❼
        let ticket = max + 1;
```

```rust
        write_mem!(&mut self.tickets[idx], Some(ticket));

        fence(Ordering::SeqCst);
        write_mem!(&mut self.entering[idx], false); // ❽
        fence(Ordering::SeqCst);

        // 여기부터 대기 처리 ❾
        for i in 0..NUM_THREADS {
            if i == idx {
                continue;
            }

            // 스레드 i가 티켓 취득 중이면 대기
            while read_mem!(&self.entering[i]) {} // ❿

            loop {
                // 스레드 i와 자신의 순서를 비교해
                // 자신의 순서가 높거나
                // 스레드 i가 처리 중이 아니면 대기 종료 ⓫
                match read_mem!(&self.tickets[i]) {
                    Some(t) => {
                        // 스레드 i의 티켓 번호보다
                        // 자신의 번호가 낮거나
                        // 티켓 번호가 같고
                        // 자신의 스레드 번호가 작으면
                        // 대기 종료
                        if ticket < t ||
                           (ticket == t && idx < i) {
                            break;
                        }
                    }
                    None => {
                        // 스레드 i가 처리 중이 아니면
                        // 대기 종료
                        break;
                    }
                }
            }
        }

        fence(Ordering::SeqCst);
        LockGuard { idx }
    }
}
```

```rust
// 락 관리용 타입 ⑫
struct LockGuard {
    idx: usize,
}

impl Drop for LockGuard {
    // 락 해제 처리 ⑬
    fn drop(&mut self) {
        fence(Ordering::SeqCst);
        write_mem!(&mut LOCK.tickets[self.idx], None);
    }
}

// 글로벌 변수 ⑭
static mut LOCK: BakeryLock = BakeryLock {
    entering: [false; NUM_THREADS],
    tickets: [None; NUM_THREADS],
};

static mut COUNT: u64 = 0;

fn main() {
    // NUM_THREADS만큼 스레드 생성
    let mut v = Vec::new();
    for i in 0..NUM_THREADS {
        let th = thread::spawn(move || {
            // NUM_LOOP만큼 루프 반복하면서 COUNT 증가
            for _ in 0..NUM_LOOP {
                // 락 획득
                let _lock = unsafe { LOCK.lock(i) };
                unsafe {
                    let c = read_volatile(&COUNT);
                    write_volatile(&mut COUNT, c + 1);
                }
            }
        });
        v.push(th);
    }

    for th in v {
        th.join().unwrap();
    }

    println!(
        "COUNT = {} (expected = {})",
```

```
        unsafe { COUNT },
        NUM_LOOP * NUM_THREADS
    );
}
```

❶ 컴파일러에 의한 최적화를 억제하고 메모리 읽기/쓰기를 수행하는 read_volatile과 write_volatile 함수 임포트

❷ 메모리 배리어용 fence 함수와 Ordering 타입을 임포트. 메모리 배리어는 4.7절 '메모리 배리어'에서 다시 설명한다.

❸ volatile용 매크로인 read_mem과 write_mem 매크로 정의

❹ 베이커리 알고리즘에서 이용하는 BakeryLock 타입 정의

❺ 티켓 취득 처리. 스레드 idx가 티켓 취득 중 상태임을 나타내기 위해 entering[idx]를 true로 설정. 또한 설정 전후에는 메모리 배리어를 수행해 아웃 오브 오더에서의 메모리 읽기 및 쓰기가 수행되는 것을 방지한다.

❻ 현재 배포되어 있는 티켓의 최댓값을 취득한다.

❼ 자신의 티켓 번호를 최댓값 + 1로 설정한다.

❽ 티켓을 획득한 것을 나타내기 위해 entering[idx]를 false로 설정. 또한 설정 전후로 메모리 배리어를 수행한다.

❾ 대기 처리. 자신보다 낮은 번호의 티켓을 가진 스레드가 있는 경우 대기한다.

❿ i번째 스레드가 티켓 취득 중이면 대기한다.

⓫ 자신의 티켓 번호와 스레드 i의 티켓 번호를 비교해 대기. 만약 자신의 티켓 번호가 스레드 i의 티켓 번호보다 작다면 대기 종료. 그리고 티켓 번호가 같아도 자신의 스레드 번호가 작은 경우 마찬가지로 대기 종료. 이것은 타이밍에 따라 같은 티켓 번호를 취득하는 경우가 있기 때문이다. 그 외의 경우에는 i번째 스레드가 티켓을 반환 또는 다시 티켓을 취득할 때까지 대기한다.

⓬ 락 관리용 타입

⓭ 락 획득 후 자동으로 해제되도록 Drop 트레이트 구현. 락 해제는 티켓의 반환을 수행하기 위해 tickets[self.idx]에 None을 저장해서 수행한다.

⓮ 글로벌 변수 정의. Rust에서는 뮤터블한 글로벌 변수 이용을 권장하지 않으며 그 접근은 모두 unsafe가 되지만 여기에서는 시연을 위해 이용했다. LOCK이 락을 수행하기 위한 공유 변수이며, COUNT는 스레드별로 증가를 수행하기 위한 공유 변수다.

read_mem과 write_mem 매크로를 정의한 것은 read_volatile과 write_volatile이 함수여서 unsafe를 여러 차례 지정해야 하며 그로 인해 코드가 장황해지기 때문이다. 함수가 아닌 매크로로 한 것은 함수로 만들 경우 컴파일러가 최적화를 수행할 가능성이 있어 이를 방지하기 위함이다.

BakeryLock 타입은 entering과 tickets라는 배열을 가지고 있으며, 그 요소 수는 스레드 수와 같다. entering은 해당 요소 번호의 스레드가 현재 티켓을 취득하고 있는지 나타내는 배열이다. 이는 병원에서 접수를 하고 티켓을 발행하는 상태에 해당한다. tickets는 해당 요소 번호의 스레드가 가진 티켓에 쓰인 번호를 나타내는 배열이다. 즉, i번째 스레드의 티켓은 tickets[i]로 얻을 수 있다. 단, 대응하는 스레드가 티켓을 가지고 있지 않을 때의 값은 None이다.

락 관리용 타입인 LockGuard 타입은 단순히 락 취득 중인 스레드 번호를 변수 idx에 저장한다. 그리고 LockGuard 타입에는 Drop 트레이트가 구현되어 있다. Drop 트레이트를 구현하면 변수가 스코프에서 벗어날 때 특정한 처리를 수행할 수 있도록 지정할 수 있다. 즉, C++ 언어의 디스트럭터^{destructor}를 구현할 수 있다고 생각해도 좋다.

이것으로 베이커리 알고리즘 설명을 마친다. 여기에서는 메모리 배리어 처리를 사용했지만 이를 제거했을 때 출력이 어떻게 달라지는지 확인해보면 흥미로운 결과를 얻을 수 있을 것이다. 또한 read_mem과 write_mem 매크로를 함수로 바꿔보면 흥미로운 결과를 얻을 수 있으므로 꼭 시도해보기 바란다. 특히 아웃 오브 오더 실행을 적극적으로 수행하는 AArch64에서는 그 차이를 보다 명확하게 알 수 있을 것이다.

동시성 프로그래밍 특유의 버그와 문제점

이 장에서는 동시성 프로그래밍 시 발생하는 특유의 버그와 문제점을 설명한다. 먼저 데드락 deadlock, 라이브락livelock, 굶주림starvation 등 동기 처리에서의 기본적인 문제를 해결한다. 이후 재귀락recursive lock, 의사 각성과 같은 고급 동기 처리에 관한 문제를 설명한다. 동시성 프로그래밍에서 시그널을 다루는 문제도 설명한다. 실용적인 시스템 소프트웨어를 구축하기 위해서는 시그널을 이해해야 한다. 마지막으로 CPU의 아웃 오브 오더out-of-order 실행을 설명하고, 동시성 프로그램에서의 문제점 및 메모리 배리어memory barrier를 이용한 해결 방법도 설명한다.

4.1 데드락

동시성 프로그래밍 특유의 버그에 대한 예로 **식사하는 철학자 문제**dining philosophers problem가 널리 알려져 있다. 식사하는 철학자 문제에서는 철학자들이 원탁에 둘러앉아 있고 철학자 앞에는 식사가, 철학자 사이에는 포크가 하나씩 놓여 있다. 철학자는 양쪽에 있는 포크 2개를 동시에 사용해야 식사를 할 수 있으며(포크 2개가 아니면 식사를 할 수 없다) 철학자 알고리즘에 따라 서로의 리소스(포크)가 비는 것을 기다리는 동안 처리를 진행하지 못한다.

다음 그림에 식사하는 철학자 문제를 나타냈다. 여기에서는 4명의 철학자가 테이블에 둘러 앉아 있고, 철학자는 양쪽의 포크를 사용해 식사를 한 뒤 포크를 테이블에 내려놓는 작동을 반복한다.

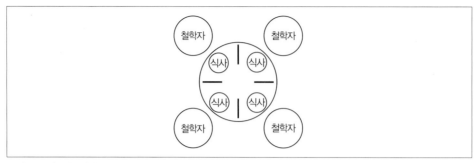

그림 4-1 식사하는 철학자 문제

여기에서 철학자의 식사 알고리즘은 다음과 같다고 가정한다.

1 왼쪽 포크가 비기를 기다렸다가 왼쪽 포크를 사용할 수 있는 상태가 되면 포크를 든다.

2 오른쪽 포크가 비기를 기다렸다가 오른쪽 포크를 사용할 수 있는 상태가 되면 포크를 든다.

3 식사를 한다.

4 포크를 테이블에 놓는다.

5 단계 1로 돌아간다.

이때 포크를 드는 타이밍에 따라 모든 철학자가 포크를 사용할 수 없는 상태가 되어 더 이상 처리가 진행되지 않을 수도 있다. 이처럼 서로 자원(포크)이 비는 것을 기다리며 더 이상 처리가 진행되지 않는 상태를 **데드락**^{deadlock}이라 부른다.

다음 그림은 철학자가 2명일 때 데드락이 발생하는 예를 보여준다. 여기에서는 동시에 2명의 철학자가 왼쪽 포크를 들어 올린 뒤 오른쪽 포크를 계속 기다리게 되므로 더 이상 처리가 진행되지 않는다.

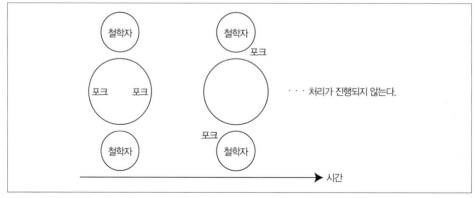

그림 4-2 식사하는 철학자 문제에서의 데드락

좀 더 엄밀하게 데드락에 관해 생각해보자. 식사하는 철학자 문제는 스테이트 머신state machine, 상태 머신에서의 상태 전이state transition로 간주할 수 있으며, 철학자가 2명일 때의 상태 전이는 다음과 같다.

> **NOTE_** 스테이트 머신은 내부에 상태를 가지고 있는 추상적인 기계이며, 입력에 따라 내부 상태가 바뀐다 (전이). 예를 들어 자동판매기도 스테이트 머신이며, 초기 상태의 자동판매기에 동전을 넣으면 '초기 상태'에서 '동전이 투입된 상태'로 전이된다.

표 4-1 스테이트 머신으로 나타낸 식사하는 철학자 문제(T: 포크를 가진 상태, F: 포크를 갖지 않는 상태)

철학자	철학자 1 왼쪽	철학자 1 오른쪽	철학자 2 왼쪽	철학자 2 오른쪽	다음 상태
S0	F	F	F	F	S1, S2, S4
S1	T	F	F	F	S3, S4
S2	F	F	T	F	S3, S5
S3	T	F	T	F	
S4	T	T	F	F	S0
S5	F	F	T	T	S0

이 표를 상태 전이도로 나타내면 다음 그림과 같다.

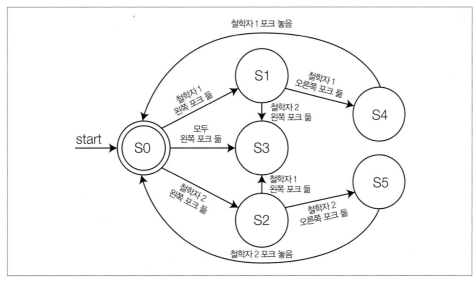

그림 4-3 식사하는 철학자 문제의 상태 전이도

여기에서 철학자 1의 왼쪽과 철학자 2의 오른쪽은 철학자 1의 왼손과 철학자 2의 오른손을 나타낸다. T는 포크를 든 상태, F는 포크를 들지 않은 상태를 나타낸다. 포크는 철학자 사이에 하나씩 놓여 있으며, 둘 중 한 명만 포크를 들 수 있으므로 철학자 1의 왼쪽과 철학자 2의 오른쪽 (또는 철학자 1의 오른쪽과 철학자 2의 왼쪽)은 동시에 T가 될 수 없다.

S3에서는 더 이상 전이할 수 있는 상태가 없음을 알 수 있다. S3은 철학자 1과 철학자 2 모두 왼손에 포크를 들고 있는 데드락 상태다. 즉, 데드락이란 전이 대상이 없는 상태임을 알 수 있다.

이를 바탕으로 하면 데드락 상태가 되는 스테이트 머신은 다음과 같이 정의할 수 있다.

정의 **데드락이 발생하는 스테이트 머신**

스테이트 머신에서 데드락이 발생할 가능성이 있다. ⇔ 초기 상태에서 도달 가능하며 다음 전이 대상이 없는 상태를 갖는다.

다음 코드는 식사하는 철학자 문제를 Rust로 구현한 예다. 철학자 2명, 포크 2개일 때의 코드다.

`Rust`

```rust
use std::sync::{Arc, Mutex};
use std::thread;

fn main() {
    // 포크 2개 ❶
    let c0 = Arc::new(Mutex::new(()));
    let c1 = Arc::new(Mutex::new(()));

    let c0_p0 = c0.clone();
    let c1_p0 = c1.clone();

    // 철학자 1
    let p0 = thread::spawn(move || {
        for _ in 0..100000 {
            let _n1 = c0_p0.lock().unwrap(); // ❷
            let _n2 = c1_p0.lock().unwrap();
            println!("0: eating");
        }
    });
```

```rust
// 철학자 2
let p1 = thread::spawn(move || {
    for _ in 0..100000 {
        let _n1 = c1.lock().unwrap();
        let _n2 = c0.lock().unwrap();
        println!("1: eating");
    }
});

p0.join().unwrap();
p1.join().unwrap();
}
```

❶ 포크를 나타내는 뮤텍스 생성

❷ 포크를 들고 식사 중이라 표시

이 코드는 마지막까지 실행되기도 하지만 데드락이 발생해 더 이상 실행되지 않기도 한다.

특히 RW락은 데드락을 주의해야 한다. 다음 코드는 B. Qin 등이 보고한 데드락을 발생시키는 예다.[12] Rust로 구현된 애플리케이션이며 실제로 발견된 버그이기도 하다.

예제 4-1 데드락이 되는 RwLock 예(1)

`Rust`

```rust
use std::sync::{Arc, RwLock};
use std::thread;

fn main() {
    let val = Arc::new(RwLock::new(true));

    let t = thread::spawn(move || {
        let flag = val.read().unwrap(); // ❶
        if *flag {
            *val.write().unwrap() = false; // ❷
            println!("flag is true");
        }
    });

    t.join().unwrap();
}
```

❶ Read락 획득

❷ Read락 획득 상태에서 Write 획득. 데드락

이와 같이 Read락을 획득한 상태에서 Write락을 획득하게 되면 당연히 데드락 상태가 된다. 같은 문헌에서 이를 회피하는 방법으로 다음 방식을 제시한다.

`Rust`

```rust
use std::sync::{Arc, RwLock};
use std::thread;

fn main() {
    let val = Arc::new(RwLock::new(true));

    let t = thread::spawn(move || {
        let flag = *val.read().unwrap(); // ❶
        if flag {
            *val.write().unwrap() = false; // ❷
            println!("flag is true");
        }
    });

    t.join().unwrap();
}
```

❶ Read락을 획득하고 값을 꺼낸 후 즉시 Read락을 해제한다.

❷ Write락 획득

이 코드에서는 Read락을 얻는 즉시 락이 해제된다. 그리고 실제 이 두 코드의 차이는 극히 미미하므로 이처럼 라이프타임 작동을 파악하는 것은 일반적으로 어렵다. Rust는 매우 잘 설계된 프로그래밍 언어지만 여기에서 소개한 코드와 같은 작동이 발생할 수 있으며 이를 라이프타임의 어둠이라고도 부른다.

한 가지 다른 예를 더 살펴보자. 다음 코드 역시 RwLock을 사용한 데드락의 예다.

예제 4-2 데드락이 되는 RwLock 예(2)

`Rust`

```rust
use std::sync::{Arc, RwLock};
use std::thread;

fn main() {
```

```rust
        let val = Arc::new(RwLock::new(true));

        let t = thread::spawn(move || {
            let _flag = val.read().unwrap(); // ❶
            *val.write().unwrap() = false; // ❷
            println!("deadlock");
        });

        t.join().unwrap();
    }
```

❶ Read락의 값을 _flag에 저장

❷ Write락 획득 시 데드락

이 코드에서는 Read락에서 반환된 값을 _flag에 저장한다. 그러므로 이 변수의 스코프를 벗어날 때까지 락이 반환되지 않으며 Write락을 획득하려 하면 데드락이 발생한다. 다음 코드처럼 구현하면 데드락이 발생하지 않는다.

Rust

```rust
use std::sync::{Arc, RwLock};
use std::thread;

fn main() {
    let val = Arc::new(RwLock::new(true));

    let t = thread::spawn(move || {
        let _ = val.read().unwrap(); // ❶
        *val.write().unwrap() = false; // ❷
        println!("not deadlock");
    });

    t.join().unwrap();
}
```

❶ Read락의 값이 즉시 파기되고 락이 해제된다.

❷ Write락

이 코드에서는 Read락에서 반환되는 값을 _에 저장하지만 Rust는 _라는 변수에 저장된 값을 즉시 파기한다. 따라서 Read락이 즉시 해제되므로 Write락을 획득하고자 해도 데드락이 발생하지 않는다.

4.2 라이브락과 굶주림

식사하는 철학자 문제 알고리즘을 조금 수정해 왼쪽 포크를 들고 약간 기다렸다가 오른쪽 포크를 획득하지 못하면 들고 있던 포크를 내려놓도록 하면 어떻게 될까? 이렇게 변경한 알고리즘은 다음과 같다.

1. 왼쪽 포크가 비기를 기다렸다가 왼쪽 포크를 사용할 수 있는 상태가 되면 포크를 든다.
2. 오른쪽 포크가 비기를 기다렸다가 오른쪽 포크를 사용할 수 있는 상태가 되면 포크를 든다. 어느 정도 기다려도 오른쪽 포크를 들 수 있는 상태가 되지 않으면 왼쪽 포크를 내려놓고 단계 1로 되돌아간다.
3. 식사를 한다.
4. 포크를 테이블에 놓는다.
5. 단계 1로 돌아간다.

이 알고리즘은 잘 작동할 것처럼 보이지만 역시 타이밍에 따라 처리가 진행되지 않는 상황이 발생한다.

다음 그림은 변경한 알고리즘에서 처리가 진행되지 않는 예다. 여기에서는 2명의 철학자가 동시에 왼쪽 포크를 들고 있다가 왼쪽 포크를 내려놓고 왼쪽 포크를 다시 동시에 드는 작동이 반복되어 처리가 진행되지 않게 된다.

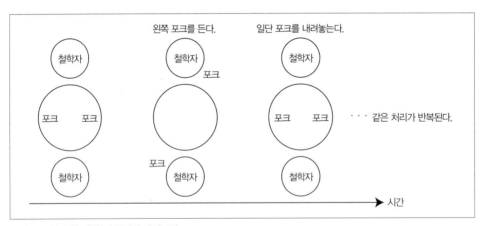

그림 4-4 식사하는 철학자 문제의 라이브락

이렇게 리소스를 획득하는 처리는 수행하지만 리소스를 획득하지 못해 다음 처리를 진행하지 못하는 상태를 **라이브락**livelock이라 부른다. 라이브락은 어떤 두 사람이 좁은 길을 엇갈려 지나갈 때 서로 같은 방향으로 피하는 상태와 같다.

다음은 수정한 식사하는 철학자 문제(철학자 2명일 때)의 상태 전이표다.

표 4-2 수정한 식사하는 철학자 문제의 상태 전이표

철학자	철학자 1 왼쪽	철학자 1 오른쪽	철학자 2 왼쪽	철학자 2 오른쪽	다음 상태
S0	F	F	F	F	S1, S2, S3
S1	T	F	F	F	S3, S4
S2	F	F	T	F	S3, S5
S3	T	F	T	F	S0, S1, S2
S4	T	T	F	F	S0
S5	F	F	T	T	S0

이 표를 상태 전이도로 나타내면 다음 그림과 같다.

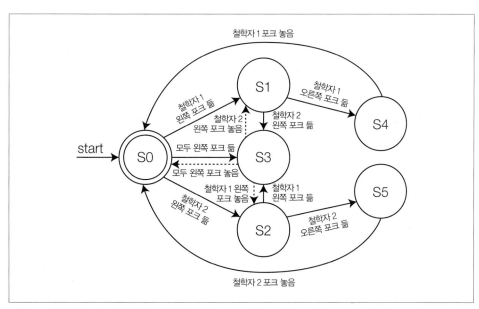

그림 4-5 수정한 식사하는 철학자 문제의 상태 전이도

수정한 알고리즘에는 왼손만 포크를 든 상태에서 포크를 내려놓는 상태로의 전이가 새롭게 추가되었다. 즉, S3 상태일 때 철학자 1이 포크를 내려놓으면 S2로, 철학자 2가 포크를 내려놓으면 S1로, 두 철학자 모두 포크를 내려놓으면 S0으로 전이하도록 수정되었다. 어느 상태에서도 다음 전이 대상이 존재하므로 이 스테이트 머신에서는 데드락이 발생하지 않는다.

하지만 앞에서 설명한 것처럼 라이브락의 발생 가능성이 있다. S0 → S3 → S0 → S3 → ...의 상태가 무한히 반복될 가능성이 있으며 S4나 S5 같은 리소스를 얻는 상태에는 도달하지 못할 가능성이 있다. 이러한 라이브락이 되는 스테이트 머신은 다음과 같이 정의한다.

> **정의 라이브락이 발생하는 스테이트 머신**
>
> 스테이트 머신에서 라이브락이 발생할 가능성이 있다. ⇔ 특정한 리소스를 획득하는 상태에는 도달하지만 그 외의 상태에는 절대 도달하지 못하는 무한 전이 사례가 존재한다.

라이브락이란 상태 전이는 수행되지만 어떤 리소스 획득 상태로도 전이하지 않는 상태이며, **굶주림**starvation이란 특정 프로세스만 리소스 획득 상태로 전이하지 못하는 상태에 있는 것을 말한다. 예를 들어 [표 4-2]에서 S0 → S1 → S4 → S0 → S1 → S4 → ...의 전이가 반복될 때 철학자 1은 리소스를 얻지만 철학자 2가 리소스를 얻는 상태인 S5에는 영원히 도달하지 못한다. 이런 굶주림을 일으키는 스테이트 머신은 다음과 같이 정의한다.

> **정의 굶주림이 발생하는 스테이트 머신**
>
> 스테이트 머신에서 굶주림이 발생할 가능성이 있다. ⇔ 어떤 프로세스가 존재하고, 항상 리소스 획득 상태로 도달 가능하지만 그 상태에 결코 도달하지 못하는 무한 전이 사례가 존재하거나 데드락이 되는 스테이트 머신이다.

눈치 챘겠지만 라이브락과 굶주림은 비슷하다. 라이브락은 시스템 전체에 관한 문제, 굶주림은 부분 노드에 관한 문제다.

> **NOTE_** 일반적으로는 굶주림은 상태 변화 자체에 관해서는 그다지 고려하지 않으므로 엄밀하게 생각하면 데드락이 발생하는 스테이트 머신도 굶주림을 일으키는 스테이트 머신에 해당한다.

4.3 은행원 알고리즘

데드락을 회피하기 위한 알고리즘으로 다익스트라Dijkstra가 고안한 은행원 알고리즘Banker's Algorithm이 유명하다. 이 절에서는 은행원 알고리즘을 설명하고, 식사하는 철학자 문제에 은행원 알고리즘을 적용해 데드락이 발생하지 않고 철학자들이 식사를 마칠 수 있음을 확인한다.

은행원 알고리즘에서는 은행원이 리소스 배분 방법을 결정한다. 다음 그림은 은행원 알고리즘의 개념을 예를 들어 설명한 것이다.

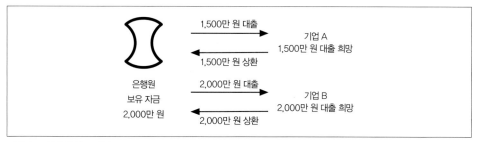

그림 4-6 은행원 알고리즘

은행원은 2,000만 원의 자본을 가지고 있다. 기업 A와 기업 B는 각각 1,500만 원과 2,000만 원의 자금이 필요하다. 은행원은 먼저 기업 A에 1,500만 원을 대출해준다. 기업 A는 1,500만 원의 자금으로 사업을 하고 1,500만 원을 상환한다. 그 후 은행원은 기업 B에 2,000만 원을 대출해준다. 기업 B는 2,000만 원의 자금으로 사업을 하고 2,000만 원을 상환한다. 단, 여기에서는 실제 대출과 달리 다음 제약이 존재한다.

- 기업은 자금을 대출하는 즉시 사용한다.
- 기업은 필요한 금액을 대출할 수 있게 되면 반드시 전액 상환한다.
- 기업은 전액을 대출할 때까지 사업을 완수하지 못하고 상환하지 못한다.
- 대출 이자는 고려하지 않는다.
- 신용 창조는 하지 않는다(즉, 은행은 보유 자금 이상을 대출할 수 없다).

이런 제약이 존재하는 경우 다음과 같이 자금을 대출하면 데드락이 발생한다.

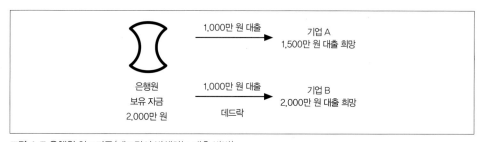

그림 4-7 은행원 알고리즘(데드락이 발생하는 대출 방법)

이 그림에서도 은행원의 자본과 기업이 필요로 하는 자본은 같지만 대출 순서는 다르다. 은행원은 먼저 보유한 자본에서 1,000만 원씩 각 기업에 대출해준다. 그러면 은행의 보유 자본은 0원이 되며 더 이상 대출이 불가능하게 된다. 또한 기업 A와 기업 B 모두 필요한 자본을 조달할 수 없으므로 사업을 완수하지 못하며 대출한 자금을 상환할 수 없는 상태에 빠진다.

이 예를 보면 은행원의 자본과 각 기업이 필요로 하는 자본을 미리 알고 있는 경우 어떻게 대출하면 데드락이 되는지 예측할 수 있다. 은행원 알고리즘에서는 데드락이 발생하는 상태로 전이하는지 시뮬레이션을 통해 판정함으로써 데드락을 회피한다.

다음 코드는 은행원 알고리즘에서 이용하는 Resource 구조체를 정의한 예다.

예제 4-3 bankers.rs `Rust`

```rust
struct Resource<const NRES: usize, const NTH: usize> {
    available: [usize; NRES],        // 이용 가능한 리소스
    allocation: [[usize; NRES]; NTH], // 스레드 i가 확보 중인 리소스
    max: [[usize; NRES]; NTH],        // 스레드 i가 필요로 하는 리소스의 최댓값
}
```

이 구조체에서는 available, allocation, max라는 배열을 정의한다. 이들은 이용 가능한 리소스, 각각의 스레드가 현재 확보하고 있는 리소스, 각 스레드가 필요로 하는 리소스의 최댓값이다. 예를 들어 available[j]는 j번째 리소스다. 리소스는 셀 수 있는 것이면 무엇이든 가능하다. 돈이든 사람이든 문제없다. allocation[i][j]는 스레드 i가 현재 확보하고 있는 리소스 j의 수를 나타낸다. max[i][j]는 스레드 i가 필요로 하는 리소스 j의 최댓값이다.

다음 코드는 Resource 구조체를 구현한 예다.

예제 4-4 bankers.rs `Rust`

```rust
impl<const NRES: usize, const NTH: usize> Resource<NRES, NTH> {
    fn new(available: [usize; NRES], max: [[usize; NRES]; NTH]) -> Self {
        Resource {
            available,
            allocation: [[0; NRES]; NTH],
            max,
        }
    }
```

```
// 현재 상태가 데드락을 발생시키지 않는지 확인 ❶
fn is_safe(&self) -> bool {
    let mut finish = [false; NTH]; // 스레드 i는 리소스 획득과 반환에 성공했는가? ❷
    let mut work = self.available.clone(); // 이용 가능한 리소스의 시뮬레이션 값 ❸

    loop {
        // 모든 스레드 i와 리소스 j에 대해 ❹
        // finish[i] == false && work[j] >= (self.max[i][j] -
        //    self.allocation[i][j])
        // 을 만족하는 스레드를 찾는다.
        let mut found = false;
        let mut num_true = 0;
        for (i, alc) in self.allocation.iter().enumerate() {
            if finish[i]{
                num_true += 1;
                continue;
            }

            // need[j] = self.max[i][j] - self.allocation[i][j]를 계산하고
            // 모든 리소스 j에 대해 work[j] >= need[j]인지 판정한다. ❺
            let need = self.max[i].iter().zip(alc).map(|(m, a)| m - a);
            let is_avail = work.iter().zip(need).all(|(w, n)| *w >= n);
            if is_avail {
                // 스레드 i가 리소스 확보 가능
                found = true;
                finish[i] = true;
                for (w, a) in work.iter_mut().zip(alc) {
                    *w += *a // 스레드 i가 현재 확보하고 있는 리소스 반환 ❻
                }
                break;
            }
        }

        if num_true == NTH {
            // 모든 스레드가 리소스 확보 가능하면 안전함 ❼
            return true;
        }

        if !found {
            // 스레드가 리소스를 확보할 수 없음 ❽
            break;
        }
    }
```

```
            false
        }

        // id번째 스레드가 resource를 하나 얻음 ❾
        fn take(&mut self, id: usize, resource: usize) -> bool {
            // 스레드 번호, 리소스 번호 검사
            if id >= NTH || resource >= NRES || self.available[resource] == 0 {
                return false;
            }

            // 리소스 확보를 시험해본다. ❿
            self.allocation[id][resource] += 1;
            self.available[resource] -= 1;

            if self.is_safe() { // ⓫
                true // 리소스 확보 성공
            } else {
                // 리소스 확보에 실패했으므로 상태 복원
                self.allocation[id][resource] -= 1;
                self.available[resource] += 1;
                false
            }
        }

        // id번째 스레드가 resource를 하나 반환 ⓬
        fn release(&mut self, id: usize, resource: usize) {
            // 스레드 번호, 리소스 번호 검사
            if id >= NTH || resource >= NRES || self.allocation[id][resource] == 0 {
                return;
            }

            self.allocation[id][resource] -= 1;
            self.available[resource] += 1;
        }
    }
}
```

❶ is_safe 함수. 현재 상태가 안전한 경우(데드락이나 굶주림에 빠지지 않는 경우) true,
그렇지 않은 경우 false를 반환한다.

❷ finish[i] = true일 때 스레드 i가 리소스를 확보해 처리를 수행하고, 그 후 모든 리소스
를 반환할 수 있음을 나타낸다.

❸ work[j]는 시뮬레이션상에서의 은행원이 보유한 리소스 j의 수를 나타낸다.

❹ 아직 시뮬레이션상에서 리소스를 확보하지 못한 스레드로, 원하는 리소스를 은행원이 보유하고 있는 스레드 중에서 찾는다.

❺ 스레드 i가 원하는 리소스를 은행원이 보유하고 있는지 검사한다.

❻ 스레드 i가 리소스를 확보할 수 있다면 스레드 i는 무언가 처리를 수행한 뒤 확보하고 있는 리소스를 반환한다.

❼ 모든 스레드가 리소스를 확보할 수 있는 대출 방법이 존재하면 true를 반환한다.

❽ 리소스를 확보할 수 없는 스레드가 있는 경우는 안전하지 않은 상태다.

❾ take 함수. 스레드 id가 resource를 1개만 확보하도록 하기 위한 함수. 단, 확보한 상태를 시뮬레이션해서 안전하다고 판단된 경우에만 실제로 리소스를 확보한다.

❿ 스레드 id가 resource를 1개 확보한 상태를 만든다.

⓫ is_safe 함수에서 현재 상태를 확인하여 안전한 경우에는 resource를 확보하고 그렇지 않은 경우에는 원래 상태로 돌아간다.

⓬ release 함수. 스레드 id가 resource를 1개 반환한다.

여기에서 중요한 것은 is_safe 함수다. is_safe 함수는 대출 가능한 리소스와 대출을 시뮬레이션한다. 즉, 대출 가능한 경우 필요한 스레드에 대출하고, 해당 스레드의 리소스를 모두 반환받는 조작을 반복할 때 모든 스레드가 리소스를 확보할 수 있는지 검사한다. take 함수는 리소스를 1개 확보(은행원 입장에서는 대출해줌)하는 함수이며, 확보를 가정했을 때 안전한지 검사하여 안전하다고 판단되었을 때만 리소스를 확보한다. 여기에서 안전이란 모든 스레드가 리소스를 확보할 수 있는 상태를 가리킨다.

이 알고리즘의 핵심은 필요한 리소스를 대출할 수 있는 스레드는 처리를 마치는 즉시 리소스를 반환한다는 제약이다. 은행원은 보유한 리소스와 각 스레드에서 필요로 하는 리소스를 비교하여 대출할 수 있는 스레드에 리소스를 분배한 뒤 현재 대출한 리소스를 포함한 모든 리소스를 반환받는 상황을 반복해 예측한다. 만약 대출할 수 없는 상황에 빠지면 데드락이나 굶주림 상태가 된다고 예측할 수 있다.

다음 코드는 Resource 구조체를 Arc와 Mutex로 감싼 Banker 구조체를 정의한 예다.

```rust
use std::sync::{Arc, Mutex};

#[derive(Clone)]
pub struct Banker<const NRES: usize, const NTH: usize> {
    resource: Arc<Mutex<Resource<NRES, NTH>>>,
}

impl<const NRES: usize, const NTH: usize> Banker<NRES, NTH> {
    pub fn new(available: [usize; NRES], max: [[usize; NRES]; NTH]) -> Self {
        Banker {
            resource: Arc::new(Mutex::new(Resource::new(available, max))),
        }
    }

    pub fn take(&self, id: usize, resource: usize) -> bool {
        let mut r = self.resource.lock().unwrap();
        r.take(id, resource)
    }

    pub fn release(&self, id: usize, resource: usize) {
        let mut r = self.resource.lock().unwrap();
        r.release(id, resource)
    }
}
```

Banker 구조체는 Resource 구조체를 내부에 가지고 있을 뿐이며 Banker 구조체를 생성하는 new 함수와 각 스레드로의 인터페이스인 take와 release 구조체를 정의할 뿐이다.

다음 코드는 식사하는 철학자 문제를 은행원 알고리즘을 이용해 구현한 예다.

```rust
mod banker;

use banker::Banker;
use std::thread;

const NUM_LOOP: usize = 100000;

fn main() {
    // 이용 가능한 포크 수, 철학자가 이용하는 포크 최대 수 설정 ❶
    let banker = Banker::<2, 2>::new([1, 1], [[1, 1], [1, 1]]);
```

```
        let banker0 = banker.clone();

        let philosopher0 = thread::spawn(move || {
            for _ in 0..NUM_LOOP {
                // 포크 0과 1을 확보 ❷
                while !banker0.take(0, 0) {}
                while !banker0.take(0, 1) {}

                println!("0: eating");

                // 포크 0과 1을 반환 ❸
                banker0.release(0, 0);
                banker0.release(0, 1);
            }
        });

        let philosopher1 = thread::spawn(move || {
            for _ in 0..NUM_LOOP {
                // 포크 1과 0을 확보
                while !banker.take(1, 1) {}
                while !banker.take(1, 0) {}

                println!("1: eating");

                // 포크 1과 0을 반환
                banker.release(1, 1);
                banker.release(1, 0);
            }
        });

        philosopher0.join().unwrap();
        philosopher1.join().unwrap();
}
```

❶ 철학자 2명, 리소스 2개로 초기화한다. 첫 번째 인수 [1, 1]은 철학자가 가진 포크 수이며, 두 번째 인수 [[1, 1], [1, 1]]은 철학자 1과 2가 필요로 하는 포크의 최댓값이다.

❷ 철학자는 take 함수로 포크를 얻는다. 이때 취득할 스레드 번호와 포크 번호를 take 함수에 전달한다. 여기에서는 포크를 얻을 수 있을 때까지 반복spin한다.

❸ 포크를 얻으면 식사를 한 뒤 release 함수로 포크를 반환한다.

각 철학자는 포크 0과 1을 얻어 식사를 하고 포크를 내려놓는 조작을 반복한다. 이전의 식사하는 철학자 문제 구현 예에서는 데드락에 빠지는 경우가 있었지만 이 코드는 데드락에 빠지지 않고 마지막까지 처리를 진행한다. 이처럼 은행원 알고리즘을 이용해 데드락을 회피할 수 있다. 그러나 은행원 알고리즘을 이용하기 위해서는 사전에 작동하는 스레드 수와 각 스레드가 필요로 하는 리소스의 최댓값을 파악하고 있어야 하는 단점이 있다. 데드락을 감지하는 다른 방법으로는 리소스 확보에 대한 플래그를 생성해 순환적인 리소스 확보를 하고 있지 않은지 검사하는 방법이 알려져 있다.[13]

4.4 재귀락

먼저 재귀락recursive lock을 정의해보자.

정의 재귀락

락을 획득한 상태에서 프로세스가 그 락을 해제하기 전에 다시 그 락을 획득하는 것

재귀락이 발생했을 때 일어나는 일은 알고리즘의 구현에 따라 다르지만 3.3절 '뮤텍스'에서 설명한 것처럼 단순한 뮤텍스 구현에 대해 재귀락을 수행하면 데드락 상태가 된다. C 언어 등에서는 재귀락 또한 비교적 발생하기 쉬운 버그이므로 주의해야 한다.

한편 재귀락을 수행해도 처리를 계속할 수 있는 락을 **재진입 가능**reentrant한 락이라고 부른다. 재진입 가능한 락의 정의는 다음과 같다.

정의 재진입 가능한 락

재귀락을 수행해도 데드락 상태에 빠지지 않으며 처리를 계속할 수 있는 락 메커니즘

다음 코드는 C 언어에서의 재진입 가능한 뮤텍스를 구현한 예다.

<kbd>C</kbd>

```
// 재진입 가능한 뮤텍스용 타입 ❶
struct reent_lock {
```

```
    bool lock; // 락용 공유 변수
    int id;    // 현재 락을 획득 중인 스레드 ID, 0이 아니면 락 획득 중임
    int cnt;   // 재귀락 카운트
};

// 재귀락 획득 함수
void reentlock_acquire(struct reent_lock *lock, int id) {
    // 락 획득 중이고 자신이 획득 중인지 판정 ❷
    if (lock->lock && lock->id == id) {
        // 자신이 획득 중이면 카운트 증가
        lock->cnt++;
    } else {
        // 어떤 스레드도 락을 획득하지 않았거나
        // 다른 스레드가 락 획득 중이면 락 획득
        spinlock_acquire(&lock->lock);
        // 락을 획득하면 자신의 스레드 ID를 설정하고
        // 카운트 증가
        lock->id = id;
        lock->cnt++;
    }
}

// 재귀락 해제 함수
void reentlock_release(struct reent_lock *lock) {
    // 카운트를 감소하고,
    // 해당 카운트가 0이 되면 락 해제 ❸
    lock->cnt--;
    if (lock->cnt == 0) {
        lock->id = 0;
        spinlock_release(&lock->lock);
    }
}
```

❶ 재진입 가능한 뮤텍스용 reent_lock 구조체를 정의. 이 구조체는 스핀락에서 이용하는 변수, 현재 락을 획득 중인 스레드 ID를 나타내는 변수, 재귀락 수행 횟수를 나타내는 카운트용 변수를 정의하고 있다. 변수 id의 값이 0이면 아무도 락을 획득하지 않았음을 의미하고, 0이 아니면 다른 스레드가 락을 획득한 상태임으로 나타낸다. 즉, 각 스레드에 할당된 스레드 ID는 0이 아니어야 한다.

❷ 락을 획득한 상태고 동시에 자신이 락을 획득했는지 판정한다. 만약 자신이 락을 획득한 상태라면 카운트를 증가하고 처리를 종료한다. 반대로 아무도 락을 획득하지 않은 상태이거

나 다른 스레드가 락을 획득한 상태면 락을 획득하고 락용 변수에 자신의 스레드 ID를 설정한 뒤 카운트를 증가한다.

❸ 카운트를 감소시키고 0인지 체크한다. 0이면 id 변수를 0으로 설정하고, 실제로 락을 해제한다.

재진입 가능한 뮤텍스에서는 락을 획득할 때 자신이 락을 획득하고 있는지 체크하고 락을 획득했다면 재귀락의 카운트를 증가한다. 락을 해제할 때는 재귀락의 카운트를 감소하고 카운트가 0이 되면 실제 락을 해제한다. 스핀락 함수는 3.3절 '뮤텍스'에서 소개한 함수를 이용하는 것으로 한다.

다음 코드는 C 언어에서 재진입 가능한 뮤텍스를 이용하는 예다.

C

```c
#include <assert.h>
#include <pthread.h>
#include <stdbool.h>
#include <stdio.h>
#include <stdlib.h>

struct reent_lock lock_var; // 락용 공유 변수

// n회 재귀적으로 호출해 락을 거는 테스트 함수
void reent_lock_test(int id, int n) {
    if (n == 0)
        return;

    // 재귀락
    reentlock_acquire(&lock_var, id);
    reent_lock_test(id, n - 1);
    reentlock_release(&lock_var);
}

// 스레드용 함수
void *thread_func(void *arg) {
    int id = (int)arg;
    assert(id != 0);
    for (int i = 0; i < 10000; i++) {
        reent_lock_test(id, 10);
    }
    return NULL;
}
```

```c
int main(int argc, char *argv[]) {
    pthread_t v[NUM_THREADS];
    for (int i = 0; i < NUM_THREADS; i++) {
        pthread_create(&v[i], NULL, thread_func, (void *)(i + 1));
    }
    for (int i = 0; i < NUM_THREADS; i++) {
        pthread_join(v[i], NULL);
    }
    return 0;
}
```

기본적으로 기존의 코드와 거의 같지만 reent_lock_test 함수에서 재귀적으로 함수를 호출하고, 같은 공유 변수에 대해 락을 수행하는 위치가 다르다. 단순한 뮤텍스 구현에서는 이런 호출을 수행하면 데드락이 되지만 재진입 가능한 뮤텍스에서는 처리가 계속된다.

Pthreads에서는 속도가 빠르지만 재진입 가능하지 않은 뮤텍스, 재진입 가능한 뮤텍스, 재진입 시도 시 에러가 발생하는 뮤텍스의 세 가지 종류를 이용할 수 있다. 이것은 다음 코드에서 볼 수 있듯이 뮤텍스를 초기화할 때 이용할 수 있다.

C

```c
// 속도가 빠르지만 재진입 가능하지 않음
pthread_mutex_t fastmutex = PTHREAD_MUTEX_INITIALIZER;

// 재진입 가능한 뮤텍스
pthread_mutex_t recmutex = PTHREAD_RECURSIVE_MUTEX_INITIALIZER_NP;

// 재진입하려고 하면 에러가 발생하는 뮤텍스
pthread_mutex_t errchkmutex = PTHREAD_ERRORCHECK_MUTEX_INITIALIZER_NP;
```

Rust 언어에서는 재귀락의 작동을 정의하지 않는다. 필자 개인적인 생각이지만 Rust 언어에서 재귀락을 수행하는 코드는 상당히 의도적으로 작성하지 않으면 일어나지 않는 것처럼 보인다. Rust에서는 락용 변수와 리소스가 강하게 결합되어 있으며, 락용 변수는 명시적으로 클론해야 복제할 수 있기 때문이다. 다음 코드는 Rust에서 재귀락을 수행하는 예다.

Rust

```rust
use std::sync::{Arc, Mutex};

fn main() {
```

```
      // 뮤텍스를 Arc로 작성하고 클론
      let lock0 = Arc::new(Mutex::new(0)); // ❶
      // Arc의 클론은 참조 카운터를 증가하기만 한다.
      let lock1 = lock0.clone(); // ❷

      let a = lock0.lock().unwrap();
      let b = lock1.lock().unwrap(); // 데드락 ❸
      println!("{}", a);
      println!("{}", b);
  }
```

❶ 뮤텍스 객체를 만들고, 그것을 참조 카운터 기반의 스마트 포인터인 Arc로 감싼다.

❷ 그것을 클론한다.

❸ 같은 뮤텍스에 대해 락을 하면 데드락

이 코드는 같은 뮤텍스에 대해 락을 수행하기 때문에 데드락이 된다(환경에 따라 데드락이 되지 않고 재진입 가능하게 되거나 패닉이 될 가능성도 있다). 그러나 의도적으로 작성하지 않는 한 이런 코드는 만들어지지 않을 것이다. Rust에서는 다른 스레드에 공유 리소스를 전달할 때만 클론하고, 동일한 스레드 안에서는 클론해서 이용하지 않는다는 규칙을 지키는 것이 좋다.

4.5 의사 각성

3.5절 '조건 변수'에서 조건 변수를 설명할 때 **의사 각성**spurious wakeup을 간단히 다루었다. 의사 각성의 정의는 다음과 같다.

> **정의 의사 각성**
>
> 특정한 조건이 만족될 때까지 대기 중이어야 하는 프로세스가 해낭 조선이 만족뇌지 않았음에도 불구하고 실행 상태로 변경되는 것

3.5절 '조건 변수'에서는 의사 각성이 일어나도 문제없도록 wait 뒤에 반드시 조건이 만족되었는지 확인하도록 했다. 여기에서는 의사 각성이 어떤 경우에 일어나는지 알아보자.

다음 코드는 의사 각성을 일으키는 예를 C 언어로 구현한 것이다. 전형적으로는 wait 안의 시그널에 의한 인터럽트가 그 원인이 되어 의사 각성이 일어난다.

C

```c
#include <pthread.h>
#include <signal.h>
#include <stdio.h>
#include <stdlib.h>
#include <sys/types.h>
#include <unistd.h>

pthread_mutex_t mutex = PTHREAD_MUTEX_INITIALIZER;
pthread_cond_t cond = PTHREAD_COND_INITIALIZER;

// 시그널 핸들러 ❶
void handler(int sig) { printf("received signal: %d\n", sig); }

int main(int argc, char *argv[]) {
    // 프로세스 ID 표시 ❷
    pid_t pid = getpid();
    printf("pid: %d\n", pid);

    // 시그널 핸들러 등록
    signal(SIGUSR1, handler); // ❸

    // wait하고 있지만 누구도 notify를 하지 않으므로 멈춰 있어야 함 ❹
    pthread_mutex_lock(&mutex);
    if (pthread_cond_wait(&cond, &mutex) != 0) {
        perror("pthread_cond_wait");
        exit(1);
    }
    printf("sprious wake up\n");
    pthread_mutex_unlock(&mutex);

    return 0;
}
```

❶ 시그널 핸들러. 시그널 번호를 표시할 뿐이다.

❷ 프로세스 ID를 취득하고 표시한다. 여기에서는 표시되는 프로세스 ID에 대해 시그널을 송신한다.

❸ SIGUSR1 시그널에 대한 시그널 핸들러 등록

❹ wait 처리. 여기에서는 wait를 하고 있지만 notify하는 스레드가 따로 없기 때문에 영원히 대기할 것이다.

이 코드는 notify하는 스레드가 없으므로 영원히 대기할 것처럼 보일지도 모른다. 그러나 OpenBSD나 macOS 등의 OS에서 이 코드를 컴파일해서 실행하고, 해당 프로세스 ID에 대해 다른 콘솔에서 다음을 실행하면 SIGUSR1 시그널이 송신되고 프로그램이 종료된다.

```
$ kill -s SIGUSR1 pid
```

이렇게 아무도 notify를 하지 않아도 wait에서 돌아오는 일이 일어날 수 있으므로 스스로 조건을 확인해야 한다.

리눅스에서는 wait에 futex라는 시스템 콜을 이용한다. 리눅스 커널 버전 2.6.22 이전에는 futex라는 시그널에 의해 의사 각성이 발생했지만 이후 버전에서는 발생하지 않는다. 따라서 이 코드를 실행하더라도 의사 각성은 일어나지 않는다. 하지만 이는 환경에 의존하므로 조건을 직접 확인하는 것이 좋다.

4.6 시그널

이 절에서는 시그널을 설명한다. 이 책에서 시그널 자체에 관한 설명은 하지 않으므로 자세한 내용은 참고 문헌[14]을 참조하기 바란다. 일반적으로 시그널과 멀티스레드는 궁합이 맞지 않다고 알려져 있다. 어떤 타이밍에서 시그널 핸들러가 호출되는지 알 수 없기 때문이다. 아래 C 언어를 이용한 코드는 시그널 핸들러를 사용할 때 데드락이 발생하는 전형적인 예다.

C

```
// 시그널 핸들러
void handler(int sig) {
    pthread_mutex_lock(&mutex); // 데드락 ❶
    // 무언가 처리
    pthread_mutex_unlock(&mutex);
}

int main(int argc, char *argv[]) {
    pthread_mutex_lock(&mutex);
```

```
    // 이 행에서 시그널이 발생하면 데드락 ❷
    pthread_mutex_unlock(&mutex);
    return 0;
}
```

❶ 시그널 핸들러 안에 락을 획득

❷ 시그널 핸들러 안의 것과 같이 뮤텍스 변수를 이용해 락을 획득한 경우 이 행에서 시그널이 발생하면 데드락

이런 상태에 빠지는 것을 방지하기 위해 시그널을 수신하는 전용 스레드를 이용할 수 있다. 다음 코드는 전용 스레드에서 시그널을 수신하는 예를 C 언어로 구현한 예다.

```c
#include <pthread.h>
#include <signal.h>
#include <stdio.h>
#include <stdlib.h>
#include <unistd.h>

pthread_mutex_t mutex = PTHREAD_MUTEX_INITIALIZER;
sigset_t set;

void *handler(void *arg) { // ❶
    pthread_detach(pthread_self()); // 디태치 ❷

    int sig;
    for (;;) {
        if (sigwait(&set, &sig) != 0) { // ❸
            perror("sigwait");
            exit(1);
        }
        printf("received signal: %d\n", sig);
        pthread_mutex_lock(&mutex);
        // 무언가 처리
        pthread_mutex_unlock(&mutex);
    }

    return NULL;
}

void *worker(void *arg) { // ❹
```

```
    for (int i = 0; i < 10; i++) {
        pthread_mutex_lock(&mutex);
        // 무언가 처리
        sleep(1);
        pthread_mutex_unlock(&mutex);
        sleep(1);
    }
    return NULL;
}

int main(int argc, char *argv[]) {
    // 프로세스 ID 표시
    pid_t pid = getpid();
    printf("pid: %d\n", pid);

    // SIGUSR1 시그널을 블록으로 설정
    // 이 설정은 뒤에서 작성할 스레드에서도 이어진다. ❺
    sigemptyset(&set);
    sigaddset(&set, SIGUSR1);
    if (pthread_sigmask(SIG_BLOCK, &set, NULL) != 0) {
        perror("pthread_sigmask");
        return 1;
    }

    pthread_t th, wth;
    pthread_create(&th, NULL, handler, NULL);
    pthread_create(&wth, NULL, worker, NULL);
    pthread_join(wth, NULL);

    return 0;
}
```

❶ 시그널 처리 전용 스레드 함수

❷ 디태치했지만 하지 않더라도 관계없다.

❸ sigwait 함수를 이용해 시그널 수신. sigwait 함수의 첫 번째 인수에는 수신 시그널의 종류를 지정하고, 두 번째 인수로 수신한 시그널의 종류를 받는다.

❹ 워커 스레드용 함수. 여기에서도 락을 획득해서 무언가 처리를 수행하지만 이 워커 스레드와 시그널용 스레드는 다른 스레드이며 스레드 실행 후에는 시그널 핸들러가 실행되지 않으므로 데드락은 발생하지 않는다.

❺ sigaddset 함수에서 수신한 시그널의 종류를 지정하고(여기에서는 SIGUSR1), 해당 시그널을 pthread_sigmask 함수를 이용해 블록으로 설정한다. 어떤 시그널을 블록으로 설정하면 해당 시그널이 프로세스에 송신되어도 시그널 핸들러가 실행되지 않는다. 그리고 이 설정은 이후에 작성하는 스레드에도 이어지므로 main 함수의 가장 처음에 실행한다.

중요한 점은 pthread_sigmask 함수에서 시그널을 블록하는 것과 시그널 수신용 스레드를 준비해 sigwait 함수에서 동기로 시그널을 수신하는 것이다. 이렇게 하면 어떤 타이밍에 시그널이 발생해도 데드락 상태가 되지 않는다.

이상이 시그널용 스레드를 이용한 예다. Rust 언어에서는 signal_hook이라고 하는 크레이트crate가 있으며, 시그널을 다룰 때는 이 크레이트를 이용할 것을 권장한다. singal_hook 크레이트를 이용하면 다음 코드와 같이 매우 간단하게 기술할 수 있다.

`Rust`

```rust
use signal_hook::{iterator::Signals, SIGUSR1}; // ❶
use std::{error::Error, process, thread, time::Duration};

fn main() -> Result<(), Box<dyn Error>> {
    // 프로세스 ID 표시
    println!("pid: {}", process::id());

    let signals = Signals::new(&[SIGUSR1])?; // ❷
    thread::spawn(move || {
        // 시그널 수신
        for sig in signals.forever() { // ❸
            println!("received signal: {:?}", sig);
        }
    });

    // 10초 슬립
    thread::sleep(Duration::from_secs(10));
    Ok(())
}
```

❶ 시그널을 다루기 위한 타입인 Signals 타입과 여기에서 대상으로 하는 시그널을 나타내는 SIGUSR1을 signal_hook 크레이트에서 임포트한다.

❷ 수신 대상 시그널인 SIGUSR1을 지정하여 SIGNALS 타입을 생성한다.

❸ forever 함수를 호출해 시그널을 동기적으로 수신한다.

이렇게 해서 시그널 수신 스레드를 쉽게 작성할 수 있다. 시그널을 수신한 것을 여러 스레드에 알리고 싶을 때는 crossbeam-channel 크레이트를 이용하면 좋다. crossbeam-channel은 멀티 프로듀서, 멀티 소비자^{multi consumer}의 송수신을 실현하는 크레이트다. 자세한 내용은 온라인 문서[15]를 참고하기 바란다.

4.7 메모리 배리어

현대적인 CPU에서는 반드시 기계어 명령 순서대로 처리를 수행하지 않는다. 이런 실행 방법을 아웃 오브 오더^{Out-Of-Order} 실행이라 부른다. 아웃 오브 오더 실행을 하는 이유는 파이프라인 처리 시 **단위 시간당 실행 명령 수**^{instructions-per-second, IPC}를 높이기 위해서이다.

예를 들어 A와 B를 다른 메모리 주소로 하고 read A, read B라는 순서의 기계어가 있을 때 A는 메모리상에만 존재하고, B는 캐시 라인상에 존재한다고 하자. 이때 A를 읽는 것을 완료한 뒤 B를 읽는 것보다 A를 읽는 것을 완료하기 전의 메모리 페치 중에 B를 읽으면 지연을 줄일 수 있다.

이렇게 아웃 오브 오더 실행은 IPC 향상에 기여하지만 몇 가지 다른 문제도 일으킨다. 아웃 오브 오더 실행에 관한 여러 문제에서 시스템을 보호하기 위한 처리가 **메모리 배리어**^{memory barrier}이며, 이 절에서는 메모리 배리어를 설명한다. 메모리 배리어는 **메모리 펜스**^{memory fence}라 부르기도 한다. Arm에서는 메모리 배리어, Intel에서는 메모리 펜스라 부른다.

다음 [그림 4-8]은 락용 명령을 넘어 아웃 오브 오더 실행이 되었다고 했을 때 일어나는 문제를 보여준다.

여기에서 프로세스 A와 프로세스 B는 공유 변수에 접근하기 위해 락을 획득하고, 락 획득 중에 공유 변수를 증가한다고 가정한다. 여기에서 만약 프로세스 B의 read 명령이 락용 명령 이전에 실행되면 그림에서 보는 것과 같이 시간적으로 이전의 공유 변수의 값을 획득하게 된다. 그러면 최종적으로는 공유 변수의 값이 2가 되어야 하지만 1이 되어 레이스 컨디션이 된다. 단, 실제로는 락용 명령을 사용해도 이런 일은 일어나지 않는다. 이것은 메모리 읽기 쓰기 순서를 보증하는 명령이 사용되고 있기 때문이며 그 명령이 바로 메모리 배리어 명령이 된다.

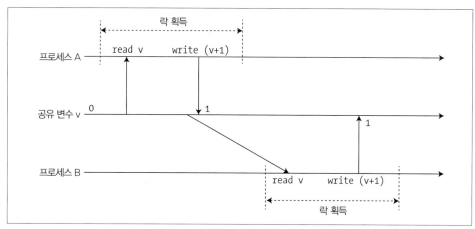

그림 4-8 락용 명령을 넘어 아웃 오브 오더 실행이 되었을 경우(실제로는 발생하지 않음)

다음 표는 AArch64의 메모리 배리어 관련 명령의 일부다.

표 4-3 AArc64의 메모리 배리어 관련 명령

명령	의미
dmb sy	이 명령을 넘어 메모리 읽기 쓰기 명령이 실행되지 않음을 보증
dmb st	이 명령 이전의 메모리 쓰기 명령과 이 명령 이후의 메모리 읽기 명령이 이 명령을 넘어 실행되지 않음을 보증
dmb ld	이 명령 이전의 메모리 읽기 명령과 이 명령 이후의 읽기 명령이 이 명령을 넘어 실행되지 않음을 보증
dsb	이 명령을 넘어 모든 명령이 실행되지 않음을 보증
isb	명령 파이프라인 플러시
ldr	보통 읽기(배리어 없음)
ldxr	배타적 읽기(배리어 없음)
ldar	이 명령 이후의 메모리 읽기 쓰기 명령이 이 명령보다 앞에 실행되지 않음을 보증
ldaxr	ldar + 배타
str	보통 쓰기(배리어 없음)
stxr	배타적 쓰기(배리어 없음)
stlr	이 명령 이전의 메모리 읽기 쓰기 명령이 이 명령보다 뒤에 실행되지 않음을 보증
stlxr	stlr + 배타

dmb 명령은 메모리 배리어 전용 명령으로 옵션에 따라 메모리 배리어 방법을 지정할 수 있다. 다음 그림은 dmb 명령의 옵션에 따른 차이를 나타낸다.

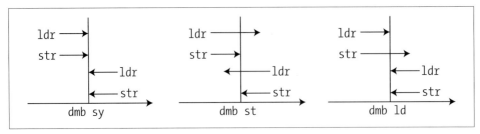

그림 4-9 AArch64의 dmb 명령에 의한 배리어

이 그림과 같이 sy를 지정하면 모든 메모리 읽기 쓰기에 대해 배리어되지만 st는 메모리 쓰기만, ld는 선행하는 읽기 명령에 대해 각각 계속해서 메모리 읽기 쓰기만 배리어한다.

다음 그림은 ldar과 stlr 명령의 메모리 배리어를 나타내며, 이들은 한쪽 방향으로만 메모리 읽기 쓰기 배리어를 수행한다.

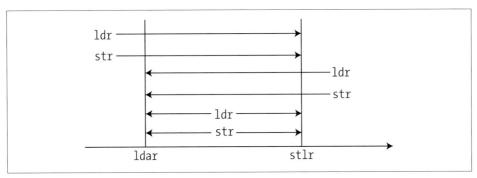

그림 4-10 AArc64의 ldar 명령과 str 명령에 의한 배리어

그림에서 볼 수 있듯이 2개 명령으로 둘러싸인 메모리 접근은 이 명령들을 넘어 실행되지는 않으므로 [그림 4-8]과 같은 문제는 일어나지 않는다.

dmb 명령 등은 메모리 읽기 쓰기에 관한 명령만 대상으로 한다. 그 외의 명령도 대상으로 할 때는 dsb나 isb 명령을 이용한다. 또한 dmb 명령 등에서는 대상이 되는 메모리의 범위를 지정 가능하다. 메모리 범위는 동일 CPU 안의 코어 사이에서의 공유 메모리나 다른 CPU 사이에서의 공유 메모리 등이다. 자세한 내용은 AArch64 매뉴얼을 참조한다.

메모리 오더링^{memory ordering}은 메모리 읽기 쓰기를 수행하는 순서를 말하며, 기계어로 쓰인 순서와 다른 순서로 실행되는 것을 리오더링^{reording}이라 부른다. 리오더링이 발생하는 명령 순서는 읽기 쓰기 순서나 CPU 아키텍처에 따라 달라진다. 다음 표에 AArch64, x6-64, RISC-V 에서의 메모리 오더링을 나타냈다.

표 4-4 메모리 오더링(✓는 리오더링이 발생하는 패턴)

아키텍처	W → W	W → R	R → R	R → W
AArch64	✓	✓	✓	✓
x86-64				✓
RISC-V(WMO)	✓	✓	✓	✓
RISC-V(TSO)				✓

이 표에서 W는 쓰기, R은 읽기를 나타내며 화살표는 기계어상의 순서를 나타낸다. RISC-V의 WMO$^{Weak Memory Ordering}$ 모드나 AArch64에서는 읽기 쓰기 순서에 관계없이 리오더링을 수행하지만 RISC-V의 TSO$^{Total Store Ordering}$ 모드나 x86-64에서는 R → W 순서에 대해서만 리오더링을 수행한다.

> **NOTE_** RISC-V에서는 리오더링을 지정할 수 있다.

Rust 언어에도 아토믹 변수를 다루는 라이브러리인 std::sync::atomic이 존재한다. Rust 언어에서는 아토믹 변수를 읽고 쓸 때 메모리 배리어의 방법을 지정해야 하며, 이때 Ordering 타입을 이용한다. 다음 표에 Ordering 타입에 전달하는 값과 그 의미를 나타냈다.

표 4-5 Rust 언어의 Ordering 예

값	의미
Relaxed	제약 없음
Acquire	이 명령 이후의 메모리 읽기 쓰기 명령이 이 명령 이전에 실행되지 않는 것을 보증. 메모리 읽기 명령에 지정 가능
Release	이 명령 이전의 메모리 읽기 쓰기 명령이 이 명령 이후에 실행되지 않는 것을 보증. 메모리 쓰기 명령에 지정 가능
AcqRel	읽기의 경우는 Acquire, 쓰기의 경우에는 Release로 한다.
SecCst	앞뒤의 메모리 읽기 쓰기 명령 순서 유지

Relaxed는 특별한 제약 없이 지정한다. Acquire는 메모리 읽기 명령, Release는 메모리 쓰기 명령에 지정할 수 있으며, 각각 AArch64의 ldar과 stlr 명령과 같이 메모리 배리어가 된

다([그림 4-10] 참조). AcqRel은 메모리 읽기 명령의 경우는 Acquire, 쓰기 명령인 경우는 Release가 된다. Compare and Swap 명령으로 지정한 경우 쓰기에 성공하면 Acquire + Release가 되지만 실패하면 Acquire가 된다. SecCst는 풀 배리어로 AArch64의 dmb sy에 해당한다([그림 4-9] 참조). 단, 실제로는 dmb sy가 아니라 dmb ish 등의 유사 명령을 사용한다. ish는 inner shareable domain의 약어로 동일한 CPU 내 코어 사이에서의 메모리 배리어가 된다.

3.8.1절 '뮤텍스'에서 설명한 것처럼 Rust의 뮤텍스는 다음과 같은 특징을 가지며 Pthreads에서 발생하는 문제를 방지할 수 있다.

- 보호 대상 데이터에는 락 후에만 접근할 수 있다.
- 락 해제는 자동으로 수행된다.

Rust의 아토믹 변수를 이용한 스핀락의 구현인 다음 코드를 기반으로 어떻게 이러한 특징을 구현하는지 알아본다.

```rust
use std::cell::UnsafeCell; // ❶
use std::ops::{Deref, DerefMut}; // ❷
use std::sync::atomic::{AtomicBool, Ordering}; // ❸
use std::sync::Arc;

const NUM_THREADS: usize = 4;
const NUM_LOOP: usize = 100000;

// 스핀락용 타입 ❹
struct SpinLock<T> {
    lock: AtomicBool,      // 락용 공유 변수
    data: UnsafeCell<T>, // 보호 대상 데이터
}

// 락 해제 및 락 중에 보호 대상 데이터를 조직하기 위한 타입 ❺
struct SpinLockGuard<'a, T> {
    spin_lock: &'a SpinLock<T>,
}

impl<T> SpinLock<T> {
    fn new(v: T) -> Self {
        SpinLock {
            lock: AtomicBool::new(false),
```

```
                    data: UnsafeCell::new(v),
            }
        }

        // 락 함수 ❻
        fn lock(&self) -> SpinLockGuard<T> {
            loop {
                // 락용 공유 변수가 false가 될 때까지 대기
                while self.lock.load(Ordering::Relaxed) {}

                // 락용 공유 변수를 아토믹하게 씀
                if let Ok(_) =
                    self.lock
                        .compare_exchange_weak(
                            false, // false면
                            true,  // true를 쓴다.
                            Ordering::Acquire, // 성공 시의 오더
                            Ordering::Relaxed) // 실패 시의 오더
                    {
                        break;
                    }
            }
            SpinLockGuard { spin_lock: self } // ❼
        }
    }

// SpinLock 타입은 스레드 사이에서 공유 가능하도록 지정
unsafe impl<T> Sync for SpinLock<T> {} // ❽
unsafe impl<T> Send for SpinLock<T> {} // ❾

// 락 획득 후 자동으로 해제되도록 Drop 트레이트 구현 ❿
impl<'a, T> Drop for SpinLockGuard<'a, T> {
    fn drop(&mut self) {
        self.spin_lock.lock.store(false, Ordering::Release);
    }
}

// 보호 대상 데이터의 이뮤터블한 참조 제외 ⓫
impl<'a, T> Deref for SpinLockGuard<'a, T> {
    type Target = T;

    fn deref(&self) -> &Self::Target {
        unsafe { &*self.spin_lock.data.get() }
    }
}
```

```rust
// 보호 대상 데이터의 뮤터블한 참조 제외 ⓬
impl<'a, T> DerefMut for SpinLockGuard<'a, T> {
    fn deref_mut(&mut self) -> &mut Self::Target {
        unsafe { &mut *self.spin_lock.data.get() }
    }
}

fn main() {
    let lock = Arc::new(SpinLock::new(0));
    let mut v = Vec::new();

    for _ in 0..NUM_THREADS {
        let lock0 = lock.clone();
        // 스레드 생성
        let t = std::thread::spawn(move || {
            for _ in 0..NUM_LOOP {
                // 락
                let mut data = lock0.lock();
                *data += 1;
            }
        });
        v.push(t);
    }

    for t in v {
        t.join().unwrap();
    }

    println!(
        "COUNT = {} (expected = {})",
        *lock.lock(),
        NUM_LOOP * NUM_THREADS
    );
}
```

❶ UnsafeCell 타입 임포트. 이 타입은 Rust의 차용 룰을 파기하고, 뮤터블한 참조를 여럿 가지도록 하는 기술을 가능하게 하는 위험한 타입이다. 따라서 안이하게 사용해서는 안 되지만 뮤텍스 등의 메커니즘을 구현하기 위해서는 필수적으로 임포트한다.

❷ Deref와 DerefMut 트레이트 임포트. Deref와 DerefMut 트레이트를 구현하면 애스터리스크(*)를 이용해 참조 제외를 수행할 수 있게 된다. Rust의 뮤텍스는 락했을 때 가드용 객체를 반환한다. 가드용 객체는 참조 제외를 함으로써 보호 대상 데이터를 읽고 쓸 수 있으

며 이를 실현하기 위해 Deref와 DerefMt 트레이트를 구현한다.

❸ 아토믹용 타입 임포트. AtomicBool은 아토믹 읽기 쓰기를 수행하기 위한 논릿값 타입이고, Ordering은 메모리 배리어 방법을 나타내는 타입이다.

❹ 스핀락용의 SpinLoc 타입 정의. 이 타입은 락용 공유 변수와 락 대상 데이터를 유지하고 있다. 유지 대상 데이터는 여러 스레드가 뮤터블하게 접근할 가능성이 있으므로 UnsafeCell 타입으로 감싼다.

❺ 락 해제 및 락 안에 유지 대상 데이터의 참조를 취득하기 위한 타입이다. SpinLockGuard 타입을 정의한다. 이 타입의 값이 스코프로부터 제외되었을 때 자동적으로 락이 해제되지만 락을 해제하기 위해 SpinLock 타입의 참조를 유지하고 있다.

❻ 락을 수행하는 lock 함수. TTAS에 의해 락용 공유 변수가 false가 되어 락이 해제되는 것을 기다린다. 공유 변수가 false인 경우에는 메모리 오더링에 Acquire를 지정하여 아토믹하게 공유 변수를 true로 설정한다.

❼ 락 획득에 성공하면 루프를 벗어나 SpinLockGuard 타입의 값에 자신의 참조를 전달해 락 획득 처리를 종료한다.

❽ SpinLock 타입은 스레드 사이에서 공유할 수 있다고 지정한다. 이 지정은 Rust의 Mutex 타입 등에서도 수행되고 있다. 단, 일반적으로 이용할 때는 자신이 정의한 타입에 대해 이런 지정은 수행할 필요가 없고, 동기 처리 메커니즘을 구현할 때만 이용해야 한다.

❾ Send 트레이트를 구현하면 채널을 통해 값을 송신할 수 있게 된다.

❿ SpinLockGuard 타입에 Drop 트레이트를 구현한다. 여기에서는 SpinLockGuard 타입의 변수가 스코프에서 제외되었을 때 자동으로 락이 해제되도록 한다. 이렇게 함으로써 락 해제를 잊는 것을 방지할 수 있다. 락의 해제에 필요한 메모리 오더링은 Release이므로 false 기록 시 지정된다.

⓫ SpinLockGuard 타입에 Deref 트레이트를 구현한다. 이 트레이트를 구현하면 참조 제외를 수행할 수 있으며, 여기에서는 보호 대상 데이터로의 참조를 취득하도록 한다. 이렇게 함으로써 락 보호 시에 얻어진 SpinLockGuard 타입의 값을 통해 보호 대상 데이터의 읽기 쓰기가 가능해진다. 이와 같은 작업이 Rust의 MutexGuard 타입에서도 수행된다.

⓬ DerefMut 트레이트 구현

이렇게 스핀락에서는 락 획득과 해제 시 Acquire와 Release를 지정한다. 이렇게 함으로써 [그림 4-8]에 나타난 문제를 회피할 수 있다.

락 함수에서는 compare_exchange_weak 함수를 호출하고 아토믹하게 테스트와 대입을 수행한다. 이 함수는 아토믹 변수와 첫 번째 인수의 값이 같은지 테스트하고, 같은 경우 두 번째 인수의 값을 아토믹 변수에 대입한다. 테스트에 성공한 경우의 오더링은 세 번째 인수, 실패한 경우의 오더링은 네 번째 인수에 지정한다.

compare_exchange_weak 함수는 테스트에 성공한 경우라도 대입에 실패하면 재시도하지 않는다. 이것은 예를 들어 LL/SC 명령을 이용해서 아토믹 명령을 구현한 경우 테스트에 성공해도 다른 CPU에서 같은 값을 써넣는 경우 배타적 쓰기가 실패하기 때문에 발생한다. Rust에서는 weak이 아닌 compare_exchange 함수도 제공하고 있으며, 이는 테스트에 성공해 쓰기에 실패한 경우 재시도한다. 그렇기 때문에 스핀락의 구현에서는 오버헤드가 발생할 가능성이 있다.

이와 같이 Rust에서는 아토믹 변수의 읽기 쓰기는 메모리 오더링을 지정해서 수행한다. 이것은 얼핏 보기에는 번거로워 보이지만 메모리 오더링을 지정함으로써 서로 다른 CPU 아키텍처에서 최적의 코드를 컴파일러가 생성해주므로 어셈블리를 쓰는 것보다 범용성이 높아진다. 이 예에서는 스핀락을 이용했지만 단순히 횟수를 셀뿐이라면 Relaxed로 충분한 것을 알 수 있다.

비동기 프로그래밍

이 책을 읽고 있는 여러분은 현재 책을 읽는 데 집중하고 있겠지만 만약 책을 읽는 도중에 전화벨이 울리거나 택배가 도착하면 일단 책을 읽는 것을 중단하고 그 상황에 대응할 것이다. 이처럼 어떤 일을 수행하는 도중에 발생하는 일을 컴퓨터 세계에서는 이벤트event(또는 인터럽트interrupt)라고 부른다. Rust나 C 등 소위 절차적 프로그래밍procedural programming 언어에서는 기본적으로 처리는 실행 순서대로 기술해야 한다. 처리를 실행 순서대로 기술하지 않으면 전화가 왔을 때 책을 중단하고 전화를 받도록 기술하는 것이 어렵고, 책 읽기를 마친 뒤 전화를 받도록 기술해야 한다. 이렇게 기술하게 되면 당연히 중요한 전화를 놓치게 된다.

작성한 순서대로 작동하는 프로그래밍 모델을 동기 프로그래밍synchronous programming이라 부른다. 비동기 프로그래밍은 독립해서 발생하는 이벤트에 대한 처리를 기술하기 위한 동시성 프로그래밍 기법을 총칭한다. 비동기 프로그램의 기법을 이용함으로써 전화가 울리면 전화를 받고, 택배가 도착하면 택배를 받는 것과 같이 이벤트에 대응한 작동을 기술할 수 있다. 비동기 프로그램에서는 어떤 순서로 실행되는 가는 코드에서 판별할 수 없으며, 처리 순서는 이벤트 발생 순서에 의존한다.

비동기 프로그램을 구현하는 방법으로 콜백callback 함수나 시그널(인터럽트)을 이용하는 방법이 있으나 이 장에서는 특히 OS에 의한 IO 대중화 방법과 현재 많은 프로그래밍 언어에서 채용하고 있는 비동기 프로그래밍 방법인 Future, async/await를 설명한다. 이후 Rust의 async/await를 이용한 비동기 라이브러리의 실질적 표준인 Tokio[16]를 이용한 비동기 프로그래밍 예를 다룬다.

또한 이 장에서는 nix와 future 크레이트를 이용한다. 각각 Cargo.toml를 통해 다음과 같이 이용할 수 있다.

예제 5-1 Cargo.html

`TOML`

```toml
[dependencies]
futures = "0.3.13"
nix = "0.20.0"
```

5.1 동시 서버

이 절에서는 반복 서버와 동시 서버를 알아보고 그 구현을 설명한다. 반복 서버[interactive server]는 클라이언트로부터 요청받은 순서대로 처리하는 서버, 동시 서버[concurrent server]는 요청을 동시에 처리하는 서버를 말한다. 예를 들어 편의점에서 도시락을 따뜻하게 데워줄 때를 생각해보자. 일반적으로 편의점 점원은 A 고객의 도시락을 데우고, 도시락이 데워지는 동안 다른 고객인 B의 물품을 계산한다. 이렇게 A 고객의 업무를 처리하는 동시에 다른 처리를 수행하는 서버를 동시 서버라 부르며, A 고객의 도시락이 데워지는 것을 기다렸다가 도시락이 다 데워진 후 B 고객의 업무를 처리하는 것을 반복 서버라 부른다.

다음 코드는 단순한 반복 서버를 구현한 예다. 이 서버는 클라이언트로부터의 커넥션 요청을 받아 1행씩 읽으면서 읽은 데이터를 반환하고 커넥션을 종료하는 작동을 반복한다. 이렇게 읽은 데이터에 대한 응답만 하는 서버를 echo 서버라 부른다. echo는 메아리라는 의미로 작동이 메아리를 닮았다는 이유에서 이렇게 부른다.

`Rust`

```rust
use std::io::{BufRead, BufReader, BufWriter, Write};
use std::net::TcpListener;

fn main() {
    // TCP 10000번 포트를 리스닝
    let listener = TcpListener::bind("127.0.0.1:10000").unwrap(); // ❶

    // 커넥션 요청을 받아들인다.
    while let Ok((stream, _)) = listener.accept() { // ❷
```

```
// 읽기, 쓰기 객체 생성 ❸
let stream0 = stream.try_clone().unwrap();
let mut reader = BufReader::new(stream0);
let mut writer = BufWriter::new(stream);

// 1행씩 읽어 같은 것을 쓴다. ❹
let mut buf = String::new();
reader.read_line(&mut buf).unwrap();
writer.write(buf.as_bytes()).unwrap();
writer.flush().unwrap(); // ❺
    }
}
```

❶ TCP 10000번 포트를 리슨한다.

❷ 커넥션 요청를 받아들인다. 반복해서 실행된다.

❸ 읽기, 쓰기를 버퍼링해서 수행하기 위한 객체를 생성한다.

❹ 1행을 읽고, 같은 것을 그대로 응답한다.

❺ 버퍼링되어 있는 데이터를 모두 송신한다.

이 코드를 보면 알 수 있듯이 커넥션 요청을 받아 클라이언트로부터 데이터를 수신하고, 송신 처리를 완료하지 않으면 다음 클라이언트의 처리를 수행하지 못한다. 즉, 먼저 도착한 커넥션을 고객 A라고 하면 A의 처리를 종료할 때까지 다음 고객인 B의 처리는 아무것도 실행하지 않는다. 만약 A의 데이터 전송이 B보다 매우 느린 경우에는 B를 먼저 처리하는 편이 전체적으로 처리량을 향상할 수 있지만 반복 서버는 그런 처리를 하지 않는다.

그리고 이 서버로의 접속은 telnet 또는 socat을 이용해서 가능하다. socat의 경우 서버를 실행한 동일한 OS의 다른 단말 소프트웨어에서 다음과 같이 입력하면 접속 및 데이터 전송을 수행할 수 있다.

```
$ socat sudio tcp:localhost:10000
Hello, World!
Hello, World!
```

동시 서버는 클라이언트로부터의 커넥션 요청, 데이터 도착 등의 처리를 이벤트 단위로 세세하게 분류하여 이벤트에 따라 처리를 실행할 수 있다. 네트워크 소켓이나 파일 등의 IO 이벤트 감시에는 유닉스 계열의 OS에서는 select나 poll, 리눅스에서는 epoll, BSD 계열에서는

kqueue라는 시스템 콜을 이용할 수 있다. select나 poll은 OS에 의존하지 않고 이용할 수 있지만 속도가 느리고, epoll이나 kqueue는 속도가 빠르지만 OS에 의존한다.

IO 이벤트 감시는 파일 디스크립터를 감시하는 것이다. 예를 들어 여러 TCP 커넥션이 존재할 경우 서버는 여러 파일 디스크립터를 가진다. 이들 파일 디스크립터에 대해 읽기나 쓰기 가능 여부를 select 등의 함수를 이용해 판정할 수 있다. 다음 그림은 epoll, kqueue, select의 동작 개념을 보여준다.

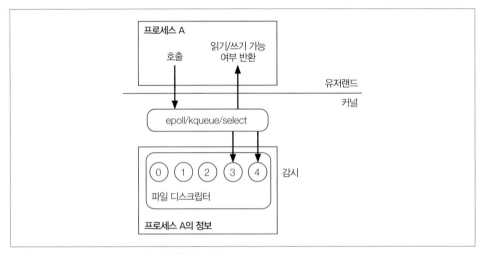

그림 5-1 epoll, kqueue, select의 작동 개념도

그림에서는 프로세스 A가 0에서 4까지의 파일 디스크립터를 이용한다. 커널 내부에는 프로세스 및 프로세스 관련 파일 디스크립터 정보가 저장되어 있으며, 이 정보들을 이용해 epoll, kquere, select를 통한 파일 디스크립터 감시를 수행한다. 그림에서는 3과 4 파일 디스크립터를 epoll 등으로 감시하고, 3 또는 4 혹은 두 파일 디스크립터 모두 읽고 쓰기 가능하게 된 경우 epoll, kqueue, select를 호출하고 반환한다. 그리고 이 함수들은 읽기만 감시, 쓰기만 감시, 읽기와 쓰기 모두 감시 등을 상세히 지정할 수 있다.

다음 코드는 epoll을 이용한 병렬 서버 구현 예다. 작동상으로는 앞의 코드와 거의 비슷하지만 동시에 작동하면서 송수신을 반복하도록 되어 있다는 점이 다르다. 이 코드는 논블로킹[non-blocking] 설정을 수행하지 않으므로 구현이 완성되지 않았지만 이 부분은 뒤에서 설명할 버전에서 수정한다. 블로킹[blocking]이란 송수신 준비가 되지 않은 상태에서 송수신 함수를 호출하면 해당 함수 호출을 정지하고 송수신 준비가 되었을 때 재개하는 작동을 말한다. 송수신 준비가 되지 않은 경우에 송수신 함수가 호출되면 OS는 그 함수들을 호출한 OS 프로세스를 대기 상태로 만들고, 다른 OS 프로세스를 실행한다. 논블로킹이면 송수신할 수 없는 경우 즉시 함수에서 반환되므로 송수신 함수를 호출해도 OS 프로세스는 대기 상태가 되지 않는다.

Rust

```rust
use nix::sys::epoll::{
    epoll_create1, epoll_ctl, epoll_wait, EpollCreateFlags, EpollEvent,
EpollFlags, EpollOp,
};
use std::collections::HashMap;
use std::io::{BufRead, BufReader, BufWriter, Write};
use std::net::TcpListener;
use std::os::unix::io::{AsRawFd, RawFd};

fn main() {
    // epoll 플래그 단축 계열
    let epoll_in = EpollFlags::EPOLLIN;
    let epoll_add = EpollOp::EpollCtlAdd;
    let epoll_del = EpollOp::EpollCtlDel;

    // TCP 10000번 포트 리슨
    let listener = TcpListener::bind("127.0.0.1:10000").unwrap();

    // epoll용 객체 생성
    let epfd = epoll_create1(EpollCreateFlags::empty()).unwrap(); // ❶

    // 리슨용 소켓을 감시 대상에 추가 ❷
    let listen_fd = listener.as_raw_fd();
    let mut ev = EpollEvent::new(epoll_in, listen_fd as u64);
    epoll_ctl(epfd, epoll_add, listen_fd, &mut ev).unwrap();

    let mut fd2buf = HashMap::new();
    let mut events = vec![EpollEvent::empty(); 1024];

    // epoll로 이벤트 발생 감시
    while let Ok(nfds) = epoll_wait(epfd, &mut events, -1) { // ❸
        for n in 0..nfds { // ❹
            if events[n].data() == listen_fd as u64 {
                // 리슨 소켓에 이벤트 ❺
                if let Ok((stream, _)) = listener.accept() {
                    // 읽기, 쓰기 객체 생성
                    let fd = stream.as_raw_fd();
```

```rust
            let stream0 = stream.try_clone().unwrap();
            let reader = BufReader::new(stream0);
            let writer = BufWriter::new(stream);

            // fd와 reader, writer의 관계를 만듦
            fd2buf.insert(fd, (reader, writer));

            println!("accept: fd = {}", fd);

            // fd를 감시 대상에 등록
            let mut ev =
                EpollEvent::new(epoll_in, fd as u64);
            epoll_ctl(epfd, epoll_add,
                    fd, &mut ev).unwrap();
        }
    } else {
        // 클라이언트에서 데이터 도착 ❻
        let fd = events[n].data() as RawFd;
        let (reader, writer) =
            fd2buf.get_mut(&fd).unwrap();

        // 1행 읽기
        let mut buf = String::new();
        let n = reader.read_line(&mut buf).unwrap();

        // 커넥션을 클로즈한 경우 epoll 감시 대상에서 제외한다.
        if n == 0 {
            let mut ev =
                EpollEvent::new(epoll_in, fd as u64);
            epoll_ctl(epfd, epoll_del,
                    fd, &mut ev).unwrap();
            fd2buf.remove(&fd);
            println!("closed: fd = {}", fd);
            continue;
        }

        print!("read: fd = {}, buf = {}", fd, buf);

        // 읽은 데이터를 그대로 쓴다.
        writer.write(buf.as_bytes()).unwrap();
        writer.flush().unwrap();
    }
    }
    }
}
```

❶ epoll용 객체를 생성. epoll에서는 감시할 소켓(파일 디스크립터)을 epoll용 객체에 등록한 뒤 감시 대상 이벤트가 발생할 때까지 대기하고 이벤트 발생 후 해당 이벤트에 대응하는 처리를 수행한다.

❷ 생성한 epoll 객체에 리슨용 소켓을 감시 대상으로 등록한다. epoll 객체 생성은 epoll_create1 함수로 하고, 삭제는 close 함수로 한다. epoll_ctrl 함수는 감시 대상 추가, 삭제, 수정을 하는 함수다. 커넥션 요청 도착 감시는 이벤트 종류를 EPOLLIN으로 설정해서 수행한다.

❸ epoll_wait 함수로 이벤트 발생을 감시한다. 이 함수에서는 두 번째 인수에 전달된 슬라이스에 이벤트가 발생한 파일 디스크립터가 쓰여지고, 발생한 이벤트 수를 Option 타입으로 반환한다. 세 번째 인수는 타임아웃 시간이며 밀리초 단위로 지정할 수 있다. 단, 세 번째 인수에 -1을 전달하면 타임아웃되지 않는다.

❹ 이벤트가 발생한 파일 디스크립터에 대해 순서대로 처리를 수행한다. 여기에서는 처리를 리슨 소켓의 이벤트와 클라이언트 소켓의 이벤트로 분리한다.

❺ 리슨용 소켓 처리. 먼저 파일 디스크립터를 취득하고 읽기 쓰기용 객체를 생성한 뒤 epoll_ctl 함수로 epoll에 읽기 이벤트를 감시 대상으로 등록한다.

❻ 클라이언트용 소켓 처리. 먼저 1행을 읽는다. 이때 커넥션이 클로즈 상태면 read_line 함수의 값은 0이 되므로 커넥션 클로즈 처리를 수행한다. 이와 같이 epoll의 감시 대상에서 이벤트를 제외하려면 epoll_ctl 함수에 EpollCtlDel을 지정한다.

epoll에서는 감시할 파일 디스크립터를 등록하고, 그 파일 디스크립터에 대해 읽거나 쓰기 등을 할 수 있는 상태가 되면 epoll 호출을 반환한다. API는 다소 다르지만 select, poll, kqueue에서도 거의 비슷하게 수행한다.

이렇게 epoll이나 select 등 여러 IO에 대해 동시에 처리를 수행하는 방법을 IO 다중화$^{I/O}$ multiplexing라 부른다. IO 다중화를 기술하는 방법론의 하나로 이 코드에서 기술한 것처럼 이벤트에 대해 처리를 기술하는 방법이 있다. 이런 프로그래밍 모델, 디자인 패턴을 **이벤트 주도** event-driven라 부르며, 이벤트 주도 프로그래밍 역시 비동기 프로그래밍으로 간주한다.

유명한 이벤트 주도 라이브러리로는 libevent[17]와 libev[18]가 있다. 이들 라이브러리는 C 언어에서 이용할 수 있는 라이브러리이며 epoll이나 kqueue를 추상화한 것이므로 OS에 의존하지 않고 소프트웨어를 구현할 수 있다. 이들 라이브러리는 파일 디스크립터에 대해 콜백 함수를 등록함으로써 비동기 프로그래밍을 구현한다.

그리고 POSIX에도 AIO$^{asynchronous\ IO}$라 불리는 API가 존재한다. POSIX AIO에서는 2종류의 비동기 프로그래밍 방법을 선택할 수 있다. 한 가지는 대상이 되는 파일 디스크립터에 대해 콜백 함수를 설정하고 이벤트 발생 시 스레드가 생성되어 그 함수가 실행되는 방법이다. 다른 한 가지는 시그널로 알리는 방법이다.

5.2 코루틴과 스케줄링

이 절에서는 코루틴을 설명한 후 코루틴을 스케줄링하는 방법을 알아본다. 코루틴을 이용함으로써 비동기 프로그래밍을 보다 추상적으로 기술할 수 있다.

5.2.1 코루틴

코루틴^{coroutine}은 다양한 의미로 사용되지만 이 책에서는 중단과 재개가 가능한 함수를 총칭하는 것으로 한다. 코루틴을 이용하면 함수를 임의의 시점에 중단하고, 중단한 위치에서 함수를 재개할 수 있다. 코루틴이라는 용어는 1963년 콘웨이^{Conway}의 논문[19]에 등장했으며 COBOL과 ALGOL 프로그래밍 언어에 적용되었다.

현재 코루틴은 대칭 코루틴$^{symmetric\ coroutine}$과 비대칭 코루틴$^{asymmetric\ coroutine}$으로 분류된다.[20] 다음 코드는 대칭 코루틴을 의사 코드로 기술한 예다.

의사 코드

```
coroutine A {
    // 무언가 처리
    yield to B ❷
    // 무언가 처리
    yield to B ❹
}

coroutine B {
    // 무언가 처리
    yield to A ❸
    // 무언가 처리
}

yield to A ❶
```

❶ A 호출

❷ B 호출. 처리는 여기서 중단

❸ A의 도중부터 재개. 처리는 여기서 중단

❹ B의 도중부터 재개

대칭 코루틴에서는 재개하는 함수명을 명시적으로 지정해서 함수 중단과 재개를 수행한다. 가장 마지막 행에서 코루틴 A가 실행되어 무언가 처리를 수행하고, yield to B로 코루틴 B의 처리를 시작한다. 코루틴 B가 실행되면 이번에는 yield to A로 코루틴 A로 처리가 옮겨진다. 이때 코루틴 A 안의 yield에 의해 중단된 위치부터 처리가 재개된다. 그 후 다시 코루틴 A의 두 번째 yield to B까지 실행되고 코루틴 B의 yield부터 처리가 재개된다. 일반적인 함수 호출은 호출원과 호출되는 측이라는 주종 관계가 있지만 대칭 코루틴에서는 서로 동등한 대칭 관계가 된다.

다음 코드는 비대칭 코루틴의 예를 Python으로 나타낸 것이다. Python에서는 비대칭 코루틴을 제너레이터라고 부르며, 뒤에서 설명할 async/await로 스케줄링 가능하도록 수정된 특수한 비대칭 코루틴을 코루틴이라 부른다.

`Python`

```python
def hello():
    print('Hello,', end='')
    yield   # 여기서 중단, 재개 ❶
    print('World!')
    yield   # 여기까지 실행 ❷

h = hello()    # 1까지 실행
h.__next__()   # 1부터 재개하여 2까지 실행
h.__next__()   # 2부터 재개
```

이 코드는 Hello, World!를 출력할 뿐이지만 yield로 함수의 중단과 재개가 수행된다. yield를 호출하면 함수를 지속하면서 호출할 객체가 반환되고 해당 객체에 대해 __next__ 함수를 호출함으로써 지속할 위치부터 재개할 수 있다.

Rust 언어에는 코루틴은 없지만 코루틴과 같은 작동을 하는 함수를 상태를 기다리는 함수로 구현할 수 있다. 다음 코드는 Python의 코루틴 버전 Hello, World!를 Rust 언어로 구현한 것이다. Rust에는 Future 트레이트라 불리는 비동기 프로그래밍용 트레이트가 있으므로 여기에

서는 그 트레이트를 이용한다. Future 트레이트에 관한 자세한 내용은 이후 절에서 순서대로 설명할 것이므로 여기에서는 함수의 중단과 재개를 위한 트레이트라는 것만 인식하면 된다.

Rust

```rust
struct Hello { // ❶
    state: StateHello,
}

// 상태 ❷
enum StateHello {
    HELLO,
    WORLD,
    END,
}

impl Hello {
    fn new() -> Self {
        Hello {
            state: StateHello::HELLO, // 초기 상태
        }
    }
}

impl Future for Hello {
    type Output = ();

    // 실행 함수 ❸
    fn poll(mut self: Pin<&mut Self>,
            _cx: &mut Context<'_>) -> Poll<()> {
        match (*self).state {
            StateHello::HELLO => {
                print!("Hello, ");
                // WORLD 상태로 전이
                (*self).state = StateHello::WORLD;
                Poll::Pending // 다시 호출 가능
            }
            StateHello::WORLD => {
                println!("World!");
                // END 상태로 전이
                (*self).state = StateHello::END;
                Poll::Pending // 다시 호출 가능
            }
            StateHello::END => {
                Poll::Ready(()) // 종료
```

```
                    }
                }
            }
        }
```

❶ 함수의 상태와 변수를 저장하는 Hello 타입 정의. Hello, World!에는 변수가 없으므로 함수의 실행 위치 상태만 저장한다.

❷ 함수의 실행 상태를 나타내는 StateHello 타입. 초기 상태는 Hello 상태고, Python 버전의 첫 번째 yield를 나타내는 상태가 WORLD 상태, 두 번째 yield를 나타내는 상태가 END 상태가 된다.

❸ poll 함수가 실제 함수 호출. 인수의 Pin 타입은 Box 등과 같은 타입이라고 생각해도 좋다. Pin 타입은 내부적인 메모리 복사로의 move를 할 수 없어서 주소 변경을 할 수 없는 타입이지만 이것은 Rust 특유의 성질이므로 자세한 설명은 생략한다. _cx 인수는 뒤에서 설명한다.

이 구현에서 알 수 있듯이 poll 함수에서는 함수의 상태에 따라 필요한 코드를 실행하고 내부적으로 상태 전이를 수행한다. 함수가 재실행 가능한 경우 poll 함수는 Poll::Pending을 반환하고, 모두 종료한 경우 Poll::Ready에 반환값을 감싸서 반환한다.

`Rust`

```rust
use futures::future::{BoxFuture, FutureExt};
use futures::task::{waker_ref, ArcWake};
use std::future::Future;
use std::pin::Pin;
use std::sync::{Arc, Mutex};
use std::task::{Context, Poll};

// 실행 단위 ❶
struct Task {
    hello: Mutex<BoxFuture<'static, ()>>,
}

impl Task {
    fn new() -> Self {
        let hello = Hello::new();
        Task {
            hello: Mutex::new(hello.boxed()),
        }
```

```
        }
    }

    // 아무것도 하지 않음
    impl ArcWake for Task {
        fn wake_by_ref(_arc_self: &Arc<Self>) {}
    }

    fn main() {
        // 초기화
        let task = Arc::new(Task::new());
        let waker = waker_ref(&task);
        let mut ctx = Context::from_waker(&waker); // ❷
        let mut hello = task.hello.lock().unwrap();

        // 정지와 재개 반복 ❸
        hello.as_mut().poll(&mut ctx);
        hello.as_mut().poll(&mut ctx);
        hello.as_mut().poll(&mut ctx);
    }
```

❶ Task 타입은 async/await에서 프로세스의 실행 단위이고, ArcWake는 프로세스를 스케줄링하기 위한 트레이트다. 이들에 관해서는 다음 절에서 자세히 설명한다.

❷ poll 함수를 실행하려면 Context 타입값이 필요하므로 여기에서는 아무것도 하지 않는 Task 타입을 정의하고 거기에 ArcWake 트레이트를 구현했다. Context 타입의 값은 ArcWake 참조로부터 생성할 수 있다. 자세한 내용은 뒤에서 설명하므로 여기에서는 무시해도 된다.

❸ poll 함수를 3번 호출하면 최종적으로 Hello 타입의 poll 함수가 실행되어 Hello, World!가 표시된다. 이것은 Python 버전 코드와 그 작동이 완전히 같다.

이렇게 코루틴이 프로그래밍 언어 사양이 아니어도 동등하게 작동하는 함수를 구현할 수 있다. 코루틴을 이용하면 비동기 프로그래밍을 보다 고도로 추상화해 간략하게 기술할 수 있다. 이 절 이후에는 이러한 코루틴 구조를 설명한다.

5.2.2 스케줄링

비대칭 코루틴을 이용하면 중단된 함수를 프로그래머 측에서 자유롭게 재개할 수 있으며, 이 중단과 재개를 스케줄링해서 실행할 수도 있다. 이렇게 하면 정밀도가 높은 제어는 할 수 없지만 프로그래머는 코루틴 관리에서 해방되어 보다 추상도가 높은 동시 계산을 기술할 수 있다. 이 절에서는 코루틴을 스케줄링해서 실행하는 방법을 설명한다.

구현을 설명하기 전에 먼저 구현할 역할을 알아보자. 역할은 크게 Executor, Task, Waker 세 가지로 나뉜다. 다음 그림은 각 역할의 전형적인 관계를 보여준다.

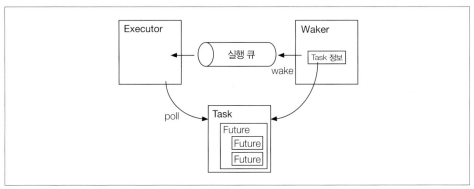

그림 5-2 Executor, Task, Waker의 전형적인 예

Task가 스케줄링의 대상이 되는 계산의 실행 단위인 프로세스에 해당한다. Executor는 실행 가능한 Task를 적당한 순서로 실행하고, Waker는 태스크를 스케줄링할 때 이용된다. 그림에 서는 Executor가 Task 안의 Future를 poll하고, Task에 대한 정보를 가진 Waker가 필요에 따라 실행 큐에 Task를 넣는다. 이 그림은 어디까지나 전형적인 예이며, 다른 실행 방법도 가능하다. 이 장에서는 Waker와 Task를 동일 타입으로 구현한다.

다음 코드는 스케줄링 구현의 임포트 부분이다.

Rust

```rust
use futures::future::{BoxFuture, FutureExt};
use futures::task::{waker_ref, ArcWake};
use std::future::Future;
use std::pin::Pin;
use std::sync::mpsc::{sync_channel, Receiver, SyncSender}; // ❶
use std::sync::{Arc, Mutex};
use std::task::{Context, Poll};
```

❶ 통신 채널을 위한 함수와 타입. 채널을 경유하면 스레드 사이에서 데이터 송수신을 수행할 수 있다. Rust 언어에서는 많은 채널 구현에서 송신단과 수신단을 구별하고 있으며,

Receiver와 SyncSender 타입이 수신과 송신용 엔드포인트의 타입이 된다. mpsc는 다중 생산자, 단일 소비자Multiple Producers, Single Consumer의 약자다. 즉, 송신은 여러 스레드에서 수행할 수 있지만 수신은 단일 스레드에서만 가능한 채널이다.

다음 코드는 Task 구현을 보여준다. 이번 구현에서는 간략화하기 위해 Task 자체를 Waker로 만들었다.

예제 5-2 Task 타입

`Rust`

```rust
struct Task {
    // 실행하는 코루틴
    future: Mutex<BoxFuture<'static, ()>>, // ❶
    // Executor에 스케줄링하기 위한 채널
    sender: SyncSender<Arc<Task>>, // ❷
}

impl ArcWake for Task {
    fn wake_by_ref(arc_self: &Arc<Self>) { // ❸
        // 자신을 스케줄링
        let self0 = arc_self.clone();
        arc_self.sender.send(self0).unwrap();
    }
}
```

❶ 실행할 코루틴(Future). 이 Future의 실행을 완료할 때까지 Executor가 실행을 수행한다.

❷ Executor로 Task를 전달하고 스케줄링을 수행하기 위한 채널

❸ 자신의 Arc 참조를 Executor로 송신하고 스케줄링한다.

이렇게 Task는 실행할 코루틴을 저장하고 자신을 스케줄링 가능하도록 ArcWake 트레이트를 실행한다. 스케줄링은 단순히 태스크로의 Arc 참조를 채널로 송신(실행 큐에 넣음)한다.

다음 코드는 태스크의 실행을 수행하는 Executor를 구현한 예다. 여기에서 구현한 Executor 는 단일 채널에서 실행 가능한 Task를 받아 Task 안의 Future를 poll하는 단순한 것이다.

예제 5-3 Executor 타입

`Rust`

```rust
struct Executor { // ❶
```

```rust
    // 실행 큐
    sender: SyncSender<Arc<Task>>,
    receiver: Receiver<Arc<Task>>,
}

impl Executor {
    fn new() -> Self {
        // 채널 생성. 큐의 사이즈는 최대 1024개
        let (sender, receiver) = sync_channel(1024);
        Executor {
            sender: sender.clone(),
            receiver,
        }
    }

    // 새롭게 Task를 생성하기 위한 Spawner 작성 ❷
    fn get_spawner(&self) -> Spawner {
        Spawner {
            sender: self.sender.clone(),
        }
    }

    fn run(&self) { // ❸
        // 채널에서 Task를 수신하고 순서대로 실행
        while let Ok(task) = self.receiver.recv() {
            // 컨텍스트 생성
            let mut future = task.future.lock().unwrap();
            let waker = waker_ref(&task);
            let mut ctx = Context::from_waker(&waker);
            // poll을 호출해서 실행
            let _ = future.as_mut().poll(&mut ctx);
        }
    }
}
```

❶ Executor 타입 정의. Executor 타입은 단순히 Task를 송수신하는 채널(실행 큐)의 엔드포인트를 저장한다.

❷ get_spawner 함수. 새로운 Task를 생성하고 실행 큐에 넣기 위한 객체를 반환한다. 이는 Rust의 스레드 생성 함수인 spawn 함수에 해당하는 작동을 수행하기 위한 객체가 된다.

❸ run 함수. 채널에서 Task를 수신해서 실행한다. 이번 구현에서는 Task와 Waker가 같으므로 Task에서 Waker를 생성하고 Waker에서 Context를 생성한 뒤 컨텍스트를 인수로 poll 함수를 호출한다.

컨텍스트는 실행 상태를 저장하는 객체이며 Future 실행 시 이를 전달해야 한다. Rust 1.50.0의 컨텍스트는 내부에 Waker를 가지고 있는 단순한 타입이다.

TIP 이번 구현에서는 Waker와 Task가 같으므로 컨텍스트에서 Waker를 꺼낼 때 Task가 꺼내진다.

다음 코드는 태스크를 생성하는 Spawner 타입의 정의와 구현이다. Spawner는 Future를 받아 Task로 감싸서 실행 큐에 넣기 위한(채널로 송신) 타입이다.

예제 5-4 Spawner 타입

Rust

```rust
struct Spawner { // ❶
    sender: SyncSender<Arc<Task>>,
}

impl Spawner {
    fn spawn(&self, future: impl Future<Output = ()> + 'static + Send) { // ❷
        let future = future.boxed();       // Future를 Box화
        let task = Arc::new(Task {         // Task 생성
            future: Mutex::new(future),
            sender: self.sender.clone(),
        });

        // 실행 큐에 인큐
        self.sender.send(task).unwrap();
    }
}
```

❶ Spawner 타입. 이 타입은 단순히 실행 큐에 추가하기 위해 채널의 송수신 엔드포인트를 저장할 뿐이다.

❷ spawn 함수. Task를 생성해서 실행 큐에 추가한다. 이 함수는 Future를 받아 Box화해서 Task에 감싸서 실행 큐에 넣는다.

이상으로 스케줄링 실행 준비를 마쳤다. 이전에 보여준 Hello, World!의 poll 함수를 약간 수정해서 스스로 스케줄링을 수행하도록 한 것이 다음 코드다.

Rust

```rust
impl Future for Hello {
    type Output = ();
```

```rust
fn poll(mut self: Pin<&mut Self>, cx: &mut Context<'_>) -> Poll<()> {
    match (*self).state {
        StateHello::HELLO => {
            print!("Hello, ");
            (*self).state = StateHello::WORLD;
            cx.waker().wake_by_ref(); // 자신을 실행 큐에 넣음
            return Poll::Pending;
        }
        StateHello::WORLD => {
            println!("World!");
            (*self).state = StateHello::END;
            cx.waker().wake_by_ref(); // 자신을 실행 큐에 넣음
            return Poll::Pending;
        }
        StateHello::END => {
            return Poll::Ready(());
        }
    }
}
```

수정한 부분은 굵은 문자로 표시한 행뿐이다. 여기에서는 Hello나 World!를 표시하고 상태 전이를 수행한 뒤 자신을 실행 큐에 넣어서 재실행하도록 Executor에 전달한다. 이렇게 함으로써 다음의 실행 가능하게 된 코루틴을 자동으로 실행할 수 있게 된다.

TIP 앞에서 설명한 것처럼 이번 구현에서는 Waker와 Task가 같으므로 cx.waker( )를 이용하면 Task를 얻을 수 있다.

위 코드는 다음 코드와 같이 실행한다.

Rust

```rust
fn main() {
    let executor = Executor::new();
    executor.get_spawner().spawn(Hello::new());
    executor.run();
}
```

이처럼 Executor의 생성과 spawn에서의 Task 생성을 수행한 뒤 run 함수를 호출함으로써 Hello, World!의 코루틴이 마지막까지 자동 실행된다. 이상이 스케줄링에 관한 설명이다. 스케

줄링 실행을 수행하면 프로그래머가 코루틴 호출을 고려할 필요가 없으며, 자동으로 코루틴을 실행할 수 있게 된다.

5.3 async/await

async/await는 비동기 프로그래밍을 수행하기 위한 기능으로 Rust에서는 버전 1.39부터 안정화 버전이 도입되었다. 이 절에서는 async/await의 개념과 Rust를 이용한 구현을 살펴본다.

5.3.1 Future와 async/await

Future는 미래의 언젠가의 시점에서 값이 결정되는(또는 일정한 처리가 종료되는) 것을 나타내는 데이터 타입으로 프로그래밍 언어에 따라 Promise 또는 Eventual이라 부르기도 한다. Future나 Promise라는 용어가 등장한 것은 1977년경이며,[21] Future는 1985년에 MultiLisp 언어에 내장되었고,[22] Promise는 1988년에 언어에 의존하지 않는 기술 방식으로 제안되었다.[23] 현재에는 Rust 언어를 시작으로 JavaScript, Python, C# 등 많은 프로그래밍 언어에 도입되어 있다.

사실 지금까지 이용했던 Future 트레이트는 미래 언젠가의 시점에서 값이 결정되는 것을 나타내기 위한 인터페이스를 규정한 트레이트다. 일반적으로 Future는 코루틴을 이용해 구현되며 이로 인해 '중단, 재개 가능한 함수'에서 '미래에 결정되는 값을 표현한 것'으로 의미 전환이 이뤄진다.

Future 타입을 이용한 기술 방법에는 명시적으로 기술하는 방법과 암묵적으로 기술하는 방법이 있다. 암묵적으로 기술하는 경우 Future 타입은 일반적인 타입과 완전히 동일하게 기술되지만 명시적으로 기술할 때는 Future 타입에 대한 조작은 프로그래머가 기술해야 한다. async/await는 명시적인 Future 타입에 대한 기술이라고 생각하면 된다. await는 Future 타입의 값이 결정될 때까지 처리를 정지하고 다른 함수에 CPU 리소스를 양보하기 위해 이용하고, async는 Future 타입을 포함한 처리를 기술하기 위해 이용한다.

예를 들어 앞의 Future 트레이트를 이용한 Hello, World!는 async/await를 이용해 다음과 같이 쓸 수 있다.

```Rust
fn main() {
    let executor = Executor::new();
    // async로 Future 트레이트를 구현한 타입의 값으로 변환
    executor.get_spawner().spawn(async {
        let h = Hello::new();
        h.await; // poll을 호출해서 실행
    });
    executor.run();
}
```

async로 둘러싸인 처리 부분이 Rust 컴파일러에 의해 Future 트레이트를 구현한 타입의 값으로 변환되어 await로 Future 트레이트의 poll 함수를 호출한다. 즉, async { 코드 }라고 기술하는 경우 Future 트레이트를 구현한 타입이 컴파일러에 의해 새롭게 정의되어 async { 코드 } 부분에는 해당 타입의 new 함수에 해당하는 호출이 이루어진다. 그리고 그 타입의 poll 함수에는 async 코드 부분이 구현되어 있다.

h.await의 의미는 다음과 같은 생략 타입이라 보면 된다.

```Rust
match h.poll(cx) {
    Poll::Pending => return Poll::Pending,
    Poll::Result(x) => x,
}
```

이렇게 함으로써 async, 즉 Future 트레이트의 poll 함수가 중첩해서 호출되는 경우에도 함수의 중단과 값 반환을 적절하게 다룰 수 있다. 즉, poll 함수 호출로 Pending이 반환되는 경우에는 Executor까지 Pending임이 소급되어 전달된다.

비동기 프로그래밍은 콜백을 이용해서도 기술된다고 설명했다. 하지만 콜백을 이용하는 방법은 가독성이 낮아진다. 특히 콜백을 연속해서 호출하면 매우 읽기 어려운 코드가 되어 콜백 지옥이라 불리기도 한다. 다음 코드는 콜백 지옥의 예다. 여기에서 poll 함수는 콜백 함수를 받아 값이 결정되었을 때 해당 콜백 함수에 결과를 전달해서 호출한다고 가정한다.

Rust

```rust
x.poll(|a| {
    y.poll(|b| {
        z.poll(|c| {
            a + b + c
        })
    })
})
```

이처럼 콜백 기반의 비동기 처리 코드는 가독성이 낮아진다. 한편 async/await를 사용하면 이 코드는

```
x.await + y.await + z.await
```

와 같이 기존의 동기 프로그래밍과 완전히 동일하게 기술할 수 있다.

5.3.2 IO 다중화와 async/await

이 절에서는 epoll을 이용한 비동기 IO와 async/await를 조합하는 방법을 설명한다. 다음 그림은 이 절에서 구현할 컴포넌트의 관계를 나타낸 것이다.

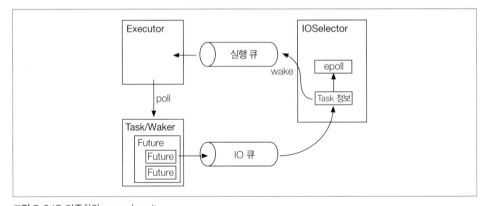

그림 5-3 IO 다중화와 async/await

Task 타입, Executor 타입, Spawner 타입은 5.2.2절 '스케줄링'에서 설명한 구현을 사용한다. 이 절에서는 이들 타입에 더해 IO 다중화를 수행하기 위한 IOSelector 타입을 구현한다. IOSelector는 Task 정보를 받아 epoll을 이용해 감시를 수행하고 이벤트가 발생하면 wake 함수를 호출해 실행 큐에 Task를 등록한다. 따라서 Future의 코드 안에서 비동기 IO를 수행할 때는 IOSelector로 감시 대상 파일 디스크립터 및 Waker를 등록해야 한다. 지금부터 이를 구체적으로 구현하겠다.

다음 코드는 이번 구현의 임포트 부분이며 기본적으로는 epoll, TCP/IP, async/await를 이용하기 위해 필요한 것들을 조합한 것이다.

Rust

```rust
use futures::{
    future::{BoxFuture, FutureExt},
    task::{waker_ref, ArcWake},
};
use nix::{
    errno::Errno,
    sys::{
        epoll::{
            epoll_create1, epoll_ctl, epoll_wait,
            EpollCreateFlags, EpollEvent, EpollFlags, EpollOp,
        },
        eventfd::{eventfd, EfdFlags}, // eventfd용 임포트 ❶
    },
    unistd::write,
};
use std::{
    collections::{HashMap, VecDeque},
    future::Future,
    io::{BufRead, BufReader, BufWriter, Write},
    net::{SocketAddr, TcpListener, TcpStream},
    os::unix::io::{AsRawFd, RawFd},
    pin::Pin,
    sync::{
        mpsc::{sync_channel, Receiver, SyncSender},
        Arc, Mutex,
    },
    task::{Context, Poll, Waker},
};
```

❶ 새롭게 eventfd를 임포트. eventfd란 리눅스 고유의 이벤트 알림용 인터페이스다. eventfd에서는 커널 안에 8바이트의 정숫값을 저장하며 그 값이 0보다 큰 경우 읽기 이벤트가 발생한다. 값에 대한 읽기 및 쓰기는 read와 write 시스템 콜로 수행할 수 있다. 이번 구현에서는 IOSelector에 대한 알림에 이 eventfd를 이용한다.

다음 코드는 eventfd에 쓰기 위한 함수다. 이 함수는 C 언어로 보면 write 시스템 콜을 호출하는 것뿐이지만 Rust의 경우에는 C 언어보다 코드가 장황하다.

```rust
fn write_eventfd(fd: RawFd, n: usize) {
    // usize를 *const u8로 변환
    let ptr = &n as *const usize as *const u8;
    let val = unsafe {
        std::slice::from_raw_parts(
            ptr, std::mem::size_of_val(&n))
    };
    // write 시스템 콜 호출
    write(fd, &val).unwrap();
}
```

이번 구현에서는 이 함수를 이용해 eventfd에 1을 입력함으로써 IOSelector에 알리고, IOSelector는 읽기 후에 0을 입력함으로써 이벤트 알림을 해제한다.

IOSelector 타입 구현

먼저 IOOps와 IOSelector 타입을 다음과 같이 정의한다.

```rust
enum IOOps {
    ADD(EpollFlags, RawFd, Waker), // epoll에 추가
    REMOVE(RawFd),                 // epoll에서 삭제
}

struct IOSelector {
    wakers: Mutex<HashMap<RawFd, Waker>>, // fd에서 waker
    queue: Mutex<VecDeque<IOOps>>,        // IO 큐
    epfd: RawFd, // epoll의 fd
    event: RawFd, // eventfd의 fd
}
```

IOOps 타입은 IOSelector에 Task와 파일 디스크립터의 등록과 삭제를 수행하는 조작을 정의한 타입이다. epoll의 감시 대상으로 추가할 때는 ADD에 플래그, 파일 디스크립터, Waker를 감싸서 IO 큐에 넣고, 삭제할 때는 파일 디스크립터를 REMOVE에 감싸서 큐에 넣는다.

IO 다중화를 수행하기 위해서는 파일 디스크립터에 이벤트가 발생했을 때 이에 대응하는 Waker를 호출해야 하기 때문에 파일 디스크립터에서 Waker로의 맵을 저장해야 한다. IOSelector 타입은 그것을 수행하기 위한 정보를 저장하는 타입이 된다. queue 변수가 [그림 5-3]의 IO 큐가 된다. 이 변수는 LinkedList가 아니라 VecDeque 타입으로 정의했는데 이는 계산량을 줄이기 위해서다. LinkedList 타입에서는 추가와 삭제를 할 때마다 메모리 확보와 해제를 수행하지만 VecDeque 타입은 내부적인 데이터 구조는 벡터 리스트로 되어 있기 때문에 메모리 확보와 해제를 수행하는 횟수가 적어진다. 따라서 스택이나 큐로 이용한다면 VecDeque 를 사용하는 편이 효율이 좋다. 단, LinkedList 타입과 같이 임의 위치로의 요소 추가 등은 할 수 없다는 제한이 있다.

다음은 IOSelecor 타입의 구현이다.

Rust

```rust
impl IOSelector {
    fn new() -> Arc<Self> { // ❶
        let s = IOSelector {
            wakers: Mutex::new(HashMap::new()),
            queue: Mutex::new(VecDeque::new()),
            epfd: epoll_create1(EpollCreateFlags::empty()).unwrap(),
            // eventfd 생성
            event: eventfd(0, EfdFlags::empty()).unwrap(), // ❷
        };
        let result = Arc::new(s);
        let s = result.clone();

        // epoll용 스레드 생성 ❸
        std::thread::spawn(move || s.select());

        result
    }

    // epoll로 감시하기 위한 함수 ❹
    fn add_event(
        &self,
        flag: EpollFlags, // epoll 플래그
```

```rust
    fd: RawFd, // 감시 대상 파일 디스크립터
    waker: Waker,
    wakers: &mut HashMap<RawFd, Waker>,
) {
    // 각 정의의 숏컷
    let epoll_add = EpollOp::EpollCtlAdd;
    let epoll_mod = EpollOp::EpollCtlMod;
    let epoll_one = EpollFlags::EPOLLONESHOT;

    // EPOLLONESHOT을 지정하여 일단 이벤트가 발생하면
    // 그 fd로의 이벤트는 재설정하기 전까지 알림이 발생하지 않게 한다. ❺
    let mut ev =
        EpollEvent::new(flag | epoll_one, fd as u64);

    // 감시 대상에 추가
    if let Err(err) = epoll_ctl(self.epfd, epoll_add, fd,
                                &mut ev) {
        match err {
            nix::Error::Sys(Errno::EEXIST) => {
                // 이미 추가되어 있는 경우에는 재설정 ❻
                epoll_ctl(self.epfd, epoll_mod, fd,
                          &mut ev).unwrap();
            }
            _ => {
                panic!("epoll_ctl: {}", err);
            }
        }
    }

    assert!(!wakers.contains_key(&fd));
    wakers.insert(fd, waker); // ❼
}

// epoll의 감시에서 삭제하기 위한 함수 ❽
fn rm_event(&self, fd: RawFd, wakers: &mut HashMap<RawFd, Waker>) {
    let epoll_del = EpollOp::EpollCtlDel;
    let mut ev = EpollEvent::new(EpollFlags::empty(),
                                 fd as u64);
    epoll_ctl(self.epfd, epoll_del, fd, &mut ev).ok();
    wakers.remove(&fd);
}

fn select(&self) { // ❾
    // 각 정의의 숏컷
    let epoll_in = EpollFlags::EPOLLIN;
```

```
    let epoll_add = EpollOp::EpollCtlAdd;

    // eventfd를 epoll의 감시 대상에 추가 ❿
    let mut ev = EpollEvent::new(epoll_in,
                                 self.event as u64);
    epoll_ctl(self.epfd, epoll_add, self.event,
              &mut ev).unwrap();

    let mut events = vec![EpollEvent::empty(); 1024];
    // event 발생 감시
    while let Ok(nfds) = epoll_wait(self.epfd, // ⓫
                                    &mut events, -1) {
        let mut t = self.wakers.lock().unwrap();
        for n in 0..nfds {
            if events[n].data() == self.event as u64 {
                // eventfd의 경우 추가 및 삭제 요구 처리 ⓬
                let mut q = self.queue.lock().unwrap();
                while let Some(op) = q.pop_front() {
                    match op {
                        // 추가
                        IOOps::ADD(flag, fd, waker) =>
                            self.add_event(flag, fd, waker,
                                           &mut t),
                        // 삭제
                        IOOps::REMOVE(fd) =>
                            self.rm_event(fd, &mut t),
                    }
                }
            } else {
                // 실행 큐에 추가 ⓭
                let data = events[n].data() as i32;
                let waker = t.remove(&data).unwrap();
                waker.wake_by_ref();
            }
        }
    }
}

// 파일 디스크립터 등록용 함수 ⓮
fn register(&self, flags: EpollFlags, fd: RawFd, waker: Waker) {
    let mut q = self.queue.lock().unwrap();
    q.push_back(IOOps::ADD(flags, fd, waker));
    write_eventfd(self.event, 1);
}
```

```
// 파일 디스크립터 삭제용 함수 ⑮
fn unregister(&self, fd: RawFd) {
    let mut q = self.queue.lock().unwrap();
    q.push_back(IOOps::REMOVE(fd));
    write_eventfd(self.event, 1);
}
}
```

---

❶ new 함수

❷ eventfd의 생성은 eventfd 함수를 호출해서 수행할 수 있지만 이것은 같은 이름의 시스템 콜을 호출할 뿐이며 첫 번째 인수가 초깃값이고, 두 번째 인수가 플래그가 된다.

❸ IOSelector에서는 별도 스레드에서 epoll에 의한 이벤트 관리를 수행하기 위해 poll용 스레드를 생성하고 select 함수를 호출한다.

❹ add_event 함수. 파일 디스크립터의 epoll로의 추가와 Waker에 대한 대응을 수행한다.

❺ epoll로의 대응을 수행할 때 플래그에 EOLLONESHOT을 지정. 이 경우 일단 이벤트가 발생하면 재설정하기 전까지 해당 파일 디스크립터에 대한 이벤트는 알림이 발생하지 않는다 (epoll로의 연관성이 삭제되는 것은 아니다).

❻ epoll_ctl을 호출해서 지정된 파일 디스크립터를 감시 대상으로 추가한다. 이미 추가되어 있는 경우에는 EpollCtlMod를 지정해 재설정한다. 이것은 EPOLLONESHOT로 비활성화된 이벤트를 설정하기 위해 필요하다. 보다 효율적인 구현을 하기 위해서는 이미 epoll에 추가했는지 기록해두고 시스템 콜 호출 횟수를 줄여야 하지만 EPOLLONESHOT의 이해를 위해 이런 방식의 코드로 구현했다.

❼ 파일 디스크립터와 Waker를 연관 짓는다.

❽ rm_event 함수. 지정한 파일 디스크립터를 epoll의 감시 대상에서 삭제하는 함수다. 여기에서는 단순히 epoll_ctl 함수에 EpollCtlDel을 지정해 감시 대상에서 제외하고 파일 디스크립터와 Waker의 관련성도 삭제할 뿐이다.

❾ select 함수. 전용 스레드로 파일 디스크립터의 감시를 수행하기 위한 함수

❿ 먼저 eventrd도 epoll의 감시 대상으로 등록

⓫ 그 뒤 이벤트 발생을 감지

⓬ 발생한 이벤트가 eventif인 경우에는 파일 디스크립터와 Waker 등록, 삭제를 수행한다.

⓭ 생성한 이벤트가 파일 디스크립터인 경우에는 Waker의 wake_by_ref 함수를 호출해서 실행 큐에 추가한다.

❹ register 함수. 파일 디스크립터와 Waker를 IOSelector에 등록한다. 이것은 Future가 IO 큐에 요청을 넣기 위해 이용된다.

❺ unregister 함수. 파일 디스크립터와 Waker의 연관성을 삭제한다.

이렇게 IOSelector 타입은 파일 디스크립터와 Waker를 연관 짓는다. IOSeletor로의 요청은 queue 변수에 요청 내용을 넣고 eventfd에 알린다. 채널이 아닌 eventfd에서 수행하는 이유는 IOSelector는 epoll을 이용한 파일 디스크립터 감시도 수행해야 하기 때문이다.

다양한 Future 구현

TCP 커넥션 요청을 받아들이고 해당 커넥션에서의 데이터 읽기를 비동기화시키는 구현을 살펴보자. 쓰기에 대해서도 비동기화가 필요하지만 구현을 단순하게 하기 위해 생략했다.

다음 코드는 비동기에 TCP의 리슨, 요청을 받아들이기 위한 AsyncListener 타입의 구현이다. 중요한 점은 커넥션 요청을 받아들일 때 이를 위한 함수를 직접 호출하는 것이 아니라 Future를 반환한다는 것이다. 즉, 언젠가 미래의 요청이 받아들여진다는 것을 의미한다.

```rust
Rust
struct AsyncListener { // ❶
    listener: TcpListener,
    selector: Arc<IOSelector>,
}

impl AsyncListener {
    // TcpListener의 초기화 처리를 감싼 함수 ❷
    fn listen(addr: &str, selector: Arc<IOSelector>) -> AsyncListener {
        // 리슨 주소 지정
        let listener = TcpListener::bind(addr).unwrap();

        // 논블로킹으로 설정
        listener.set_nonblocking(true).unwrap();

        AsyncListener {
            listener: listener,
            selector: selector,
        }
    }

    // 커넥션 요청을 받아들이기 위한 Future 리턴 ❸
```

```
        fn accept(&self) -> Accept {
            Accept { listener: self }
        }
    }

    impl Drop for AsyncListener {
        fn drop(&mut self) { // ❹
            self.selector.unregister(self.listener.as_raw_fd());
        }
    }
}
```

❶ 비동기 리슨용 AsyncListener 타입은 내부적으로는 TcpListener와 앞에서 구현한 IOSelector 타입의 값을 가질 뿐이다.

❷ 리슨용 lisent 함수 정의. 논블로킹으로 설정해 비동기 프로그래밍을 가능하게 한다.

❸ 요청을 받아들이는 accept 함수 정의. 이 함수에서는 실제로 요청을 받아들이지 않고 이를 수행할 Future를 반환한다. 따라서 accept().await로 하면 실제 요청을 비동기로 받아들인다.

❹ 객체 파기 처리이며 단순히 epoll에 대한 등록을 해제한다.

listen 함수는 TcpListener 타입의 초기화 처리를 감싼 것이지만 TcpListener를 논블로킹화한 것이 큰 특징이다. 보통 커넥션을 받아들이는 함수는 블로킹 호출이며 받아들일 커넥션이 도착할 때까지 해당 함수는 정지한다. 한편 논블로킹으로 설정하면 받아들일 커넥션이 없을 때는 에러를 반환하고 즉시 함수를 종료한다. 함수 호출이 블로킹되면 해당 스레드를 점유하게 되므로 동시에 실행하기 위해서는 논블로킹해서 필요할 때 호출할 수 있도록 해야 한다.

다음 코드는 비동기로 요청을 받아들이는 Future를 구현한 예다. 이 Future에서는 논블로킹으로 요청을 받고, 요청을 받을 수 있을 때는 읽기와 쓰기 스트림 및 주소를 반환하고 종료한다. 받아들일 커넥션이 없을 때는 리슨 소켓을 epoll에 감시 대상으로 추가하고 실행을 중단한다.

`Rust`

```
sstruct Accept<'a> {
    listener: &'a AsyncListener,
}

impl<'a> Future for Accept<'a> {
    // 반환값 타입
    type Output = (AsyncReader, // 비동기 읽기 스트림
```

```
                    BufWriter<TcpStream>, // 쓰기 스트림
                    SocketAddr);           // 주소

        fn poll(self: Pin<&mut Self>,
                cx: &mut Context<'_>) -> Poll<Self::Output> {
            // 요청을 논블로킹으로 받아들임
            match self.listener.listener.accept() { // ❶
                Ok((stream, addr)) => {
                    // 요청을 받아들이면
                    // 읽기와 쓰기용 객체 및 주소 반환 ❷
                    let stream0 = stream.try_clone().unwrap();
                    Poll::Ready((
                        AsyncReader::new(stream0, self.listener.selector.clone()),
                        BufWriter::new(stream),
                        addr,
                    ))
                }
                Err(err) => {
                    // 받아들일 커넥션이 없는 경우에는 epoll에 등록 ❸
                    if err.kind() == std::io::ErrorKind::WouldBlock {
                        self.listener.selector.register(
                            EpollFlags::EPOLLIN,
                            self.listener.listener.as_raw_fd(),
                            cx.waker().clone(),
                        );
                        Poll::Pending
                    } else {
                        panic!("accept: {}", err);
                    }
                }
            }
        }
    }
```

❶ accept 함수를 호출하여 커넥션을 받아들임. 단, 이는 앞에서 설정했으므로 논블로킹으로 실행된다.

❷ 요청을 받아들이는 데 성공하면 읽기와 쓰기용 스트림을 생성하고 주소 반환

❸ 받아들일 커넥션이 없는 경우 WouldBlock이 에러로 반환된다. WouldBlock이 반환되면 epoll의 감시 대상에 리슨 소켓을 추가해 Pending을 반환하고 함수를 중단한다.

이번 구현에서는 읽기에만 비동기로 대응하므로 읽기 스트림에 AsyncReader를 반환한다.

AsyncReader는 뒤에서 설명한다. 받아들일 커넥션이 없으면 WouldBlock은 에러로 반환된다. WouldBlock이 반환되면 epoll의 감시 대상에 리슨 소켓을 추가해 Pending을 반환하고 함수를 중단한다.

다음 코드는 비동기 읽기용 타입을 구현한 예다. 여기에서는 단순히 TcpStream을 논블로킹으로 설정해서 1행을 읽는 Future를 반환한다.

`Rust`

```rust
truct AsyncReader {
    fd: RawFd,
    reader: BufReader<TcpStream>,
    selector: Arc<IOSelector>,
}

impl AsyncReader {
    fn new(stream: TcpStream,
            selector: Arc<IOSelector>) -> AsyncReader {
        // 논블로킹으로 설정
        stream.set_nonblocking(true).unwrap();
        AsyncReader {
            fd: stream.as_raw_fd(),
            reader: BufReader::new(stream),
            selector: selector,
        }
    }

    // 1행을 읽기 위한 Future 반환
    fn read_line(&mut self) -> ReadLine {
        ReadLine { reader: self }
    }
}

impl Drop for AsyncReader {
    fn drop(&mut self) {
        self.selector.unregister(self.fd);
    }
}
```

다음 코드는 실제로 비동기 읽기를 수행하는 Future의 구현이다. 여기에서는 Accept와 마찬가지로 논블로킹으로 읽기를 수행하여 읽기에 성공한 경우에는 결과를 반환하고 읽을 수 없는 경우에는 epoll의 감시 대상에 파일 디스크립터를 등록한다.

```
struct ReadLine<'a> {
    reader: &'a mut AsyncReader,
}

impl<'a> Future for ReadLine<'a> {
    // 반환값의 타입
    type Output = Option<String>;

    fn poll(mut self: Pin<&mut Self>,
            cx: &mut Context<'_>) -> Poll<Self::Output> {
        let mut line = String::new();
        // 비동기 읽기
        match self.reader.reader.read_line(&mut line) { // ❶
            Ok(0) => Poll::Ready(None),   // 커넥션 클로즈
            Ok(_) => Poll::Ready(Some(line)), // 1행 읽기 성공
            Err(err) => {
                // 읽을 수 없으면 epoll에 등록 ❷
                if err.kind() == std::io::ErrorKind::WouldBlock {
                    self.reader.selector.register(
                        EpollFlags::EPOLLIN,
                        self.reader.fd,
                        cx.waker().clone(),
                    );
                    Poll::Pending
                } else {
                    Poll::Ready(None)
                }
            }
        }
    }
}
```

❶ 1행 읽기를 비동기로 실행. 읽기 바이트 수가 0인 경우에는 커넥션 클로즈로 인해 None을
반환하고 1문자 이상 읽은 경우에는 읽은 행을 반환한다.

❷ 읽어야 할 데이터가 없는 경우에는 WouldBlock 에러가 반환되므로 epoll에 파일 디스크
립터를 감시 대상에 등록하고 Pending을 반환한다.

이상으로 커넥션을 받아들이고 데이터를 읽는 Future를 구현했다. 이들을 이용하면 동시 서버
를 보다 추상적으로 기술할 수 있다.

async/await를 이용한 동시 echo 서버 구현

마지막으로 async/await를 이용해 구현한 동시 서버의 예를 살펴본다. 다음 코드는 async/await를 이용해 동시 echo 서버를 구현한 예다.

Rust

```rust
fn main() {
    let executor = Executor::new();
    let selector = IOSelector::new();
    let spawner = executor.get_spawner();

    let server = async move { // ❶
        // 비동기 억셉트 리스너 생성 ❷
        let listener = AsyncListener::listen("127.0.0.1:10000",
                                             selector.clone());
        loop {
            // 비동기 커넥션 받아들임 ❸
            let (mut reader, mut writer, addr) =
                listener.accept().await;
            println!("accept: {}", addr);

            // 커넥션별로 태스크 생성 ❹
            spawner.spawn(async move {
                // 1행 비동기 읽기 ❺
                while let Some(buf) = reader.read_line().await {
                    print!("read: {}, {}", addr, buf);
                    writer.write(buf.as_bytes()).unwrap();
                    writer.flush().unwrap();
                }
                println!("close: {}", addr);
            });
        }
    };

    // 태스크를 생성하고 실행
    executor.get_spawner().spawn(server);
    executor.run();
}
```

❶ 비동기 프로그래밍 코드. Rust의 컴파일러에 의해 Future 트레이트를 구현한 객체가 생성된다.

❷ echo 서버용 TCP 리슨 소켓을 생성하고 로컬 호스트의 10000번 포트를 리슨

❸ 커넥션을 비동기로 받아들임

❹ 커넥션별로 Task를 생성하고 비동기 실행

❺ 커넥션별 처리. 1행씩 읽어서 응답

이와 같이 async/await를 이용하면 epoll 같은 원시적 조작은 감춰지고, 커넥션별 비동기 처리는 동기 프로그래밍과 완전히 동일하게 기술할 수 있다. 이렇게 하면 가독성과 유지보수성이 높아진다.

이것으로 코루틴과 async/await의 구현에 관한 설명을 마친다. Rust 언어에서는 런타임에 코루틴이나 경량 스레드 등의 기능을 지원하지 않아 구현이 다소 번잡했지만 이들을 지원하는 프로그래밍 언어라면 보다 간략하게 구현할 수 있다. 예를 들어 경량 스레드를 지원하는 Haskell에서는 MVar라 불리는 채널(또는 STM)과 경량 스레드를 이용해 async/await와 완전히 동일한 기능을 단 몇 줄의 코드로 구현할 수 있다.[24] 이것은 추상도가 높은 기능을 제공하는 프로그래밍 언어를 사용했을 때 얻을 수 있는 이점이기도 하다.

한편 Rust에서는 경량 스레드 같은 고급 언어 기능에 의존하지 않고 async/await를 구현하고 있으므로 OS나 내장 소프트웨어 등에 쉽게 적용할 수 있다. 즉, 내장 소프트웨어, OS, 장치 드라이버 등 하드웨어에 가까운 소프트웨어를 async/await를 이용해 구현할 수 있다.

5.4 비동기 라이브러리

이 절에서는 Rust의 async/await를 이용한 비동기 라이브러리의 실질적 표준인 Tokio를 이용한 비동기 프로그래밍을 설명한다. Rust에서 비동기 라이브러리는 외부 크레이트를 이용한다. Tokio 이외의 비동기 라이브러리로 async-std,[25] smol,[26] glommio[27] 등이 있다. async-std는 Rust의 std에 준거한 비동기 API 제공을 목적으로 한다. smol은 라이브러리의 컴팩트화와 컴파일 시간 단축을 목적으로 한다. glommio는 파일이나 네트워크 IO 등을 위한 비동기 라이브러리이며, 뒤에서는 io_uring이라는 리눅스 커널 5.1에서 도입한 고속 API를 이용한다.

Tokio를 이용할 때는 Cargo.toml에 다음과 같이 설정한다.

```
[dependencies]
tokio = {version = "1.4.0", feature = ["full"]}
```

Tokio에서는 이용할 기능을 features로 세세하게 지정할 수 있지만 여기에서는 full을 지정했다. full을 지정하면 모든 기능 이용할 수 있지만 그만큼 컴파일 시간이나 실행 바이너리 크기가 늘어날 가능성이 있다.

다음 코드는 Tokio를 이용한 echo 서버 구현 예다.

Rust

```rust
use tokio::io::{AsyncBufReadExt, AsyncWriteExt}; // ❶
use tokio::io;
use tokio::net::TcpListener; // ❷

#[tokio::main] // ❸
async fn main() -> io::Result<()> {
    // 10000번 포트에서 TCP 리슨 ❹
    let listener = TcpListener::bind("127.0.0.1:10000").await.unwrap();

    loop {
        // TCP 커넥트 받아들임 ❺
        let (mut socket, addr) = listener.accept().await?;
        println!("accept: {}", addr);

        // 비동기 태스크 생성 ❻
        tokio::spawn(async move {
            // 버퍼 읽기 쓰기용 객체 생성 ❼
            let (r, w) = socket.split(); // ❽
            let mut reader = io::BufReader::new(r);
            let mut writer = io::BufWriter::new(w);

            let mut line = String::new();
            loop {
                line.clear(); // ❾
                match reader.read_line(&mut line).await { // ❿
                    Ok(0) => { // 커넥션 클로즈
                        println!("closed: {}", addr);
                        return;
                    }
                    Ok(_) => {
                        print!("read: {}, {}", addr, line);
                        writer.write_all(line.as_bytes()).await.unwrap();
                        writer.flush().await.unwrap();
                    }
                    Err(e) => { // 에러
                        println!("error: {}, {}", addr, e);
```

```
                    return;
                }
            }
        }
    });
    }
}
```

---

❶ 비동기 버퍼 읽기 쓰기용 트레이트

❷ 비동기용 TCP 리스너

❸ 비동기용 main 함수에는 #[tokio::main]을 지정해야 한다.

❹ 비동기 TCP 리슨 개시. 일반적인 TcpListener와 거의 동일하게 기술 가능

❺ TCP 커넥션을 받아들임. 이 부분도 일반적인 라이브러리와 거의 동일하게 기술 가능

❻ spawn을 이용해 비동기로 실행하는 태스크를 새롭게 생성

❼ 일반 라이브러리와 같이 버퍼 읽기 쓰기도 가능

❽ 읽기와 쓰기 소켓으로 분리

❾ Tokio의 read_line 함수는 인수에 전달한 문자열의 끝에 읽은 문자열이 추가되므로 문자열을 초기화

❿ 1행 읽기를 비동기로 실행

이상이 Tokio를 이용한 echo 서버 구현 예다. 이 코드에서 알 수 있듯이 비동기 함수 호출에 await가 필요한 것 외에는 대부분 일반 라이브러리와 동일하게 이용할 수 있다.

사실 이와 같은 코드는 일반 스레드를 이용해도 기술할 수 있다. 그럼에도 불구하고 Tokio와 같은 비동기 라이브러리를 사용하는 이유는 실행 시 비용 때문이다. 통상 스레드 생성은 비용이 많이 드는 작업이므로 단위 시간당 커넥션 도착 수가 증가하면 계산 자원이 부족해진다. Tokio 같은 비동기 라이브러리는 커넥션이 도착할 때마다 스레드를 생성하는 것이 아니라 미리 생성해 둔 스레드를 이용해 각 태스크를 실행한다.

다음 그림은 멀티스레드에서 태스크를 시행하는 예를 보여준다.

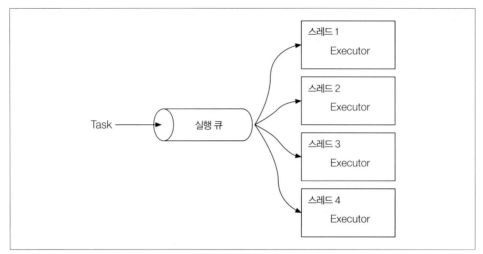

그림 5-4 멀티스레드에서의 실행 예

그림에서는 4개의 스레드가 1개의 실행 큐에서 태스크를 꺼내고, 각 스레드의 Executor가 병행으로 태스크를 실행한다. 이런 실행 모델을 스레드 풀$^{thread\ pool}$이라 부른다. 즉, 동적으로 스레드를 생성하는 것이 아니라 풀에 있는 스레드가 실행을 수행한다. Tokio에서는 기본적으로 실행 환경의 CPU 코어 수만큼 스레드를 실행한다.

> **NOTE_** 실제로 처리를 수행하기 위한 스레드는 워커 스레드$^{worker\ thread}$라 부른다. 스레드 풀이든 동적 생성이든 관계없이 모든 실행 모델에서 워커 스레드라 부른다.

중요하기 때문에 반복해 설명하지만 async 중 블로킹 수행 등의 코드를 입력하면 실행 속도가 느려지거나 락이 발생한다. 블로킹을 수행하는 적극적인 함수는 sleep이다.

다음 코드는 async 안에서 일반적인 슬립을 호출하는 좋지 않은 예다.

예제 5-5 슬립의 나쁜 예

`Rust`

```rust
use std::{thread, time}; // ❶

#[tokio::main]
async fn main() {
    // join으로 종료 대기
    tokio::join!(async move { // ❷
```

```
        // 10초 슬립 ❸
        let ten_secs = time::Duration::from_secs(10);
        thread::sleep(ten_secs);
    });
}
```

❶ 일반 스레드용 모듈을 임포트

❷ join! 매크로를 이용하면 여러 태스크의 종료를 대기할 수 있다.

❸ 10초간 일반 스레드용 함수로 대기

이 코드에서는 std::thread 모듈 안의 sleep 함수를 호출해서 10초간 슬립한다. 이렇게 하면 10초 동안 불필요하게 워크 스레드를 점유하게 되므로 다른 async 태스크를 동시에 실행할 수 없게 된다. 일반적으로 비동기 라이브러리에서는 비동기 프로그래밍용 슬립 함수를 제공하므로 이를 사용하면 이런 문제는 해결할 수 있다. 예를 들어 Tokio라면 다음과 같이 한다.

Rust

```
use std::time;

#[tokio::main]
async fn main() {
    // join으로 종료 대기
    tokio::join!(async move {
        // 10초간 슬립
        let ten_secs = time::Duration::from_secs(10);
        tokio::time::sleep(ten_secs).await; // ❶
    });
}
```

❶ Tokio 함수를 사용해서 슬립

이 코드에서는 tokio::time::sleep 함수를 사용해서 10초간 슬립한다. 이 함수를 호출하면 Tokio의 Executor에 의해 태스크가 워커 스레드에서 대피되므로 다른 태스크를 동시에 실행할 수 있게 된다. 코드상의 차이는 미세하지만 그 차이는 매우 중요하다.

Tokio 같은 비동기 라이브러리를 이용할 때는 Mutex의 이용도 문제가 된다. Mutex는 일반적인 std::sync::Mutex를 이용 가능한 경우와 비동기 라이브러리가 제공하는 Mutex를 이용해야 하는 경우가 있다.

다음 코드는 std::sync::Mutex를 이용한 예를 보여준다. 공유 변수를 락해서 증가시키는 간단한 예다.

```rust
use std::sync::{Arc, Mutex};

const NUM_TASKS: usize = 4; // 태스크 수
const NUM_LOOP: usize = 100000; // 루프 수

#[tokio::main]
async fn main() -> Result<(), tokio::task::JoinError> {
    let val = Arc::new(Mutex::new(0)); // 공유 변수 ❶
    let mut v = Vec::new();
    for _ in 0..NUM_TASKS {
        let n = val.clone();
        let t = tokio::spawn(async move { // 태스크 생성 ❷
            for _ in 0..NUM_LOOP {
                let mut n0 = n.lock().unwrap();
                *n0 += 1; // 증가 ❸
            }
        });

        v.push(t);
    }

    for i in v {
        i.await?;
    }

    println!("COUNT = {} (expected = {})",
        *val.lock().unwrap(), NUM_LOOP * NUM_TASKS);
    Ok(())
}
```

❶ 여러 태스크에서 공유하는 변수

❷ NUM_TASKS 수만큼 태스크 생성

❸ 각 태스크에서 락을 획득하고 증가

이와 같이 공유 변수에 접근하는 것만으로 std::sync::Mutex를 이용해도 문제가 없으며 실행 속도 면에서도 뛰어나다. 한편 락을 획득한 상태에서 await를 수행하려면 비동기 라이브러리가 제공하는 Mutex를 이용해야 한다.

다음 코드는 락을 획득한 상태에서 await를 수행하는 예다.

```rust
use std::{sync::Arc, time};
use tokio::sync::Mutex;

const NUM_TASKS: usize = 8;

// 락만 하는 태스크 ❶
async fn lock_only(v: Arc<Mutex<u64>>) {
    let mut n = v.lock().await;
    *n += 1;
}

// 락 상태에서 await를 수행하는 태스크 ❷
async fn lock_sleep(v: Arc<Mutex<u64>>) {
    let mut n = v.lock().await;
    let ten_secs = time::Duration::from_secs(10);
    tokio::time::sleep(ten_secs).await; // ❸
    *n += 1;
}

#[tokio::main]
async fn main() -> Result<(), tokio::task::JoinError> {
    let val = Arc::new(Mutex::new(0));
    let mut v = Vec::new();

    // lock_sleep 태스크 생성
    let t = tokio::spawn(lock_sleep(val.clone()));
    v.push(t);

    for _ in 0..NUM_TASKS {
        let n = val.clone();
        let t = tokio::spawn(lock_only(n)); // lock_only 태스크 생성
        v.push(t);
    }

    for i in v {
        i.await?;
    }
    Ok(())
}
```

❶ 락을 하고 공유 변수를 증가시키기만 하는 태스크

❷ 락을 획득한 상태에서 await를 수행하는 태스크

❸ 문제가 되는 위치. 공유 변수 락을 획득한 상태에서 await를 수행한다.

이와 같이 락 상태에서 await를 수행하기 위해 비동기 라이브러리가 제공하는 tokio::sync::Mutex를 이용해 배타 제어를 수행한다. 만약 std::sync::Mutex를 이용하면 데드락이 발생할 수 있다.

다음 그림은 std::sync::Mutex를 이용할 때 일어나는 데드락의 예를 보여준다.

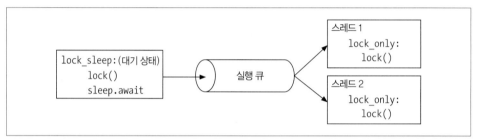

그림 5-5 std::sync::Mutex를 이용한 데드락

lock_sleep 태스크는 락을 획득한 후 await로 대기 상태가 된다. 그리고 각 워커 스레드에서는 lock_only 태스크가 실행되어 lock 함수가 호출된다. 그러나 lock_sleep 태스크가 락을 획득한 채 대기 상태에 있기 때문에 lock_only 태스크는 영원히 락을 획득하지 못하고 데드락 상태가 된다.

이렇게 std::sync::Mutex의 락을 획득한 상태에서 await를 수행하면 데드락이 발생할 가능성이 있다. 하지만 앞의 코드에서 구현에 std::sync::Mute를 이용하고자 해도 컴파일 에러가 발생한다. 이것은 lock을 반환하는 MutexGuard 타입에는 Sync는 물론 Send 트레이트도 구현되어 있지 않기 때문이다. 즉, lock_sleep 태스크의 Future(상태)는 MutexGuard 값을 가져야 하나 스레드 사이에서 공유와 소유권을 전송할 수 없기 때문에 컴파일 에러가 발생한다.

async/await의 메커니즘을 파악하지 않으면 이런 컴파일 에러가 발생하는 원인을 이해하기 쉽지 않다. 하지만 메커니즘을 이해하면 Rust는 동시성 프로그래밍에 대한 문제를 컴파일 시 적극적으로 배제하고, 안전하게 동시성 프로그래밍을 기술할 수 있다는 것도 이해할 수 있을 것이다.

async/await를 이용할 때는 채널에 대해서도 주의해야 한다. std::sync::mpsc::channel 등의 채널은 송수신 시에 스레드를 블록할 가능성이 있기 때문이다. 따라서 Tokio 등의 비동기 라이브러리에서는 async/await용 채널을 제공한다. Tokio의 경우에는 다음과 같은 채널을 이용할 수 있다.

mpsc

다수 생산자, 단일 소비자 채널. std::sync::mpsc::channel의 async/await 버전

oneshot

단일 생산자, 단일 소비자 채널. 값을 한 번만 송수신할 수 있다.

broadcast

다수 생산자, 다수 소비자 채널

watch

단일 생산자, 다수 소비자 채널. 값을 감시할 때 이용하며 수신 측에서는 최신 값만 얻을 수 있다.

mpsc, broadcast, watch는 지금까지의 채널을 경유한 송수신이나 약속을 구현하는 채널이며, 이를 사용하는 방법은 어느 정도 쉽게 상상될 것이다. 하지만 oneshot은 채널이라기보다는 미래에 결정되는 값이라는 Future 자체를 구현하기 위해 이용한다.

다음 코드는 oneshot의 간단한 예로 미래에 결정되는 값을 모델화한 예다.

`Rust`

```
use tokio::sync::oneshot; // ❶

// 미래 언젠가의 시점에서 값이 결정되는 함수 ❷
async fn set_val_later(tx: oneshot::Sender<i32>) {
    let ten_secs = std::time::Duration::from_secs(10);
    tokio::time::sleep(ten_secs).await;
    if let Err(_) = tx.send(100) { // ❸
        println!("failed to send");
    }
}

#[tokio::main]
pub async fn main() {
    let (tx, rx) = oneshot::channel(); // ❹

    tokio::spawn(set_val_later(tx)); // ❺
```

```
        match rx.await { // 값 읽기 ❻
            Ok(n) => {
                println!("n = {}", n);
            }
            Err(e) => {
                println!("failed to receive: {}", e);
                return;
            }
        }
    }
}
```

❶ oneshot 임포트

❷ 미래 언젠가의 시점에서 값이 결정되는 함수 정의. 여기에서는 간단히 슬립만 한다. oneshot 송신 측의 엔드포인트를 받아 슬립한 후 값을 써넣는다.

❸ send 함수에 값을 쓴다.

❹ oneshot 생성. 지금까지의 Rust 채널과 마찬가지로 송신과 수신 엔드포인트는 나눠져 있다.

❺ 미래 언젠가의 시점에서 값이 결정되는 함수를 호출하고 송수신 엔드포인트를 전달한다.

❻ 값이 결정될 때까지 대기한다.

이와 같이 oneshot을 이용하면 미래 언젠가의 시점에서 값이 결정되는 변수를 보통 변수처럼 다룰 수 있다. 단, 송신 또는 수신 측 엔드포인트의 한쪽만 파기된 경우에는 반대 측 지점에서 수신 또는 송신을 수행하고자 하면 에러가 발생한다.

마지막으로 블로킹 함수의 취급에 관해 설명한다. 지금까지 async/await에서는 블로킹 함수의 호출을 회피해야 한다고 설명했다. 하지만 처리 내용에 따라서는 블로킹 함수를 호출할 필요가 있다. 그런 경우에는 spawn_blocking 함수를 이용해 블로킹을 수행하는 함수 전용 스레드로 실행하도록 한다.

다음 코드는 spawn_blocking 함수의 예다. 이 코드에서는 블로킹을 수행하는 do_block 함수와 async의 print 함수를 동시에 실행한다.

Rust

```
// 블로킹 함수
fn do_block(n: u64) -> u64 {
    let ten_secs = std::time::Duration::from_secs(10);
```

```
        std::thread::sleep(ten_secs);
        n
}

// async 함수
async fn do_print() {
    let sec = std::time::Duration::from_secs(1);
    for _ in 0..20 {
        tokio::time::sleep(sec).await;
        println!("wake up");
    }
}

#[tokio::main]
pub async fn main() {
    // 블로킹 함수 호출
    let mut v = Vec::new();
    for n in 0..32 {
        let t = tokio::task::spawn_blocking(move || do_block(n)); // ❶
        v.push(t);
    }

    // async 함수 호출
    let p = tokio::spawn(do_print()); // ❷

    for t in v {
        let n = t.await.unwrap();
        println!("finished: {}", n);
    }

    p.await.unwrap()
}
```

❶ 블로킹 함수를 블로킹 처리 전용 스레드에서 호출

❷ do_print 함수를 호출해서 정기적으로 println 실행

do_block 함수가 블로킹하는 함수이며, 여기에서는 단순히 슬립을 한다. 이 함수에서는
std::thread::sleep을 이용하고 있으므로 슬립 상태라 해도 워커 스레드를 점유하게 된다.
그러나 spawn_blocking 함수에서 블로킹용 스레드를 생성하고 거기에서 이 함수를 호출하므
로 데드락에 빠지지 않는다.

지금까지 Tokio를 이용한 비동기 라이브러리를 간단히 설명했다. Tokio뿐만 아니라 라이브러리는 알고리즘, 개념, 계산 모델 등과 달리 내용의 변화가 매우 빠르기 때문에 여기에서 설명한 내용은 최신 버전과 다를 가능성이 있다. 따라서 실제 애플리케이션을 만들 때는 공식 문서를 반드시 참고하기 바란다.

CHAPTER 6

멀티태스크

이 책에서는 지금까지 동시성에 관해 논의했지만 실제 CPU, 특히 프로세스 수가 CPU 수보다 많은 상황에서 물리적으로 어떻게 작동하는지는 설명하지 않았다. 멀티태스크와 동시성은 거의 같은 의미이며 멀티태스크는 프로세스를 동시에 작동시킨다. 멀티태스크 또는 멀티태스킹이란 OS 등의 분야에서 이용되는 용어이며 이 책에서는 이들을 단일 CPU상에서 여러 프로세스를 동시에 작동시키기 위한 기술을 나타내는 것으로 설명한다.

이 장에서는 먼저 멀티태스크와 멀티태스킹의 개념적인 의미를 명확히 하고 주변 용어를 설명한다. 그 뒤 Rust 언어를 이용해 AArch64 아키텍처를 대상으로 하는 유저랜드 구현 스레드(그린 스레드green thread라 부른다)를 구현한다. 이 구현에서는 매우 간소하기는 하나 OS 프로세스, 스레드, Erlang이나 Go 언어의 작동 원리를 명확하게 이해할 수 있을 것이다. 마지막으로 앞서 작성한 그린 스레드상에서 간단한 액터 모델actor model을 구현한다.

6.1 멀티태스크

이 절에서는 멀티태스크 관련 용어와 전략을 설명한다.

6.1.1 지킬 박사와 하이드

'지킬 박사와 하이드'는 다중 인격을 소재로 한 괴기 소설이다. 지킬 박사는 어느 날 자신의 정신을 선을 대변하는 지킬과 악을 대변하는 하이드로 나누는 데 성공하지만 결과적으로 비극을 맞게 된다. 이런 다중 인격자는 소설이나 영화 등의 창작물에 자주 등장한다. 여기에서는 의학적인 관점에서 인체와 뇌의 기저에 관해 설명하기보다는 이런 다중 인격을 어떻게 구현할지에 관한 관점에서 상상해본다.

다음 그림은 뇌의 기억 영역에 읽기 쓰기를 할 수 있는 기계, 즉 뇌 IO 장치를 연결한 모습이다.

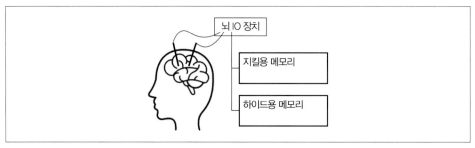

그림 6-1 뇌를 읽고 뇌에 쓸 수 있는 기계

뇌 IO 장치를 이용하면 외부 기억 장치와 뇌 사이에서 기억을 읽고 쓸 수 있다고 가정하자. 이 뇌 IO 장치에 외부 기억 장치로 지킬의 메모리와 하이드의 메모리가 연결되어 있다. 지킬과 하이드의 인격을 교대할 때는 일단 뇌에서 작동하고 있던 현재의 인격을 외부 저장 장치에 저장한 뒤 다른 인격을 외부 기억 장치에서 읽어 뇌에 쓴다고 생각할 수 있다.

어떻게 하면 이 뇌 IO 장치를 이용해 인격을 교대할 수 있는지 생각해보자. 다음 그림은 인격 교대의 런타임 예다.

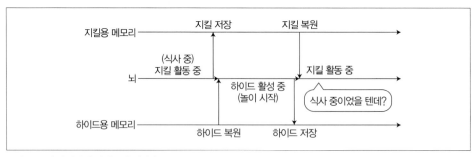

그림 6-2 지킬 박사와 하이드의 런타임

구체적인 이름이 있는 것이 상상하기 쉽기 때문에 여기에서는 지킬과 하이드라고 이름 지었다.

그림에서는 먼저 지킬이 활동 중으로 식사하고 있고 식사 도중에 인격 교대가 일어난다. 인격을 교대하려면 우선 뇌의 정보를 지킬용 메모리에 저장하고, 이후 하이드용 메모리를 복원하는 식으로 구현할 수 있을 것이다. 인격 교대 후의 하이드는 식사를 중단하고 놀이를 시작한다. 그 뒤 다시 인격 교대가 일어난다. 그러면 식사를 하다가 인격이 교대되었던 지킬은 놀고 있는 자신을 보고 놀랄 것이다.

다소 황당무계한 상황이며 실현 가능성에 관한 논의의 여지도 있지만 만약 뇌의 정보를 완전히 읽고 쓸 수 있다면 실현 가능할 것이라 생각된다. 사람의 뇌는 이런 일을 하기 어렵지만 컴퓨터라면 가능하며 이를 다음 그림에 나타냈다. 즉, 컴퓨터에서는 앞의 그림에서 뇌에 해당하는 것이 CPU이며, 외부 기억 장치에 해당하는 것이 메모리가 된다.

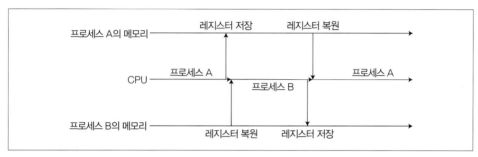

그림 6-3 컨텍스트 스위치

뇌의 정보에 해당하는 CPU의 정보는 레지스터의 값이 된다. 즉, 어떤 프로세스가 CPU에서 실행 중일 때 그 레지스터를 메모리에 저장함으로써 프로세스의 특정 시점의 상태가 저장된다. 그리고 저장한 레지스터를 CPU로 복원하면 저장했던 상태로 되돌릴 수 있다. 이런 레지스터(또는 스택 정보) 등의 프로세스 상태에 관한 정보를 컨텍스트^{context}라 부르며, 컨텍스트의 저장과 복원이라는 일련의 처리를 컨텍스트 스위치^{context switch}라 부른다. 컨텍스트 스위치는 간단히 다음과 같이 정의할 수 있다.

> **정의** **컨텍스트 스위치**
> 어떤 프로세스에서 다른 프로세스로 실행을 전환하는 것

우리가 평소 사용하고 있는 컴퓨터나 스마트폰 등의 CPU 수는 몇 개 또는 몇십 개 정도다. 하지만 애플리케이션은 CPU 수보다 훨씬 많이 실행할 수 있다. 이것은 OS가 OS 프로세스의 컨

텍스트 스위치를 빈번하게 수행해 애플리케이션 전환을 하고 있기 때문이다. 컨텍스트 스위치를 전혀 수행하지 않는 OS도 존재하는데 이런 OS는 싱글태스크 OS라 부르며 컨텍스트 스위치를 수행하는 여러 OS 프로세스를 동시에 작동시키는 것이 가능한 OS는 멀티태스크 OS라 부른다. 윈도우, 리눅스, BSD 계열 OS 등 현재 주류 OS는 대부분 멀티태스크 OS다. 싱글태스크 OS로는 윈도우의 전신인 MS-DOS가 유명하다.

멀티태스크 가능한 실행 환경이란 여러 프로세스를 실행할 수 있는 환경이다. 하지만 이런 실행 환경을 만드는 것은 잘 생각해보면 사실 어렵다. 예를 들어 CPU가 4개인 환경에서 최대 4개까지의 프로세스를 동시에 실행할 수 있는 OS가 있다고 하자. 그러면 그 OS는 여러 프로세서를 실행할 수 있지만 실질적으로 싱글태스크 OS와 다르지 않다. 또한 3개, 4개, 5개의 프로세스를 충분히 생성할 수 있지만 last in, first out과 같이 가장 마지막에 생성한 프로세스가 종료될 때까지 이전에 생성된 프로세스가 실행되지 않는 경우에도 실질적으로는 싱글태스크 OS와 다르지 않다. 그래서 이 책에서는 멀티태스크 실행 환경을 다음과 같이 정의한다. 단, 실행 환경이란 OS, 의사 머신, 언어 처리 시스템을 총칭한다.

> **정의 멀티태스크 실행 환경**
>
> 어떤 실행 환경이 멀티태스크 가능하다. ⇔ 임의의 시점에서 새로운 프로세스를 생성할 수 있고, 계산 도중 상태에 있는 프로세스가 공평하게 실행된다.

공평이라는 용어가 등장했다. 공평성은 다음 두 가지로 정의한다.

> **정의 약한 공평성**
>
> 어떤 실행 환경이 약한 공평성을 만족한다. ⇔ 어떤 프로세스가 특정 시각 이후 실행 가능한 대기 상태가 되었을 때 그 프로세스가 실행된다.

> **정의 강한 공평성**
>
> 어떤 실행 환경이 강한 공평성을 만족한다. ⇔ 어떤 프로세스가 특정 시각 이후 실행 가능한 대기 상태와 실행 불가능한 대기 상태의 전이를 무한히 반복할 때 최종적으로 그 프로세스는 실행된다.

이들 정의는 선형 시제 논리^{Linear Temporal Logic, LTL}*로 정식화된다.[28] 약한 공평성은 예를 들어 어떤 시각 이후 특정 시점에 놀러 가고 싶다고 생각하는 사람이 있을 때 그 사람을 데리고 갈 수 있는 환경이다. 강한 공평성은 예를 들어 어떤 시각 이후 특정 시점에 놀러 가고 싶지만 다른 시점에는 집안에 틀어박혀 있고 싶어 하는 귀찮은 사람이라도 언젠가는 밖으로 데리고 놀러 갈 수 있는 환경이다. 현실적인 시스템에서는 약한 공평성 구현이 필수이며 강한 공평성을 실현하는 것은 쉽지 않다.

한편 현실의 구현에서는 지연^{latency}과 CPU 시간의 배분이라는 관점도 포함해서 공평성에 관해 논의되고 있다. 예를 들어 리눅스 커널 버전 2.6.33 이후에서는 완전히 공평한 스케줄링 ^{Completely Fair Scheduling, CFS}이라는 프로세스 실행 방법을 채택하여 각 프로세스가 공평하게 CPU 시간을 소비 가능하게 변경되었다.[29],[30] 리눅스는 스케줄링 방식을 몇 가지 선택할 수 있으며, IO의 데드라인 근방의 프로세스를 우선하는 스케줄러 등도 선택할 수 있다. 이렇게 현실적인 시스템에서 공평성을 논할 때는 실행 가능성은 물론 리소스 소비의 관점도 고려해야 한다.

6.1.2 협조적/비협조적 멀티태스크

컨텍스트 스위치란 CPU상에서 프로세스의 전환을 수행하는 것이다. 컨텍스트 스위치를 수행하는 전략으로 협조적, 비협조적 수행 방법이 있다. 협조적 전략은 프로세스 자신이 자발적으로 컨텍스트 스위치 전환을 수행하는 방법이고, 비협조적 전략은 할당 등 외부적인 강제력에 의해 컨텍스트 스위치를 수행하는 방법이다. 협조적으로 컨텍스트 스위치를 수행하는 멀티태스크를 협조적 멀티태스크, 비협조적으로 컨텍스트 스위치를 수행하는 멀티태스크를 비협조적 멀티태스크라 부른다.

> **정의** **협조적 멀티태스크**
>
> 각각의 프로세스가 자발적으로 컨텍스트 스위치를 수행하는 멀티태스크 방식

> **정의** **비협조적 멀티태스크**
>
> 프로세스와 협조 없이 외부적인 작동에 따라 컨텍스트 스위치를 수행하는 멀티태스크 방식

---

* 옮긴이_ 선형 시제 논리는 논리학에서 선형 이산 시간에 대한 여러 가지 양상을 갖춘 시제 논리 중 하나다. Propositional Temporal Logic(PTL)이라고도 부른다. (위키피디아)

협조적 멀티태스킹^{cooperative multitasking}은 비선점적 멀티태스킹^{non-preemptive multitasking}, 비협조적 멀티태스킹^{non-cooperative multitasking}은 선점적 멀티태스킹^{preemptive multitasking}이라 부르기도 한다. 선점하다^{preempt}라는 단어는 텔레비전의 채널을 바꾸는 등의 의미를 가지고 있어서 이런 이름을 사용하게 된 것이라 생각된다. 이와 관련된 용어인 선점^{preemption}은 다음과 같이 정의한다.

> **정의** **선점**
>
> 프로세스와의 협조 없이 수행하는 컨텍스트 스위칭

프로세스의 컨텍스트 스위치 방법을 결정하기 위한 모듈, 함수, 프로세스를 스케줄러^{scheduler}라 부르며 간단히 다음과 같이 정의한다.

> **정의** **스케줄러**
>
> 컨텍스트 스위치 전략을 결정하는 프로세스, 모듈, 함수 등

스케줄러는 공평성을 고려해 다음에 실행할 프로세스를 결정하고, 비협조적 멀티태스킹인 경우에는 어떤 타이밍에 선점을 수행할 것인지도 결정해야 한다. 스케줄러가 프로세스의 실행 순서를 결정하는 것을 스케줄링^{scheduling}이라 부른다.

협조적 멀티태스크의 장점과 단점

협조적 멀티태스크의 장점으로 멀티태스크 메커니즘을 쉽게 구현할 수 있다는 것을 들 수 있다. 그렇기 때문에 초기 멀티태스킹 OS 대부분이 이를 채용했다. 예를 들어 윈도우 3.1이나 클래식 맥용 OS에서는 협조적 멀티태스킹 방식이 채용되어 있다. 그리고 Rust나 Python의 async/await라는 메커니즘은 협조적 멀티태스킹 방식의 일종으로 현재도 이용되고 있다.

협조적 멀티태스킹의 단점은 프로세스가 자발적으로 컨텍스트 스위치를 수행해야 한다는 것이다. 예를 들어 어떤 프로세스에 버그가 있어 컨텍스트 스위치를 수행하지 않고 무한 루프에 빠지거나 정지하게 되면 그 프로세스는 계산 리소스를 점유하게 된다. 그렇기 때문에 애플리케이션 개발자는 협조적 멀티태스크를 인식하고 이런 버그가 없도록 구현해야 한다. 윈도우 3.1이

나 클래식 맥의 경우에는 애플리케이션이 깨지면 OS 전체가 깨지며 PC를 재기동해야 하는 일이 빈번하게 일어났다.

Rust나 Python에서의 async/await를 이용한 구현도 같은 문제를 안고 있으며, 이 메커니즘을 이용해 구현해도 무한 루프가 되거나 처리를 정지시키는 함수(블로킹 함수)를 호출하면 컨텍스트 스위치가 일어나지 않고 실행 속도가 낮아지거나 최악의 경우 데드락에 빠지게 된다. async/await 등의 메커니즘을 사용할 때는 협조적 프로그래밍인 것을 정확하게 인식하고 구현 및 실행해야 한다.

비협조적 멀티태스크의 장점과 단점

한편 비협조적 멀티태스킹에서는 협조적 멀티태스킹에서의 무한 루프, 블로킹 함수와 관련된 문제는 일어나지 않는다. 이들을 실행하거나 호출 중이라 해도 스케줄러에 의해 선점된 다른 프로세스가 실행되기 때문이다. 윈도우나 리눅스 등의 현대적인 OS에서는 비협조적 멀티태스킹을 적용하고 있으므로 애플리케이션의 크래시가 OS의 크래시로 연결되는 경우는 드물다. 비협조적 멀티태스킹을 적용한 프로그래밍 언어 처리 계열로는 Erlang, Go 언어 등이 있다.

비협조적 멀티태스킹의 단점은 처리 시스템 구현이 어렵다는 것이다. 하지만 애플리케이션을 구현하는 사람 입장에서는 처리 시스템 구현의 어려움을 크게 신경 쓰지 않을 것이다. 또한 공평성을 확보하기 위해 빈번하게 컨텍스트 스위치를 수행하기도 하므로 협조적 멀티태스킹에 비해 다소 오버헤드가 있다.

6.2 협조적 그린 스레드 구현

이 절에서는 Rust 언어를 이용해 AArc64상에서 작동하는 간단한 협조적 멀티태스킹 구현을 설명한다. 이번 구현은 유저랜드 스레드이며, 유저랜드의 소프트웨어가 독자적으로 제공한 스레드 메커니즘은 일반적으로 그린 스레드라 부른다. 그린 스레드는 OS의 스레드와 비교해 스레드 생성과 파기 비용을 줄일 수 있으므로 Erlang, Go, Haskell 같은 동시성 프로그래밍이 뛰어난 처리 계열에서 이용된다. 그리고 이들 언어의 그린 스레드 구현은 멀티스레드로 작동하지만 여기에서는 간단히 하기 위해 싱글스레드로 작동하는 그린 스레드를 구현한다. 싱글스레드 버전의 구현이기는 하지만 이 구현을 확장하면 멀티스레드로 만들 수 있다.

6.2.1 파일 구성과 타입, 함수, 변수

이 절에서는 이번 구현의 구성과 의존 크레이트 등을 설명한다. 다음은 이 절과 6.3절 '액터 모델 구현'에서 이용하는 파일, 함수, 변수를 보여준다. 다양한 타입과 함수가 등장하기 때문에 당혹스러울지도 모르나 작동은 단순하므로 걱정하지 말고 읽어나가기 바란다.

표 6-1 협조적 그린 스레드 구현에 이용하는 파일

파일	설명
Cargo.toml	Cargo용 파일
build.rs	빌드용 파일
asm/context.S	컨텍스트 스위치를 수행하기 위한 어셈블리
src/main.rs	main 함수용 파일
src/green.rs	그린 스레드용 파일

표 6-2 컨텍스트 스위치용 함수(context.S)

함수	설명
set_context	현재의 컨텍스트를 저장
switch_contexst	컨텍스트 스위치를 수행

표 6-3 컨텍스트 정보용 타입(src/green.rs)

함수	설명
Registers	CPU 레지스터의 값을 저장하기 위한 타입
Context	컨텍스트를 저장하기 위한 타입

표 6-4 컨텍스트 스위치를 수행하기 위한 함수(src/green.rs)

함수	설명
spawn_from_main	main 함수에서 스레드 생성
spawn	스레드 생성 수행
schedule	스케줄링 수행
entry_point	스레드 생성 시 호출
rm_unused_stack	불필요한 스택 삭제

함수	설명
get_id	자신의 스레드 ID 획득
send	메시지 송신
recv	메시지 수신

표 6-5 글로벌 변수(src/greem.rs)

변수	설명
CTX_MAIN	main 함수의 컨텍스트
UNUSED_STAKC	불필요해진 스택 영역
CONTEXTS	실행 큐
ID	현재 이용 중인 스레드의 ID
MESSAGES	메시지 큐
WAITING	대기 스레드 집합

> **CAUTION_** 이번 구현에서는 간단히 하기 위해 글로벌 변수를 이용하지만 Rust에서는 글로벌 변수 이용을 권장하지 않으므로 실제 구현할 때는 적정하게 수정해야 한다.

다음은 이번에 이용한 외부 크레이트다.

예제 6-1 Cargo.toml

`YAML`

```yaml
[dependencies]
nix = "0.20.0"
rand = "0.8.3"
```

이번 구현에서는 nix와 rand라는 크레이트를 이용한다. nix는 유닉스 계열의 OS에서 제공하는 API의 래퍼 라이브러리이며, rand는 난수 생성용 크레이트다. 컴파일하기 위해서는 Cargo.toml 파일에 다음과 같이 기술해야 한다. 항상 최신 버전을 지정할 것을 권장한다.

다음은 빌드용 파일이다.

예제 6-2 buiud.rs

`Rust`

```rust
use std::process::Command;

const ASM_FILE: &str = "asm/context.S";
const O_FILE: &str = "asm/context.o";
```

```
const LIB_FILE: &str = "asm/libcontext.a";

fn main() {
    Command::new("cc").args(&[ASM_FILE, "-c", "-fPIC", "-o"])
                      .arg(O_FILE)
                      .status().unwrap();
    Command::new("ar").args(&["crus", LIB_FILE, O_FILE])
                      .status().unwrap();

    // asm을 라이브러리 검색 경로에 추가
    println!("cargo:rustc-link-search=native={}", "asm");
    // libcontext.a라는 정적 라이브러리 링크
    println!("cargo:rustc-link-lib=static=context");
    // asm/context.S라는 파일에 의존
    println!("cargo:rerun-if-changed=asm/context.S");
}
```

이번 구현에서는 어셈블리 파일의 컴파일과 링크도 수행하므로 이와 같이 build.rs 파일을 준
비해야 한다. 어셈블리 파일을 컴파일하기 위해 cc 명령어와 ar 명령어가 필요하므로 유닉스 환
경에 설치하기 바란다. Debian이나 Ubuntu의 경우에는 다음 명령을 실행하면 개발 도구, 라
이브러리 및 헤더가 설치된다. build.rs는 Cargo로 관리되는 디렉터리의 최상위에 두면 된다.

```
$ sudo apt install build-essential
```

build.rs는 Cargo에 컴파일 방법을 지정하기 위해 이용하는 파일이며, Cargo는 build.rs의
내용에 기반해 Rust의 컴파일을 수행한다. build.rs에 기술된 내용은 다음의 컴파일과 정적
라이브러리를 만드는 명령어와 동일하다.

```
$ cc asm/context.S -c -fPIC -o asm/context.o
$ ar crus asm/libcountext.a asm/context.o
```

cc는 C 컴파일러이며 일반적으로 gcc 또는 clang이 이용된다. ar은 정적 라이브러리 작성이
나 정적 라이브러리로부터의 파일 추출을 위한 명령어다. 즉, asm/context.o를 책이라고 생각
하면 asm/libcontext.a는 책장이며, ar은 asm.libcontext.a라는 책장에 파일을 넣고 빼기
위한 명령어다. 아주 오래전 소프트웨어는 천공 카드[punch card]라는 물리적인 종이에 기록되어
책과 같은 형태였다. 그리고 그 책(천공 카드)은 책장에서 관리되었으며 소프트웨어 관리는 실
제 책장 관리와 동일했다.

표 6-6 ar 명령어의 옵션 목록

옵션	설명
c	책장을 새롭게 작성
r	책장에 파일을 삽입. 이미 같은 이름의 파일이 존재하면 치환
u	삽입하는 파일보다 책장의 파일이 오래된 경우에만 치환
d	색인을 책장에 써넣음. 색인이 존재하는 경우에는 업데이트

build.rs에서는 작성된 asm/libcontext.a를 링크해서 컴파일하도록 지정한다.

다음 코드에 이번 구현에 이용하는 외부 타입과 함수를 나타냈다. 익숙하지 않은 타입이나 변수가 나왔다면 이 코드를 참조하기 바란다.

예제 6-3 src/green.rs 임포트   `Rust`

```rust
use nix::sys::mman::{mprotect, ProtFlags};
use rand;
use std::alloc::{alloc, dealloc, Layout};
use std::collections::{HashMap, HashSet, LinkedList};
use std::ffi::c_void;
use std::ptr;
```

6.2.2 컨텍스트

이 절에서는 컨텍스트를 설명한다. 컨텍스트는 프로세스의 실행 상태에 관한 정보이며, 가장 중요한 정보는 레지스터 값이다. [그림 6-4]에 이번 구현에서 저장하는 컨텍스트와 CPU 및 메모리의 관계를 나타냈다.

텍스트 영역은 실행 명령이 놓인 메모리 영역이며, 그림에서는 set_context라는 컨텍스트를 저장하는 함수가 호출되어 컨텍스트가 저장된 직후의 상태를 나타내고 있다. set_context 함수가 호출되면 caller 저장 레지스터는 컴파일러가 출력한 코드에 따라 스택으로 회피된다. 한편 callee 저장 레지스터는 회피되지 않으므로 set_context 함수가 힙상의 확보된 영역에 저장된다. 그리고 ret 명령에서의 반환 위치 주소를 나타내는 링크 주소인 x30 레지스터와 스택 포인터를 나타내는 sp 레지스터도 마찬가지로 저장된다. 그러면 다른 프로세스 실행 후 컨텍스트에 저장된 레지스터 정보를 복원하고 ret 명령어로 반환하면 set_context 함수를 호출한 다음 주소(x30 레지스터가 지정된 주소)에서 실행을 재개한다.

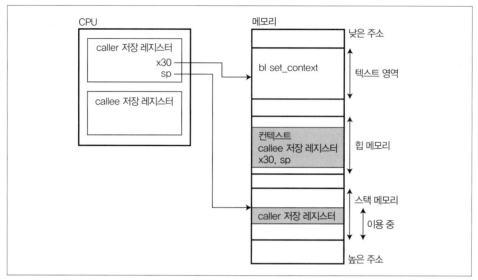

그림 6-4 CPU와 메모리의 상태 및 컨텍스트

다음 코드는 AArch64 CPU에서 저장해야 할 레지스터를 유지하는 Rust 언어의 구조체다. 저장할 레지스터는 AArch64의 호출 규약인 AAPCS64에 따라 callee 저장 레지스터와 x30 및 sp 레지스터가 된다. 레지스터와 AAPCS64에 관한 자세한 내용은 부록 A 'AArch64 아키텍처'를 참조하기 바란다.

예제 6-4 src/green.rs의 Registers `Rust`

```rust
#[repr(C)] // ❶
struct Registers { // ❷
    // callee 저장 레지스터
     d8: u64,  d9: u64, d10: u64, d11: u64, d12: u64,
    d13: u64, d14: u64, d15: u64, x19: u64, x20: u64,
    x21: u64, x22: u64, x23: u64, x24: u64, x25: u64,
    x26: u64, x27: u64, x28: u64,

    x30: u64, // 링크 레지스터
    sp: u64,  // 스택 레지스터
}

impl Registers {
    fn new(sp: u64) -> Self { // ❸
        Registers {
            d8: 0,  d9: 0, d10: 0, d11: 0, d12: 0,
```

```
              d13: 0, d14: 0, d15: 0, x19: 0, x20: 0,
              x21: 0, x22: 0, x23: 0, x24: 0, x25: 0,
              x26: 0, x27: 0, x28: 0,
              x30: entry_point as u64, // ❹
              sp,
        }
    }
}
```

❶ 앞으로 정의하는 구조체의 내부 메모리 표현이 C 언어와 동일함을 지정

❷ 레지스터 값을 저장하는 구조체

❸ 스택 포인터를 가리키는 주소를 인수 sp로 받아 Registers 타입을 초기화해서 반환한다.

❹ 스레드 개시 엔트리 포인트가 되는 함수의 주소를 보존

#[repr(C)]를 사용한 이유는 Rust 언어에서는 구조체 등도 최적화가 수행되어 멤버 변수를 기술한 순서대로 메모리를 배치하지 못할 가능성이 있기 때문이다. 실제 이 구조체에서는 그런 치환은 일어나지 않겠지만 만약을 위해 지정했다.

callee 저장 레지스터는 함수로 호출된 측이 저장할 레지스터이며, 컨텍스트 스위치를 수행하는 함수가 호출될 때 저장해야 한다. 링크 레지스터는 컨텍스트 스위치로부터 돌아오기 위해 필요하고 스택 포인터는 스택을 복원하기 위해 필요하다.

entry_point는 함수에 대한 주소이며, 스레드가 생성될 때 가장 먼저 실행되는 함수다. 돌아올 주소인 x30에 entry_point의 주소를 저장함으로써 컨텍스트 스위치될 때 entry_point가 호출되도록 할 수 있다. entry_point가 가리키는 함수 정의에 관해서는 뒤에서 설명한다.

Registers 구조체로의 값의 저장과 읽기는 어셈블리에서 정의한 함수로 수행한다. #[repr{C}]로 Registers 타입을 지정한 것은 어셈블리에서 정의한 함수로 전달하기 위해서다. 다음 코드는 레지스터 저장과 대역 점프를 수행하기 위한 함수다.

예제 6-5 asm/context.S

`ASM x86-64`

```
#ifdef __APPLE__  // 맥의 경우에는 함수명 처음에 언더스코어가 필요
    #define SET_CONTEXT _set_context
    #define SWITCH_CONTEXT _switch_context
#else
    #define SET_CONTEXT set_context
```

```
    #define SWITCH_CONTEXT switch_context
#endif

.global SET_CONTEXT // ❶
.global SWITCH_CONTEXT

SET_CONTEXT: // ❷
    // callee 저장 레지스터 저장
    stp  d8,  d9, [x0] // ❸
    stp d10, d11, [x0, #16] // ❹
    stp d12, d13, [x0, #16 * 2]
    stp d14, d15, [x0, #16 * 3]
    stp x19, x20, [x0, #16 * 4]
    stp x21, x22, [x0, #16 * 5]
    stp x23, x24, [x0, #16 * 6]
    stp x25, x26, [x0, #16 * 7]
    stp x27, x28, [x0, #16 * 8]

    // 스택 포인터와 링크 레지스터 저장
    mov x1, sp
    stp x30, x1, [x0, #16 * 9]

    // return 0 ❺
    mov x0, 0
    ret

SWITCH_CONTEXT: // ❻
    // callee 저장 레지스터 복원
    ldp  d8,  d9, [x0] // ❼
    ldp d10, d11, [x0, #16] // ❽
    ldp d12, d13, [x0, #16 * 2]
    ldp d14, d15, [x0, #16 * 3]
    ldp x19, x20, [x0, #16 * 4]
    ldp x21, x22, [x0, #16 * 5]
    ldp x23, x24, [x0, #16 * 6]
    ldp x25, x26, [x0, #16 * 7]
    ldp x27, x28, [x0, #16 * 8]

    // 스택 포인터와 링크 레지스터 복원
    ldp x30, x2, [x0, #16 * 9]
    mov sp, x2

    // return 1 ❾
    mov x0, 1
    ret
```

❶ set_context와 switch_context 함수를 글로벌 함수로 정의. 단, 맥의 경우에는 함수명 맨 앞에 언더스코어가 필요하므로 어셈블리 레벨에서는 _set_context와 _switch_context 라는 함수명을 사용한다(C나 Rust에서의 호출은 언더스코어가 없는 set_context, switch_context가 된다).

❷ 현재 레지스터를 저장하는 set_context 함수 정의

❸ x0 레지스터(함수의 첫 번째 인수)에 Registers 구조체의 주소가 저장되어 있다.

❹ stp 명령을 이용해 2개의 레지스터 값을 저장

❺ x0 레지스터에 반환값 0을 설정하여 반환

❻ 레지스터를 복원하는 switch_context 함수 정의

❼ 마찬가지로 x0 레지스터(함수의 첫 번째 인수)에 Registers 구조체의 주소가 저장되어 있다.

❽ ldp 명령어를 이용해 2개의 레지스터에 값을 복원

❾ x0 레지스터에 반환값 1을 설정하여 반환

set_context 함수는 협조적 컨텍스트 스위칭을 수행하기 전에 복귀 포인트를 저장할 때 호출한다. 이는 지킬과 하이드의 예에서 설명했던 뇌의 정보를 메모리에 저장하는 조작에 해당한다.

switch_context 함수는 지킬과 하이드의 예에서 설명했던 메모리에서 뇌로 정보를 복원하는 조작에 해당한다. 이 함수를 호출하면 인격 교대, 즉 컨텍스트 스위칭이 일어난다.

set_context 함수는 코드상으로는 레지스터를 저장했을 때와 컨텍스트 스위칭되어 돌아올 때 두 차례 반복될 것이다. 그렇기 때문에 set_context 함수를 호출하는 측에서는 반환값을 이용해 어느 쪽에서 돌아왔는지 판정해야 한다.

다음 코드는 set_context 함수를 호출할 때 돌아오는 방법을 설명하는 코드다.

`Rust`

```
let n = set_context(registers);
if n == 0 { // set_context 함수 호출 시 x30에 저장된 주소(복귀 주소)
    // set_context 함수 호출 직후에 처리되는 내용
} else {
    // switch_context 함수로 컨텍스트 스위칭된 후에 처리되는 내용
}
```

먼저 set_context 함수로 레지스터를 저장한다. 이때 set_context 함수 안에서는 이 코드의 2번째 행을 나타내는 주소(복귀 주소)가 x30 레지스터에 저장된다. 저장한 단계에서는 set_context 함수가 0을 반환하므로 3행이 실행되지만 이후 다른 프로세스가 switch_context 함수를 호출하면 1이 반환되며 set_context 함수가 종료된 것으로 간주되므로 5행이 실행된다.

이미 눈치 챈 분도 있겠지만 이는 C 언어의 setjmp, longjmp 함수와 동일한 처리다. 이들 함수는 대역 점프를 수행하며 사용 방법이 어렵고 잘못 사용하면 프로그램이 이상 작동을 하게 된다. 특히 Rust 언어에서는 컴파일러가 메모리 관리를 수행하므로 주의해서 사용할 필요가 있으며 이는 당연히 언세이프^{unsafe}하다.

Rust에서 어셈블리로 정의한 외부 함수를 호출하기 위해서는 다음 코드와 같이 수행한다.

예제 6-6 src/green.rs의 extern
`Rust`

```rust
extern "C" {
    fn set_context(ctx: *mut Registers) -> u64;
    fn switch_context(ctx: *const Registers) -> !;
}
```

set_context 함수는 뮤터블한 Registers 타입의 포인터를 받아 u64 타입의 값을 반환하는 함수 타입으로 정의했다. 한편 switch_context 함수는 이뮤터블한 Registers 타입의 포인터를 받아 ! 타입의 값을 반환하는 함수 타입으로 정의했다. !는 never 타입이라 불리며 무한 루프 등으로 인해 반환되지 않는 타입임을 의미한다.

다음 코드는 레지스터, 스택, 엔트리 포인트의 정보를 포함하는 컨텍스트다.

예제 6-7 src/green.rs의 Context 타입, 정숫값, 스레드 함수 타입
`Rust`

```rust
// 스레드 개시 시 실행하는 함수 타입
type Entry = fn(); // ❶

// 페이지 크기. 리눅스에서는 4KiB
const PAGE_SIZE: usize = 4 * 1024; // 4KiB ❷

// 컨텍스트 ❸
struct Context {
    regs: Registers,      // 레지스터
    stack: *mut u8,       // 스택
```

```rust
        stack_layout: Layout,  // 스택 레이아웃
        entry: Entry,          // 엔트리 포인트
        id: u64,               // 스레드 ID
}

impl Context {
    // 레지스터 정보로 포인터 가져오기
    fn get_regs_mut(&mut self) -> *mut Registers {
        &mut self.regs as *mut Registers
    }

    fn get_regs(&self) -> *const Registers {
        &self.regs as *const Registers
    }

    fn new(func: Entry, stack_size: usize, id: u64) -> Self { // ❹
        // 스택 영역 확보 ❺
        let layout = Layout::from_size_align(stack_size, PAGE_SIZE).unwrap();
        let stack = unsafe { alloc(layout) };

        // 가드 페이지 설정 ❻
        unsafe { mprotect(stack as *mut c_void, PAGE_SIZE, ProtFlags::PROT_NONE).
unwrap() };

        // 레지스터 초기화 ❼
        let regs = Registers::new(stack as u64 + stack_size as u64);

        // 컨텍스트 초기화
        Context {
            regs: regs,
            stack: stack,
            stack_layout: layout,
            entry: func,
            id: id,
        }
    }
}
```

❶ 스레드 개시 시 실행하는 함수 타입을 정의하고 있으며, 여기에서는 단순히 인수나 반환 값이 없는 함수 타입으로 한다. 이 정의를 변경함으로써 스레드 개시 시 임의의 값을 전달할 수 있다(단, 스레드 생성 시 코드 수정도 필요하다).

❷ 가상 메모리의 페이지 크기를 정의. 이 코드는 리눅스상에서 작동하는 것을 가정하고 있으

므로 4KiB로 한다. 페이지 크기는 nix::unistd::sysconf 함수를 이용해도 취득할 수 있지만 여기에서는 간단하게 하기 위해 고정값으로 한다. 실용 소프트웨어에서는 sysconf 함수를 이용하는 것이 좋다.

❸ 컨텍스트를 저장하는 Context 타입 정의. 이 타입은 레지스터 정보, 스택으로의 포인터, 스택 레이아웃, 엔트리 포인트, 스레드 ID 정보를 저장한다.

❹ 컨텍스트 생성을 수행하는 new 함수. 첫 번째 인수 func에 스레드 개시 시 실행하는 함수에 대한 포인터, 두 번째 인수 stack_size에 스레드의 스택 크기, 세 번째 인수에 스레드 ID를 지정한다. 이 함수에서는 다음을 수행한다.

- 스택 영역 확보
- 스택용 가드 페이지 설정
- 레지스터 초기화
- 컨텍스트 초기화와 반환

❺ 스택 메모리 확보. from_size_align 함수를 이용해 페이지 사이즈에 정렬된 메모리 레이아웃을 지정하고 alloc 함수로 메모리 영역 확보

❻ mprotect 함수를 호출하고 스택 오버플로를 감지하기 위한 가드 페이지, 즉 스택의 최종 페이지를 읽고 쓰지 못하도록 설정. 가드 페이지는 뒤에서 설명한다.

❼ 레지스터 초기화. 스택 포인터의 개시 주소를 확보한 스택 메모리의 주소에서 스택 크기만큼 더한 주소로 하고 있다. 스택은 큰 주소에서 작은 주소로 뻗어나가기 때문이다.

이 그린 스레드 구현은 Rust의 std::thread::spawn 함수와 같이 함수를 전달해 스레드를 생성하며 이때 Entry 타입의 함수 타입을 전달한다. Context 타입은 CPU 레지스터 정보 등의 정보를 보존한다. 스레드 ID는 스레드를 유일하게 식별하기 위해 이용되는 값으로 스레드에 대해 무언가 조작을 수행할 때 이용된다. Pthreads에서도 각 스레드는 pthread_t 타입의 유일한 값으로 식별된다. 그리고 스레드마다 다른 스택 영역을 준비해야 하므로 스택 영역용 변수도 준비한다.

Rust는 std::alloc::alloc 함수와 std::alloc::dealloc 함수를 호출함으로써 수동으로 힙 메모리 영역을 확보하고 해제할 수 있다. 이때 메모리의 크기와 정렬을 나타내는 메모리 레이아웃(std::alloc::Layout)을 지정해야 하며, 메모리 확보에 지정한 레이아웃과 메모리 해제에 지정한 레이아웃은 동일해야 한다. 그렇기 때문에 Context 타입에는 메모리 레이아웃을 저장하기 위한 변수도 포함한다.

이상이 컨텍스트에 관한 설명이다. 스레드를 생성하고 파기할 때는 Context 타입을 유지하는 영역 확보 및 해제, 스택 영역의 확보 및 해제를 수행한다. 컨텍스트 스위치를 수행할 때는 Registers 타입의 메모리 영역에 접근해 실행 중 프로세스의 상태 저장과 스위치 대상 프로세스의 정보를 복원한다.

6.2.3 스레드 생성, 파기 및 스케줄링

스레드 생성, 파기 및 스케줄링을 하는 방법을 알아보자. 이 그린 스레드 구현에서는 스레드의 스케줄링을 큐로 수행하고, 큐를 구현하는 데는 Rust의 LinkedList를 사용한다. 다음 그림은 스레드 생성, 파기, 스케줄링하기 위한 실행 큐를 보여준다.

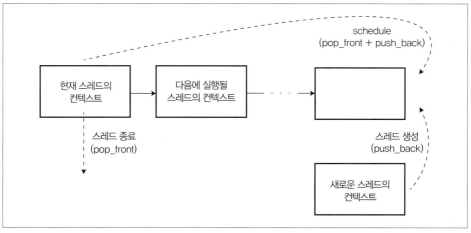

그림 6-5 스레드의 실행 큐

큐의 맨 앞에는 현재 실행 중인 스레드의 컨텍스트가 저장된다. 스레드 생성 시에는 큐의 가장 마지막에 해당 컨텍스트를 생성하고, 스레드 종료 시에는 큐의 맨 앞에서 컨텍스트를 삭제한다. 그리고 다른 스레드로 컨텍스트 스위치를 할 때는 맨 앞의 컨텍스트를 맨 끝으로 이동시킨다. 이렇게 함으로써 순서대로 스레드를 실행하는 방법을 라운드 로빈$^{Round\ Robin}$ 방식이라 부른다.

그림에서 제시한 실행 큐의 구현에 관해 알아보자. 다음 코드는 그린 스레드용 글로벌 변수다. Rust에서는 글로벌 변수의 이용은 권장하지 않지만 쉽게 설명하기 위해 글로벌 변수를 이용한다. 그리고 이번 구현은 싱글스레드에서 작동하는 그린 스레드이므로 멀티스레드로 만들 때는 뮤텍스 등으로 보호해야 한다.

```rust
// 모든 스레드 종료 시 돌아올 위치 ❶
static mut CTX_MAIN: Option<Box<Registers>> = None;

// 불필요한 스택 영역 ❷
static mut UNUSED_STACK: (*mut u8, Layout) = (ptr::null_mut(),
Layout::new::<u8>());

// 스레드 실행 큐 ❸
static mut CONTEXTS: LinkedList<Box<Context>> = LinkedList::new();

// 스레드 ID 집합 ❹
static mut ID: *mut HashSet<u64> = ptr::null_mut();
```

❶ main 함수의 컨텍스트를 보존하는 변수. 모든 스레드가 종료했을 때의 복귀 위치를 보존

❷ 해제해야 할 불필요한 스택 영역으로의 포인터와 주소 레이아웃을 보존하는 변수

❸ 스레드의 실행 큐. 기본적으로 스레드 생성, 파기, 스케줄링은 이 변수를 조작해서 수행

❹ 스레드 ID의 집합을 보존하는 변수

다음 코드는 고유한 스레드 ID를 생성하는 get_id 함수다.

예제 6-9 src/green.rs의 get_id 함수　Rust

```rust
fn get_id() -> u64 {
    loop {
        let rnd = rand::random::<u64>(); // ❶
        unsafe {
            if !(*ID).contains(&rnd) { // ❷
                (*ID).insert(rnd); // ❸
                return rnd;
            };
        }
    }
}
```

❶ 무작위로 ID 생성

❷ 그 ID가 이미 사용되고 있지 않은지 확인

❸ 사용되고 있지 않은 ID면 ID를 등록하고 반환. 이미 사용되고 있는 ID를 생성했다면 다시 같은 작업을 반복

생성한 스레드의 스레드 ID는 글로벌한 HashSet에 보존된다. 여기에서는 유일한 스레드 ID를 생성하기 위해 스레드 ID가 이미 HashSet 안에 존재하는지 검사하고 있다.

다음 코드는 스레드 생성을 수행하는 함수다. 이 함수는 매우 단순하다. 컨텍스트를 저장하는 영역을 만들고, 그것을 실행 큐의 가장 마지막에 추가해 스케줄링을 수행하고, 생성한 스레드 ID를 반환한다.

예제 6-10 src/green.rs의 spawn 함수

`Rust`

```rust
pub fn spawn(func: Entry, stack_size: usize) -> u64 { // ❶
    unsafe {
        let id = get_id(); // ❷
        CONTEXTS.push_back(Box::new(Context::new(func, stack_size, id))); // ❸
        schedule(); // ❹
        id // ❺
    }
}
```

❶ func 인수는 스레드 생성 시에 실행하는 엔트리 포인트, stack_size 인수는 스레드의 스택 크기

❷ 스레드 ID 생성

❸ 컨텍스트를 새롭게 생성하여 실행 큐의 맨 마지막에 추가

❹ schedule 함수를 호출하고 프로세스 스케줄링

❺ 스레드 ID 반환

실제 컨텍스트 스위칭은 schedule 함수가 수행한다. 다음 코드에 schedule 함수의 정의를 나타냈다. schedule 함수는 현재 실행 중인 스레드를 정지하고, 실행 큐에 있는 다음 스레드로 컨텍스트 스위칭한다. 이 함수에서는 다음을 수행한다.

1 실행 큐의 맨 앞에 있는 자체 스레드의 컨텍스트를 맨 끝으로 이동

2 자체 스레드의 CPU 레지스터를 컨텍스트에 저장

3 다음 스레드로 컨텍스트 스위칭

4 컨텍스트 스위칭 후 불필요한 스택 영역 삭제

```
pub fn schedule() {
    unsafe {
        // 실행 가능한 프로세스가 자신뿐이므로 즉시 반환 ❶
        if CONTEXTS.len() == 1 {
            return;
        }

        // 자신의 컨텍스트를 실행 큐의 맨 끝으로 이동
        let mut ctx = CONTEXTS.pop_front().unwrap(); // ❷
        // 레지스터 보존 영역을 가리키는 포인터를 얻음 ❸
        let regs = ctx.get_regs_mut();
        CONTEXTS.push_back(ctx);

        // 레지스터 보존 ❹
        if set_context(regs) == 0 {
            // 다음 스레드로 컨텍스트 스위칭
            let next = CONTEXTS.front().unwrap();
            switch_context((**next).get_regs());
        }

        // 불필요한 스택 영역 삭제
        rm_unused_stack(); // ❺
    }
}
```

❶ 실행 큐에 있는 스레드 수를 조사해 자신만 존재한다면 컨텍스트 스위칭을 할 필요가 없으므로 즉시 반환

❷ 실행 큐의 맨 앞에 있는 자기 스레드의 컨텍스트를 맨 끝으로 이동

❸ 레지스터 보존 영역으로의 포인터 취득

❹ 현재 레지스터를 보존하고 다음 스레드로 컨텍스트 스위칭

❺ 다른 스레드에서 컨텍스트 스위칭한 경우 불필요해진 스택 영역 해제

schedule 함수가 수행하는 가장 중요한 조작은 set_context 함수 호출에 의한 컨텍스트 보존과 switch_context 함수 호출에 의한 컨텍스트 스위칭이다. 즉, 이 부분이 지킬에서 하이드로의 인격 교대를 수행하는 코드다.

spawn 함수에서는 첫 번째 인수에 스레드의 엔트리 포인트를 취득한다. 하지만 실제로는 다음 코드에 나타낸 entry_point 함수가 실제 엔트리 포인트이며, 이 안에서 spawn 함수의 첫 번째

인수에 전달된 함수가 호출된다. entry_point 함수는 src/context.S에서 나타난 것처럼 가장 먼저 스레드가 호출될 때의 엔트리 포인트이며 x30 레지스터에 보존된다.

예제 6-12 src/green.rs의 entry_point 함수

`Rust`

```rust
extern "C" fn entry_point() {
    unsafe {
        // 지정된 엔트리 함수 실행 ❶
        let ctx = CONTEXTS.front().unwrap();
        ((**ctx).entry)();

        // 아래는 스레드 종료 시 후처리

        // 자신의 컨텍스트 제거
        let ctx = CONTEXTS.pop_front().unwrap();

        // 스레드 ID 삭제
        (*ID).remove(&ctx.id);

        // 불필요한 스택 영역으로 보존
        // 이 단계에서 해제하면 다음 코드에서 스택을 사용할 수 없게 됨
        UNUSED_STACK = ((*ctx).stack, (*ctx).stack_layout); // ❷

        match CONTEXTS.front() { // ❸
            Some(c) => {
                // 다음 스레드로 컨텍스트 스위칭
                switch_context((**c).get_regs());
            }
            None => {
                // 모든 스레드가 종료되면 main 함수의 스레드로 돌아감
                if let Some(c) = &CTX_MAIN {
                    switch_context(&**c as *const Registers);
                }
            }
        };
    }
    panic!("entry_point"); // ❹
}
```

❶ 자기 스레드 생성 시에 지정된 엔트리 함수(spawn 함수의 첫 번째 인수에 지정된 함수)를 실행한다. 이 함수가 종료되었다는 것은 스레드가 종료되었음을 의미한다.

❷ 불필요해진 스택 영역으로의 포인터를 글로벌 변수로 보존. 이 타이밍에 스택 영역을 해제하면 이 행 이후에는 스택 메모리를 이용할 수 없게 되므로 스택 영역 해제는 반드시 컨텍스트 스위칭 후에 수행해야 한다.

❸ 다음 스레드 또는 main 함수로 컨텍스트 스위칭

❹ 올바른 코드에서는 이 지점에 도달할 가능성이 없지만 만일을 위해 패닉을 발생시킨다.

entry_point 함수는 실제 스레드용 함수의 호출 및 스레드 종료 시의 후처리를 수행하기 위한 함수다. 앞에서 설명한 것처럼 Registers 타입의 값을 생성할 때(new 함수) x30 레지스터에 entry_pont 함수에 대한 주소를 보존함으로써 스레드 생성 후 실행 시에 이 함수가 호출된다.

다음 코드는 main 함수에서 한 번만 호출되는 최초의 스레드 생성을 위한 spawn_from_main 함수다. 이 함수는 기본적으로는 spawn 함수와 같지만 글로벌 변수의 초기화와 해제를 수행하는 점이 다르다.

예제 6-13 src/green.rs의 spawn_from_main 함수
Rust

```rust
pub fn spawn_from_main(func: Entry, stack_size: usize) {
    unsafe {
        // 이미 초기화를 했다면 에러가 된다.
        if let Some(_) = &CTX_MAIN {
            panic!("spawn_from_main is called twice");
        }

        // main 함수용 컨텍스트 생성
        CTX_MAIN = Some(Box::new(Registers::new(0)));
        if let Some(ctx) = &mut CTX_MAIN {
            // 글로벌 변수 초기화 ❶
            let mut msgs = MappedList::new();
            MESSAGES = &mut msgs as *mut MappedList<u64>;

            let mut waiting = HashMap::new();
            WAITING = &mut waiting as *mut HashMap<u64, Box<Context>>;

            let mut ids = HashSet::new();
            ID = &mut ids as *mut HashSet<u64>;

            // 모든 스레드 종료 시 돌아갈 위치 저장 ❷
            if set_context(&mut **ctx as *mut Registers) == 0 {
                // 최초에 실행하는 스레드의 컨텍스트 생성 ❸
```

```rust
            CONTEXTS.push_back(Box::new(Context::new(func, stack_size,
                                        get_id())));
            let first = CONTEXTS.front().unwrap();
            switch_context(first.get_regs());
        }

        // 불필요한 스택 해제 ❹
        rm_unused_stack();

        // 글로벌 변수 클리어
        CTX_MAIN = None;
        CONTEXTS.clear();
        MESSAGES = ptr::null_mut();
        WAITING = ptr::null_mut();
        ID = ptr::null_mut();

        msgs.clear(); // ❺
        waiting.clear();
        ids.clear();
    }
  }
}
```

❶ 글로벌 변수를 초기화한다. 이 변수들의 용도는 6.3절 '액터 모델 구현'에서 설명한다.

❷ 자신의 컨텍스트를 보존하고 모든 스레드 종료 시 돌아올 위치 보존

❸ 최초에 실행할 스레드를 생성하고 컨텍스트 스위칭

❹ 이 행 이후는 모든 스레드가 종료될 때의 처리

❺ 명시적으로 로컬 변수 클리어. 여기에서 접근함으로써 이 변수들의 라이프타임이 아무리 짧아도 이 행까지 수행되는 것을 보증한다.

다음 코드는 스택을 삭제하는 rm_unused_stack 함수다. 이 함수는 스택 영역의 가드 페이지를 삭제하고 스택 영역을 해제한다.

예제 6-14 src/green.rs의 rm_unused_stack 함수

`Rust`

```rust
unsafe fn rm_unused_stack() {
    if UNUSED_STACK.0 != ptr::null_mut() {
        // 스택 영역 보호 해제 ❶
        mprotect(
```

```
            UNUSED_STACK.0 as *mut c_void,
            PAGE_SIZE,
            ProtFlags::PROT_READ | ProtFlags::PROT_WRITE,
        )
        .unwrap();
        // 스택 영역 해제 ❷
        dealloc(UNUSED_STACK.0, UNUSED_STACK.1);
        UNUSED_STACK = (ptr::null_mut(), Layout::new::<u8>());
    }
}
```

❶ mprotect 함수를 호출하여 스택 영역 보호 해제

❷ 중복 해제를 방지하기 위해 UNUSED_STACK 글로벌 변수 클리어

먼저 함수를 호출하면 해당 함수 안에 정의된 로컬 변수용 메모리가 스택 메모리상에 확보된다. 함수가 수차례 반복해서 호출되면 그만큼 스택 메모리가 소비된다. 일반적으로 스택 메모리에는 이용 가능한 상한 크기가 설정되어 있으며 그 상한을 넘어서 이용된 경우에는 프로그램이 이상 종료된다. 이를 일반적으로 스택 오버플로라 부른다. 가드 페이지는 스택 오버플로를 감지하기 위한 구조이며 스택 메모리가 특정 영역까지 도달하면 에러를 발생시킨다.

예를 들어 다음과 같이 여러 겹으로 중첩된 함수 호출을 생각해보자. 그리고 여기에서는 로컬 변수가 정의되어 있지 않지만 적당한 변수가 존재한다고 생각한다.

예제 6-15 중첩된 함수 호출
`Rust`

```rust
fn f0() { f1(); }
fn f1() { f2(); }
// ...
fn fn() { fn(); }
```

이 함수 호출에 의한 스택 메모리 소비는 [그림 6-6]과 같다.

일반적으로 스택 메모리의 맨 앞은 높은 주소에 위치하고, 함수가 호출될 때마다 낮은 주소 방향으로 증가한다. 스택 메모리의 크기에는 상한이 설정되어 있으며, 일정 크기 이상 증가하면 스택 오버플로로 에러를 발생시켜야 한다. 그림과 같이 가드 페이지를 설정하면 가드 페이지로의 읽기 쓰기를 실행할 때 에러가 발생하므로 스택 오버플로를 감지할 수 있다.

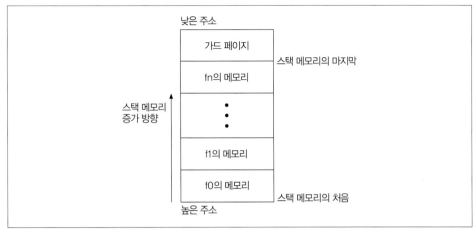

그림 6-6 스택 메모리와 가드 페이지

6.2.4 그린 스레드 실행 예

여기에서는 그린 스레드 실행 예를 살펴본다. 다음은 실험에서 이용한 코드다. gaia, ortega, mash 함수를 정의했으며, 이 함수들이 자발적으로 스케줄링한 순서대로 호출되도록 하고 있다.

예제 6-16 src/main.rs

`Rust`

```rust
mod green;

fn mash() {
    green::spawn(ortega, 2 * 1024 * 1024);
    for _ in 0..10 {
        println!("Mash!");
        green::schedule();
    }
}

fn ortega() {
    for _ in 0..10 {
        println!("Ortega!");
        green::schedule();
    }
}

fn gaia() {
```

```
    green::spawn(mash, 2 * 1024 * 1024);
    for _ in 0..10 {
        println!("Gaia!");
        green::schedule();
    }
}

fn main() {
    green::spawn_from_main(gaia, 2 * 1024 * 1024);
}
```

스레드용 gaia, ortega, mash 함수를 정의하고 있으며, 이 함수들 안에서는 10회 루프하여 표준 출력으로 문자열을 출력한 뒤 schedule 함수를 호출해 협조적으로 컨텍스트 스위칭을 수행한다. gaia와 mash 함수 안에서는 spawn 함수로 별도 스레드를 실행한다. main 함수에서는 spawn_from_main 함수를 호출하여 가장 처음 스레드를 실행한다. 이 코드를 실행하면 다음과 같이 표시된다.

```
Gaia!
Ortega!
Mash!
...
```

결과를 보면 순서대로 함수가 호출되고 있는 것을 알 수 있다.

코드는 매우 간단하지만 실제로 작동하는 그린 스레드를 구현한 예다. 실제 OS 프로세스, 스레드, 그린 스레드는 이 사고를 기반으로 구현된다. 이번 구현의 확장 방침으로는 멀티스레드화, 비협조적 멀티태스크화 등이 있다. 멀티스레드화하기 위해서는 글로벌 변수를 뮤텍스 등으로 보호해야 한다. 비협조적 멀티태스크화는 멀티스레드화보다 어렵다. 비협조적 멀티태스크를 실현하기 위해서는 시그널을 이용해 인터럽트를 실행해야 하지만 4.6절 '시그널'에서 설명한 것처럼 시그널 취급은 꽤 어려우며 시스템 콜의 재진입 등도 고려해야 한다.

컨텍스트 스위칭 시의 오버헤드를 줄이기 위해 호출 규약을 변경하는 방법도 있다. Go 언어에서는 독자적인 호출 규약을 이용해 범용 레지스터 모드를 caller 보존 레지스터로 하고, callee 보존 레지스터를 없앤다. 그렇게 함으로써 컨텍스트 스위칭 시에는 프로그램 카운터나 스택 포인터 등만 보존하면 되므로 불필요한 레지스터를 보존할 필요가 없어진다. 그러나 이를 실현하려면 컴파일러를 수정해야 한다.

6.3 액터 모델 구현

이 절에서는 앞서 구현한 그린 스레드상에 액터 모델을 구현하는 예를 살펴본다. 액터 모델Actor Model은 액터Actor라 불리는 프로세스끼리 메시지를 교환하는 동시 계산 모델이다. 개념적인 구현은 [그림 6-7]과 같다.

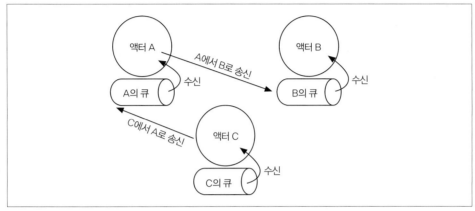

그림 6-7 액터 모델

각 액터는 메시지 큐를 가지고 있으며, 그 큐를 경유해 데이터의 송수신을 실현한다. 이번 구현에서는 메시지를 저장하는 메시지 큐와 수신 대기 중 스레드를 저장하는 대기 스레드 집합을 새롭게 추가하고 그에 대한 조작으로 액터 모델을 구현한다. 스레드 메시지를 송신할 때는 메시지 큐에 메시지가 저장되고 해당 메시지가 대기 중인 스레드로 수신될 경우 해당 스레드의 컨텍스트를 대기 스레드 집합에서 실행 큐로 이동시킨다. 메시지 수신 시에는 메시지 큐에 자신의 메시지가 있는 경우에는 그것을 꺼내고, 없는 경우에는 실행 큐에서 대기 스레드로 자기 스레드의 컨텍스트를 이동시킨다.

먼저 이번 구현에서 이용하는 MappedList 타입을 만든다. 이 타입은 의미적으로는 key가 u64 타입이고 value가 LinkedList 타입인 HashMap이다. 이 타입에는 대응하는 key 리스트의 맨 끝에 push하는 push_back 함수와 맨 앞에서 pop하는 pop_front 함수 그리고 모두를 초기화하는 clear 함수가 구현되어 있다.

```rust
struct MappedList<T> { // ❶
    map: HashMap<u64, LinkedList<T>>,
}

impl<T> MappedList<T> {
    fn new() -> Self {
        MappedList {
            map: HashMap::new(),
        }
    }

    // key에 대응하는 리스트의 가장 마지막에 추가 ❷
    fn push_back(&mut self, key: u64, val: T) {
        if let Some(list) = self.map.get_mut(&key) {
            // 대응하는 리스트가 존재하면 추가
            list.push_back(val);
        } else {
            // 존재하지 않는 경우 새롭게 리스트를 작성하고 추가
            let mut list = LinkedList::new();
            list.push_back(val);
            self.map.insert(key, list);
        }
    }

    // key에 대응하는 리스트의 가장 처음부터 값을 꺼낸다. ❸
    fn pop_front(&mut self, key: u64) -> Option<T> {
        if let Some(list) = self.map.get_mut(&key) {
            let val = list.pop_front();
            if list.len() == 0 {
                self.map.remove(&key);
            }
            val
        } else {
            None
        }
    }

    fn clear(&mut self) {
        self.map.clear();
    }
}
```

❶ u64 타입 값에서 LinkedList 타입의 값으로 맵을 정의하는 타입

❷ push할 key와 value를 인수로 받아서 추가. HashMap 타입의 get_mut 함수를 이용해 key에 대응하는 리스트를 취득한다. 대응하는 리스트가 존재하면 해당 리스트의 맨 끝에 value를 추가하고, 대응하는 리스트가 존재하지 않으면 새롭게 리스트를 추가하고 HashMap에 추가한다.

❸ 어떤 key에 대응하는 리스트의 맨 앞에서 값을 꺼낸다. 지정된 key에 대응하는 리스트를 얻어 대응하는 리스트가 존재하면 pop. 그 후 리스트가 비어 있다면 HashMap에서도 삭제하고 대응하는 값을 반환. 대응하는 리스트가 존재하지 않으면 None을 반환

다음 코드는 액터 모델의 구현에 이용하는 글로벌 변수다.

예제 6-18 src/green.rs의 액터 모델용 글로벌 변수

`Rust`

```
// 메시지 큐 ❶
static mut MESSAGES: *mut MappedList<u64> = ptr::null_mut();

// 대기 스레드 집합 ❷
static mut WAITING: *mut HashMap<u64, Box<Context>> = ptr::null_mut();
```

❶ 송신하는 메시지의 큐를 보존하는 글로벌 변수. 이 변수의 타입은 앞에서 설명한 MappedList 타입이며, 특정 액터에 대해 여러 개의 메시지를 보존할 수 있다. Erlang에서는 이 메시지 큐를 mailbox라 부른다.

❷ 수신 대기 스레드를 보존하는 글로벌 변수. 이번 구현에서는 각 스레드에 u64 타입의 유니크한 ID가 할당되므로 메시지 수신 시에는 그 ID를 key로 해서 메시지 큐와 컨텍스트를 검색할 수 있도록 해야 한다. 이를 수행하기 위해 MappedList와 HashMap 타입으로 액터의 ID, 메시지 큐와 컨텍스트를 대응시킨다.

여기에서 이 글로벌 변수들은 포인터로 되어 있다. 이것은 Rust에서 글로벌 변수는 컴파일 시 초기화되기 때문이다. 이 초기화는 spawn_from_main 함수에서 수행하며, 보는 것처럼 다소 번잡하다. 이 책에서는 간단함을 중시해 이런 코드를 작성했지만 일반적으로 Rust에서는 이런 코드를 권장하지 않으므로 주의하기 바란다.

다음 코드는 메시지 송신을 수행하는 send 함수다. 이 함수는 맨 끝 스레드에 대한 메시지를 메시지 큐에 보관하고 맨 끝 스레드가 수신 대기 상태면 해당 컨텍스트를 실행 큐로 이동시킨다.

```rust
pub fn send(key: u64, msg: u64) { // ❶
    unsafe {
        // 메시지 큐의 맨 끝에 추가
        (*MESSAGES).push_back(key, msg);

        // 스레드가 수신 대기 상태면 실행 큐로 이동시킴
        if let Some(ctx) = (*WAITING).remove(&key) {
            CONTEXTS.push_back(ctx);
        }
    }
    schedule(); // ❷
}
```

❶ key와 msg 변수가 맨 끝 스레드의 ID와 메시지다.

❷ 메시지를 큐에 넣은 후 자기 프로세스를 스케줄링한다.

수신 대기 액터에 메시지가 송신되면 해당 액터를 실행 가능하게 만들어야 한다. send 함수에서 그 조작을 수행한다.

다음 코드는 메시지를 수신하는 recv 함수다. 이 함수는 메시지 큐에 자신 앞으로 메시지가 있는지 확인해서 메시지가 있다면 메시지 큐에서 꺼내고, 그렇지 않으면 자신을 수신 대기 상태로 바꾼다.

예제 6-20 src/green.rs의 recv 함수

```rust
pub fn recv() -> Option<u64> {
    unsafe {
        // 스레드 ID 취득
        let key = CONTEXTS.front().unwrap().id;

        // 메시지기 이미 큐에 있으면 즉시 반환
        if let Some(msg) = (*MESSAGES).pop_front(key) {
            return Some(msg);
        }

        // 실행 가능한 스레드가 없으면 데드락
        if CONTEXTS.len() == 1 {
            panic!("deadlock");
        }
```

```rust
    // 실행 중 스레드를 수신 대기 상대로 이동
    let mut ctx = CONTEXTS.pop_front().unwrap();
    let regs = ctx.get_regs_mut();
    (*WAITING).insert(key, ctx);

    // 다음 실행 가능한 스레드로 컨텍스트 스위칭
    if set_context(regs) == 0 {
        let next = CONTEXTS.front().unwrap();
        switch_context((**next).get_regs());
    }

    // 불필요한 스택 삭제
    rm_unused_stack();

    // 수신한 메시지 취득
    (*MESSAGES).pop_front(key)
    }
}
```

이 구현에서 메시지 송수신은 스레드 사이에서만 수행되고 타임아웃도 없으므로 실행 가능한 스레드가 없는 상태에서 recv 함수를 호출하면 데드락이 발생한다. 즉, 송신하는 스레드가 없는데 수신을 하는 경우다. 실제 액터 모델의 구현에서는 수신에 타임아웃을 설정할 수 있는 경우가 많고, 그 후 무언가 송신될 가능성이 있으므로 이 코드를 삭제해야 한다. 또한 IO와 같이 OS 프로세스 밖에서도 데이터 송수신이 되므로 역시 실제로 이용할 때는 이 코드를 삭제해야 한다.

가장 마지막 행에서 수신한 메시지를 꺼내 반환한다. 다음 스레드 앞으로 메시지가 없는데도 컨텍스트 스위칭을 해서 실행을 재개한 경우 None이 반환되는데, 이것이 그야말로 의사 각성이다. 단, 이번 구현에서는 의사 각성은 일어나지 않는다.

다음 코드는 이번 구현을 이용하는 예다. 여기에서는 간단하게 2개의 스레드를 생성하고 그 사이에서 데이터를 송수신한다.

예제 6-21 src/main.rc
`Rust`

```rust
fn producer() { // ❶
    let id = green::spawn(consumer, 2 * 1024 * 1024);
    for i in 0..10 {
        green::send(id, i);
```

```
        }
    }

    fn consumer() { // ❷
        for _ in 0..10 {
            let msg = green::recv().unwrap();
            println!("received: count = {}", msg);
        }
    }

    fn main() {
        green::spawn_from_main(producer, 2 * 1024 * 1024); // ❸
    }
```

❶ 새로 스레드를 생성하고 생성한 스레드에 데이터를 송신

❷ 데이터를 수신하여 그것을 표시

❸ producer 함수를 엔트리 포인트로 해서 최초 스레드 생성

이 코드를 실행하면 다음과 같이 표시된다.

```
received: count = 0
received: count = 1
received: count = 2
received: count = 3
...
```

멋지다.

이상으로 간단한 액터 모델을 구현했다. 실용적인 액터 모델을 구현하려면 스레드 사이의 통신은 물론 파일 디스크립터를 이용한 IO, 수신 시 타임아웃도 고려해야 한다. Erlang 언어에서는 이들을 매우 깔끔하게 다룰 수 있으므로 참고하기 바란다.

동기 처리 2

동기 처리는 동시성 프로그래밍에서 반드시 필요한 기본적인 요소임을 지금까지 설명했다. 지금까지 설명한 스핀락이나 뮤텍스 같은 기본적인 동기 처리 기법으로도 기본적인 요건을 만족할 수 있지만 몇 가지 고려해야 할 점이 있다. 예를 들어 고속 CPU와 저속 CPU가 스핀락을 이용해 락을 획득해야 하는 상황에서는 고속 CPU만 락을 획득하게 되어버리는 공평성의 문제가 남는다. 또한 식사하는 철학자의 예에서 봤듯이 동시성 프로그래밍에서는 데드락도 주의해야 한다. 이 장에서는 공평성이나 데드락 같은 문제를 해결하는 발전적인 동기 처리 기법을 설명한다.

이 장에서는 먼저 공평성을 보장하는 락에 관해 설명한다. 이어서 소프트웨어 트랜잭셔널 메모리Software Transactional Memory, STM를 설명한다. STM은 기존 락 기법과 달리 데드락이 발생하지 않는 동기 처리 기법이다. 마지막으로 여러 프로세스에서 동시에 접근 가능한 데이터 구조인 락프리Lockfree 데이터 구조를 설명한다. 락프리 데이터 구조를 이용하면 배타락 등을 이용하지 않고 여러 프로세스에서 업데이트할 수 있는 데이터 구조를 구현할 수 있다. 이 장에서의 구현은 모두 스레드를 이용하므로 프로세스가 아니라 스레드로 표기하지만 이들 알고리즘은 커널 내 프로그램에도 적용할 수 있다.

7.1 공평한 배타 제어

이 절에서는 공평한 배타 제어에 관해 설명한다. 먼저 약한 공평성을 보장하는 락을 설명하고 이어서 공유 자원으로의 접근 빈도, 즉, 컨텐션^{contention}을 줄이는 기법을 설명한다. 컨텐션은 경합이라는 의미이며, 락을 획득하기 위한 경합이 심해지면 그만큼 실행 속도가 느려져 불필요하게 CPU 리소스를 소비하게 된다. 특히 비균일 메모리 접근$^{Non-Uniform Memory Access, NUMA}$ 환경에서는 메모리와 CPU의 위치에 따라 메모리에 대한 접근 속도가 다르므로 락을 획득하는 난이도에 차이가 발생한다. 결과적으로 락을 획득하는 스레드에 편차가 발생할 가능성이 있다. 공평성의 관점에서 보더라도 스레드 사이의 컨텐션을 줄이는 것은 중요하다.

7.1.1 약한 공평성을 보장하는 락

이 절에서는 약한 공평성을 보장하는 배타 제어 알고리즘을 설명한다.[31] 이 알고리즘에서는 락을 우선적으로 획득할 수 있는 스레드가 설정되고, 우선 스레드는 순서대로 바뀐다. 예를 들어 스레드 3이 우선 스레드로 설정된 경우 스레드 3은 반드시 락을 획득한다. 락 해제 시에는 다음 스레드를 우선하도록 설정한다. 즉, 스레드 3이 락을 해제할 때는 다음의 스레드 4가 우선하도록 설정하고 스레드 4로 실행 권한을 넘긴다. 만약 스레드 4가 락 획득을 시도하지 않으면 그 외의 스레드들이 락 획득을 경합하고 다음으로 스레드 5를 우선으로 설정한다. 이와 같이 차례로 락을 획득 가능하게 함으로써 약한 공평성을 보장한다.

다음 코드는 약한 공평성을 보장하는 배타 제어 알고리즘을 구현한 예다.

예제 7-1 약한 공평성을 보장하는 배타 제어 알고리즘(임포트, 상수, 타입)　　　　　　　　Rust

```rust
use std::cell::UnsafeCell;
use std::ops::{Deref, DerefMut};
use std::sync::atomic::{fence, AtomicBool, AtomicUsize, Ordering};

// 스레드 최대 수
pub const NUM_LOCK: usize = 8; // ❶

// NUM_LOCK의 여분을 구하기 위한 비트마스크
const MASK: usize = NUM_LOCK - 1; // ❷

// 공평한 락용 타입 ❸
pub struct FairLock<T> {
    waiting: Vec<AtomicBool>, // 락 획득 중인 스레드
    lock: AtomicBool,         // 락용 변수
    turn: AtomicUsize,        // 락 획득 우선 스레드
```

```
    data: UnsafeCell<T>, // 보호 대상 데이터
}

// 락 해제, 보호 대상 데이터로의 접근을 수행하기 위한 타입 ❹
pub struct FairLockGuard<'a, T> {
    fair_lock: &'a FairLock<T>,
    idx: usize, // 스레드 번호
}
```

❶ 이 락을 이용할 수 있는 스레드 최대 수

❷ x % NUM_LOCK을 계산하기 위한 비트마스크. 즉, x % NUM_LOCK = x & MASK가 된다. 따라서 NUM_LOCK은 2n배여야 한다.

❸ 공평한 락으로 이용하는 FairLock 타입 정의

❹ 락 자동 해제 및 락 획득 중 보호 대상 데이터로의 접근을 수행하기 위한 타입. fair_lock 변수는 FairLock 타입에 대한 참조, idx 변수는 락을 획득한 스레드의 스레드 번호를 저장하는 변수

공평한 락으로 이용하는 공유 변수는 FairLock 타입의 waiting, lock, turn 변수다. 그리고 NUM_LOCK 변수에 지정한 것처럼 이 알고리즘에서는 실행하는 스레드의 최대 수를 사전에 결정해야 한다.

waiting 변수는 n번째 스레드가 락을 획득하려고 시행 중인지 나타내는 벡터다. n번째 스레드가 락을 획득하면 waiting[n]을 true로 설정한다. 그리고 n번째 이외의 스레드가 락 해제를 수행하고, n번째 스레드에 실행 권한을 넘길 때는 waiting[n]을 false로 설정한다.

turn 변수는 락 획득을 우선해야 하는 스레드를 나타내는 변수다. 즉, turn 변수의 값이 3이면 세 번째 스레드가 우선적으로 락을 획득한다.

lock 변수는 스핀락을 위한 변수이며, data 변수는 보호 대상 데이터를 저장하는 변수다.

다음 코드는 초기화와 락을 수행한다.

예제 7-2 약한 공평성을 보장하는 배타 제어 알고리즘(초기화, 락)   `Rust`

```
impl<T> FairLock<T> {
    pub fn new(v: T) -> Self { // ❶
        let mut vec = Vec::new();
```

```
        for _ in 0..NUM_LOCK {
            vec.push(AtomicBool::new(false));
        }

        FairLock {
            waiting: vec,
            lock: AtomicBool::new(false),
            data: UnsafeCell::new(v),
            turn: AtomicUsize::new(0),
        }
    }
}

// 락 함수 ❷
// idx는 스레드 번호
pub fn lock(&self, idx: usize) -> FairLockGuard<T> {
    assert!(idx < NUM_LOCK); // idx가 최대 수 미만인지 검사 ❸

    // 자신의 스레드를 락 획득 시행 중으로 설정
    self.waiting[idx].store(true, Ordering::Relaxed); // ❹
    loop {
        // 다른 스레드가 false를 설정한 경우 락 획득 ❺
        if !self.waiting[idx].load(Ordering::Relaxed) {
            break;
        }

        // 공유 변수를 이용해 락 획득 테스트 ❻
        if !self.lock.load(Ordering::Relaxed) {
            if let Ok(_) = self.lock.compare_exchange_weak(
                false, // false면
                true,  // true를 써넣음
                Ordering::Relaxed, // 성공 시 오더
                Ordering::Relaxed, // 실패 시 오더
            ) {
                break; // 락 획득
            }
        }
    }
    fence(Ordering::Acquire);

    FairLockGuard {
        fair_lock: self,
        idx: idx,
    }
}
}
```

❶ 초기화 함수. 단순히 waiting과 lock 변수를 false로, turn 변수를 0으로 설정하고 data 변수를 초기화한다.

❷ 락 획득용 lock 함수. 락을 수행하는 스레드 번호를 인수로 받아서 락을 획득한 뒤 FairLockGuard 타입의 값을 반환한다.

❸ 인수로 주어진 스레드 번호가 스레드의 최대 수 미만인지 검사한다.

❹ 자신의 스레드가 락 획득 시행 중임을 나타내기 위해 waiting 변수의 해당 값을 true로 설정한다. 이 값은 다른 스레드로부터 false로 설정될 수 있으며, 이는 실행 권한이 이양되었음을 나타낸다.

❺ waiting 변수에서 자신의 값이 false인지 검사하여 false면 락을 획득한다. 이는 다른 스레드로부터 자신에게 실행 권한이 이양되었음을 나타낸다.

❻ waiting 변수의 값이 true 상태 그대로면 TTAS를 실행하고 락을 획득할 수 있게 되면 루프를 벗어난다. 락을 획득할 수 없으면 재시도한다.

n번째 스레드가 락을 획득할 때는 먼저 waiting[n]을 true로 설정한다. 즉, 자신이 락을 획득 중이라고 설정한다. 그 후 waiting[n]의 값을 감시하고 false가 되면 락을 획득한다. waiting[n]이 false면 다른 스레드로부터 실행 권한을 명시적으로 넘겨받았음을 의미한다.

실행 권한을 넘겨받지 못했다면 lock 변수를 이용해 락 획득을 시도한다. 실행 중인 다른 스레드가 없거나 우선 스레드가 락 획득 시도를 하지 않으면 lock 변수를 이용해 락을 획득한다.

다음 코드는 언락^{unlock}을 구현한 예다.

예제 7-3 약한 공평성을 보장하는 배타 제어 알고리즘(언락)

`Rust`

```rust
// 락 획득 후 자동으로 해제되도록 Drop 트레이트 구현 ❶
impl<'a, T> Drop for FairLockGuard<'a, T> {
    fn drop(&mut self) {
        let fl = self.fair_lock; // fair_lock에 대한 참조 획득

        // 자신의 스레드를 락 획득 시도 중이 아닌 상태로 설정 ❷
        fl.waiting[self.idx].store(false, Ordering::Relaxed);

        // 현재의 락 획득 우선 스레드가 자신이라면 다음 스레드로 설정 ❸
        let turn = fl.turn.load(Ordering::Relaxed);
        let next = if turn == self.idx {
            (turn + 1) & MASK
```

```
        } else {
            turn
        };

        if fl.waiting[next].load(Ordering::Relaxed) { // ❹
            // 다음 락 획득 우선 스레드가 락 획득 중이면
            // 해당 스레드에 락을 전달한다.
            fl.turn.store(next, Ordering::Relaxed);
            fl.waiting[next].store(false, Ordering::Release);
        } else {
            // 다음 락 획득 우선 스레드가 락 획득 중이 아니면
            // 그다음 스레드를 락 획득 우선 스레드로 설정하고 락을 해제한다.
            fl.turn.store((next + 1) & MASK, Ordering::Relaxed);
            fl.lock.store(false, Ordering::Release);
        }
    }
}
```

---

❶ 공평한 락 해제용 함수. FairLockGuard 타입의 Drop 트레이트로 구현한다.

❷ 자신의 스레드를 락 획득 시행 중이 아닌 상태로 설정하기 위해 waiting 변수의 해당 부분을 false로 설정한다.

❸ 현재의 락 획득 우선 스레드를 가져와 다음 락 획득 우선 스레드를 결정한다. 현재 락 획득 우선 스레드가 자신이면 자신의 다음 스레드를, 그렇지 않으면 현재의 락 획득 우선 스레드를 다음 락 획득 우선 스레드로 한다. 여기에서 결정한 다음 스레드 번호는 next 변수에 보존된다.

❹ 락 해제 또는 실행 권한을 이양하는 코드. 앞에서 설정한 다음 락 획득 우선 스레드가 락 획득 시행 중인지 검사한다. 시행 중이면 현재의 락 획득 우선 스레드를 next로 설정하고 waiting 변수의 next번째 값을 false로 설정한다. 시행 중이 아니면 next의 다음 스레드를 락 획득 우선 스레드로 설정하고 락을 해제한다.

n번째 스레드가 락을 해제하기 위해서는 먼저 waiting[n]을 false로 설정한다. 그 후 turn이 n이면 next를 n+1, 그렇지 않으면 next를 n으로 설정한다. 마지막으로 waiting[next]의 값을 확인하여 next번째 스레드가 락 획득을 시행 중이면 실행 권한을 이양하고, 그렇지 않으면 단순히 lock 변수의 락을 해제한다.

이상이 락 획득 및 해제 알고리즘이다. 릴레이 달리기의 바통을 순서대로 전달하는 모습을 생

각하면 이해하기 쉬울 것이다. 기본적으로 다음 주자에게 바통이 넘겨지지만 다음 주자가 달릴 준비를 하지 못한 상태라면 신이 나타나 트랙 중앙에 바통을 두고 주자들끼리 바통을 두고 경합한다.

그림 7-1 릴레이 달리기

다음 코드는 FairLock과 FairLockGuard 타입에서 구현해야 할 트레이트다.

예제 7-4 약한 공평성을 보장하는 배타 제어 알고리즘(Sync, Deref, DerefMut 트레이트)

`Rust`

```rust
// FairLock 타입은 스레드 사이에서 공유 가능하도록 설정
unsafe impl<T> Sync for FairLock<T> {}
unsafe impl<T> Send for FairLock<T> {}

// 보호 대상 데이터의 이뮤터블한 참조 제외
impl<'a, T> Deref for FairLockGuard<'a, T> {
    type Target = T;

    fn deref(&self) -> &Self::Target {
        unsafe { &*self.fair_lock.data.get() }
    }
}

// 보호 대상 데이터의 뮤터블한 참조 제외
impl<'a, T> DerefMut for FairLockGuard<'a, T> {
    fn deref_mut(&mut self) -> &mut Self::Target {
        unsafe { &mut *self.fair_lock.data.get() }
    }
}
```

FairLock 타입에 Sync 트레이트를 구현함으로써 스레드 사이에서 데이터를 공유할 수 있게 되고, Send를 구현하면 스레드 사이에서 소유권을 송수신할 수 있게 된다. 그리고 FairLockGuard에 Deref와 DerefMut를 구현하면 락 획득 중에 보호 데이터로 접근할 수 있게 된다.

다음 코드는 공평한 락을 이용하는 예다.

Rust

```rust
use std::sync::Arc;

const NUM_LOOP: usize = 100000;
const NUM_THREADS: usize = 4;

mod fairlock;

fn main() {
    let lock = Arc::new(fairlock::FairLock::new(0));
    let mut v = Vec::new();

    for i in 0..NUM_THREADS {
        let lock0 = lock.clone();
        let t = std::thread::spawn(move || {
            for _ in 0..NUM_LOOP {
                // 스레드 번호를 전달해서 락
                let mut data = lock0.lock(i);
                *data += 1;
            }
        });
        v.push(t);
    }

    for t in v {
        t.join().unwrap();
    }

    println!(
        "COUNT = {} (expected = {})",
        *lock.lock(0),
        NUM_LOOP * NUM_THREADS
    );
}
```

기본적으로는 Mutex 등과 동일하지만 락을 해제할 때 자신의 스레드 번호를 지정해야 한다. 이 코드를 실행하면 COUNT와 expected가 모두 같은 값이 된다.

7.1.2 티켓락

약한 공평성을 보장하는 락은 유한 횟수 안에서 반드시 락을 획득한다. 한편 구현을 할 때는 이론적으로 약한 공평성을 만족하지는 않지만 락 획득에서의 경합을 줄이는 알고리즘을 이용하는 경우가 있다. 티켓락^{Ticketlock}은 그런 알고리즘의 하나로[31] 리눅스 커널 안에도 구현되어 있다.[32]

티켓락의 사고는 베이커리 알고리즘과 유사하며, 락 획득을 테스트하는 스레드는 번호가 쓰인 티켓을 얻은 뒤 티켓의 순서가 될 때까지 대기한다. 다음 코드는 티켓락을 구현한 예다.

Rust

```rust
use std::cell::UnsafeCell;
use std::ops::{Deref, DerefMut};
use std::sync::atomic::{fence, AtomicUsize, Ordering};

// 티켓락용 타입
pub struct TicketLock<T> {
    ticket: AtomicUsize, // 티켓
    turn: AtomicUsize,    // 실행 가능한 티켓
    data: UnsafeCell<T>,
}

// 락 해제, 보호 대상 데이터로의 접근을 수행하기 위한 타입
pub struct TicketLockGuard<'a, T> {
    ticket_lock: &'a TicketLock<T>,
}
```

티켓락에서는 ticket과 turn이라는 2개의 공유 변수를 이용한다. ticket은 다음 티켓의 번호를 기억하는 변수이며, 스레드가 티켓을 취득할 때는 이 변수를 아토믹하게 증가시킨다. turn 변수는 현재 실행이 허가된 티켓 번호다. 락 획득을 수행하는 스레드는 이 값을 감시해서 자신의 티켓 번호와 같아지면 크리티컬 섹션을 실행한다.

TicketLockGuard는 지금까지와 같으므로 설명은 생략한다.

다음 코드는 티켓락 초기화, 락 획득, 락 해제 함수다.

Rust

```rust
impl<T> TicketLock<T> {
    pub fn new(v: T) -> Self {
        TicketLock {
```

```
            ticket: AtomicUsize::new(0),
            turn: AtomicUsize::new(0),
            data: UnsafeCell::new(v),
        }
    }

    // 락용 함수 ❶
    pub fn lock(&self) -> TicketLockGuard<T> {
        // 티켓 취득
        let t = self.ticket.fetch_add(1, Ordering::Relaxed);
        // 소유한 티켓의 순서가 될 때까지 스핀
        while self.turn.load(Ordering::Relaxed) != t {}
        fence(Ordering::Acquire);

        TicketLockGuard { ticket_lock: self }
    }
}

// 락 획득 후 자동으로 해제되도록 Drop 트레이트 구현 ❷
impl<'a, T> Drop for TicketLockGuard<'a, T> {
    fn drop(&mut self) {
        // 다음 티켓을 실행 가능하도록 설정
        self.ticket_lock.turn.fetch_add(1, Ordering::Release);
    }
}
```

❶ 락 함수. 이 함수에서는 먼저 현재의 티켓을 획득해 아토믹하게 증가시킨다. 그 후 turn 변수의 값이 소유하는 티켓 번호가 될 때까지 스핀을 수행하고, 같은 번호가 되면 크리티컬 섹션에 들어간다.

❷ TicketLockGuard 타입의 Drop 트레이트 구현이다. 여기에서는 다음 티켓 번호를 가진 스레드가 실행 가능하도록 turn 변수를 아토믹하게 증가시킨다.

이렇게 티켓락에서는 ticket 획득 시 스핀을 수행하지 않으므로 다른 스레드와의 컨텐션을 줄일 수 있다.

7.1.3 MCS락

티켓락에서는 아토믹 명령으로 접근하는 변수와 스핀 도중에 접근하는 변수가 같았다. 즉, 다음 그림과 같은 상태였다.

그림 7-2 티켓락 변수

메모리에 아토믹하게 접근하면 해당 메모리의 CPU 캐시가 배타적으로 설정되므로 대기 스레드의 해당 메모리를 읽을 때 오버헤드가 발생할 가능성이 있다. CPU 캐시가 배타적으로 설정되면 동일 주소의 캐시에 대해 하나의 CPU만 읽기 쓰기 가능하게 설정된다. 그렇기 때문에 여러 CPU에서 동일 주소를 배타적으로 설정하고 메모리 읽기 쓰기 권한을 이양하게 되므로 오버헤드가 발생한다. MCS락[33]에서는 링크드 리스트를 아토믹하게 업데이트하는 방식으로 큐를 구현함으로써 아토믹 명령에서 접근하는 변수와 스핀 상태에서 접근하는 변수를 분리한다. 즉, 다음 그림과 같은 상태가 된다.

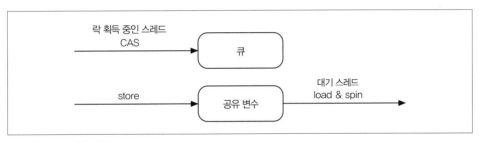

그림 7-3 MCS락의 변수

MCS락에서는 CAS 명령으로 큐의 가장 마지막에 자신의 스레드용 노드를 추가하고, 스핀으로 감시할 변수는 별도로 준비한다. 즉, CAS에서 접근하는 변수는 아토믹하게 업데이트하지만 스핀으로 접근하는 변수는 보통의 메모리 접근 명령을 이용한다. 이렇게 함으로써 아토믹 명령의 컨텐션을 줄일 수 있다.

이하는 Rust로 MCS락을 구현한 예다. 먼저 다음 코드와 같이 MCS락에서의 임포트, 타입 정의, 트레이트를 구현한다.

Rust

```
use std::cell::UnsafeCell;
use std::ops::{Deref, DerefMut};
use std::ptr::null_mut;
```

```rust
use std::sync::atomic::{fence, AtomicBool, AtomicPtr, Ordering};

pub struct MCSLock<T> { // ❶
    last: AtomicPtr<MCSNode<T>>, // 큐의 맨 마지막
    data: UnsafeCell<T>,         // 보호 대상 데이터
}

pub struct MCSNode<T> { // ❷
    next: AtomicPtr<MCSNode<T>>, // 다음 노드
    locked: AtomicBool,          // true면 락 획득 중
}

pub struct MCSLockGuard<'a, T> {
    node: &'a mut MCSNode<T>, // 자신의 스레드 노드
    mcs_lock: &'a MCSLock<T>, // 큐의 가장 마지막과 보호 대상 데이터 참조
}

// 스레드끼리의 데이터 공유 및 채널을 이용한 송수신 가능 설정
unsafe impl<T> Sync for MCSLock<T> {}
unsafe impl<T> Send for MCSLock<T> {}

impl<T> MCSNode<T> {
    pub fn new() -> Self {
        MCSNode { // MCSNode 초기화
            next: AtomicPtr::new(null_mut()),
            locked: AtomicBool::new(false),
        }
    }
}

// 보호 대상 데이터의 이뮤터블한 참조 제외
impl<'a, T> Deref for MCSLockGuard<'a, T> {
    type Target = T;

    fn deref(&self) -> &Self::Target {
        unsafe { &*self.mcs_lock.data.get() }
    }
}

// 보호 대상 데이터의 뮤터블한 참조 제외
impl<'a, T> DerefMut for MCSLockGuard<'a, T> {
    fn deref_mut(&mut self) -> &mut Self::Target {
        unsafe { &mut *self.mcs_lock.data.get() }
    }
}
```

❶ MCS락용 타입. 기본적으로는 FairLock이나 SpinLock과 같지만 여기에서는 큐의 맨 끝을 나타내는 last 변수를 정의한다. 각 스레드는 이 last 변수에 아토믹하게 링크드 리스트의 노드를 추가한다.

❷ 링크드 리스트용 노드 타입. 다음 노드를 나타내는 next 변수와 자신의 스레드가 락 획득 중인지 나타내는 locked 변수를 갖는다. 락을 획득할 때는 locked 변수를 true로 설정하고, 다른 스레드에 의해 false로 설정될 때까지 스핀한다.

MCSLock 타입은 MCS락에서 이용하는 큐다. 이 구현에서 알 수 있듯이 큐는 링크드 리스트를 이용해 구현한다. MCSLock 타입의 last 변수는 큐의 가장 마지막을 의미하며, 큐에 추가할 때는 이 변수에 MCSNode 타입의 값을 추가한다. 이번 구현에서는 아토믹한 포인터인 AtomicPtr 타입을 이용해 리스트를 만든다.

다음 그림은 MCS락의 작동을 개념적으로 나타낸 것이다.

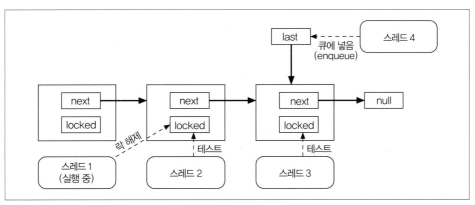

그림 7-4 MCS락의 작동 개념도

앞의 코드에서도 나타냈지만 MCS락은 링크드 리스트로 구현된 큐로 관리되며, 락을 획득할 때는 큐에 추가하고 locked 변수를 테스트한다. 큐의 맨 앞에 있는 스레드가 현재 실행 중인 스레드이며, 락을 해제할 때는 자신의 다음 스레드의 락을 해제한다. 이렇게 함으로써 큐에 추가하는 변수와 스핀에 이용하는 변수를 분리할 수 있다.

다음 코드는 MCS락의 초깃값과 락 함수다.

```rust
impl<T> MCSLock<T> {
    pub fn new(v: T) -> Self {
        MCSLock {
            last: AtomicPtr::new(null_mut()),
            data: UnsafeCell::new(v),
        }
    }

    pub fn lock<'a>(&'a self, node: &'a mut MCSNode<T>) -> MCSLockGuard<T> {
        // 자기 스레드용 노드를 초기화 ❶
        node.next = AtomicPtr::new(null_mut());
        node.locked = AtomicBool::new(false);

        let guard = MCSLockGuard {
            node,
            mcs_lock: self,
        };

        // 자신을 큐의 맨 마지막으로 한다. ❷
        let ptr = guard.node as *mut MCSNode<T>;
        let prev = self.last.swap(ptr, Ordering::Relaxed);

        // 맨 마지막이 null이면 아무도 락을 획득하려 하지 않는 것이므로 락을 획득
        // null이 아닌 경우에는 자신을 큐의 맨 끝에 추가
        if prev != null_mut() { // ❸
            // 락 획득 중이라고 설정
            guard.node.locked.store(true, Ordering::Relaxed); // ❹

            // 자신을 큐의 맨 끝에 추가 ❺
            let prev = unsafe { &*prev };
            prev.next.store(ptr, Ordering::Relaxed);

            // 다른 스레드에서 locked 변수가 false로 설정될 때까지 스핀 ❻
            while guard.node.locked.load(Ordering::Relaxed) {}
        }

        fence(Ordering::Acquire);
        guard
    }
}
```

❶ 먼저 자신의 스레드용 노드를 초기화. 그 후 이 노드를 큐에 추가하고 스핀으로 감시한다.

❷ 작성한 노드를 큐의 맨 끝에 아토믹 명령으로 추가. 이때 prev에 추가하기 전의 맨 마지막 노드가 대입된다.

❸ prev가 null이면 자신 이외의 어떤 스레드도 락을 획득하려 하지 않은 것이므로 락을 획득한다. 그렇지 않으면 다른 스레드가 종료되길 기다린다.

❹ locked 변수를 true로 설정하고 락 획득 상태로 한다. 크리티컬 섹션을 실행 중인 다른 스레드는 크리티컬 섹션 종료 시 이 변수를 false로 설정한다.

❺ prev.next에 자신의 주소를 설정한다.

❻ 다른 스레드에서 locked 변수가 false로 설정될 때까지 스핀한다.

이렇게 MCS락에서는 락할 때는 자신의 스레드용 노드를 큐에 아토믹하게 추가하고, 스핀할 때는 다른 변수를 이용한다. 다음은 락 해제용 처리 코드다. 락 해제는 지금까지와 마찬가지로 MCSLockGuard 타입의 Drop 트레이트에 구현한다.

`Rust`

```rust
impl<'a, T> Drop for MCSLockGuard<'a, T> {
    fn drop(&mut self) {
        // 자신의 다음 노드가 null이고 자신이 맨 끝 노드이면 맨 끝을 null로 설정한다. ❶
        if self.node.next.load(Ordering::Relaxed) == null_mut() {
            let ptr = self.node as *mut MCSNode<T>;
            if let Ok(_) = self.mcs_lock.last.compare_exchange( // ❷
                ptr,
                null_mut(),
                Ordering::Release,
                Ordering::Relaxed,
            ) {
                return;
            }
        }

        // 자신의 다음 스레드가 lock 함수를 실행 중이므로 종료될 때까지 대기한다. ❸
        while self.node.next.load(Ordering::Relaxed) == null_mut() {}

        // 자신의 다음 스레드를 실행 가능하게 설정한다. ❹
        let next = unsafe { &mut *self.node.next.load(Ordering::Relaxed) };
        next.locked.store(false, Ordering::Release);
    }
}
```

❶ 먼저 자신의 다음에 대기 중인 스레드가 있는지 next가 null인지 확인한다.

❷ 만약 next가 null(대기 중인 스레드가 없음)이면 큐의 맨 끝을 나타내는 last 변수의 값을 null로 아토믹하게 업데이트한다. 여기에서 Err이 반환된다는 것은 if의 조건식(4행)과 그 행 사이에 다른 스레드에 의해 last 변수가 변경되었다는 것을 의미한다(대기 중인 스레드가 추가되었다).

❸ 다음 스레드가 lock 함수를 종료하고 next 변수에 다음 스레드의 노드를 쓸 때까지 대기한다.

❹ 다음 스레드의 locked 변수를 false로 설정하고 다음 스레드를 실행 가능하게 한다.

락 해제 시에는 다음에 실행해야 할 스레드가 있는지 확인하여 있다면 다음 스레드의 locked 변수의 값을 false로 설정한다. 락 획득 중인 스레드는 locked 변수가 true인 동안 스핀하므로 false로 설정된 시점에서 크리티컬 섹션에 진입한다.

위 코드에서 어려운 것은 ❸의 while 루프다. 이 조건이 성립되는 것은 다른 스레드가 lock 함수를 실행 중이고 last 변수는 업데이트되지만 next 변수는 아직 업데이트되지 않는 경우다. 따라서 언젠가는 next가 업데이트되므로 대기한다.

이번 구현의 MCSLock을 이용해 락을 수행하려면 링크드 리스트용 노드를 만들고 락 함수에 그 노드의 참조를 전달해 락해야 한다. 다음 코드는 MSCLock 이용 예다.

Rust

```
use std::sync::Arc;

const NUM_LOOP: usize = 100000;
const NUM_THREADS: usize = 4;

mod mcs;

fn main() {
    let n = Arc::new(mcs::MCSLock::new(0));
    let mut v = Vec::new();

    for _ in 0..NUM_THREADS {
        let n0 = n.clone();
        let t = std::thread::spawn(move || {
            // 노드를 작성하고 락
            let mut node = mcs::MCSNode::new();
```

```
        for _ in 0..NUM_LOOP {
            let mut r = n0.lock(&mut node);
            *r += 1;
        }
    });

    v.push(t);
}

for t in v {
    t.join().unwrap();
}

// 노드를 작성하고 락
let mut node = mcs::MCSNode::new();
let r = n.lock(&mut node);
println!(
    "COUNT = {} (expected = {})",
    *r,
    NUM_LOOP * NUM_THREADS
);
}
```

이렇게 mcs::MCSNode::new 함수로 MCSNode, 즉 링크드 리스트용 노드를 만들고 MCSLock 타입의 lock 함수에 그 참조를 전달해 락을 획득한다. 힙상에 MCSNode를 만드는 구현도 가능하지만 힙 메모리의 확보와 삭제는 실행 비용이 높은 조작이므로 회피하는 것이 좋다. 이외에도 스레드 로컬 변수에 MCSNode를 저장하고 락할 때 그것을 이용할 수도 있다.

MCS락 외에 CLH락,[34] 계층적 CLH락,[35] K42락[36] 등도 있다. 보이드 위키저$^{Boyd-Wickizer}$[37]는 CPU 코어 수 10 전후로 티켓락보다 MCS락의 성능이 좋다고 보고했다. 또한 CLH락 쪽이 MCS락보다 성능이 조금 더 좋다고 보고했다.

> **CAUTION_** 락의 성능은 하드웨어 구성에 크게 의존하므로 이용할 때는 사용하는 작동 환경을 확인하기 바란다.

7.2 소프트웨어 트랜잭셔널 메모리

이 절에서는 **소프트웨어 트랜잭셔널 메모리**^{Software Transactional Memory, STM}를 설명한다. 3장 '동기 처리 1'에서는 스핀락이나 뮤텍스 등 락 알고리즘을 설명했다. 이들 알고리즘은 락을 획득하지 않으면 크리티컬 섹션 안의 코드는 절대 수행하지 않는 배타 제어 방법이었다. 한편 트랜잭셔널 메모리는 크리티컬 섹션 안의 코드를 투기적으로 실행하고, 실행 결과 경합이 감지되지 않았을 때만 메모리에 결과를 커밋한다. 그렇기 때문에 뮤텍스와 같은 락 방법을 비관적 락^{Negative Lock}, 트랜잭셔널 메모리와 같은 방법을 낙관적 락^{Positive Rock}이라 부르기도 한다. STM에서는 크리티컬 섹션을 **트랜잭션**^{Transaction}이라 부른다. 트랜잭션이란 원래 거래라는 의미지만 컴퓨터에서는 어떤 일련의 처리를 나타낸다.

트랜잭셔널 메모리는 하드웨어로 구현하거나 소프트웨어로 구현할 수 있다. 하드웨어로 구현하는 방법을 하드웨어 트랜잭셔널 메모리^{Hardware Transactional Memory, HTM}라 부르며, 소프트웨어로 구현하는 방법을 소프트웨어 트랜잭셔널 메모리^{STM}라 부른다. STM을 적용한 프로그래밍 언어로는 Haskell이나 Clojure가 유명하다. 이 절에서는 STM의 구현 방법 중 하나인 Transaction Locking II^{TL2}[38]의 알고리즘과 구현 방법을 설명한다. TL2는 Haskell의 STM 구현의 기초가 된 알고리즘이다.

HTM은 Intel CPU의 트랜잭셔널 동기화 확장^{Transactional Synchronization Extensions, TSX}이라는 이름으로 Haswell 시리즈부터 구현되었다. 그러나 구현 과정에서 몇 가지 취약성이 발견되었다.[39],[40] Intel CPU 외에도 Power 8 이후의 Power 계열 CPU에서의 HTML 구현이 있으며, Arm도 트랜잭셔널 메모리 확장^{Transactional Memory Extension}이라 불리는 HTM을 발표했다.[41] 재시도 등의 기본적인 사고는 STM과 같지만 캐시 일치^{cache-coherence} 기술을 이용해 경합 감지를 구현한다. 즉, HTM의 트랜잭션 실행 시 이용하는 메모리의 캐시를 배타적으로 설정하고 트랜잭션 종료 시 이들 캐시가 배타적이지 않게 되었을 경우 경합이 발생한 것으로 판단한다. HTM의 개요는 참고 문헌[42]에서 자세히 설명하고 있다. STM과 HTM을 조합한 트랜잭셔널 메모리를 하이브리드 트랜잭셔널 메모리^{Hybrid Transactional Memory}라 부르며, 몇 가지 연구가 행해지고 있다.[43],[44]

7.2.1 STM의 특징

STM은 뮤텍스와 특징이 다르기 때문에 뮤텍스와 같은 방식으로 이용하면 문제가 발생할 수 있다. 이 절에서는 STM의 특징을 설명하고, 의사 코드를 이용해 STM의 간단한 이용 예를 설명한다.

STM의 중요한 특징은 다음 네 가지다.

1 트랜잭션 중의 코드가 2회 이상 실행될 가능성이 있다.
2 트랜잭션 중에 부작용이 있는 코드는 실행하지 않는다.
3 데드락이 발생하지 않는다.
4 여러 트랜잭션 처리를 합성할 수 있다.

이들 특징을 차례대로 알아보자.

앞에서 설명했듯이 STM은 낙관적 락이며 투기적으로 실행한 후 경합을 감시한다. 일반적으로 경합이 발견된 후에는 트랜잭션을 재시도하므로 뮤텍스 같은 락과 달리 2회 이상 실행될 가능성이 있다. 그렇기 때문에 트랜잭션 안의 코드에 부작용이 있는 코드를 기술하면 예상치 못한 작동을 할 가능성이 있다. 다음 코드는 지금부터 구현하는 STM을 이용해 트랜잭션 안에 부작용이 있는 코드를 기술한 예다.

```Rust
stm.write_transaction(|tr| {
    // 트랜잭션
    if cond {
        lunch_missile(); // 미사일 발사
    }
})
```

write_transaction은 클로저를 받아서 써넣는 트랜잭션을 실행하는 함수다. 이 클로저 안에 트랜잭션의 내용을 기술한다. 이 트랜잭션은 투기적 실행 중에 수차례 실행될 가능성이 있다. 코드에서는 어떤 조건이 만족되었을 때 미사일을 발사되도록 의도하고 있지만 STM에 의해 수차례 실행되면 미사일이 수차례 발사된다. 이렇게 부작용, 특히 외부와의 IO가 있는 코드를 트랜잭션 중에 기술하면 의도하지 않은 결과가 일어날 가능성이 있기 때문에 주의해야 한다.

다음 코드는 STM으로 좌우에 해당하는 메모리에서 값을 읽어 그 값이 0일 때만 1을 설정해서 쓰는 예다. 즉, 식사하는 철학자 문제의 트랜잭션이다.

```
stm.write_transaction(|tr| {
    let l = load!(tr, left);  // left의 번지를 읽는다. ❶
    let r = load!(tr, right); // right의 번지를 읽는다.
    if l[0] == 0 && r[0] == 0 { // ❷
        // 양쪽 모두 0이면 1을 설정해서 써넣는다.
        l[0] = 1;
        r[0] = 1;
        store!(tr, left, l);  // left의 번지에 쓴다.
        store!(tr, right, r); // right의 번지에 쓴다.
        STMResult::Ok(true)   // ❸
    } else {
        STMResult::Ok(false)  // ❹
    }
})
```

❶ 이 철학자의 왼손과 오른손에 있는 포크에 해당하는 메모리를 읽는다. left와 right 변수가 주소가 된다.

❷ 양쪽 포크를 모두 얻을 수 있는지(0인지) 체크하여 양쪽 모두 얻을 수 있다면 포크를 들고 해당 주소에 써넣는다.

❸ 트랜잭션을 무사히 종료한 것으로 하고 STMResult::Ok(true)를 반환한다.

❹ 양쪽 포크를 얻을 수 없다면 STMResult::Ok(false)를 반환하고 트랜잭션을 종료한다.

write_transaction 함수의 반환값은 Option 타입이며, 이때 포크를 획득할 수 있으면 Some(true), 그렇지 않으면 Some(false)를 반환한다.

이 코드에서는 왼손과 오른손에 해당하는 주소에 값을 쓰지만 트랜잭션 실행 중 경합이 발생하면 모든 상태가 복원되고 클로저가 재실행된다. 최종적으로 트랜잭션이 무사히 실행되고, 경합이 없다고 판단된 때의 값이 써진다. 즉, if 식을 실행 중인 시점에서는 실제로는 메모리 쓰기를 수행하지 않고, 이 클로저를 벗어났을 때 경합 감지를 수행하고 경합이 없다면 써넣는 것이다.

이렇게 STM은 경합이 감지되면 쓰고, 그렇지 않으면 재시도한다. 그렇기 때문에 식사하는 철학자 문제에서와 같이 락을 얻더라도 데드락이 되지 않고 반드시 처리가 계속된다. 하지만 재시도를 거듭하면서 커밋을 하지 않는 굶주림 상태에 빠질 가능성이 있으므로 트랜잭션의 진행을 보증하는 STM에 대한 연구도 진행되고 있다.[45] 단순하게는 재시도가 많은 경우 세마포어를 이용해 크리티컬 섹션을 동기 실행하는 프로세스 수를 제한하는 방법으로 해결할 수도 있다.

합성 가능composable 속성은 STM에서 가장 눈에 띄는 점이다. 합성 가능은 임의의 트랜잭션 처리를 임의로 조합해 실행할 수 있는 것을 말한다. 예를 들어 리스트와 맵을 사용하는 처리가 있을 때 뮤텍스나 락프리 데이터 구조에서는 이들 처리를 임의의 순서로 조합하기 어렵다. 뮤텍스를 이용할 때는 식사하는 철학자 문제와 같이 데드락이 발생할 가능성이 있고, 락프리 데이터 구조를 이용할 때는 전용 데이터 구조를 설계해야 한다. 하지만 STM을 이용할 때는 어떤 조작도 임의의 순서로 조합할 수 있다.

7.2.2 TL2 알고리즘

이 절에서는 TL2 알고리즘을 설명한다. 다음 그림은 TL2에서 이용하는 변수와 메모리를 간략하게 나타낸 것이다.

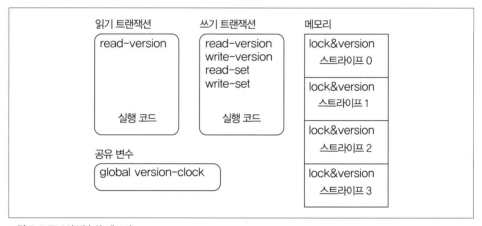

그림 7-5 TL2의 변수와 메모리

TL2에서는 RW락처럼 쓰기와 읽기 트랜잭션이 나뉘어 있으며, 읽기 트랜잭션이 쓰기 트랜잭션보다 실행 속도가 빠르다. STM은 각 객체별로 관리하는 방법과 일정한 메모리 구간(스트라이프stripe) 단위로 관리하는 방법으로 구현할 수 있다. 여기에서는 스트라이프 단위를 이용하는 방법을 설명한다. 그림에는 메모리가 나타나 있는데, 스트라이프 단위로 분할되어 있으며 각 스트라이프에 배타락과 데이터 버전을 저장하는 변수(lock&version)가 있다.

글로벌 공유 변수로 전체 버전을 나타내는 global version-clock이 있으며, 이는 최신 버전을 나타내는 변수다. 쓰기, 읽기 트랜잭션 개시 시에는 이 변수가 참조 및 업데이트된다.

쓰기 트랜잭션은 read-version, read-set, write-set이라 불리는 로컬 데이터와 실행 코드를 저장한다. 쓰기 트랜잭션은 이 변수들을 참조 및 업데이트하면서 실행한다. read-version은 global version-clock을 복사하기 위한 변수, write-version은 증가 후의 global version-clock을 저장하는 변수, read-set은 읽은 메모리 변수를 저장하는 집합, write-set은 써넣을 메모리 주소와 값을 저장하는 맵이다.

읽기 트랜잭션은 read-version만 저장한다. 읽기 트랜잭션을 시작할 때는 global version-clock 값이 read-version에 복사되고, 종료할 때는 global version-clock 값과 read-version 값을 비교해서 경합을 감지한다.

TL2 트랜잭션 실행 알고리즘은 다음과 같다. 쓰기 트랜잭션은 읽기 쓰기 모두 가능한 트랜잭션이며, 읽기 트랜잭션은 메모리 읽기만 가능한 트랜잭션이다.

쓰기 트랜잭션

1 **global version-clock 읽기**: global version-clock을 로컬 read-version에 복사한다.

2 **투기적 실행**: 트랜잭션을 투기적으로 실행한다.

- 메모리 쓰기의 경우 실제로는 쓰지 않고 write-set에 쓸 대상 주소와 데이터를 저장한다.

- 메모리 읽기의 경우 write-set에 쓸 데이터가 있는지 검색하여 있다면 읽고, 그렇지 않으면 메모리에서 읽는다. 단, 메모리 읽기 전후로 대상 스트라이프가 락되어 있는지와 버전이 read-version보다 낮은지 체크한다. 만약 스트라이프가 락되어 있더라도 버전이 read-version보다 높으면 트랜잭션을 취소한다.

3 **write-set의 락**: write-set 안의 주소에 대응하는 스트라이프 락을 획득. 락을 획득할 수 없는 경우에는 트랜잭션을 취소한다.

4 **global version-clock 증가**: global version-clock을 아토믹하게 증가하고 증가 후의 버전을 write-version에 저장한다.

5 **read-set 검증**: read-set 안의 주소에 대응하는 스트라이프 버전이 다른 스레드에 의해 락되어 있지 않은지와 버전이 read-version보다 낮은지 체크하여 그렇지 않으면 취소한다. 단, read-version + 1 = write-version인 경우에는 이 확인을 건너뛸 수 있다.

6 **커밋과 릴리즈**: write-set 안의 주소에 데이터를 쓰고, 대응하는 스트라이프의 버전을 write-version에 설정한다. 그 후 락 해제를 아토믹하게 실행한다.

읽기 트랜잭션

1 **global version-clock 읽기**: global version-clock을 로컬 read-version에 복사한다.

2 **투기적 실행**: 트랜잭션을 투기적으로 실행한다. 메모리 읽기 전후로 대상 스트라이프가 락되어 있지 않은지와

스트라이프의 버전이 read-version보다 낮은지 체크한다. 스트라이프가 락되어 있지만 그 버전이 read-version보다 높으면 트랜잭션을 취소한다.

3 커밋: 모든 읽기에 성공하면 커밋한다.

TL2의 기본적인 작동은 이와 같다. 여기에서 쓰기 트랜잭션은 실제로는 커밋 시 쓴다는 점이 중요하다. 이 알고리즘에서 알 수 있듯이 writer가 많을 때는 항상 스트라이프의 락 획득이나 global version-clock 업데이트를 수행하므로 reader가 굶주림 상태가 될 가능성이 있다.

7.2.3 TL2 구현

이 절에서는 Rust 언어를 이용한 TL2 구현 예를 설명한다. 다음 표는 지금부터 구현할 타입의 목록이다.

표 7-1 TL2의 타입

타입	용도
Memory	메모리 초기화, 락, 버전 관리에 이용
STM	실제로 트랜잭션을 실행하기 위해 이용
ReadTrans	Read 트랜잭션 시 메모리 읽기에 이용
WriteTrans	Write 트랜잭션 시 메모리 읽기, 쓰기에 이용
STMResult	트랜잭션 반환값 타입

Memory 타입이 메모리를 관리하는 타입이 된다. STM 타입은 트랜잭션 처리를 실행하기 위해 이용하는 타입이며, 스레드 사이에서 공유 가능한 타입이다. 즉, Rust의 Mutex 타입에 해당한다. 이 타입에 구현된 함수는 트랜잭션을 실행하는 클로저를 받아 처리한다. 클로저의 인수에 ReadTrans 또는 WriteTrans 타입의 참조가 전달되고, 클로저 안에서는 그 참조를 경유해 메모리 읽기 쓰기를 수행한다. 그리고 해당 클로저가 반환하는 값의 타입은 STMResult 타입이어야 한다.

다음 코드는 이번 구현에서 이용하는 타입과 함수다. 이 타입들은 이제까지 설명하고 이용한 것들이므로 추가 설명은 생략한다.

예제 7-5 tls2.rs 임포트

```rust
use std::cell::UnsafeCell;
use std::collections::HashMap;
use std::collections::HashSet;
use std::sync::atomic::{fence, AtomicU64, Ordering};
```

Memory 타입

다음 코드는 TL2에서 관리하는 메모리용 상숫값과 타입이다.

예제 7-6 tl2.rs의 상숫값과 Memory 타입

```rust
// 스트라이프 크기
const STRIPE_SIZE: usize = 8; // u64, 8바이트

// 메모리 합계 크기
const MEM_SIZE: usize = 512; // 512바이트

// 메모리 타입
pub struct Memory {
    mem: Vec<u8>,              // 메모리
    lock_ver: Vec<AtomicU64>, // lock&version
    global_clock: AtomicU64,  // global version-clock

    // 주소에서 스트라이프 번호로 변환하기 위한 시프트(이동)량
    shift_size: u32,
}
```

여기에서는 스트라이프 크기를 8바이트, 메모리 합계 크기를 512바이트로 했다. 즉, 이 설정에서는 $512/8=64$개의 스트라이프를 이용할 수 있다. Memory 타입의 mem 변수가 실제 메모리, lock_ver 변수가 스트라이프에 대응하는 락과 버전, global_lock 변수가 global version-clock을 저장한다. shift_size 변수는 주소에서 스트라이프로 변환하기 위한 시프트[shift]량이다. 예를 들어 스트라이프 크기가 1바이트라면 메모리와 스트라이프는 1:1이므로 시프트량은 0이며, 스트라이프 크기가 2바이트라면 주소를 2로 나눈 값이 스트라이프 번호가 되므로 시프트량은 1이 된다. 스트라이프 크기가 4바이트라면 시프트량은 2, 스트라이프 크기가 8바이트라면 시프트량은 3이 된다. 따라서 스트라이프와 메모리 크기는 2^n바이트여야 한다.

Memory 타입 구현

다음 코드는 Memory 타입을 구현한 예다. Memory 타입에는 트랜잭션을 수행할 기본 함수를 정의했다.

예제 **7-7** tl2.rs의 Memory 타입 구현

Rust

```rust
impl Memory {
    pub fn new() -> Self { // ❶
        // 메모리 영역 생성
        let mem = [0].repeat(MEM_SIZE);

        // 주소에서 스트라이프 번호로 변환하기 위한 시프트량 계산
        // 스트라이프의 크기는 2^n에 맞춰야 함
        let shift = STRIPE_SIZE.trailing_zeros(); // ❷

        // lock&version을 초기화 ❸
        let mut lock_ver = Vec::new();
        for _ in 0..MEM_SIZE >> shift {
            lock_ver.push(AtomicU64::new(0));
        }

        Memory {
            mem,
            lock_ver,
            global_clock: AtomicU64::new(0),
            shift_size: shift,
        }
    }

    // global version-clock을 증가 ❹
    fn inc_global_clock(&mut self) -> u64 {
        self.global_clock.fetch_add(1, Ordering::AcqRel)
    }

    // 대상 주소의 버전 취득 ❺
    fn get_addr_ver(&self, addr: usize) -> u64 {
        let idx = addr >> self.shift_size;
        let n = self.lock_ver[idx].load(Ordering::Relaxed);
        n & !(1 << 63)
    }

    // 대상 주소의 버전이 rv 이하로 락되어 있지 않은지 확인 ❻
    fn test_not_modify(&self, addr: usize, rv: u64) -> bool {
        let idx = addr >> self.shift_size;
```

```
            let n = self.lock_ver[idx].load(Ordering::Relaxed);
            // 최상위 비트를 락용 비트로 사용하므로
            // rv와 비교하는 것만으로 간단히 확인 가능
            n <= rv
        }

        // 대상 주소의 락 획득 ❼
        fn lock_addr(&mut self, addr: usize) -> bool {
            let idx = addr >> self.shift_size;
            match self.lock_ver[idx].fetch_update( // ❽
                Ordering::Relaxed, // 쓰기 시의 오더
                Ordering::Relaxed, // 읽기 시의 오더
                |val| {
                    // 최상위 비트값 확인 및 설정
                    let n = val & (1 << 63);
                    if n == 0 {
                        Some(val | (1 << 63))
                    } else {
                        None
                    }
                },
            ) {
                Ok(_) => true,
                Err(_) => false,
            }
        }

        // 대상 주소의 락 해제 ❾
        fn unlock_addr(&mut self, addr: usize) {
            let idx = addr >> self.shift_size;
            self.lock_ver[idx].fetch_and(!(1 << 63),
                                         Ordering::Relaxed);
        }
    }
```

❶ new 함수

❷ 주소에서 스트라이프 번호로 변환하기 위한 시프트량을 계산. 스트라이프 크기는 2^n바이트이므로 시프트량은 스트라이프 크기의 하위 비트의 연속하는 0을 세어 계산할 수 있으며 이 계산은 trailing_zeros 함수에서 수행한다.

❸ 스트라이프의 락과 버전을 관리하는 벡터를 초기화하고 마지막으로 값을 생성해 반환한다.

❹ inc_global_clock 함수. global version-clock을 증가한다.

❺ get_addr_ver 함수. 이 함수는 주소를 인수로 받아 해당 주소에 대응하는 스트라이프 버전을 반환한다. 먼저 주소에서 스트라이프의 인덱스를 계산하고(단순히 시프트만 해서 계산할 수 있다) 그 후 대응하는 lock&version을 얻어 최상위 비트를 0으로 하는 값을 반환한다. 이는 64비트 아토믹 변수 중 최상위 비트를 락용 비트로 사용하고 하위 53비트를 버전으로 사용하기 위해서다.

❻ test_and_modify 함수. 이 함수는 주소와 버전을 인수로 받아 주소에 대응하는 스트라이프의 버전이 인수로 제정된 버전 이하이고 락을 획득한 상태가 아니면 true, 그렇지 않으면 false를 반환한다. 이 구현에서는 최상위 비트를 락용 비트로 사용하고 버전 정보는 하위 63비트만 사용하므로 인수인 rb와 크기를 비교하는 것만으로 락의 확인과 버전을 동시에 판정할 수 있다.

❼ lock_addr 함수. 이 함수는 락을 획득했다면 true, 획득하지 않았다면 false를 반환한다.

❽ fetch_update 함수에서 최상위 비트를 1로 설정한다.

❾ unlock_addr 함수. 여기에서는 인수로 지정된 주소에 대응하는 스트라이프의 락을 해제(lock&version의 최상위 비트를 0으로 설정)한다.

fetch_update 함수는 첫 번째 인수에는 쓰기 시의 메모리 오더, 두 번째 인수에는 읽기 시의 메모리 오더, 세 번째 인수에는 아토믹하게 실행할 클로저를 지정한다. 이 코드에서는 클로저 안에서 단순히 최상위 비트값을 검사하고, 그 값이 0이면 1을 설정해 락을 획득하고, 1이면 이미 락을 획득한 것이므로 None을 반환한다. 클로저가 Some을 반환하면 fetch_update 함수는 값을 업데이트한 뒤 Ok로 이전 값을 반환한다. 클로저가 None을 반환하면 fetch_update 함수는 아무것도 하지 않고 Err로 이전 값을 반환한다. fetch_upate 함수는 쓰기에 실패할 가능성이 있으며, 클로저가 Some을 반환해 쓰기에 실패한 경우에는 재시도한다.

TL2에서는 이 함수들을 이용해 읽기, 쓰기 트랜잭션을 실행한다.

ReadTrans 타입

다음 코드는 읽기 트랜잭션 시 메모리 읽기를 수행하는 ReadTrans 타입이다.

```
pub struct ReadTrans<'a> { // ❶
    read_ver: u64,    // read-version
    is_abort: bool,   // 경합을 감지하면 True
    mem: &'a Memory, // Memory 타입 참조
}

impl<'a> ReadTrans<'a> {
    fn new(mem: &'a Memory) -> Self { // ❷
        ReadTrans {
            is_abort: false,

            // global version-clock 읽기
            read_ver: mem.global_clock.load(Ordering::Acquire),

            mem,
        }
    }

    // 메모리 읽기 함수 ❸
    pub fn load(&mut self, addr: usize) -> Option<[u8; STRIPE_SIZE] > {
        // 경합을 감지하면 종료 ❹
        if self.is_abort {
            return None;
        }

        // 주소가 스트라이프의 자릿수와 맞는지 확인
        assert_eq!(addr & (STRIPE_SIZE - 1), 0); // ❺

        // 읽기 메모리가 락되어 있지 않고 read-version 이하인지 확인 ❻
        if !self.mem.test_not_modify(addr, self.read_ver) {
            self.is_abort = true;
            return None;
        }

        fence(Ordering::Acquire);

        // 메모리 읽기. 단순한 복사임 ❼
        let mut mem = [0; STRIPE_SIZE];
        for (dst, src) in mem
            .iter_mut()
            .zip(self.mem.mem[addr..addr + STRIPE_SIZE].iter())
        {
```

```
            *dst = *src;
        }

        fence(Ordering::SeqCst);

        // 읽기 메모리가 락되어 있지 않고 read-version 이하인지 확인 ❽
        if !self.mem.test_not_modify(addr, self.read_ver) {
            self.is_abort = true;
            return None;
        }

        Some(mem)
    }
}
```

❶ ReadTrans 타입 정의. read_ver 변수는 트랜잭션 개시 시 global version-clock을 읽기 위해 사용한다. is_abort 변수는 트랜잭션 실행 중에 경합이 감지되면 true로 설정된다. mem 변수는 Memory 타입으로의 참조이며, 실제 메모리 읽기는 Memory 타입 안의 벡터에 대해 수행한다.

❷ 초기화 함수. global version-clock 읽기를 수행한다.

❸ 메모리 읽기용 함수. 읽을 대상 주소를 인수로 받아 읽은 결과를 Some으로 감싸서 반환한다. 트랜잭션 실행 중에 경합이 감지되면 None을 반환한다.

❹ 과거의 읽기에서 경합이 감지되었는지 확인하여 경합이 있었다면 None을 반환한다.

❺ 인수로 전달된 주소가 스트라이프의 정렬에 맞는지 확인한다. 여기에서는 간단하게 구현하기 위해 이렇게 처리했지만 실제로 이용할 때는 다양한 주소에 대응해야 한다.

❻ 지정된 주소에 대응하는 스트라이프가 락되어 있는지와 read-version보다 작은지 확인한다.

❼ 여기에서는 이터레이터를 이용해 복사했지만 언세이프한 메모리 복사 기법을 이용하면 속도를 더 높일 수도 있다.

❽ 다시 스트라이프의 락과 read-version을 확인하고 마지막으로 읽은 값을 반환한다.

TL2에서는 데이터 읽기 전후로 대상 메모리(스트라이프)가 락 상태인지와 버전이 업데이트되지 않았는지 체크한다. 이것은 확실하게 read-version보다 낮은 버전의 데이터를 읽기 위해서다. 사전 및 사후 확인을 하지 않았을 때 어떤 경합이 일어나는지 예를 들어 보자.

앞으로 설명할 예에서는 [표 7-2]의 약어 표기를 사용한다.

표 7-2 STM의 예에서 사용할 약어 표기

표기	의미
gv	global version-clock
rv	read-version
m	메모리
a, 0	메모리 m의 값이 a이고 버전은 0
load m -> a	메모리 m을 읽음. 값은 a
store m = a	메모리 m에 값 a를 씀
test m	메모리 m이 락 상태가 아닌지와 버전이 read-version보다 낮은지 검사
lock m	메모리 m을 락
unlock m	메모리 m의 락을 해제하고 버전 업데이트

[표 7-3]은 읽기 실행 후 확인을 하지 않았을 때 발생하는 경합의 예다.

표 7-3 읽기 실행 후 확인을 하지 않았을 때 발생하는 경합

time	gv	m	reader	writer
0	0	a, 0		
1			rv = gv	
2			test m	
3				lock m
4	1			gv += 1
5		a', 0		store m = a'
6		a', 1		unlock m
7			load m -> a '	

시각 0에서 초기 상태는 global version-clock 값이 0이며, 메모리 m 값이 a, 버전은 0이 된다. 그 후 시각 1에서 reader가 읽기 트랜잭션을 시작한다. 여기에서 global version-clock이 read-version에 복사되므로 이 트랜잭션 중에 읽기 메모리의 버전은 모두 0 이하여야 한다. 하지만 시각 3에서 6까지 쓰기 트랜잭션이 실행되면 시각 7에서 버전이 1인 데이터를 읽게된다.

[표 7-4]는 읽기 전에 확인이 없는 경우에 일어나는 경합의 예다.

표 7-4 읽기 전에 확인이 없는 경우의 경합

time	gv	m	reader	writer
0	0	a, 0		
1				lock m
2	1			gv += 1
3			rv = gv	
4			load m -> a	
5		a', 0		store m = a'
6		a', 1		unlock m
7			test m	

마찬가지로 시각 0에서 초기 상태는 global version-clock 값이 0이고 메모리 m 값이 a이며 버전은 0이 된다. 여기에서는 쓰기 트랜잭션이 시각 1에서 대상 메모리를 락하며 시각 2에서 global version-clock을 증가한다. 그 후 시각 3에서 reader가 global version-clock을 read-version에 복사하므로 이 트랜잭션 중에 읽는 메모리 버전은 1 이하이면서 최신 버전이 어야 한다. 하지만 시각 4에서 reader가 읽고 시각 5에서 writer가 쓰게 되면 버전 0의 예전 값을 reader가 읽게 된다. 그러므로 시각 7에서 reader 측의 테스트가 성공해도 레이스 컨디션이 된다. 이 예에서는 접근 대상 메모리가 1개이므로 특별한 문제는 없지만 2개 이상이 되면 최신 버전의 데이터와 이전 버전의 데이터가 혼재할 가능성이 있어 데이터 부정합이 발생할 수 있다.

WriteTrans 타입

WriteTrans 타입은 쓰기 트랜잭션 시 메모리 읽기 쓰기를 수행하기 위한 타입이다. 다음 코드 에 WriteTrans 타입의 정의를 나타냈다.

예제 7-9 tl2.rs의 WriteTrans 타입 `Rust`

```rust
pub struct WriteTrans<'a> {
    read_ver: u64,               // read-version
    read_set: HashSet<usize>, // read-set
    write_set: HashMap<usize, [u8; STRIPE_SIZE] >, // write-set
```

```
    locked: Vec<usize>,   // 락 완료 주소
    is_abort: bool,       // 경합을 감지하면 true
    mem: &'a mut Memory,  // Memory 타입 참조
}
```

여기에서는 read-version, read-set, write-set용 변수를 정의한다. locked 변수는 어떤 주소를 락했는지 기록하기 위한 변수다. 이것은 write-set을 락하는 도중 트랜잭션의 경합을 감지했을 때 적절히 락을 해제하기 위한 것이다. is_abort와 mem 변수는 ReadTrans 타입과 마찬가지로 경합을 감지한 것을 기록하는 변수이며 Memory 타입 참조 변수가 된다.

다음 코드는 WriteTrans 타입의 Drop 트레이트를 구현한 예다. 여기에서는 locked 변수에 기록된 메모리의 락을 해제한다.

예제 7-10 tl2.rs의 WriteTrans 타입의 Drop 트레이트 구현   `Rust`

```rust
impl<'a> Drop for WriteTrans<'a> {
    fn drop(&mut self) {
        // 락 완료 주소의 락을 해제
        for addr in self.locked.iter() {
            self.mem.unlock_addr(*addr);
        }
    }
}
```

다음 코드는 WriteTrans 타입을 구현한 예다. 쓰기 트랜잭션은 이 함수들을 호출해 수행한다.

예제 7-11 tl2.rs의 WriteTrans 타입 구현   `Rust`

```rust
impl<'a> WriteTrans<'a> {
    fn new(mem: &'a mut Memory) -> Self { // ❶
        WriteTrans {
            read_set: HashSet::new(),
            write_set: HashMap::new(),
            locked: Vec::new(),
            is_abort: false,

            // global version-clock 읽기
            read_ver: mem.global_clock.load(Ordering::Acquire),

            mem,
```

```
        }
    }

    // 메모리 쓰기 함수 ❷
    pub fn store(&mut self, addr: usize, val: [u8; STRIPE_SIZE]) {
        // 주소가 스트라이프의 자릿수와 맞는지 확인
        assert_eq!(addr & (STRIPE_SIZE - 1), 0);
        self.write_set.insert(addr, val);
    }

    // 메모리 읽기 함수 ❸
    pub fn load(&mut self, addr: usize) -> Option<[u8; STRIPE_SIZE]> {
        // 경합을 감지한 경우 종료
        if self.is_abort {
            return None;
        }

        // 주소가 스트라이프의 자릿수와 맞는지 확인
        assert_eq!(addr & (STRIPE_SIZE - 1), 0);

        // 읽기 주소 저장
        self.read_set.insert(addr);

        // write-set에 있다면 이를 읽음
        if let Some(m) = self.write_set.get(&addr) {
            return Some(*m);
        }

        // 읽기 메모리가 락되어 있지 않고 read-version 이하인지 판정
        if !self.mem.test_not_modify(addr, self.read_ver) {
            self.is_abort = true;
            return None;
        }

        fence(Ordering::Acquire);

        // 메모리 읽기. 단순히 복사함
        let mut mem = [0; STRIPE_SIZE];
        for (dst, src) in mem
            .iter_mut()
            .zip(self.mem.mem[addr..addr + STRIPE_SIZE].iter())
        {
            *dst = *src;
        }
```

```
    fence(Ordering::SeqCst);

    // 읽기 메모리가 락되어 있지 않고 read-version 이하인지 판정
    if !self.mem.test_not_modify(addr, self.read_ver) {
        self.is_abort = true;
        return None;
    }

    Some(mem)
}

// write-set 안의 주소를 락
// 모든 주소의 락을 획득할 수 있는 경우 true를 반환 ❹
fn lock_write_set(&mut self) -> bool {
    for (addr, _) in self.write_set.iter() {
        if self.mem.lock_addr(*addr) {
            // 락 획득 가능한 경우에는 locked에 추가
            self.locked.push(*addr);
        } else {
            // 가능하지 않은 경우에는 false를 반환하고 종료
            return false;
        }
    }
    true
}

// read-set 검증 ❺
fn validate_read_set(&self) -> bool {
    for addr in self.read_set.iter() {
        // write-set 안에 있는 주소인 경우에는
        // 자기 스레드가 락을 획득한 상태임
        if self.write_set.contains_key(addr) {
            // 버전만 검사
            let ver = self.mem.get_addr_ver(*addr);
            if ver > self.read_ver {
                return false;
            }
        } else {
            // 다른 스레드가 락을 하지 않았는지와 버전 검사
            if !self.mem.test_not_modify(*addr, self.read_ver) {
                return false;
            }
        }
    }
```

```
        true
    }

    // 커밋 ❻
    fn commit(&mut self, ver: u64) {
        // 모든 주소에 대해 쓰기. 단순한 메모리 복사임
        for (addr, val) in self.write_set.iter() {
            let addr = *addr as usize;
            for (dst, src) in self.mem.mem[addr..addr +
                                STRIPE_SIZE].iter_mut().zip(val) {
                *dst = *src;
            }
        }

        fence(Ordering::Release);

        // 모든 주소의 락 해제 및 버전 업데이트
        for (addr, _) in self.write_set.iter() {
            let idx = addr >> self.mem.shift_size;
            self.mem.lock_ver[idx].store(ver, Ordering::Relaxed);
        }

        // 락 완료 주소 집합 초기화
        self.locked.clear();
    }
}
```

❶ WriteTrans 타입. locked는 어떤 주소를 락했는지 기록하기 위한 변수다. 이것은 write-set을 락하고 있는 도중에 트랜잭션의 경합을 감지했을 때 적절하게 락을 해제하기 위한 것이다. is_abort와 mem 변수는 ReadTrans 타입과 마찬가지로 경합을 감지했음을 기록하는 변수와 Memory 타입에 대한 참조 변수다.

❷ store 함수. 트랜잭션 중에 메모리 쓰기를 수행한다. 단, 이 함수는 실제로 메모리 쓰기를 수행하지 않고 write-set 변수에 쓰기 대상 주소와 데이터를 저장할 뿐이다. 커밋 시에 쓰기를 수행할 때는 write-set 변수에 저장된 정보를 이용한다.

❸ load 함수. 트랜잭션 중에 메모리 읽기를 수행한다. 이 함수의 대부분은 ReadTrans 타입과 같다. 차이점은 메모리 읽기 주소를 저장하는 위치와 write-set에서 읽는 위치 두 군데다. write-set에서 읽는 이유는 트랜잭션 중에 쓰여지는 경우 해당 데이터를 올바르게 읽기위해서다.

❹ lock_write_set 함수. TL2의 쓰기 알고리즘의 단계 3에서는 write-set의 락을 수행하며 이를 수행하는 함수를 포함하고 있다. 이 함수에서는 write-set을 순서대로 조작해 락을 한다. 모든 락을 획득할 수 있으면 그 주소를 locked 변수에 저장한다. 락을 획득할 수 없으면 false를 반환한다.

❺ validate_read_set 함수. TL2의 쓰기 알고리즘의 단계 5의 read-set을 검증하는 함수다. 이 함수에서는 read-set 안에 있는 주소를 순서대로 확인하며 주소가 write-set에 있으면 버전만 검사하고, 없으면 스레드에 의해 락되어 있지 않은지와 버전을 모두 검사한다. write-set에 있는 경우는 자기 스레드가 이미 락을 하고 있으므로 여기에서 다시 락을 하면 데드락이 된다. 그렇기 때문에 write-set을 검사한다.

❻ commit 함수. 이 함수에서는 실제로 메모리 쓰기를 수행한 후 쓴 메모리의 락을 해제하고 버전을 업데이트한다. 마지막으로 락 완료 주소의 집합을 초기화하고 커밋을 종료한다. 메모리 쓰기와 락 해제를 나누어 수행하는 이유는 루프 중에 메모리 배리어를 수행하면 CPU 파이프라인 실행의 실행 속도가 낮아질 수 있기 때문이다. 마찬가지로 ReadTrans와 WriteTrans의 load 함수에서 수행하는 사전 및 사후 검사를 트랜잭션 전후로 모으면 메모리 배리어의 오버헤드를 줄일 수 있다.

STMResult 타입

여기에서는 STMResult 타입을 설명한다. 이 타입은 트랜잭션을 실행하는 클로저의 반환값 타입이며 Option 타입의 변종으로 간주할 수 있다. 다음 코드는 STMReuslt를 정의한 예다.

예제 7-12 tl2.rs의 STMReulst 타입

`Rust`

```
pub enum STMResult<T> {
    Ok(T),
    Retry, // 트랜잭션 재시도
    Abort, // 트랜잭션 중단
}
```

STM의 트랜잭션은 경합을 감지하면 중단한다. 그래서 이번 구현에서는 트랜잭션이 중단될 때 클로저가 STMResult의 Ok 또는 Retry를 반환하면 재시도하고 Abort를 반환하면 트랜잭션을 중지한다. 트랜잭션이 성공한 경우에는 클로저가 Ok를 반환하도록 하고 그 안의 값을 Option

타입의 Some으로 감싸서 결과를 반환하고 Retry 또는 Abort를 반환하면 None을 반환하도록
한다.

STM 타입

다음 코드를 이용해 트랜잭션을 실행하기 위한 STM 타입을 설명하겠다. STM 타입은 Mutex 타
입과 같이 스레드 사이에서 공유 가능하며, 이 타입으로 구현된 함수에 클로저를 전달해 트랜잭
션을 실행한다.

예제 7-13 tl2.rs의 STM 타입

`Rust`

```rust
pub struct STM {
    mem: UnsafeCell<Memory>, // 실제 메모리
}

// 스레드 사이에서 공유 가능하도록 설정. 채널에서 송수신 가능하도록 설정
unsafe impl Sync for STM {}
unsafe impl Send for STM {}

impl STM {
    pub fn new() -> Self {
        STM {
            mem: UnsafeCell::new(Memory::new()),
        }
    }

    // 읽기 트랜잭션 ❶
    pub fn read_transaction<F, R>(&self, f: F) -> Option<R>
    where
        F: Fn(&mut ReadTrans) -> STMResult<R>,
    {
        loop {
            // 1. global version-clock 읽기 ❷
            let mut tr = ReadTrans::new(unsafe { &*self.mem.get() });

            // 2. 투기적 실행 ❸
            match f(&mut tr) {
                STMResult::Abort => return None, // 중단
                STMResult::Retry => {
                    if tr.is_abort {
                        continue; // 재시도
```

```
                }
                return None; // 중단
            }
            STMResult::Ok(val) => {
                if tr.is_abort == true {
                    continue; // 재시도
                } else {
                    return Some(val); // 3. 커넷
                }
            }
        }
    }
}

// 쓰기 트랜잭션 ❹
pub fn write_transaction<F, R>(&self, f: F) -> Option<R>
where
    F: Fn(&mut WriteTrans) -> STMResult<R>,
{
    loop {
        // 1. global version-clock 읽기 ❺
        let mut tr = WriteTrans::new(unsafe { &mut *self.mem.get() });

        // 2. 투기적 실행 ❻
        let result;
        match f(&mut tr) {
            STMResult::Abort => return None,
            STMResult::Retry => {
                if tr.is_abort {
                    continue;
                }
                return None;
            }
            STMResult::Ok(val) => {
                if tr.is_abort {
                    continue;
                }
                result = val;
            }
        }

        // 3. write-set 락 ❼
        if !tr.lock_write_set() {
            continue;
        }
```

```
        // 4. global version-clock 증가 ❽
        let ver = 1 + tr.mem.inc_global_clock();

        // 5. read-set 검증 ❾
        if tr.read_ver + 1 != ver && !tr.validate_read_set() {
            continue;
        }

        // 6. 커밋과 릴리즈 ❿
        tr.commit(ver);

        return Some(result);
        }
    }
}
```

❶ 읽기 트랜잭션을 실행하는 read_transaction 함수. 이 함수는 ReadTrans 타입의 참조를 받아서 STMResult 타입의 값을 반환하는 클로저를 인수로 받은 뒤 Option 타입을 반환한다. 클로저 안에서는 ReadTrans 타입의 참조를 이용해 메모리를 읽는다. 클로저의 반환값과 read_transaction 함수의 반환값은 STMResult 타입에서 설명한 것처럼 트랜잭션이 성공하면 클로저의 반환값인 STMResult 타입의 Ok로 감싼 값이 Option 타입의 Some에 감싸져 반환된다.

❷ ReadTrans 타입의 값을 초기화해서 단계 1의 global version-clock을 읽는다.

❸ 인수로 전달된 클로저(트랜잭션)를 실행해 성공하면 값을 반환하고, 그렇지 않으면 재시도 또는 중단을 선택한다.

❹ 쓰기 트랜잭션을 실행하는 write_transaction 함수를 정의한다. 이 함수도 기본적으로는 쓰기용 알고리즘을 순서대로 실행할 뿐이다. write_transaction 함수의 인수도 클로저이며 클로저의 인수가 WriteTrans 타입이지만 읽기 트랜잭션과는 다르다. WriteTrans 타입은 메모리 읽기는 물론 쓰기도 수행하는 타입이다.

❺ WriteTrans 타입을 생성하고 단계 1의 global version-clock을 읽는다.

❻ 단계 2의 투기적 실행을 수행하고, 실행에 실패하면 중단 또는 재시도를 선택한다.

❼ 알고리즘의 단계 3에 있는 write-set 락. 락에 실패하면 재시도한다.

❽ 알고리즘의 단계 4의 global version-clock 증가. 업데이트 후의 값이 ver 변수에 저장된다.

❾ 알고리즘의 단계 5의 read-set 검증을 수행하는 부분이며 검증에 실패하면 재시도한다.

❿ 마지막으로 알고리즘의 단계 6의 쓰기 메모리로 커밋, 즉 쓰기와 락 해제, 버전 업데이트를 수행한다.

7.2.4 STM을 활용한 식사하는 철학자 문제 구현

마지막으로 STM을 이용해 식사하는 철학자 문제를 구현해보자. 다음 코드는 트랜잭션 중에 메모리 읽기 쓰기를 수행하기 위한 매크로다.

예제 7-14 main.rs(TL2용 매크로)

`Rust`

```rust
// 메모리 읽기용 매크로 ❶
#[macro_export]
macro_rules! load {
    ($t:ident, $a:expr) => {
        if let Some(v) = ($t).load($a) {
            v
        } else {
            // 읽기에 실패하면 재시도
            return tl2::STMResult::Retry;
        }
    };
}

// 메모리 쓰기용 매크로 ❷
#[macro_export]
macro_rules! store {
    ($t:ident, $a:expr, $v:expr) => {
        $t.store($a, $v)
    };
}
```

❶ 메모리 읽기용 매크로. 이 매크로에서는 메모리 읽기에 실패하면 Retry를 반환한다.

❷ 메모리 쓰기용 매크로. 이 매크로는 store 함수를 감싼 것으로, 읽기 매크로와 인터페이스를 맞출 뿐이다.

다음 코드는 식사하는 철학자 문제의 임포트, 상숫값, 철학자를 나타내는 함수를 구현한 예다. 이 구현에서는 포크 1개에 대해 STM 스트라이프를 1개 이용하도록 했다.

예제 7-15 main.rs(TL2를 이용해서 식사하는 철학자 문제의 철학자 구현)

```rust
use std::sync::Arc;
use std::{thread, time};

mod tl2;

// 철학자 수
const NUM_PHILOSOPHERS: usize = 8;

fn philosopher(stm: Arc<tl2::STM>, n: usize) { // ❶
    // 왼쪽과 오른쪽 포크용 메모리 ❷
    let left = 8 * n;
    let right = 8 * ((n + 1) % NUM_PHILOSOPHERS);

    for _ in 0..500000 {
        // 포크를 든다.
        while !stm
            .write_transaction(|tr| {
                let mut f1 = load!(tr, left);  // 왼쪽 포크 ❸
                let mut f2 = load!(tr, right); // 오른쪽 포크
                if f1[0] == 0 && f2[0] == 0 {  // ❹
                    // 양쪽이 모두 비어 있으면 1로 설정
                    f1[0] = 1;
                    f2[0] = 1;
                    store!(tr, left, f1);
                    store!(tr, right, f2);
                    tl2::STMResult::Ok(true)
                } else {
                    // 양쪽을 들 수 없으면 취득 실패
                    tl2::STMResult::Ok(false)
                }
            })
            .unwrap()
        { }

        // 포크를 내려놓는다. ❺
        stm.write_transaction(|tr| {
            let mut f1 = load!(tr, left);
            let mut f2 = load!(tr, right);
```

```
                f1[0] = 0;
                f2[0] = 0;
                store!(tr, left, f1);
                store!(tr, right, f2);
                tl2::STMResult::Ok(())
            });
        }
    }
```

---

❶ 철학자의 작동을 수행하는 philosopher 함수. 인수 stm은 STM으로의 포인터고, 인수 n
은 철학자 번호다.

❷ 자신의 번호에 대응하는 포크의 주소를 계산한다.

❸ 왼쪽과 오른쪽 포크의 상태를 얻는다.

❹ 왼쪽과 오른쪽 포크를 모두 얻을 수 있다면(값이 0) 획득 완료 후 값을 1로 설정하고 true
를 반환한다. 왼쪽과 오른쪽 모두를 얻을 수 없다면 false를 반환하며 획득할 수 있을 때까
지 while 루프를 반복한다.

❺ 포크를 내려놓는 트랜잭션. 여기에서는 단순히 값을 0으로 설정할 뿐이다.

다음 코드는 철학자를 관측하는 관측자를 구현한 예다.

예제 7-16 main.rs(TL2를 이용해 식사하는 철학자 문제의 관측자를 구현)　　　　　`Rust`

```
// 관측자
fn observer(stm: Arc<tl2::STM>) {
    for _ in 0..10000 {
        // 포크의 현재 상태를 얻는다. ❶
        let chopsticks = stm
            .read_transaction(|tr| {
                let mut v = [0; NUM_PHILOSOPHERS];
                for i in 0..NUM_PHILOSOPHERS {
                    v[i] = load!(tr, 8 * i)[0];
                }

                tl2::STMResult::Ok(v)
            })
            .unwrap();

        println!("{:?}", chopsticks);
```

```
        // 들고 있는 포크 수가 홀수면 올바르지 않음 ❷
        let mut n = 0;
        for c in &chopsticks {
            if *c == 1 {
                n += 1;
            }
        }

        if n & 1 != 0 {
            panic!("inconsistent");
        }

        // 100마이크로초 동안 슬립
        let us = time::Duration::from_micros(100);
        thread::sleep(us);
    }
}
```

❶ 포크의 현재 상태를 얻어서 표시한다.

❷ 들고 있는 포크 수를 계산하여 홀수면 중간 상태(아토믹하게 처리되지 않음)를 의미하므로 패닉에 빠진다.

다음 코드는 TL2를 이용해 식사하는 철학자 문제의 main 함수를 구현한 예다.

예제 7-17 main.rs(TL2를 이용해 식사하는 철학자 문제의 main 함수 구현)

`Rust`

```
fn main() {
    let stm = Arc::new(tl2::STM::new());
    let mut v = Vec::new();

    // 철학자 스레드 생성
    for i in 0..NUM_PHILOSOPHERS {
        let s = stm.clone();
        let th = std::thread::spawn(move || philosopher(s, i));
        v.push(th);
    }

    // 관측자 스레드 생성
    let obs = std::thread::spawn(move || observer(stm));

    for th in v {
```

```
        th.join().unwrap();
    }

    obs.join().unwrap();
}
```

위 함수를 실행하면 다음과 같이 포크의 상태가 observer 함수에 의해 표시된다.

```
[0, 0, 0, 1, 1, 1, 1, 0]
[1, 1, 1, 0, 0, 0, 0, 1]
[1, 1, 1, 0, 0, 0, 0, 1]
[1, 1, 0, 0, 1, 1, 0, 0]
[1, 1, 1, 1, 0, 0, 1, 1]
[1, 1, 1, 0, 0, 0, 0, 1]
[1, 1, 0, 0, 1, 1, 0, 0]
[1, 0, 0, 0, 0, 0, 0, 1]
[0, 0, 0, 1, 1, 0, 0, 0]
[1, 1, 0, 0, 1, 1, 0, 0]
...
```

뮤텍스를 이용해 구현했을 때의 식사하는 철학자 문제는 데드락이 발생해 처리가 진행되지 않은 경우가 있었지만 STM 버전의 구현에서는 데드락이 발생하지 않고 마지막까지 처리가 실행된다. 그리고 STM의 트랜잭션이 아토믹하지 않다면 철학자가 한쪽 포크만 든 상태를 관측하게 되지만 실행 결과를 보면 그런 상태에는 도달하지 않음을 알 수 있다.

7.2.5 TL2 개선

앞에서 구현한 TL2는 기본적인 기능만 가지고 있어 몇 가지 개선 방법을 생각할 수 있다. 첫 번째는 메모리 배리어를 집약하는 방법이다. ReadTrans나 WriteTrans 타입의 load 함수에서는 메모리 읽기 전후로 메모리의 락과 버전을 검사한다. 이 검사에는 메모리 배리어가 필요하지만 메모리 배리어를 사용하면 CPU 파이프라인 실행 시 실행 속도가 느려진다. 이것은 여러 주소 검사 및 읽기, 검사 처리를 집약하면 메모리 배리어에 의한 실행 속도 저하를 어느 정도 해소할 수 있다.

두 번째는 global version-clock의 오버플로에 관한 대책이다. 이번 구현에서는 global version-clock을 증가할 뿐 다른 검사는 수행하지 않았으므로 언젠가 오버플로가 발생하게 된다. 그러므로 오버플로를 감지했을 때는 global version-clock과 모든 스프라이트의 버전을 0으로 설정해야 한다.

세 번째는 객체 단위로 다루도록 하는 것이다. 이번 구현에서는 스트라이프별로 버전 관리를 했다. 실제로는 객체 단위로 관리해야 편의성이 높다. 하지만 객체 단위의 구현은 가비지 컬렉션을 제공하는 언어에서는 편리하지만 메모리를 직접 관리하는 언어에서는 이용하기 어렵다.

네 번째는 재시도가 많을 때는 트랜잭션을 실행하는 스레드 수를 제한하는 것이다. 기본적으로는 트랜잭션을 실행하는 스레드가 많을수록 경합이 발생할 확률이 높아 라이브락에 빠질 가능성이 커진다. 그러므로 여러 스레드에 의한 트랜잭션 실행과 빈번한 재시도를 감지했을 때는 실행하는 스레드 수를 제한하는 등 보완을 해야 한다.

이외에도 HTM의 동시 실행을 위한 개선, NUMA 환경에서의 실행 속도 향상, global version-clock으로의 접근 수 감소 등 개선점을 고려할 수 있지만 이 책에서 설명하는 범위를 크게 벗어나므로 자세한 내용은 참고 문헌[45]을 참조하기 바란다.

7.3 락프리 데이터 구조와 알고리즘

이 절에서는 락프리 데이터 구조를 설명한다. 락프리[lockfree]란 배타락을 이용하지 않고 처리를 수행하는 데이터 구조 및 그에 대한 조작 알고리즘을 총칭한다. 아토믹하게 데이터를 업데이트하기 위해 3장 '동기 처리 1'에서 설명한 Compare and Swap[CAS] 명령을 이용한다. 이 절에서는 락프리 데이터 구조 가운데 가장 기본적인 락프리 스택을 설명한 후 락프리 데이터 구조에 관한 여러 가지 문제와 락프리 데이터 구조 분류를 설명한다.

7.3.1 락프리 스택

락프리 스택은 선두 요소에 대한 push와 pop 조작만 가진 리스트로 구현된다. 다음 코드는 락프리 스택의 구현 예다. 뒤에서 이유를 설명하겠지만 이 코드는 올바로 작동하지 않을 수 있다.

```rust
use std::ptr::null_mut;
use std::sync::atomic::{AtomicPtr, Ordering};

// 스택의 노드. 리스트 구조로 관리 ❶
struct Node<T> {
    next: AtomicPtr<Node<T>>,
    data: T,
}

// 스택의 선두
pub struct StackBad<T> {
    head: AtomicPtr<Node<T>>,
}

impl<T> StackBad<T> {
    pub fn new() -> Self {
        StackBad {
            head: AtomicPtr::new(null_mut()),
        }
    }

    pub fn push(&self, v: T) { // ❷
        // 추가할 노드 작성
        let node = Box::new(Node {
            next: AtomicPtr::new(null_mut()),
            data: v,
        });

        // Box 타입의 값으로부터 포인터를 꺼낸다.
        let ptr = Box::into_raw(node);

        unsafe {
            // 아토믹하게 헤드 업데이트 ❸
            loop {
                // head 값 취득
                let head = self.head.load(Ordering::Relaxed);

                // 추가할 노드의 next를 head로 설정
                (*ptr).next.store(head, Ordering::Relaxed);

                // head 값이 업데이트되지 않으면 추가할 노드에 업데이트
                if let Ok(_) =
```

```
                    self.head
                        .compare_exchange_weak(
                            head, // 값이 head면
                            ptr,  // ptr로 업데이트
                            Ordering::Release, // 성공 시 오더
                            Ordering::Relaxed  // 실패 시 오더
                ) {
                    break;
                }
            }
        }
    }

    pub fn pop(&self) -> Option<T> { // ❹
        unsafe {
            // 아토믹하게 헤드 업데이트
            loop {
                // head 값 취득 ❺
                let head = self.head.load(Ordering::Relaxed);
                if head == null_mut() {
                    return None; // head가 null이면 None
                }

                // head.next 취득 ❻
                let next = (*head).next.load(Ordering::Relaxed);

                // head 값이 업데이트되지 않으면
                // head.next를 새로운 header로 업데이트 ❼
                if let Ok(_) = self.head.compare_exchange_weak(
                    head, // 값이 head면
                    next, // next 업데이트
                    Ordering::Acquire, // 성공 시 오더
                    Ordering::Relaxed, // 실패 시 오더
                ) {
                    // 포인터를 Box로 되돌려 안의 값을 반환
                    let h = Box::from_raw(head);
                    return Some((*h).data);
                }
            }
        }
    }
}

impl<T> Drop for StackBad<T> {
```

```
    fn drop(&mut self) {
        // 데이터 삭제
        let mut node = self.head.load(Ordering::Relaxed);
        while node != null_mut() {
            // 포인터를 Box로 되돌리는 조작을 반복
            let n = unsafe { Box::from_raw(node) };
            node = n.next.load(Ordering::Relaxed)
        }
    }
}
```

❶ Node 타입은 락프리 스택을 구현하기 위한 타입이며 next 변수는 다음 노드로의 포인터다. StackBad 타입은 선두 노드로의 포인터인 head 변수를 저장하는 타입으로 head 변숫값을 아토믹하게 변경해 아토믹한 스택의 push와 pop을 구현한다.

❷ push 함수에서는 let n = alooc(Node); n.next = head; head = n이라는 push 조작을 아토믹하게 수행한다.

❸ 실제 push 조작을 수행하는 코드. 먼저 head 변숫값을 얻어 새롭게 추가할 노드의 다음 노드를 haed 변숫값에 설정한다. 그 후 CAS 조작으로 head 변숫값을 업데이트한다. 여기에서 head 값이 바뀌지 않은 것을 확인함으로써 head 변수 취득과 업데이트 중에 다른 노드에 의해 head 변수가 변경되지 않았음을 확인할 수 있다.

❹ pop 함수에서는 head = head.next; dealloc(head)와 같은 pop 조작을 아토믹하게 수행한다.

❺ head 함숫값을 읽어 그 값이 null인 경우에는 아무런 데이터가 없는 것이므로 None을 반환한다.

❻ head.next 값을 읽는다.

❼ CAS 조작으로 head 값을 head.next 값으로 업데이트한다. CAS 조작이 실패하면 재실행하고 성공하면 포인터를 Box 타입으로 되돌려 그 안의 데이터를 반환한다. 이렇게 해서 힙상에 있는 데이터의 라이프타임을 다시 Rust의 컴파일러에서 관리한다.

이상이 락프리 스택이다. 기본적인 조작은 링크드 리스트 구조를 이용한 스택과 같으며 선두 포인터에 push와 pop 조작을 수행해 데이터를 업데이트해나간다. 이 코드에서 볼 수 있듯이 락프리 스택에서는 push와 pop 조작을 CAS 조작을 이용해 아토믹하게 수행하므로 배타락을 이용하지 않고 여러 프로세스 사이에서 데이터 공유 및 업데이트를 할 수 있다. 락프리 스택을 기본으로 락프리 리스트 등으로 발전시켜야 하지만 이 책에서는 해당 내용은 설명하지 않는다. 락프리는 참고 문헌[46]을 참조하기 바란다.

7.3.2 ABA 문제

앞에서 설명한 락프리 스택은 대부분의 경우에는 문제가 없지만 어떤 특수한 조건을 만족하면 ABA 문제가 발생한다. 이 절에서는 ABA 문제와 대처 방법을 설명한다.

다음 그림은 ABA 문제의 예를 나타낸 것이다.

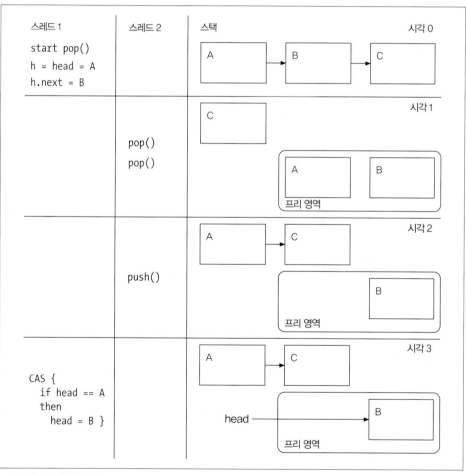

그림 7-6 ABA 문제의 예

그림에서는 2개의 스레드가 락프리 스택에 push와 pop을 수행하고 있다. 초기 상태에서는 락프리 스택에 3개의 데이터가 존재하고, 각 노드의 주소는 A, B, C라고 가정한다. 먼저 시각 0에서 스레드 1이 pop 조작을 시작한다. 이때 스레드 1은 head의 주소 A와 A의 다음 노드 주소인 B를 기억한다. 그 후 시각 1에서 스레드 2가 2번의 pop 조작을 수행한다. 그러면 노드 A와 B는 스택에서 제거되고 그 메모리는 프리 영역이 된다. 그 후 시각 2에서 스레드 2가 새로운 데이터를 push한다. 만약 이때 프리 영역이 된 노드 A가 재사용되면 스택은 그림과 같이 A → C라는 상태가 된다. 마지막으로 시각 3에서 스레드 1이 pop 조작에 이은 CAS 조작을 수행하면 head는 외관상 바뀌지 않지만 해제된 노드 B를 이용해 업데이트를 수행하게 된다.

락프리 스택에서는 CAS 조작에 따라 head가 업데이트되지 않았음을 확인한 다음 push와 pop을 수행했다. 하지만 만약 메모리 영역이 재사용되면 위와 같은 문제가 발생한다. 이처럼 A를 읽고 B를 읽고 A를 읽었을 때 처음과 마지막 A의 값은 같지만 의미상으로는 다른 경우가 있다. 이를 ABA 문제라 부른다.

ABA 문제가 발생하는 이유는 업데이트 유무를 CAS 처리에 의한 값 비교로 수행하기 때문이며, 값 비교가 아니라 해당 메모리에 어떤 쓰기가 있었는지 감지할 수 있다면 문제를 해결할 수 있다. 사실 이것은 3.2.3절 'Load-Link/Store-Conditional'에서 설명한 LL/SC 명령을 이용해서 구현할 수 있다.

다음은 LL/SC를 이용한 락프리 스택을 구현한 예다. 이 코드는 기본적인 조작은 이전과 완전히 동일하지만 포인터에 관한 조작의 많은 부분을 AArch64 어셈블리로 구현하고 있다. 어셈블리 구현에는 Rust의 인라인 어셈블리를 이용했다. 책 집필 시점에 Rust의 인라인 어셈블리는 nightly만 이용할 수 있었으며 사용 또한 변경될 가능성이 있으므로 주의하기 바란다. 인라인 어셈블리는 Rust의 nightly를 rustup 등으로 설치한 뒤

```
$ cargo +nightly nun --release
```

와 같이 +nightly 옵션을 붙여서 실행하면 이용할 수 있다.

예제 7-19 stack.rs(락프리 스택)   `Rust`

```rust
use std::ptr::null_mut;

// 스택의 노드. 리스트 구조로 관리 ❶
#[repr(C)]
```

```rust
struct Node<T> {
    next: *mut Node<T>,
    data: T,
}

// 스택의 선두 ❷
#[repr(C)]
pub struct StackHead<T> {
    head: *mut Node<T>,
}

impl<T> StackHead<T> {
    fn new() -> Self {
        StackHead { head: null_mut() }
    }

    pub fn push(&mut self, v: T) { // ❸
        // 추가할 노드 작성
        let node = Box::new(Node {
            next: null_mut(),
            data: v,
        });

        // Box 타입의 값으로부터 포인터를 꺼낸다.
        let ptr = Box::into_raw(node) as *mut u8 as usize;

        // 포인터의 포인터 취득
        // head에 저장되어 있는 메모리를 LL/SC
        let head = &mut self.head as *mut *mut Node<T> as *mut u8 as usize;

        // LL/SC를 이용한 push ❹
        unsafe {
            asm!("1:
                    ldxr {next}, [{head}] // next = *head
                    str {next}, [{ptr}]   // *ptr = next
                    stlxr w10, {ptr}, [{head}] // *head = ptr
                    // if tmp != 0 then goto 1
                    cbnz w10, 1b",
                next = out(reg) _,
                ptr = in(reg) ptr,
                head = in(reg) head,
                out("w10") _)
        };
    }
}
```

```
pub fn pop(&mut self) -> Option<T> { // ❺
    unsafe {
        // 포인터의 포인터 취득
        // head에 저장된 메모리를 LL/SC
        let head = &mut self.head as *mut *mut Node<T> as *mut u8 as usize;

        // pop한 노드로의 주소 저장
        let mut result: usize;

        // LL/SC을 이용한 pop ❻
        asm!("1:
            ldaxr {result}, [{head}] // result = *head
            // if result != NULL then goto 2
            cbnz {result}, 2f

            // if NULL
            clrex // clear exclusive
            b 3f  // goto 3

            // if not NULL
            2:
            ldr {next}, [{result}]    // next = *result
            stxr w10, {next}, [{head}] // *head = next
            // if tmp != 0 then goto 1
            cbnz w10, 1b

            3:",
            next = out(reg) _,
            result = out(reg) result,
            head = in(reg) head,
            out("w10") _);

        if result == 0 {
            None
        } else {
            // 포인터를 Box로 되돌리는 조작을 반복
            let ptr = result as *mut u8 as *mut Node<T>;
            let head = Box::from_raw(ptr);
            Some((*head).data)
        }
    }
}
```

```
impl<T> Drop for StackHead<T> {
    fn drop(&mut self) {
        // 데이터 삭제
        let mut node = self.head;
        while node != null_mut() {
            // 포인터를 Box로 되돌리는 조작을 반복함
            let n = unsafe { Box::from_raw(node) };
            node = n.next;
        }
    }
}
```

❶ 스택의 각 노트를 나타내는 Node 타입. 기본적으로는 앞의 정의와 같지만 이번 구현에서는 인라인 어셈블리에서 접근하므로 #[repr(C)]로 멤버 변수가 메모리상에 정의한 순서대로 배치되도록 지정했다.

❷ 스택의 선두를 나타내는 StackHead 타입. 마찬가지로 #[repr(C)]를 지정한다.

❸ push 함수. 여기에서도 먼저 Box로 힙상에 데이터를 생성하고 포인터를 꺼낸다. 그 후 스택의 선두를 가리키는 포인터에 저장되어 있는 주소를 얻는다. 이 주솟값을 아토믹하게 변경함으로써 push 조작을 수행한다.

❹ LL/SC 명령을 이용한 push. 기본적으로는 포인터 조작이지만 head가 가리키는 값을 배타적으로 읽으므로 이 주소에 대한 읽기 쓰기가 다른 CPU에서 수행되지 않는 경우에 한해 쓰기가 성공한다.

❺ pop 함수. 이 함수에서도 먼저 스택의 선두를 가리키는 포인터가 저장되어 있는 주소를 얻는다.

❻ pop 조작. head가 가리키는 값을 배타적으로 읽고 head의 다음 노도를 쓴다. 이 쓰기는 다른 CPU에 의한 head로의 읽기 쓰기가 있을 경우 실패한다.

이렇게 LL/SC 명령을 이용함으로써 ABA 문제를 회피할 수 있다. 이 락프리 스택을 멀티스레드에서 이용하기 위해 다음 코드와 같은 Stack 타입을 정의한다.

예제 7-20 stack.rs(Stack 타입)

`Rust`

```
use std::cell::UnsafeCell;

// StackHead를 UnsafeCell로 저장
pub struct Stack<T> {
```

```
        data: UnsafeCell<StackHead<T>>,
    }

    impl<T> Stack<T> {
        pub fn new() -> Self {
            Stack {
                data: UnsafeCell::new(StackHead::new()),
            }
        }

        pub fn get_mut(&self) -> &mut StackHead<T> {
            unsafe { &mut *self.data.get() }
        }
    }

    // 스레드 사이의 데이터 공유 및 채널을 사용한 송수신이 가능하도록 설정
    unsafe impl<T> Sync for Stack<T> {}
    unsafe impl<T> Send for Stack<T> {}
```

이 Stack 타입은 UnsafeCell 타입으로 StackHead 타입의 값을 저장할 뿐이다. Sync 트레이트를 구현함으로써 스레드 사이의 공유가, Send 트레이트를 구현함으로써 채널을 사용한 소유권 송수신이 가능해진다.

다음 코드는 락프리 스택을 이용하는 예다.

예제 7-21 main.rs `Rust`

```
#![feature(asm)]

use std::sync::Arc;

mod stack;

const NUM_LOOP: usize = 1000000; // 루프 횟수
const NUM_THREADS: usize = 4;    // 스레드 수

use stack::Stack;

fn main() {
    let stack = Arc::new(Stack::<usize>::new());
    let mut v = Vec::new();
```

```
for i in 0..NUM_THREADS {
    let stack0 = stack.clone();
    let t = std::thread::spawn(move || {
        if i & 1 == 0 {
            // 짝수 스레드는 push
            for j in 0..NUM_LOOP {
                let k = i * NUM_LOOP + j;
                stack0.get_mut().push(k);
                println!("push: {}", k);
            }
            println!("finished push: #{}", i);
        } else {
            // 홀수 스레드는 pop
            for _ in 0..NUM_LOOP {
                loop {
                    // pop None이면 재시도
                    if let Some(k) = stack0.get_mut().pop() {
                        println!("pop: {}", k);
                        break;
                    }
                }
            }
            println!("finished pop: #{}", i);
        }
    });
    v.push(t);
}

for t in v {
    t.join().unwrap();
}

assert!(stack.get_mut().pop() == None);
}
```

이 코드에서 짝수 번째 스레드는 push 조작, 홀수 번째 스레드는 pop 조작을 수행한다. 따라서 합계의 push 수와 pop 수가 같으며 main 함수의 마지막에 있는 pop 조작은 반드시 None이 반환된다. 이 코드를 실행하면 assert가 반드시 성공하고 락프리 스택이 올바르게 작동하는 것을 알 수 있다.

이상이 LL/SC 명령을 이용한 ABA 문제의 해결 방법이다. x86-64에서는 LL/SC 명령이 존재하지 않기 때문에 태그를 이용한다. 태그[tag]는 포인터의 버전 정보를 의미하며 파괴적인 조작이 수행될 때 포인터의 버전을 변경한다. 그렇게 함으로써 같은 주소를 가리키는 포인터라 하더라도 버전이 다르기 때문에 CAS 명령으로 변경을 감지할 수 있다.

태그 구현 방법에는 포인터 안에 삽입하는 방법과 포인터와 별도로 준비하는 방법이 있다. 포인터 안에 삽입하는 방법의 경우 64비트(CPU의 비트 폭)의 CAS 명령이 있으면 구현할 수 있지만 포인터와 별도로 준비하는 방법에서는 포인터의 64 + 태그 비트 길이의 CAS 명령이 필요하다. 새로운 x86-64의 경우 cmpxchg16b라는 128비트의 CAS 명령을 이용해 구현할 수 있다.

7.3.3 멀티스레드에서의 참조에 관한 문제

락프리 데이터 구조는 멀티스레드에서의 접근이나 업데이트를 수행하지만 데이터 삭제에 관한 문제가 발생하기도 한다. 다음 그림은 멀티스레드로 참조를 수행할 때 일어나는 문제의 예다.

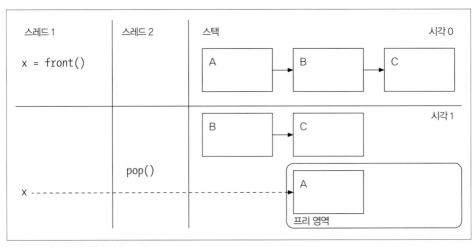

그림 7-7 멀티스레드에서의 참조 예

여기에서는 앞의 락프리 스택에 선두 노드를 참조하기 위한 front라는 함수를 추가했다고 가정한다. 초기 상태에서 리스트는 A → B → C로 연결되어 있으며 시각 0에서 스레드 1이 선두 노드를 참조했다고 가정한다. 그 후 시각 1에서 스레드 2가 pop 조작을 수행하고 선두 노드를 파기하면 스레드 1의 참조 x는 댕글링 포인터[dangling pointer]가 된다.

이런 상태가 일어나는 것은 스레드 2가 파괴적 조작을 수행함에도 불구하고 스레드 1에서 참조할 수 있게 되기 때문이다. Rust 언어에서는 이런 문제를 소유권을 이용해 해결했지만 락프리 데이터 구조를 이용하면 다시 멀티스레드에서의 참조 문제가 발생한다.

이를 해결하기 위해서는 동적 메모리 관리, 즉 가비지 컬렉션(GC)이 필요하다. Java나 .Net 계열의 프로그래밍 언어는 GC를 제공하므로 스레드 1에서 참조되는 객체는 시각 1의 시점에서 생존하는 것이 보증된다.

GC가 없는 프로그래밍 언어의 경우 직접 GC를 구현해야 하며 그중 가장 유명한 방법은 해저드 포인터^{Hazard pointer}라 불리는 방법이다.[47] 해저드 포인터에서는 스레드 로컬한 저장소에 현재 접근 중인 주소를 저장하고, 메모리 해제 시 해당 저장소에 해당 주소가 존재하지 않는 것을 확인한 뒤 메모리를 해제한다. 범용 GC 방식이 다양하게 존재하는 것처럼 락프리 데이터 구조를 위한 GC 방식도 몇 가지 제안되어 있다.[48],[49]

7.3.4 락프리 분류

락프리라는 용어는 원래 뮤텍스 등에 의존하지 않는다는 의미로 이용되어 왔지만 락프리의 데이터 구조와 알고리즘은 **배타 락프리**^{obstruction-freedom}, **락프리**^{lock-freedom}, **웨이트 프리**^{wait-freedom} 등으로 보다 상세히 분류되기도 한다.

다음 표에 락프리의 분류 및 그 의미를 나타냈다.

표 7-5 락프리 분류

	배타락을 사용하지 않음	라이브락이 발생하지 않음	굶주림이 발생하지 않음
배타 락프리	✓		
락프리	✓	✓	
웨이트 프리	✓	✓	✓

이 분류에 따르면 락프리란 라이브락이 발생하지 않는 알고리즘이라고 할 수 있다. 즉, LL/SC 와 같은 재시도가 반복될 가능성이 있는 경우에는 락프리가 되지 않으며, 배타 락프리가 된다. 그리고 여기에서 말하는 라이브락은 4.2절 '라이브락과 굶주림'에서 정의한 것과 같이 시스템 수준의 상태를 나타낸다.

한편 배타 락프리가 원래의 락프리라 불리던 의미와 가까우며, 어떤 스레드가 다른 스레드로부터 독립해 실행된 경우 그 스레드의 진행이 보증된다.[50] 그리고 락프리 데이터 구조는 위 분류와의 혼동을 피하기 위해 **동시 데이터 구조**concurrent data structure라 부르기도 한다.

단, 현재도 락프리는 원래의 의미, 즉 배타락을 이용하지 않는다는 의미로 많이 사용되며 반드시 위 분류에 맞춰 부르지는 않는다. 필자의 개인적인 의견이지만 이 분류의 이름에는 문제가 있다고 생각한다. 예를 들어 웨이트 프리라는 용어는 대기 시간이 없는 알고리즘이라고 하고 싶지만 실제로는 대기 시간이 있고 굶주림이 없는 것이다. 그리고 락프리에 라이브락까지 포함하면 기존에 의미하던 배타락이 없다는 의미인 락프리라는 용어와 혼동되어 같은 용어로 다른 의미를 갖게 된다. 분류 자체에는 찬성하지만 이름이 조금 더 명확했으면 하는 바람이다.

동시 계산 모델

1장 '동시성과 병렬성'에서 동시성을 정의했다. 그때의 정의는 매우 추상적이었으며 실제로 어떻게 동시에 계산을 실행하는지 확실히 정의하지 않았다. 이 장에서는 대표적인 2개의 동시 계산 모델을 제시하고 동시 처리에 관해 형식적으로 정의한다. 다시 말해 누가 읽더라도 같은 의미로 이해하도록 정의하는 것이다.

이 장에서 제시하는 동시 계산 모델은 **액터 모델**^actor model과 **π 계산**^π-calculus의 두 가지다. π 계산은 프로세스 사이의 데이터 교환에 채널이라는 통신로를 이용해 수행하는 동시 계산 방식이다. 한편 액터 모델에서는 채널을 이용하지 않고 액터(프로세스)끼리 직접 통신을 수행해 데이터를 교환하는 방식이다. 액터 모델과 π 계산은 메시지의 교환을 주로 계산하기 때문에 공유 메모리 방식의 동시성 프로그래밍과 비교해 **메시지 전달**^message passing 방식으로 구분하기도 한다.

이 장에서는 동시 계산 모델을 설명하기 전에 준비 단계로 **λ 계산**^λ-calculus을 설명하고, 종속 변수와 자유 변수, α 변환, β 간략 등의 기초를 설명한다. λ 계산 자체는 동시성 프로그래밍을 학습하는 데 본질적으로 필요하지 않을지도 모르나 λ 계산의 형식적 표현 능력과 사고방식은 동시성 프로그래밍의 의미를 엄밀하게 정의하는 데 도움이 될 것이다. 그다음 λ 계산을 기반으로 하는 액터 모델을 설명하고, 마지막으로 π 계산을 설명한다.

8.1 수학적 표기

동시 계산 모델을 설명하기 전에 먼저 이 장에서 이용하는 수학적 표기를 알아보자(표 8-1).

표 8-1 이 장에서 이용하는 수학적 표기

표기	의미
$\emptyset$	공집합
$a \in A$	a는 집합 A의 요소다.
$a \notin A$	a는 집합 A의 요소가 아니다.
$A \cup B$	집합 A와 집합 B의 합집합
$A \cap B$	집합 A와 집합 B의 교집합
$A \uplus B$	집합 A와 집합 B의 합집합. 단, 집합 A와 집합 B는 서로소
$A \subseteq B$	집합 A는 집합 B의 부분 집합
$\text{dom}(f)$	사상 f의 정의역
$A \Longleftrightarrow B$	B는 A의 필요 충분 조건
$\dfrac{\text{cond1} \quad \text{cond2} \quad \cdots}{\text{rule}}$	위에 있는 모든 조건을 만족하는 경우 아래에 있는 rule 적용 가능
$A \stackrel{\text{def}}{=} B$	B를 A라고 정의
$M \to N$	무언가 규칙을 적용해 식 M에서 N으로 변환
$M \to_\alpha N$	α 변환을 적용해 식 M에서 N으로 변환
$M \to_\beta N$	β 간략을 적용해 식 M에서 N으로 변환
$\text{bv}(M)$	M 안의 종속 변수의 집합
$\text{fv}(M)$	M 안의 자유 변수의 집합
$\text{all}(M)$	M 안의 모든 변수의 집합
$M\{x \mapsto y\}$	M 안의 자유 변수 x를 y로 치환
$\langle a \Leftarrow x \rangle$	데이터 x를 액터 a로 송신한다는 메시지

$\dfrac{\text{cond1} \quad \text{cond2} \quad \cdots}{\text{rule}}$는 일반적으로 추론 규칙이라 불리며, 위에 있는 조건을 모두 만족하는 경우 아래에 있는 rule을 적용할 수 있음을 나타낸다. 그리고 조건이 없는 경우, 즉 rule만 쓰여 있는 경우에는 무조건 rule을 적용할 수 있다.

$A \uplus B$는 서로소인 집합 A와 B의 합집합이다. A와 B가 서로소면 $A \cap B = \emptyset$이다.

8.2 λ 계산

λ 계산은 알론조 처치$^{\text{Alonzo Church}}$가 1930년대에 발명한 계산 모델이며 계산 능력은 튜링 머신과 등가라는, 즉 튜링 완전함을 앨런 M. 튜링$^{\text{Alan M. Turing}}$이 밝혔다.[51] λ 계산은 Haskell, ML

계열 언어 등의 함수형 언어의 기초 이론으로 이용되며 함수형 언어의 사고는 Ruby나 Python 등 함수형 언어 이외의 언어에도 도입되어 있다.

튜링 머신은 다음 그림과 같이 무한 길이의 테이프가 있고, 내부 상태에 기반해 헤드를 찾아서 테이프에 데이터를 읽고 써서 계산을 수행하는 모델이다.

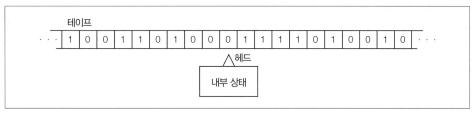

그림 8-1 튜링 머신

C 언어나 Ruby, Python, Haskell, ML 등 일반적인 프로그래밍 언어의 계산은 이 튜링 머신으로 시뮬레이션할 수 있다. 즉, 튜링 완전하다. 튜링 머신은 테이프와 헤드를 이용하는 계산 모델이지만 λ 계산은 추상 함수와 변수의 종속 및 치환에 따른 함수 적용을 이용한 계산 모델이다.

8.2.1 함수

λ 계산에 관한 함수를 설명을 하기 전에 먼저 수학에서의 함수 기술 방식을 생각해보자. 예를 들어 인수 x를 2제곱하는 함수를 수학적 표기로 기술하면 다음과 같다.

$$f(x) = x^2$$

한편 λ 계산을 이용한 기법을 이용해 기술하면 다음과 같다(엄밀하게 말해 x^2이나 다음에 나타낸 제곱 계산은 λ 계산의 기법에 포함되지 않으나 여기에서는 설명을 간단히 하기 위해 이용한다).

$$\lambda x.x^2$$

그럼 인수 x를 3제곱하는 함수를 생각해보자. 수학적 표기로는 다음과 같이 할 수 있다.

$$g(x) = x^3$$

λ 계산을 이용하면 다음과 같이 표기할 수 있다.

$$\lambda x.x^3$$

수학적 표기를 이용한 식은 함수명이 각각 f와 g로 붙기 때문에 두 함수를 이름으로 식별할 수 있다. 만약 두 함수에 같은 이름을 붙이면 $f(x) = x^2$이고 $f(x) = x^3$이므로 $x^2 = x^3$이 되어 이상한 결론에 이르게 된다.

한편 λ 계산에서는 양쪽 모두 머리글자가 λx로 차이가 없다. 수학적 표기에서는 함수 f, 함수 g와 같이 각 함수에 유일한 식별자를 붙이지만 λ 계산에서는 함수에 이름을 붙이지 않는다. 따라서 λx라는 표기로는 그 내용이 어떤 것인지 전혀 판단할 수 없다. 알고 있는 것은 1개의 인수를 받아 무언가 값을 반환하는 함수라는 것뿐이다. 일반적으로 이런 이름이 없는 함수를 무명 함수(또는 익명 함수)라고 부른다.

계속해서 함수 적용에 관해 살펴보자. 여기에서 말하는 **적용**apply이란 어떤 함수에 무언가 값을 대입해서 계산하는 것을 말한다. 엄밀한 함수 적용 방식은 8.2.7절 'β 간략'에서 설명한다. 일반적으로 $\lambda x.M$이라는 λ 식을 값 a에 적용하는 것을 다음과 같이 표기한다.

$$(\lambda x.M \quad a)$$

단, 여기에서 M은 무언가 계산을 수행하는 항이라고 정의한다. 예를 들어 $\lambda x.x^2$에 숫자 3을 적용해 계산하면 다음과 같이 된다.

$$(\lambda x.x^2 \quad 3) \rightarrow 3^2 \rightarrow 9$$

여기에서 오른쪽 화살표는 계산 단계가 진행되는 것을 나타낸다.

8.2.2 커링

다음으로 인수가 2개인 함수의 경우를 생각해보자. 예를 들어 사각형의 넓이를 계산하는 함수 h는 수학적으로 다음과 같이 표기한다.

$$h(x, y) = x \times y$$

이를 λ 계산으로 표기하면 다음과 같다.

$$\lambda x.\lambda y. \ (x \times y)$$

이 식에 값 3, 4를 적용하면 다음과 같이 된다.

$$((\lambda x.\lambda y. \ (x \times y) \ 3) \ 4) \ \rightarrow \ (\lambda y. \ (3 \times y) \ 4)$$
$$\rightarrow \ 3 \times 4$$
$$\rightarrow \ 12$$

수학적 표기에서는 2개의 인수를 갖는 함수 h를 정의했다. λ 계산에서는 1개의 인수를 갖는 함수를 2개 정의해 함수 h와 같은 의미의 식을 구현한다. 변수 x로 인수를 받고, 추가로 변수 y로 인수를 받는 함수를 반환하도록 구현하고 있다. 이 λ 식에 3을 적용하면 변수 y로 인수를 받는 함수를 반환하는 것을 알 수 있다. 이처럼 함수를 반환하는 함수를 정의함으로써 여러 개의 인수를 갖는 함수의 작동을 단일 인수를 갖는 함수로 구현하는 것을 **커링**^{curring}이라 부른다. 이 예에서는 2개의 인수를 갖는 함수를 나타냈지만 원리상 인수의 수와 관계없이 커링할 수 있다.

$h(x, y) = \ x \times y$는 2개의 수를 곱하는 함수 정의지만 여기에 숫자 2를 적용함으로써 숫자를 2배로 만드는 함수를 얻을 수 있다. 예를 들어 이 식에 숫자 2를 적용한 것을 F라고 하자.

$$(\lambda x.\lambda y. \ (x \times y) \ 2) \ \rightarrow \ \lambda y. \ (2 \times y) = \ F$$

그러면 F는 어떤 값을 2배 하는 함수라고 간주할 수 있으며, 5를 2배 하는 계산은 다음과 같이 표기할 수 있다.

$$(F \quad 5) = (\lambda y. \ (2 \times y) \ 5) \ \rightarrow \ 2 \times 5 \rightarrow \ 10$$

이렇게 일부 인수에만 값을 적용하는 것을 **부분 적용**^{partial application}이라 한다.

8.2.3 고차 함수

λ 계산에서 함수는 **1급 객체**^{first-class object}다. 1급 객체는 함수나 값을 별도로 다루지 않고 함수 자체를 함수의 인수로 받거나 함수의 반환값으로 반환할 수 있다. 값이 아닌 함수를 인수로 갖는 함수나 함수를 반환하는 함수를 **고차 함수**^{higher-order function}라 부른다. 함수를 반환하는 함수의 예는 8.2.2절 '커링'에서 설명했다. 이 절에서는 함수를 인수로 갖는 함수를 예를 들어 설명한다.

다음과 같은 함수를 생각해보자.

$$\lambda x.\lambda f.(f \quad x)$$

이 식은 커링된 2개의 인수를 취하는 함수이며 첫 번째 인수에는 값, 두 번째 인수에는 함수를 취하는 것을 알 수 있다. 예를 들어 이 식에 값 3과 2제곱하는 함수를 적용하면 다음과 같다.

$$
\begin{aligned}
((\lambda x.\lambda f.\ (f \quad x)\ 3)\ \lambda x.x^2) &\to (\lambda f.\ (f \quad 3)\ \lambda x.x^2) \\
&\to (\lambda x.x^2 \quad 3) \\
&\to 3^2 \\
&\to 9
\end{aligned}
$$

이렇게 함수를 인수로 갖는 함수를 이용해서 함수를 적용하는 함수를 정의할 수 있다.

하지만 이 예는 너무 자의적이므로 Python을 사용해서 고차 함수를 이용하는 예를 살펴보겠다. 다음 코드는 인수 x에 리스트를 취하고, 인수 f에 함수를 취하는 filter 함수의 예다.

`Python`

```python
def filter(x, f):
    m = []
    for n in x:
        if f(n):
            m.append(n)
    return m
```

이 함수는 리스트 x의 각 요소별로 함수 f를 적용하고, 그 결과가 참인 요소만 추출해서 반환값으로 반환하는 함수다. 이 함수의 사용 예는 다음과 같다.

`Python`

```python
a = [20, 1, 3, 9, 14]
f = lambda x: True if x > 5 else False
b = filter(a, f)
```

이 코드에서는 5보다 큰 값을 리스트 a에서 추출하며 이를 실행하면 b = [20, 9, 14]가 된다. 일반적으로 어떤 필터 규칙에 기반해 리스트 안의 값을 추출할지는 애플리케이션에 따라 다를 것이라고 생각되지만 고차 함수를 이용하면 필터의 특유 패턴을 모두 구현하는 것이 아니라 보다 범용화한 구현을 할 수 있다.

8.2.4 λ 추상

인수와 무명 함수로 식을 기술하는 방법을 **λ 추상**λ abstraction이라 부른다. λ 계산 구문을 **배커스 나우어 표기법**Backus-Naur form, BNF으로 엄밀히 표기하면 다음과 같다.

$$
\begin{array}{lll}
e & = & v & \text{변수} \\
& | & \lambda v.e & \lambda \text{ 추상} \\
& | & (e\ e) & \lambda \text{ 함수 적용}
\end{array}
$$

이렇게 변수, λ 추상, 함수 적용으로 이루어진 식을 **λ 항**λ-term 또는 λ 식이라 부른다. 이 식에서도 알 수 있듯이 엄밀히 말하면 λ 계산에서는 지금까지 설명한 것처럼 덧셈 연산자(+) 등은 정의되어 있지 않으며, 숫자나 논릿값, 조건 분기 등도 정의되어 있지 않다. 이는 프로그램이라고 말할 수 없는 것이 아닌가 생각할 수도 있지만 그런 걱정은 할 필요 없다. 이 식의 정의만 이용해 숫자, 논릿값, 조건식, 사칙 연산 등 각종 수치 연산을 실행할 수 있다. 보다 자세한 내용은 참고 문헌[52]을 참조하기 바란다.

이 절에서는 설명을 위해 이 식의 규칙과 함께 덧셈이나 제곱 등의 연산을 추가한 λ 계산을 이용한다.

8.2.5 종속 변수와 자유 변수

종속 변수bound variable는 함수가 인수를 받았을 때 식 안에서 치환되는 변수, **자유 변수**free variable는 식의 인수로 종속되지 않고 자유롭게 값을 결정할 수 있는 변수다. 말로는 설명이 어려우므로 예를 들어 설명한다.

다음 식은 2차 방정식을 나타내는 함수다.

$$
f(x) = x^2 + A \times x + B
$$

여기에서 변수 x는 인수 x의 값에 의존하며, A와 B는 인수에 의존하지 않는 변수다. 그러므로 $f(x)$ 안의 x는 종속 변수며, A와 B는 자유 변수다. 이것은 λ 계산에서도 마찬가지이며 $\lambda x.E$라고 할 때 E 안의 자유 변수 x가 λx에 의해 종속되므로 x는 종속 변수다. 예를 들어 다음 식에서 x는 종속 변수, A와 B는 자유 변수가 된다.

$$
\lambda x.\,(x^2 + A \times x + B)
$$

여기서 어떤 식 E의 종속 변수의 집합을 $\text{bv}(E)$, 자유 변수의 집합을 $\text{fv}(E)$로 표기하기로 한다. 예를 들어 $\text{bv}(\lambda x. (x^2 + A \times x + B)) = \{x\}$, $\text{fv}(\lambda x. (x^2 + A \times x + B)) = \{A, B \}$가 된다. 이때 자유 변수와 종속 변수의 집합은 다음과 같이 정의할 수 있다.

정의 λ 계산의 자유 변수

λ 계산의 자유 변수의 집합은 다음 식에서 재귀적으로 얻을 수 있는 변수의 집합이다.

$$\text{fv}(x) = \{x\}$$
$$\text{fv}((M \quad N)) = \text{fv}(M) \cup \text{fv}(N)$$
$$\text{fv}(\lambda x.M) = \text{fv}(M) - \{x\}$$

정의 λ 계산의 종속 변수

λ 계산의 종속 변수의 집합은 모든 변수의 집합에서 자유 변수의 집합에 나타나는 변수를 제외한 집합이다. 즉, 종속 변수의 집합은 다음과 같이 구한다.

$$\text{bv}(E) = \text{all}(E) - \text{fv}(E)$$

여기서 $\text{all}(E)$는 E 안의 모든 변수의 집합이다.

8.2.6 α 변환

다음과 같은 식에서 종속 변수와 자유 변수는 어떻게 될까?

$$(\lambda x. (x^2 + A \times x + B) \quad x + 1)$$

이 식을 Python으로 작성하면 다음과 같다.

`Python`

```python
def f(x):
    return x * x + A * x + B

f(x + 1)
```

위 코드를 보면 알 수 있듯이 1, 2행의 변수 x와 4행의 변수 x는 가리키는 대상이 다르다. 즉, 4행의 x는 자유 변수지만 1, 2행의 x는 종속 변수다. λ 식 안의 앞부분 $\lambda x. (x^2 + A \times x + B)$ 의 x는 종속 변수고, 뒷부분의 $x + 1$의 x는 자유 변수다.

여기에서 이 식들의 앞부분에 나타난 종속 변수 x는 변수명을 바꿔도 의미는 변하지 않는다. 예를 들어 앞의 λ 식을 다음과 같이 바꿔도 의미는 같다.

$$(\lambda y. (y^2 + A \times y + B) \quad x + 1)$$

일반적으로 종속 변수 이름을 다른 이름으로 해도 의미는 변하지 않으며, 종속 변수 이름을 변환하는 조작을 **α 변환**$^{\alpha\text{-conversion}}$이라 부른다. 이 책에서 α 변환은 화살표의 오른쪽 아래에 α를 써서 $\rightarrow_\alpha$로 나타낸다. 예를 들어 다음과 같이 기술할 수 있다.

$$(\lambda x. (x^2 + A \times x + B) \quad x + 1) \rightarrow_\alpha (\lambda y. (y^2 + A \times y + B) \quad x + 1)$$

다음 식을 생각해보자.

$$(\lambda x. (x + y) \quad 10)$$

이 식의 종속 변수 x를 y로 치환할 수 있을까? 불가능하다. 식의 의미가 달라지기 때문이다. 예를 들어 이 식의 종속 변수 x를 y로 하면 식은 다음과 같이 된다.

$$(\lambda y. (y + y) \quad 10)$$

원래 식에서는 10에 어떤 값 y를 더했지만 변수를 치환한 식에서는 10을 2배 하게 되어 의미가 완전히 달라졌다. 이는 식 안에 자유 변수 y가 있음에도 불구하고 x를 y로 치환했기 때문이다.

아래와 같은 식을 생각해보자.

$$((\lambda x.\lambda y. (x + y) \quad 10) \quad 20)$$

이 식의 종속 변수 x를 y로 치환하면 마찬가지로 의미가 달라진다. 즉, 다음과 같이 된다.

$$
\begin{aligned}
((\lambda y.\lambda y. (y + y) \quad 10) \quad 20) &\rightarrow (\lambda y. (y + y) \quad 20) \\
&\rightarrow 20 + 20 \\
&\rightarrow 40
\end{aligned}
$$

이는 치환한 변수 y가 λy의 종속 변수 y에 의해 종속되기 때문이다.

이것으로 α 변환을 수행할 수 있는 조건을 알았으므로 α 변환을 정의할 수 있다. 그전에 변수의 **치환**substitution을 정의한다.

> **정의** 치환
>
> 식 E 안의 자유 변수 x를 y로 바꾸는 조작을 변수의 치환이라 하며 $E\{x \mapsto y\}$로 나타낸다.

예를 들어

$$(\lambda x.\,(x + y))\{y \mapsto z\} = \lambda x.\,(x + z)$$

가 된다. 하지만

$$(\lambda x.\,(x + y))\{x \mapsto z\} = \lambda x.\,(x + y)$$

가 되며, 이 경우 변수 x는 종속 변수이므로 치환되지 않는다. 그리고

$$\lambda x.\,(x + y)\{x \mapsto z\} = \lambda x.\,(z + y)$$

가 된다. 이것은 치환하는 것이 λx보다 결합력이 강하다는 것을 의미한다. 즉,

$$\lambda x.\,(x + y)\{x \mapsto z\} = \lambda x.\,((x + y)\{x \mapsto z\})$$

가 된다.

α 변환은 다음과 같이 정의할 수 있다.

> **정의** λ 계산에서의 α 변환
>
> $\lambda x.E$라는 식에서 $y \notin \mathsf{fv}(E)$이고, $E\{x \mapsto y\}$일 때 E 안의 식이 새롭게 y를 종속하지 않는 경우에 한해 $\lambda x.E$를 $\lambda y.E\{x \mapsto y\}$로 변환할 수 있으며, 이 조작을 α 변환이라 부른다.

식 M과 N에서 식 M을 0번 이상 α 변환한 식이 식 N과 완전히 같아졌을 때 식 M과 식 N을 **α 동치**$^{\alpha\text{-equivalent}}$라고 한다. $M \to^*_\alpha N$을 0번 이상 α 변환하면 식 M에서 N이 된다는 의미로 사용하면 α 동치는 다음과 같이 정의할 수 있다.

정의 α 동치

$M \to^*_\alpha N$이 성립한다. $\Leftrightarrow$ 식 M과 N은 α 동치다.

단, 여기에서 $M \to^*_\alpha N \Longleftrightarrow N \to^*_\alpha M$이므로 $N \to^*_\alpha M$이라 해도 좋다.

8.2.7 β 간략

$(\lambda x.M \quad N)$이라는 식이 있을 때 이것은 $M\{x \mapsto N\}$으로 계산된다. 이렇게 해서 계산 단계를 실행하는 것을 **β 간략**$^{\beta\text{-reduction}}$이라 부른다. 예를 들면

$$(\lambda x.\, (x^2 + 5) \quad 3) \to (x^2 + 5)\{x \mapsto 3\}$$
$$\to (3^2 + 5)$$

가 된다. 그리고 β 간략에 따라 계산 단계가 실행된 것을 $\to_\beta$로 나타낸다. 예를 들어 이 식의 β 간략은 다음과 같이 나타낼 수 있다.

$$(\lambda x.\, (x^2 + 5) \quad 3) \to_\beta (3^2 + 5)$$

다음 식의 β 간략을 생각해보자.

$$(\lambda x.\lambda y.\, (x + y) \quad y)$$

이 식의 잘못된 β 간략은 다음과 같다.

$$(\lambda x.\lambda y.\, (x + y) \quad y) \to \lambda y.(x + y)\{x \mapsto y\}$$
$$\to \lambda y.(y + y)$$

원래 식은 인수 2개를 더하는 커링 함수였으나 **잘못된** β 간략 이후에는 인수 y를 2배 하는 함수가 되어 의미가 달라졌다. 이를 해결하기 위해서는 먼저 α 변환을 하면 된다. 즉,

$$(\lambda x.\lambda y.\ (x + y)\ \ y) \to_\alpha (\lambda x.\lambda z.\ (x + z)\ \ y)$$
$$\to_\beta \lambda z.\ (y + z)$$

가 되므로 기대한 식을 얻을 수 있다.

정의 β 간략

λ 계산에서의 함수 적용은 다음 논리 규칙에 따라 수행된다.

$$(\lambda x.M\ \ N\ ) \to M\{x \mapsto N\}$$

이 규칙을 이용한 계산의 단계 실행을 β 간략이라 부른다. 단, 대입 $\{x \mapsto N\}$에 따라 N 안의 자유 변수가 새롭게 $M\{x \mapsto N\}$ 안에서 종속될 때는 이 규칙을 적용할 수 없으며 사전에 α 변환을 이용해 변수명을 치환해야 한다.

치환에 의해 자유 변수가 종속되는 것을 막기 위해 β 간략에 앞서 사전에 각 변수에 유일한 변수명을 할당하는 방법이 있다. 예를 들어 **드 브란 인덱스**^{De Bruijn Index}를 적용하면 변수명이 유일하게 결정된다. 드 브란 인덱스는 참고 문헌[53]을 참조하기 바란다.

8.2.8 평가 전략

$(\lambda x.M\ \ N)$ 식이 있을 때 β 간략과 N의 평가 중 무엇을 먼저 수행하는가 하는 두 가지 평가 전략을 생각할 수 있다. β 간략을 먼저 수행하는 전략을 **정규 순서 평가**^{normal-order evaluation}, 인수 N의 평가를 먼저 수행하는 전략을 **인수 우선 평가**^{applicative-order evaluation}라 부른다. 정규 순서 평가는 인수 평가를 필요할 때까지 늦추기 때문에 **지연 평가**^{lazy evaluation}라고도 부르며 먼저 인수를 평가하는 인수 우선 평가는 **선행 평가**^{eager evaluation}라고도 부른다.

예를 들어

$$(\lambda x.\ (x + x)\ \ (3 + 4))$$

를 정규 순서와 인수 우선으로 평가하면 다음과 같다.

정규 순서 평가

$$(\lambda x. (x + x) \ (3 + 4))$$
$$\rightarrow \ (3 + 4) + (3 + 4)$$
$$\rightarrow \ 7 + (3 + 4)$$
$$\rightarrow \ 7 + 7$$
$$\rightarrow \ 14$$

인수 우선 평가

$$(\lambda x. (x + x) \ (3 + 4))$$
$$\rightarrow \ (\lambda x. (x + x) \ (7))$$
$$\rightarrow \ 7 + 7$$
$$\rightarrow \ 14$$

여기에서 인수 우선 평가의 단계 수가 정규 순서 평가의 단계 수보다 적음을 알 수 있다. C나 Python 등 많은 프로그래밍 언어에서는 인수 우선 평가를 이용한 평가 전략을 채택하고 있다. 한편 Haskell 등의 일부 함수형 언어에서는 정규 순서 평가를 이용한 평가 전략을 채택하고 있다. Haskell에서는 정규 순서 평가의 불필요한 계산 단계를 메모이제이션Memoization해서 회피한다. 메모이제이션이란 한번 수행한 계산을 저장해두는 최적화 기법이며 이를 이용해 정규 순서로 평가하는 전략을 **필요 호출**call-by-need이라 부른다.

다음과 같은 식을 생각해보자.

$$(\lambda x. (x \ x) \ \lambda x. (x \ x))$$

이 식은 평가해도 같은 식이 된다. 즉,

$$(\lambda x. (x \ x) \ \lambda x. (x \ x)) \rightarrow_\beta (\lambda x. (x \ x) \ \lambda x. (x \ x))$$

가 된다. 함수 $\lambda x. (x \ x)$에 $\lambda x. (x \ x)$를 적용해도 같은 식이 되며, 이때 $\lambda x. (x \ x)$는 함수 $\lambda x. (x \ x)$의 **고정점**fixed point이라 부른다. 즉, 이 식은 아무리 β 간략을 해도 끝나지 않고 무한 루프가 된다. 여기에서 이 식을 적용한 다음과 같은 식을 생각해보자.

$$(\lambda z.y \ (\lambda x. (x \ x) \ \lambda x. (x \ x)))$$

정규 순서와 인수 우선으로 평가하면 다음과 같다.

정규 순서 평가

$$(\lambda z.y \quad (\lambda x. (x \ x) \quad \lambda x. (x \ x)))$$
$$\rightarrow \ y\{z \mapsto (\lambda x. (x \ x) \quad \lambda x. (x \ x))\}$$
$$\rightarrow \ y$$

인수 우선 평가

$$(\lambda z.y \quad (\lambda x. (x \ x) \quad \lambda x. (x \ x)))$$
$$\rightarrow \ (\lambda z.y \quad (x \ x)\{x \mapsto \lambda x. (x \ x)\})$$
$$\rightarrow \ (\lambda z.y \quad (\lambda x. (x \ x) \quad \lambda x. (x \ x)))$$
$$\rightarrow \cdots$$

정규 순서 평가에서는 식이 정지하지만 인수 우선 평가에서는 식이 정지하지 않고 무한 루프에 빠진다. 이렇게 정규 순서 평가에서는 필요하지 않은 식은 평가되지 않지만 인수 우선 평가에서는 필요하지 않은 식이 평가되는 차이도 있다. 하지만 어떤 식에 정규 순서와 인수 우선으로 평가했을 때 양쪽 모두 중지하는 경우는 그 결과가 같은 것으로 알려져 있으며 **처치 로서 정리** Church-Rosser theorem 로 알려져 있다.

Haskell 등의 언어에서는 정규 순서 평가 특성을 이용해 무한 리스트 등을 쉽게 다룰 수 있다. 단, 정규 순서 평가는 도중의 식을 저장하므로 많은 메모리가 필요하고 실행 순서를 알기 어렵다는 비판도 있다. 정규 순서와 인수 우선 평가 전략에 관해 흥미 있는 분은 참고 문헌[24](Haskell에 의한 함수 프로그래밍 사고법)을 참조하기 바란다.

8.2.9 고정점 콤비네이터

자유 변수를 갖지 않은 λ 추상, 즉 콤비네이터Combinator를 이용하면 몇 가지 유용한 조작을 기술할 수 있다. 콤비네이터는 다음과 같이 정의할 수 있다.

정의 **콤비네이터**

E가 자유 변수를 갖지 않은 λ 추상이다. $\Leftrightarrow$ E는 콤비네이터다.

예를 들어 $\lambda x. (x + x)$는 콤비네이터지만 $\lambda x. (x + c)$는 자유 변수 c를 포함하고 있으므로 콤비네이터가 아니다.

일반적인 프로그래밍 언어의 경우 함수에는 이름이 붙어 있으므로 재귀 함수를 손쉽게 만들 수 있다. 예를 들어 Python에서 재귀를 이용해 팩토리얼^{factorial}을 계산하는 프로그램은 다음과 같다.

Python

```python
def fact(n):
    if n == 0:
        return 1
    else:
        return n * fact(n - 1)
```

그러나 λ 계산에서는 함수에 이름이 없으므로 이 코드처럼 간단하게 작성할 수 없다. 그래서 λ 계산에서는 **고정점 콤비네이터**^{fixed point combinator}라 불리는 함수를 이용해 재귀를 수행한다.

λ 계산으로 재귀를 수행하기 위한 고정점 콤비네이터는 정규 순서와 인수 우선 평가에서 서로 다른 함수가 되며 각각 Y 콤비네이터 및 Z 콤비네이터라 불린다. Y 콤비네이터와 Z 콤비네이터의 식은 다음과 같다.

Y 콤비네이터

$$Y \stackrel{\text{def}}{=} \lambda f. \left(\lambda x. \left(f \ (x \ x) \right) \ \lambda x. \left(f \ (x \ x) \right) \right)$$

Z 콤비네이터

$$Z \stackrel{\text{def}}{=} \lambda f. \left(\lambda x. \left(f \ \lambda y. \left((x \ x) \ y \right) \right) \ \lambda x. \left(f \ \lambda y. \left((x \ x) \ y \right) \right) \right)$$

Y 콤비네이터에서 무한히 재귀하는 예

실제 고정점 콤비네이터를 사용해서 계산하는 예를 보자. 먼저 Y 콤비네이터로 무한히 재귀하는 예다. $g = \lambda f.\lambda n. \left(f \ (n+1) \right)$이라 하면 $(Y \ g)$는 다음과 같이 간략화할 수 있다. 여기에서 인수 f는 자신을 나타내는 함수, 인수 n은 실제 인수를 나타낸다.

$$
\begin{aligned}
(Y \ g) &= \left(\lambda f. \left(\lambda x. \left(f \ (x \ x) \ \lambda x. \left(f \ (x \ x) \right) \right) \right) \ g \right) \\
&\rightarrow \left(\lambda x. \left(g \ (x \ x) \right) \ \lambda x. \left(g \ (x \ x) \right) \right) = x' \\
&\rightarrow (g \ x') \\
&= \left(\lambda f.\lambda n. \left(f \ (n+1) \right) \ x' \right) \\
&\rightarrow \lambda n. \left(x' \ (n+1) \right)
\end{aligned}
$$

8장 동시 계산 모델 **327**

그리고 상수 $(Y \; g)$에 a를 적용하면 다음처럼 간략화된다.

$$
\begin{aligned}
((Y \; g) \;\; a) &\to (\lambda n. (x' \;\; (n + 1)) \;\; a) \\
&\to (x' \;\; (a + 1)) \\
&\to (\lambda n. (x' \;\; (n + 1)) \;\; (a + 1)) \\
&\to (x' \;\; (a + 2)) \\
&\cdots
\end{aligned}
$$

이처럼 무한히 재귀가 수행되고 인숫값은 a를 초깃값으로 하여 계속 증가한다.

Y 콤비네이터에서 재귀하지 않는 예

다음으로 재귀하지 않는 경우를 생각해보자. $g = \lambda f.\lambda n.n$이라 하자. Y 콤비네이터 식에서 $(Y \; g)$는 다음과 같이 된다.

$$
(Y \;\; g) = (\lambda f.\lambda n.n \;\; x') \to \lambda n.n
$$

따라서 $((Y \;\; g) \;\; a)$는 a로 계산된다.

Y 콤비네이터를 이용한 팩토리얼 계산 예

팩토리얼을 계산하는 예를 생각해보자. 팩토리얼을 계산하려면 조건 분기가 필요하므로 if 식을 λ 계산으로 사용할 수 있는 식을 예로 들겠다. 팩토리얼을 계산하는 λ 식 g를

$$
g = \lambda f.\lambda n. (\text{if } n = 1 \text{ then } 1 \text{ else } (n \times (f \;\; (n - 1))))
$$

이라 하고, 이 식에 4를 적용하면 Y 콤비네이터의 식에서

$$
\begin{aligned}
((Y \;\; g) \;\; 4) &\to ((g \;\; x') \;\; 4) \\
&\to (4 \times ((g \;\; x') \;\; 3)) \\
&\to (4 \times (3 \times ((g \;\; x') \;\; 2))) \\
&\to (4 \times (3 \times (2 \times ((g \;\; x') \;\; 1)))) \\
&\to (4 \times (3 \times (2 \times 1))) \\
&\to 24
\end{aligned}
$$

가 된다.

Z 콤비네이터에서 무한히 재귀하는 예

Z 콤비네이터를 이용해서 인수 우선 평가 전략으로 무한히 재귀하는 예를 살펴보자.

$$g = \lambda f. \lambda n. (f \ (n + 1))$$

이라 하면 $(Z \ g)$는 다음과 같이 간략화할 수 있다.

$$
\begin{aligned}
(Z \ g) &= (\lambda f. (\lambda x. (f \ \lambda y. ((x \ x) \ y)) \ \lambda x. (f \ \lambda y. ((x \ x) \ y))) \ g) \\
&\rightarrow (\lambda x. (g \ \lambda y. ((x \ x) \ y)) \ \lambda x. (g \ \lambda y. ((x \ x) \ y))) \\
&= (x'' \ x'')
\end{aligned}
$$

단, $x'' = \lambda x. (g \ \lambda y. ((x \ x) \ y))$다. 위 식을 더 간략화하면 다음과 같다.

간략화된 Z 콤비네이터

$$
\begin{aligned}
&\rightarrow (g \ \lambda y. ((x'' \ x'') \ y))) \\
&\rightarrow (\lambda f. \lambda n. (f \ (n + 1)) \ \lambda y. ((x'' \ x'') \ y)) \\
&\rightarrow \lambda n. (\lambda y. ((x'' \ x'') \ y) \ (n + 1))
\end{aligned}
$$

위 식을 상수 a에 적용해보면(즉, $((Z \ g) \ a)$) 다음과 같이 된다.

$$
\begin{aligned}
&(\lambda n. (\lambda y. ((x'' \ x'') \ y) \ (n + 1)) \ a) \\
&\rightarrow (\lambda y. ((x'' \ x'') \ y) \ (a + 1)) \\
&\rightarrow ((x'' \ x'') \ (a + 1))
\end{aligned}
$$

즉,

$$
\begin{aligned}
((Z \ g) \ a) &\rightarrow ((x'' \ x'') \ (a + 1)) \\
&\rightarrow ((x'' \ x'') \ (a + 2)) \\
&\rightarrow ((x'' \ x'') \ (a + 3)) \\
&\cdots
\end{aligned}
$$

이 되어 재귀적으로 계산할 수 있는 것을 알 수 있다.

Z 콤비네이터에서 재귀하지 않는 예

$g = \lambda f.\lambda n.n$이라 하면 간략화된 Z 콤비네이터 식으로부터

$$(g \quad \lambda y. ((x'' \quad x'') \quad y))) = (\lambda f.\lambda n.n \quad \lambda y. \quad ((x'' \quad x'') \quad y)))$$
$$\rightarrow \lambda n.n$$

이 되므로 $((Z \quad g) \quad a)$는 a로 계산된다.

Z 콤비네이터를 이용한 팩토리얼 계산 예

팩토리얼 계산을 할 때는 g를 다음과 같이 설정한다.

$$g = \lambda f.\lambda n. \ (\text{if } n = 1 \text{ then } 1 \text{ else } (\ n \times (f \quad (n - 1))))$$

그렇다면 간략화된 Z 콤비네이터 식에서

$$(g \quad \lambda y. ((x'' \quad x'') \quad y))) = (\lambda f.\lambda n. \ (n \times (f \quad (n - 1))) \quad \lambda y. ((x'' \quad x'') \quad y)))$$
$$\rightarrow \lambda n. (n \times (\lambda y. (x'' \quad x'') \quad y) \quad (n - 1))$$

이 된다. 여기에서 예를 들어 4 팩토리얼 계산, 즉 $((Z \quad g) \quad 4)$는 다음과 같이 간략하게 계산된다.

$$((Z \ g) \ 4) \rightarrow 4 \times ((x'' \quad x'') \quad 3)$$
$$\rightarrow 4 \times (3 \times ((x'' \quad x'') \quad 2))$$
$$\rightarrow 4 \times (3 \times (2 \times ((x'' \quad x'') \quad 1)))$$
$$\rightarrow 4 \times (3 \times (2 \times 1))$$
$$\rightarrow 24$$

8.3 액터 모델

이 절에서는 동시 계산 모델의 하나인 액터 모델을 설명한다. 액터 모델이란 칼 휴잇[Carl Hewitt]이 1973년에 제창한 동시 계산 모델[54]로 굴 아그하[Gul Agha]와 다른 이들이 λ 계산을 기반으로 한 액터 모델을 형식화했다.[55] 이 절에서는 λ 계산을 기반으로 액터 언어를 설명하며, 형식화

기법은 참고 문헌[56]의 방법을 따른다. 액터 모델은 프로그래밍 언어인 Erlang이나 Scala 등에 적용되어 있으며 견고한 분산 시스템을 구현하기 위해 이용되기도 한다.

8.3.1 데이터 송수신

액터 모델에서는 이 책에서의 프로세스를 **액터**actor라 부르므로 이 절에서도 그 관례를 따라 액터라고 부르기로 한다. 액터 모델에서는 액터끼리 직접 통신을 수행하고 데이터 송수신은 **비동기**asynchronous로 일어나는 것이 특징이다.

다음 그림은 액터 모델에서 데이터를 주고받는 예를 나타낸 것이다.

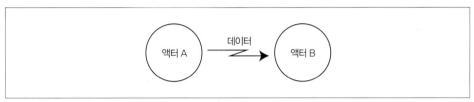

그림 8-2 액터 모델

그림에는 액터 A와 액터 B가 있으며 액터 A에서 액터 B로 데이터를 송신하고 있다. 액터 모델에서는 채널과 같은 데이터 전송로를 정의하지 않는다. 칼 휴잇의 설명에 따르면 액터 모델은 소리나 빛의 전달과 같은 물리 현상을 모델화한 것이므로 데이터는 에터ether를 통해 송신된다.[57] 그러나 실제로 Erlang 등의 언어에서는 액터 안에 메시지를 저장하는 큐를 가지고 있으며 그 큐에 대한 조작으로 메시지를 송수신한다.

> **NOTE_** 에터는 우주 공간에 존재하는 빛을 매개로 하는 물질이라 생각되지만 현대 물리학에서는 그 존재를 부정하고 있다. 여기에서는 에터를 어떤 메시지를 매개하는 모델상의 물질이라고 생각하기 바란다.

[그림 8-3]에 액터(프로세스)가 비동기 송수신과 동기 송수신으로 데이터를 송신하는 모습을 나타냈다.

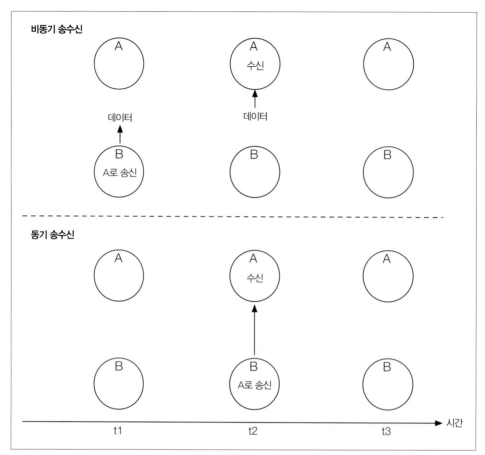

그림 8-3 비동기 송수신과 동기 송수신

여기에서는 액터 B가 액터 A로 데이터를 송신한다. 비동기 송수신에서는 송신과 수신 처리가 서로 독립된 처리로 실행된다. 따라서 비동기 송수신에서는 시각 t1에 액터 B가 송신 처리를 수행한 후에는 액터 A가 수신했는지 여부에 관계없이 처리가 진행된다. 한편 동기 송수신에서는 송신과 수신 처리를 수행하는 타이밍이 일치한다. 그림에서는 시각 t2에서 액터 A와 액터 B로 수신과 송신 처리를 동시에 수행하고 그 후 처리가 진행된다. 액터 모델에서는 기본적으로 비동기로 데이터를 주고받지만 뒤에 설명하는 π 계산에서는 동기로 데이터 송수신이 이루어진다.

송신

[그림 8-2]에서는 액터 A에서 액터 B로 데이터를 송신한다. 이를 형식적으로 기술해보자. 먼

저 어떤 액터로 데이터를 송신하기 위한 프리미티브 함수인 send를 정의한다. send 함수의 사용법은 다음과 같다.

$$\text{send}(x, b) \rightarrow \text{null}$$

send 함수는 첫 번째 인수로 송신할 데이터를 받고, 두 번째 인수로 송신 대상 액터를 지정한다. 그리고 액터 모델은 비동기로 송수신을 수행하므로 send 함수가 호출된 후에는 즉시 null을 반환한다. 이 식에서는 값 x가 액터 b에 송신되며, 그 후 send 함수는 null로 간략화된다.

송신 중 메시지 집합

액터 모델에서 send 함수로 데이터를 송신하면 그 데이터는 에터와 같은 환경을 통해 수신지 액터에 도달한다. 여기에서 data를 수신지 dst로 송신하는 상태를 다음과 같이 기술한다.

$$\langle \text{dst} \Leftarrow \text{data} \rangle$$

send 함수에서 데이터 x가 액터 b에 송신되면 환경 E는 다음과 같이 전이한다.

$$E \rightarrow E \uplus \{\langle b \Leftarrow x \rangle\}$$

여기에서 환경 E는 다중 집합으로 값이 같은 요소를 여럿 가질 수 있다.

> **NOTE_** 여기에서는 식을 간략하게 하는 것보다 환경의 상태 변화를 파악하는 것이 적절하기 때문에 간략이 아닌 전이라는 용어를 사용했다.

수신

다음으로 데이터를 수신하기 위한 프리미티브 함수 recv를 정의한다. 액터 b가 recv 함수를 호출하며 환경 중에 액터 b로 보내는 데이터가 있을 때 다음과 같이 간략화할 수 있다.

$$\text{recv}(\lambda y.M) \rightarrow (\lambda y.M \quad x)$$

액터 컨피규레이션

액터 모델에서의 계산은 각 액터의 상태 및 환경을 변경함으로써 실행된다. 이것은 다음과 같이 정의하는 **액터 컨피규레이션**actor configuration으로 기술하고 이를 조작해서 계산을 실행한다.

정의 액터 컨피규레이션

액터 컨피규레이션은 특정 단계의 시각에서 액터 모델의 상태를 나타낸 것으로 다음과 같이 표기한다.

$$\alpha \parallel E$$

여기에서 α는 액터명에서 식으로의 사상이며 n개의 액터가 존재하면 다음과 같이 된다.

$$\alpha = [A_0]_{v_0}, [A_1]_{v_1}, \ldots, [A_{n-1}]_{v_{n-1}}$$

여기에서 $A_i \mid i \in \{0, \ldots, n-1\}$은 각 액터의 식, $v_i \mid i \in \{0, \ldots, n-1\}$은 액터명을 나타낸다. 그리고 E는 송신 중 데이터의 다중 집합이며, m개의 데이터를 송신 중일 때 E는 다음과 같다.

$$E = \{\langle d_0 \Leftarrow e_0 \rangle, \langle d_1 \Leftarrow e_1 \rangle, \ldots, \langle d_{m-1} \Leftarrow e_{m-1} \rangle\}$$

여기에서 $d_i \mid i \in \{0, \ldots, m-1\}$은 수신 액터명, $e_i \mid i \in \{0, \ldots, m-1\}$은 송신 데이터를 나타낸다.

예를 들어 [그림 8-2]에 나타낸 데이터의 송수신은 다음과 같은 액터 컨피규레이션의 전이로 표현할 수 있다.

$$[\mathsf{send}(x, b)]_a, [\mathsf{recv}(\lambda y.M)]_b \parallel \{\} \;\rightarrow\; [\mathsf{null}]_a, [\mathsf{recv}(\lambda y.M)]_b \parallel \{\langle b \Leftarrow x \rangle\}$$
$$\rightarrow\; [\mathsf{null}]_a, [(\lambda y.M \;\; x)]_b \parallel \{\}$$

8.3.2 액터 생성

액터 모델에서는 액터를 동적으로 생성할 수 있다. 여기에서 액터를 생성하는 프리미티브 함수를 new라 정의하면 new 함수가 실행될 때의 액터 컨피규레이션 전이는 다음과 같이 된다.

$$[\text{new}(M)]_a \parallel E \;\rightarrow\; [a']_a,\, [\text{recv}(M)]_{a'} \parallel E$$

이와 같이 new 함수는 액터명이 a'인 액터를 새로 만들어 반환하는 함수로 정의할 수 있다. 단, new 함수의 실행 시점의 액터 컨피규레이션을 $\alpha \parallel E$라 하면 $a' \notin \text{dom}(\alpha)$다. 예를 들어 이 식에서는 $a \neq a'$이 된다. 새로 생성된 액터는 new 함수의 인수인 식 M을 이용해 즉시 수신 상태가 된다.

다음은 액터 모델을 형식적으로 표현한 액터 언어의 구문이다.

액터 언어의 구문

$\mathcal{A}$	$=$	$\{\,\text{true}, \text{false}, \text{null}, \dots \,\}$	아톰
$\mathcal{N}$	$=$	$\{\,0, 1, 2, \dots \,\}$	자연수
$\mathcal{X}$	$=$	$\{\,x, y, z, \dots \,\}$	변수
$\mathcal{F}$	$=$	$\{\,+, *, =, \text{is\_pair?}, 1^{\text{st}}, 2^{\text{nd}}, \dots \,\}$	프리미티브 연산

$\mathcal{V}$	$::=$		값
		$\mathcal{A} \mid \mathcal{N} \mid \mathcal{X}$	
	$\mid$	$\lambda\mathcal{X}.\mathcal{E}$	λ 추상
	$\mid$	$\text{pair}(\mathcal{V}, \mathcal{V})$	페어 생성

$\mathcal{E}$	$::=$		식
		$\mathcal{V}$	
	$\mid$	$\text{pair}(\mathcal{E}, \mathcal{E})$	페어 생성
	$\mid$	$\mathcal{E}(\mathcal{E})$	함수 적용
	$\mid$	$\mathcal{F}(\mathcal{E}, \dots, \mathcal{E})$	프리미티브 연산 적용
	$\mid$	$\text{if}(\mathcal{E}, \mathcal{E}, \mathcal{E})$	조건 분기
	$\mid$	$\text{letrec } \mathcal{X} = \mathcal{E} \text{ in } \mathcal{E}$	재귀 정의
	$\mid$	$\text{send}(\mathcal{E}, \mathcal{E})$	데이터 송신
	$\mid$	$\text{recv}(\mathcal{E})$	데이터 수신
	$\mid$	$\text{new}(\mathcal{E})$	액터 생성

액터 언어는 인수 우선 평가의 λ 계산을 확장해서 정의하며 **아톰**[atom], 자연수, 페어[pair] 타입을 갖는다. 아톰이란 식별에 이용하는 기호와 같은 일종의 상수다. 예를 들어 true는 참을 나타내는 기호이며 다른 무엇도 아니다. 페어는 2개 값을 저장할 수 있는 타입이며 C 언어의 구조체 및 Python의 튜플에 해당한다. 페어는 프리미티브 함수 pair로 수행한다. 예를 들어 다음과 같이 하면 true라는 아톰과 200이라는 자연수를 저장한 페어를 생성한다.

$$\text{pair}(\text{true}, 200)$$

페어는 중첩할 수도 있다. 예를 들어 다음과 같이 할 수도 있다.

$$pair(true, pair(100, 200))$$

액터 언어에서는 프리미티브 연산으로 +, *, -, /, = 등의 사칙 연산이나 비교를 위한 프리미티브 함수를 정의한다. is_pair?는 페어 타입인지 판정하는 함수다. 예를 들어

$$is\_pair?(pair(100, 200)) \rightarrow true$$

가 되며

$$is\_pair?(10) \rightarrow false$$

가 된다. 그리고 1st, 2nd 함수는 각각 페어 타입 값의 첫 번째와 두 번째 요소를 반환하는 함수다. 예를 들어

$$1^{st}(pair(100, 200)) \rightarrow 100$$

이 되며

$$2^{nd}(pair(100, 200)) \rightarrow 200$$

이 된다.

λ 계산에서는 함수 적용을

$$(\lambda x.M \quad y)$$

로 기술했지만 액터 언어에서는 함수 적용을

$$\lambda x.M(y)$$

로 기술한다. 이렇게 하면 프리미티브 함수의 적용 방법과 동일한 기술이 된다.

액터 언어에서는 조건 분기를 수행하는 프리미티브 함수 if도 정의하고 있다. if 함수는 첫 번째 인수가 true면 두 번째 인수, 첫 번째 인수가 false면 세 번째 인수를 평가한다. 즉,

$$if(true, M, N) \rightarrow M$$

이 되고

$$\text{if}(false, M, N) \to N$$

이 된다.

letrec 식은 재귀 정의 식이다. 예를 들어 letrec 식을 사용하면 4 팩토리얼 계산을 다음과 같이 기술할 수 있다.

$$\text{letrec fact} = \lambda x. \text{if}(= (x, 1),$$
$$1,$$
$$* (x, \text{fact}(- (x, 1)))) \text{ in fact}(4)$$

액터 언어의 기본 구분은 앞에서 설명한 바와 같지만 표기성 향상을 위해 다음과 같이 **신택틱 슈가**[syntactic sugar, syntax sugar]를 도입한다.

액터 언어의 신택틱 슈가

$\text{let } x = e_0 \text{ in } e_1$	$\overset{\text{def}}{=}$	$\lambda x. e_1 (e_0)$	
$\text{seq}(e_0, e_1)$	$\overset{\text{def}}{=}$	$\text{let } z = e_0 \text{ in } e_1$	단, z는 신규 변수
$\text{seq}(e_0, \ldots, e_{n-1})$	$\overset{\text{def}}{=}$	$\text{seq}(e_0, \text{seq}(e_1, \ldots, \text{seq}(e_{n-2}, e_{n-1})) \ldots)$	단, $z \geqq 3$
$\text{rec}(f)$	$\overset{\text{def}}{=}$	$\lambda x. f (\lambda y. x (x)(y))(\lambda x. f (\lambda y. x (x)(y)))$	Z 콤비네이터

여기에서 z는 신규 변수, $n \geqq 3$이다. let 식은 변수 정의를 수행하는 식으로 letrec 식과 달리 재귀 정의는 할 수 없다. seq 함수는 시퀀스 콤비네이터[Sequence combinator]이며 순서대로 식을 실행하기 위해 이용한다. 여기에서 seq 함수의 변수 z는 기존 식에 없었던 신규 변수다. rec 함수는 Z 콤비네이터로 재귀를 수행하기 위해 이용한다.

8.3.3 변수 종속과 제약

액터 언어의 변수 종속은 λ 추상과 letrec 식으로 수행한다. 즉, 액터 언어에서 변수 종속과 자유 변수는 다음과 같이 정의할 수 있다.

> **정의** 액터 언어의 변수 종속
>
> 액터 언어에서는 $\lambda x. M$이라는 식이 있을 때 M 안의 자유 변수 x가 종속되고 letrec $x = M$ in N이라는 식이 있을 때 M과 N 안의 자유 변수 x가 종속된다.

> **정의** **액터 언어의 자유 변수**
>
> 액터 언어에서는 λ 추상과 letrec 식에서 종속되지 않는 변수는 자유 변수가 된다.

특정 시각에서의 액터 컨피규레이션을 $\alpha \parallel E$라고 했을 때 다음 조건이 성립한다.

1 모든 $a \in \mathrm{dom}(\alpha)$에 대해 $\mathrm{fv}(\alpha(a)) \subseteq \mathrm{dom}(\alpha)$

2 모든 $\langle a \Leftarrow v \rangle \in E$에 대해 $\{a\} \cup \mathrm{fv}(v) \subseteq \mathrm{dom}(\alpha)$

조건 1은 식 안의 자유 변수가 유효한 액터명인 것을 나타내며, 조건 2는 송신 중 메시지의 수신지가 유효한 액터명인 것을 나타낸다. 이러한 조건이 성립하지 않을 경우 자유 변수가 존재하지 않는 액터를 가리키거나 존재하지 않는 액터에 데이터를 송신하고 있는 것이다.

8.3.4 조작적 의미론

액터 언어의 조작적 의미는 액터 컨피규레이션의 전이 규칙으로 부여할 수 있다. 액터 언어의 조작적 의미론에 관해 설명하기 전에 홀 표기를 정의한다.

> **정의** **홀 표기**
>
> 식 M 안의 다음에 평가되는 간략 가능식^{redex}(감소 규칙)을 $\mathcal{E}_r$이라 한다. 이때 M 안의 $\mathcal{E}_r$을 □(hole)로 치환한 식을 R이라고 했을 때
>
> $$\mathcal{R} \blacktriangleright \mathcal{E}_r \blacktriangleleft$$
>
> 이라고 나타내는 표기를 홀 표기라 부른다. 또한 R을 간략 컨텍스트라 부른다.

예를 들어

$$\lambda x.M \ (\mathrm{new}(N))$$

은 홀 표기를 이용해

$$\lambda x.M(\square) \blacktriangleright \mathrm{new}(N) \blacktriangleleft$$

로 나타낼 수 있다. 다음은 홀 표기 구문이다.

홀 표기 구문

$$\mathcal{E}_r \quad ::= \qquad\qquad\qquad\qquad\qquad\qquad\qquad \text{간략 가능식}$$

$\mathcal{V}(\mathcal{V})$	함수 적용
$\mid \;\; \mathcal{F}(\mathcal{V}, \ldots, \mathcal{V})$	프리미티브 함수 적용
$\mid \;\; \text{if}(\mathcal{V}, \mathcal{E}, \mathcal{E})$	조건 분기
$\mid \;\; \text{letrec } \mathcal{X} = \mathcal{V} \text{ in } \mathcal{E}$	재귀 정의
$\mid \;\; \text{send}(\mathcal{V}, \mathcal{V})$	데이터 송신
$\mid \;\; \text{recv}(\mathcal{V})$	데이터 수신
$\mid \;\; \text{new}(\mathcal{V})$	액터 생성

$$\mathcal{R} \quad ::= \qquad\qquad\qquad\qquad\qquad\qquad\qquad \text{간략 컨텍스트}$$

$\square$	홀
$\mid \;\; \text{pair}(\mathcal{V}, \mathcal{R})$	페어 생성
$\mid \;\; \text{pair}(\mathcal{R}, \mathcal{E})$	페어 생성
$\mid \;\; \mathcal{V}(\mathcal{R})$	함수 적용
$\mid \;\; \mathcal{R}(\mathcal{E})$	함수 적용
$\mid \;\; \mathcal{F}(\mathcal{V}, \ldots, \mathcal{V}, \mathcal{R}, \mathcal{E}, \ldots, \mathcal{E})$	프리미티브 함수 적용
$\mid \;\; \text{if}(\mathcal{R}, \mathcal{E}, \mathcal{E})$	조건 분기
$\mid \;\; \text{letrec } \mathcal{X} = \mathcal{R} \text{ in } \mathcal{E}$	재귀 정의
$\mid \;\; \text{send}(\mathcal{V}, \mathcal{R})$	데이터 송신
$\mid \;\; \text{send}(\mathcal{R}, \mathcal{E})$	데이터 송신
$\mid \;\; \text{recv}(\mathcal{R})$	데이터 수신
$\mid \;\; \text{new}(\mathcal{R})$	액터 생성

다음은 액터 언어에서 확장 λ 계산의 간략 규칙이다.

액터 언어에서 확장 계산의 간략화

$$\lambda x.e\,(v) \to_\lambda e\{x \mapsto v\}$$
$$f(v_0, \ldots, v_{n-1}) \to_\lambda v$$
$$\text{if}(\text{true}, e, \_) \to_\lambda e$$
$$\text{if}(\text{false}, \_, e) \to_\lambda e$$
$$1^{st}(\text{pair}(v, \_)) \to_\lambda v$$
$$2^{nd}(\text{pair}(\_, v)) \to_\lambda v$$
$$\text{letrec } x = v \text{ in } e \to_\lambda e\{x \mapsto v\{x \mapsto \text{letrec } x = v \text{ in } v\}\}$$

액터 언어는 λ 계산을 확장해서 정의하므로 함수 적용 등은 계산과 같이 간략화된다. 재귀 정의를 수행하는 letrec 식은 여기에 나타낸 것처럼 재귀적으로 전개된다. 여기서 함수 적용과 letrec 식에서의 간략을 λ 계산에서의 간략으로 간주해 $\to_\lambda$로 표기한다.

예를 들어

$$M \to_\lambda N$$

이라 기술된 경우 이 규칙을 이용해 M에서 N으로 간략화할 수 있음을 나타낸다.

다음은 액터 언어의 조작적 의미론이다.

액터 언어의 조작적 의미론

$$\frac{e \to_\lambda e'}{\alpha,\, [R \blacktriangleright e \blacktriangleleft]_a \parallel E \xrightarrow{[\lambda:a]} \alpha,\, [R \blacktriangleright e' \blacktriangleleft]_a \parallel E}$$

$$\alpha,\, [R \blacktriangleright \mathsf{new}(b) \blacktriangleleft]_a \parallel E \xrightarrow{[\,\mathsf{new}:a,a'\,]} \alpha,\, [R\{\square \mapsto a'\}]_a,\, [\mathsf{recv}(b)]_{a'} \parallel E \qquad \text{단, } a' \text{은 신규}$$

$$\alpha,\, [R \blacktriangleright \mathsf{send}(v, a') \blacktriangleleft]_a \parallel E \xrightarrow{[\mathsf{snd}:a]} \alpha,\, [R\{\square \mapsto \mathsf{null}\}]_a \parallel E \uplus \{\langle a' \Leftarrow v \rangle\}$$

$$\alpha,\, [R \blacktriangleright \mathsf{recv}(b) \blacktriangleleft]_a \parallel \{\langle a \Leftarrow v \rangle\} \uplus E \xrightarrow{[\mathsf{rcv}:a,v]} \alpha,\, [b(v)]_a \parallel E$$

맨 위의 규칙은 액터 모델의 λ 계산을 기반으로 한 간략을 수행할 수 있는 경우의 추론 규칙이다. 액터 언어에서는 라벨이 붙은 전이로 상태 전이를 나타내며, 화살표 위에 라벨을 붙여서 표기한다. 여기에서는 λ 계산에서 간략화할 수 있는 전이를 $\xrightarrow{[\lambda:a]}$로 표기한다. 이것은 액터 a가 λ 계산 규칙에 따라 간략화되어 액터 컨피규레이션 상태가 전이되었음을 나타낸다.

두 번째 규칙은 액터 생성 규칙이다. 어떤 액터가 new 함수를 호출하면 새로운 액터명을 가진 액터가 생성되고 new 함수의 인수를 이용해 recv 함수를 실행한다. 예를 들어 액터 생성에서 액터 컨피규레이션의 전이는

$$\alpha \parallel E \xrightarrow{[\,\mathsf{new}:a,a'\,]} \alpha' \parallel E$$

로 표기된다. 이것은 $a' \notin \mathrm{dom}(\alpha)$이고 $a' \in \mathrm{dom}(\alpha')$이 되어 새로운 액터 a'이 액터 컨피규레이션에 추가된 것을 나타낸다.

세 번째 규칙은 데이터 송신 규칙이다. 어떤 액터 a가 $\mathsf{send}(v,\,a')$으로 액터 a'에 데이터 v를 송신하면 액터 a'으로의 송신 메시지 $\langle a' \Leftarrow v \rangle$이 환경 E에 추가된다.

마지막 규칙은 데이터 수신 규칙이다. 어떤 액터 a 다음에 평가되는 식이 recv 함수이고 액터 컨피규레이션의 환경에 액터 a로의 송신 중 메시지 $\langle a \Leftarrow v \rangle$가 포함되어 있으면 recv 함수를 평가하고 액터 컨피규레이션이 전이된다. 액터 a로부터 수신한 메시지는 환경에서 삭제되고 recv 함수의 인수인 b가 메시지 안의 x를 인수로 하여 $b(x)$로 적용된다.

8.3.5 배리어 동기

이 절에서는 액터 언어를 이용한 배리어 동기의 예를 구현한다. 예로 구현하는 배리어 동기에서는 3개 프로세스를 동기 수행한다. 먼저 배리어 동기용 프로세스를 다음과 같이 정의한다.

$$
\begin{aligned}
\text{barrier} \overset{\text{def}}{=}\ & \text{let } x = \text{seq}(\text{recv}(\lambda x.x)) \text{ in} \\
& \text{let } y = \text{seq}(\text{recv}(\lambda x.x)) \text{ in} \\
& \text{let } z = \text{seq}(\text{recv}(\lambda x.x)) \text{ in} \\
& \quad \text{seq}(\text{send}(\_, x), \text{send}(\_, y), \text{send}(\_, z))
\end{aligned}
$$

이 프로세스는 송신원의 액터명을 3번 수신하고 해당 액터에 3번 송신할 뿐이다. 여기에서 식 안의 _는 어떤 데이터라도 상관없음을 나타낸다. 다음으로 배리어 동기를 수행하기 위한 프로세스를 다음과 같이 정의한다.

$$
\text{node} \overset{\text{def}}{=}\ \text{seq}(\text{send}(\text{node\_name}, \text{barrier}), \text{recv}(\lambda x.x))
$$

이 프로세스 역시 단순하다. 배리어 동기용 프로세스에 자신의 액터명을 나타내는 node_name 을 송신한 뒤 수신을 기다린다. 이 액터 컨피규레이션은 다음과 같이 된다.

$$
[\text{barrier}]_b, [\text{node}]_{n1}, [\text{node}]_{n2}, [\text{node}]_{n3} \parallel \{\}
$$

이 액터 컨피규레이션을 조작적 의미론으로 나타낸 규칙에 따라 계산을 수행하면 다음과 같이 된다. 단, 계산이 길기 때문에 몇몇 계산 단계는 간략화했다. 계산의 전반은 다음과 같다.

$[\text{barrier}]_b, [\text{node}]_{n1}, [\text{node}]_{n2}, [\text{node}]_{n3} \parallel \{\}$

$= [\,\text{let } x = \square \text{ in}$

$\quad \text{let } y = \text{recv}(\lambda x.x) \text{ in}$

$\quad \text{let } z = \text{recv}(\lambda x.x) \text{ in}$

$\qquad \text{seq}(\text{send}(\_, x), \text{send}(\_, y), \text{send}(\_, z)) \blacktriangleright \text{recv}(\lambda x.x) \blacktriangleleft\,]_b,$

$\quad [\text{seq}(\square, \text{recv}(\lambda x.x)) \blacktriangleright \text{send}(n1, b) \blacktriangleleft\,]_{n1},$

$\quad [\text{seq}(\square, \text{recv}(\lambda x.x)) \blacktriangleright \text{send}(n2, b) \blacktriangleleft\,]_{n2},$

$\quad [\text{seq}(\square, \text{recv}(\lambda x.x)) \blacktriangleright \text{send}(n2, b) \blacktriangleleft\,]_{n3} \parallel \{\}$

$\xrightarrow{[\text{snd}:b]} [\,\text{let } x = \square \text{ in}$

$\quad \text{let } y = \text{recv}(\lambda x.x) \text{ in}$

$\quad \text{let } z = \text{recv}(\lambda x.x) \text{ in}$

$\qquad \text{seq}(\text{send}(\_, x), \text{send}(\_, y), \text{send}(\_, z)) \blacktriangleright \text{recv}(\lambda x.x) \blacktriangleleft\,]_b,$

$\quad [\text{seq}(\square, \text{recv}(\lambda x.x)) \blacktriangleright \text{send}(n1, b) \blacktriangleleft\,]_{n1},$

$\quad [\text{seq}(\square) \blacktriangleright \text{recv}(\lambda x.x) \blacktriangleleft\,]_{n2},$

$\quad [\text{seq}(\square, \text{recv}(\lambda x.x)) \blacktriangleright \text{send}(n3, b) \blacktriangleleft\,]_{n3} \parallel \{\langle b \Leftarrow n2\rangle\}$

$\xrightarrow{[\text{snd}:b]} [\,\text{let } x = \square \text{ in}$

$\quad \text{let } y = \text{recv}(\lambda x.x) \text{ in}$

$\quad \text{let } z = \text{recv}(\lambda x.x) \text{ in}$

$\qquad \text{seq}(\text{send}(\_, x), \text{send}(\_, y), \text{send}(\_, z)) \blacktriangleright \text{recv}(\lambda x.x) \blacktriangleleft\,]_b,$

$\quad [\text{seq}(\square, \text{recv}(\lambda x.x)) \blacktriangleright \text{send}(n1, b) \blacktriangleleft\,]_{n1},$

$\quad [\text{seq}(\square) \blacktriangleright \text{recv}(\lambda x.x) \blacktriangleleft\,]_{n2},$

$\quad [\text{seq}(\square) \blacktriangleright \text{recv}(\lambda x.x) \blacktriangleleft\,]_{n3} \parallel \{\langle b \Leftarrow n2\rangle, \langle b \Leftarrow n3\rangle\}$

$\xrightarrow{[\text{rcv}:b,\,n3]} [\,\text{let } y = \square \text{ in}$

$\quad \text{let } z = \text{recv}(\lambda x.x) \text{ in}$

$\qquad \text{seq}(\text{send}(\_, n3), \text{send}(\_, y), \text{send}(\_, z)) \blacktriangleright \text{recv}(\lambda x.x) \blacktriangleleft\,]_b,$

$\quad [\text{seq}(\square, \text{recv}(\lambda x.x)) \blacktriangleright \text{send}(n1, b) \blacktriangleleft\,]_{n1},$

$\quad [\text{seq}(\square) \blacktriangleright \text{recv}(\lambda x.x) \blacktriangleleft\,]_{n2},$

$\quad [\text{seq}(\square) \blacktriangleright \text{recv}(\lambda x.x) \blacktriangleleft\,]_{n3} \parallel \{\langle b \Leftarrow n2\rangle\}$

이처럼 각 node가 배리어 동기용 액터에 데이터를 송신하고, 배리어 동기용 액터는 비동기로 데이터를 수신한다. 이 계산을 계속해서 수행하면 다음과 같이 된다.

$$\xrightarrow{[\text{snd}:b]} [\text{let } y = \square \text{ in}$$
$$\quad \text{let } z = \text{recv}(\lambda x.x) \text{ in}$$
$$\qquad \text{seq}(\text{send}(\_, n3), \text{send}(\_, y), \text{send}(\_, z)) \blacktriangleright \text{recv}(\lambda x.x) \blacktriangleleft]_b,$$
$$[\text{seq}(\square) \blacktriangleright \text{recv}(\lambda x.x) \blacktriangleleft]_{n1},$$
$$[\text{seq}(\square) \blacktriangleright \text{recv}(\lambda x.x) \blacktriangleleft]_{n2},$$
$$[\text{seq}(\square) \blacktriangleright \text{recv}(\lambda x.x) \blacktriangleleft]_{n3} \parallel \{\langle b \Leftarrow \text{n2}\rangle, \langle b \Leftarrow \text{n1}\rangle\}$$

$$\xrightarrow{[\text{rcv}:b,\,\text{n2}]} [\text{let } z = \square \text{ in}$$
$$\qquad \text{seq}(\text{send}(\_, n3), \text{send}(\_, n2), \text{send}(\_, z)) \blacktriangleright \text{recv}(\lambda x.x) \blacktriangleleft]_b,$$
$$[\text{seq}(\square) \blacktriangleright \text{recv}(\lambda x.x) \blacktriangleleft]_{n1},$$
$$[\text{seq}(\square) \blacktriangleright \text{recv}(\lambda x.x) \blacktriangleleft]_{n2},$$
$$[\text{seq}(\square) \blacktriangleright \text{recv}(\lambda x.x) \blacktriangleleft]_{n3} \parallel \{\langle b \Leftarrow \text{n1}\rangle\}$$

$$\xrightarrow{[\text{rcv}:b,\,\text{n1}]} [\text{seq}(\square, \text{send}(\_, n2), \text{send}(\_, n1)) \blacktriangleright \text{send}(n3, \_) \blacktriangleleft]_b,$$
$$[\text{seq}(\square) \blacktriangleright \text{recv}(\lambda x.x) \blacktriangleleft]_{n1},$$
$$[\text{seq}(\square) \blacktriangleright \text{recv}(\lambda x.x) \blacktriangleleft]_{n2},$$
$$[\text{seq}(\square) \blacktriangleright \text{recv}(\lambda x.x) \blacktriangleleft]_{n3} \parallel \{\}$$

이렇게 모든 node가 데이터 송신을 마친 상태가 반드시 존재한다. 이 시점에서 배리어 동기를 완료하며 이후 배리어 동기용 액터로부터 각 node에 데이터가 송신된다. 계산은 다음과 같이 수행한다.

$$\xrightarrow{[\text{snd}:n3]} [\text{seq}(\square, \text{send}(\_, n1)) \blacktriangleright \text{send}(\_, n2) \blacktriangleleft]_b,$$
$$[\text{seq}(\square) \blacktriangleright \text{recv}(\lambda x.x) \blacktriangleleft]_{n1}, [\text{seq}(\square) \blacktriangleright \text{recv}(\lambda x.x) \blacktriangleleft]_{n2}, [\text{seq}(\square) \blacktriangleright \text{recv}(\lambda x.x) \blacktriangleleft]_{n3} \parallel \{\langle \text{n3} \Leftarrow \_\rangle\}$$

$$\xrightarrow{[\text{snd}:n2]} [\text{seq}(\square) \blacktriangleright \text{send}(\_, n1) \blacktriangleleft]_b,$$
$$[\text{seq}(\square) \blacktriangleright \text{recv}(\lambda x.x) \blacktriangleleft]_{n1}, [\text{seq}(\square) \blacktriangleright \text{recv}(\lambda x.x) \blacktriangleleft]_{n2}, [\text{seq}(\square) \blacktriangleright \text{recv}(\lambda x.x) \blacktriangleleft]_{n3} \parallel \{\langle \text{n3} \Leftarrow \_\rangle, \langle \text{n2} \Leftarrow \_\rangle\}$$

$$\xrightarrow{[\text{rcv}:n3,\_]} [\text{seq}(\square) \blacktriangleright \text{send}(\_, n1) \blacktriangleleft]_b,$$
$$[\text{seq}(\square) \blacktriangleright \text{recv}(\lambda x.x) \blacktriangleleft]_{n1}, [\text{seq}(\square) \blacktriangleright \text{recv}(\lambda x.x) \blacktriangleleft]_{n2}, [\_]_{n3} \parallel \{\langle \text{n2} \Leftarrow \_\rangle\}$$

$$\xrightarrow{[\text{snd}:n1]} [\text{null}]_b,$$
$$[\text{seq}(\square) \blacktriangleright \text{recv}(\lambda x.x) \blacktriangleleft]_{n1}, [\text{seq}(\square) \blacktriangleright \text{recv}(\lambda x.x) \blacktriangleleft]_{n2}, [\_]_{n3} \parallel \{\langle \text{n2} \Leftarrow \_\rangle \langle \text{n1} \Leftarrow \_\rangle\}$$

$$\xrightarrow{[\text{rcv}:n2,\_]} [\text{null}]_b,$$
$$[\text{seq}(\square) \blacktriangleright \text{recv}(\lambda x.x) \blacktriangleleft]_{n1}, [\_]_{n2}, [\_]_{n3} \parallel \{\langle \text{n1} \Leftarrow \_\rangle\}$$

$$\xrightarrow{[\text{rcv}:n1,\_]} [\text{null}]_b,$$
$$[\_]_{n1}, [\_]_{n2}, [\_]_{n3} \parallel \{\}$$

마지막으로 모든 송수신, 즉 배리어 동기가 완료된다. 예에서도 알 수 있듯이 액터 모델은 비동기 통신을 수행하므로 송신과 수신은 시간적으로 달라도 좋다. 그리고 송신된 데이터의 순번과 수신하는 데이터의 순번이 반드시 같지는 않다.

8.3.6 동기 통신

앞서 배리어 동기 예를 봤지만 액터 모델의 배리어 동기에는 미묘한 문제가 있다. 그것을 알아보기 위해 액터 모델의 동기 통신을 생각해보자.

액터 모델에서는 비동기로 송수신을 수행하지만 동기 통신도 정의할 수 있다. 동기 송수신 함수를 각각 send'와 recv'로 하면 동기 송수신 전이는 다음과 같이 정의할 수 있다.

$$\alpha,\ [R_a \blacktriangleright \mathrm{send}'(x, b) \blacktriangleleft]_a,\ [R_b \blacktriangleright \mathrm{recv}'(M) \blacktriangleleft]_b \parallel E$$
$$\xrightarrow{[\mathrm{sync}\,:\,a,b,x]} \alpha,\ [R_a\{\square \mapsto \mathrm{null}\}]_a,\ [R_b \blacktriangleright M(x) \blacktriangleleft]_b \parallel E$$

이것은 액터 a가 액터 b로 데이터를 송신하고 액터 b가 수신하는 동시에(즉, 동기로) 송수신 처리가 수행되는 것을 나타낸다.

만약 액터 b로 송신하는 액터가 a 외에도 더 존재한다면 그중 하나만 송신을 처리한다. 예를 들어 액터 $a1$과 $a2$가 액터 b로 데이터를 송신하고 있는 경우에는 다음과 같이 전이하게 된다.

$$[R_{a1} \blacktriangleright \mathrm{send}'(x, b) \blacktriangleleft]_{a1},\ [R_{a2} \blacktriangleright \mathrm{send}'(y, b) \blacktriangleleft]_{a2},\ [R_b \blacktriangleright \mathrm{recv}'(M) \blacktriangleleft]_b \parallel E$$
$$\xrightarrow{[\mathrm{sync}\,:\,a2,b,y]} [R_{a1} \blacktriangleright \mathrm{send}'(x, b) \blacktriangleleft]_{a1},\ [R_{a2}\{\square \mapsto \mathrm{null}\}]_{a2},\ [R_b \blacktriangleright M(y) \blacktriangleleft]_b \parallel E$$

이 예에서는 액터 $a2$의 송신을 처리하지만 액터 $a1$의 송신을 처리하는 경우도 있다. 이처럼 예측할 수 없는 처리를 **비결정적**[nondeterministic] 처리라 부른다.

동기 통신에서는 동시에 송수신이 이루어지며 송신과 수신을 할 때 암묵적인 배리어 동기 처리를 하는 것이 특징이다. 여기에서는 비동기 통신에서의 송수신 처리에 배리어 동기를 수행하는 방법을 생각해보자. 비동기 액터 언어에서의 단순한 송수신 배리어 동기는 다음과 같이 정의한다.

$$
\begin{aligned}
\text{rnd} \quad &\overset{\text{def}}{=} \quad \text{난수 생성기} \\
\text{recvAck}(r) \quad &\overset{\text{def}}{=} \quad \text{recv}(\text{rec}(\lambda f.\lambda x.\ (\text{if } = (r, x), \text{null}, \text{recv}(f)))) \\
\text{syncSend}(d, s, v) \quad &\overset{\text{def}}{=} \quad \text{let } r = \text{rnd in} \\
&\qquad \text{seq}(\text{send}(\text{pair}(\text{pair}(s, r), v), d), \text{recvAck}(r)) \\
\text{syncRecv}(f) \quad &\overset{\text{def}}{=} \quad \text{recv}(\lambda x.\,(\\
&\qquad \text{let } m = 1^{\text{st}}(x) \text{ in} \\
&\qquad\quad \text{seq}(\text{send}(1^{\text{st}}(m), 2^{\text{nd}}(m)), f\,(2^{\text{nd}}(x)))))
\end{aligned}
$$

여기에서 syncSend 함수는 동기 송신용 함수이며, 인수 d에 수신지 액터, 인수 s에 송신지 액터, 인수 v에 송신 데이터를 지정한다. syncSend 함수에서는 먼저 수신지 액터 d로 송신지 액터 s, rnd 함수를 이용해 생성한 난수, 그리고 데이터 v를 송신한다. 그 뒤 응답 수신 함수 recvAck를 이용해 송신 응답을 수신한다. recvAck 함수에서는 송신한 난수와 같은 난수를 수신할 때까지 무한 루프를 돈다. recvSync 함수는 메시지를 수신한 뒤 송신지 액터로 난수를 반환하고 그 후 실제 처리를 수행한다. 예를 들어 다음과 같이 이용한다.

$$
\alpha,\ [\text{seq}(\text{syncSend}(b, a, x), M)]_a,\ [\text{syncRecv}(N)]_b \parallel E
$$

그러나 이 배리어 동기 방법에는 한 가지 문제가 있다. 그것은 recvAck 안에 응답 이외의 메시지를 수신한 경우 해당 메시지는 파기되어 버린다는 점이다. 이것은 이 식 안의 식 M에서 필요했을지 모를 데이터가 파기되는 것을 의미하며 더욱이 통신에 손실이 있다는 것을 의미한다. 이에 대처하기 위해서는 recvAck 안에 수신한 응답 이외의 메시지를 저장해두고 이후에 이용할 수 있도록 해야 하지만 이 처리는 상당히 복잡하다. 실제로는 이런 처리를 수행하는 것보다 액터 모델을 기초로 하는 언어를 이용할 때는 비동기인 것을 의식하고 설계를 하는 것이 현실적이다.

액터 모델이 비동기 통신을 이용하는 이유는 그 분산성에 유래한다고 생각된다. 일반적으로 지리적으로 분산 배치되어 있는 컴퓨터들 사이에서는 상태 동기가 어렵고, 동기로 송수신을 수행하는 비용이 커진다. 한편 비동기 통신은 송신측과 수신측에서 상태의 의존성이 없으므로 분산 컴퓨팅에 적합하다고 말할 수 있다.

8.4 π 계산

π 계산[58],[59]은 로빈 밀너Robin Milner가 제안한 동시 계산 모델의 하나다. 액터 모델에서는 액터라 불리는 프로세스들이 직접 데이터를 주고받지만 π 계산에서는 채널이라 불리는 통신로를 이용해 데이터를 송수신한다. 일반적으로 π 계산은 동기 통신을 수행하는 동시 계산 모델을 가리키며, 비동기적인 π 계산은 **비동기 π 계산**asynchronous pi-calculus이라 부른다. 또한 밀너는 π 계산의 계산 능력은 λ 계산과 등가임을 제시했다.[60] π 계산, λ 계산, 튜링 머신과 형태가 크게 다른 계산 모델이 계산 능력의 관점에서 등가라는 것은 매우 흥미로는 사실이다.

이 절에서는 먼저 동기 π 계산을 형식적으로 정의하고 이를 이용해 배리어 동기를 구현해본다. 그리고 π 계산과 함께 세션 타입도 설명한다. 세션 타입이란 통신 채널 타입을 정의할 수 있는 타입 시스템으로 이론적으로는 π 계산을 기반으로 논의되는 경우가 많다. 세션 타입 절에서는 Rust용으로 설계된 세션 타입 라이브러리를 이용해 실제 작동하는 코드와 함께 설명한다.

8.4.1 데이터 송수신

다음 그림은 2개의 프로세스가 채널 c를 통해 데이터를 송수신하는 π 계산 프로그래밍을 보여준다.

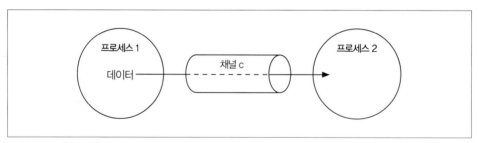

그림 8-4 π 계산

2개의 프로세스를 각각 프로세스 1, 프로세스 2라 부른다. 액터 모델과 달리 π 계산은 프로세스에 고유한 이름을 붙이지 않지만 설명을 위해 이름을 붙였다. 위 그림에서 프로세스 1은 데이터를 채널 c로 송신하고, 프로세스 2는 채널 c로부터 데이터를 수신한다.

송신

[그림 8-4]에는 프로세스 1이 데이터를 채널 c를 통해 송신한다. 이 데이터 송신을 형식적으로 표현해보자. 어떤 채널 c가 있으며 그 채널 c에 대해 어떤 데이터 x를 송신하는 기술은 π 계산으로 다음과 같이 나타낸다.

$$\bar{c}x$$

이처럼 $\bar{c}$라고 쓰면 채널 c에 대해 무언가 데이터를 송신하는 것을 나타낸다.

수신

다음으로 데이터 수신을 형식적으로 표현해보자. 어떤 채널 c로부터 데이터를 수신해 변수 y에 대입하는 것을 π 계산으로 나타내면 다음과 같다.

$$c\langle y\rangle$$

채널 c로부터 수신한 데이터는 변수 y에 저장된다. 이 작동은 λ 계산과 같이 이어지는 식 안의 자유 변수 y를 수신한 데이터로 치환해 표현된다. 예를 들어 채널 c로부터 x라는 데이터를 변수 y에 수신한 경우

$$c\langle y\rangle.P \;\rightarrow\; P\{y \mapsto x\}$$

로 프로세스가 전이한다. 여기에서 $c\langle y\rangle.P$는 채널 c로부터 데이터를 수신한 뒤 P 처리를 실행한다는 의미이며, 변수 y에 데이터 x를 수신하면 P 안의 자유 변수 y가 x로 치환되는 것을 나타낸다.

동시 합성

어떤 프로세스 P와 Q가 동시에 실행되는 상태는 π 계산에서는 $|$를 이용하며 다음과 같이 기술한다.

$$P \mid Q \equiv Q \mid P$$

이렇게 여러 프로세스가 동시에 실행되는 상태를 나타낸 것을 일반적으로 **병렬 합성**parallel composition 또는 **동시 합성**concurrent composition이라 부른다. 이미 눈치 챈 분도 있으리라 생각하지만 동시성 프로그래밍의 컨텍스트에서는 병렬 합성보다 동시 합성이 보다 정확한 의미이므로 이 책에서는 병렬 합성이 아닌 동시 합성이라는 용어를 사용하겠다. 또한 앞에서 설명했던 P를 실행한 뒤 Q를 순차 실행하는 것을 기술한 $P.Q$는 **순차 합성**sequential composition이라 부른다.

[그림 8-4]에 나타낸 데이터 송수신의 동시 합성에 의한 표현과 전이는 다음과 같다.

$$\bar{c}x.P \ \mid \ c\langle y \rangle.Q \ \rightarrow \ P \ \mid \ Q\{y \mapsto x\}$$

여기에서는 채널 c에 데이터 x를 송신한 후 처리 P를 실행하는 프로세스와 채널 c로부터 데이터를 변수 y에 수신한 후 처리 Q를 실행하는 프로세스가 있으며 데이터 송수신이 동기로 실행된 후에는

$$P \ \mid \ Q \equiv Q \ \mid \ P$$

라는 동시 합성으로 전이한다.

8.4.2 구문

다음은 π 계산 구문을 보여준다.

π 계산 구문

α	::=	$\bar{c}x$	x를 채널 c로 송신
		$c\langle x \rangle$	채널 c에서 x로 데이터 수신
P, Q	::=	0	프로세스 종단
		$\alpha.P$	α와 P의 순차 합성
		$P \mid Q$	P와 Q의 동시 합성
		$!P$	P의 무한개의 동시 합성
		$P + Q$	P와 Q의 비결정적 실행
		$(vc)P$	P 안에 종속된 새로운 채널 c
		$A(y_1, \ldots, y_n)$	프로세스 호출
Δ	::=	$A(x_i, \ldots, x_n) \stackrel{\text{def}}{=} P$	프로세스 정의

π 계산에서는 관습적으로 0을 프로세스의 종단으로 사용하며, 0이 된 프로세스는 정지 상태가 되므로 더 이상 전이할 수 없음을 나타낸다.

$!P$는 프로세스 P를 무한개 동시 합성한 것이며 다음과 같이 정의된다.

$$!P := P \mid !P$$

이것은 동시 서버를 표현하는 데 이용할 수 있다. 예를 들면 웹서버의 프로세스를 W로 나타내면 $!W$로 웹 서버가 여러 클라이언트를 동시에 처리하는 것을 표현할 수 있다.

$P + Q$는 프로세스 P와 Q의 비결정적 실행을 의미한다. 즉, $P \to P'$이고 $Q \to Q'$이면 P와 Q 모두 전이가 가능한 경우 $P + Q \to P'$ 또는 $P + Q \to Q'$ 중 하나로 전이한다.

$(vc)P$는 c가 프로세스 P 안의 새 채널인 것을 나타낸다. 일반적인 프로그래밍 언어에서의 로컬 변수 선언에 해당한다. 어디까지나 필자의 생각이지만 그리스 문자 v(뉴)를 이용하는 이유는 영어의 new에 해당하는 언어유희일지 모른다.

프로세스 정의와 프로세스 호출은 일반적인 프로그래밍 언어에서의 함수 정의와 함수 호출에 해당한다. 예를 들면

$$\mathrm{ping}(c) \stackrel{\mathrm{def}}{=} (vw)\bar{c}w.c\,\langle x \rangle$$

일 때 ping은 어떤 채널을 인수로 변수 c에 전달하고, 그 채널에 대해 로컬 채널 w를 송신해 어떤 데이터를 인수로 받아 채널로부터 수신하는 정의가 된다. 이것은

$$(vc)(\mathrm{ping}(c).0 \mid c\langle x \rangle.\bar{c}x.0)$$

과 같이 호출할 수 있다.

vc 및 이항 연산자 ., +, |의 결합 강도를 강한 순서대로 나타내면 다음과 같다.

1	.
2	vc
3	+
4	|

예를 들어

$$(vc)P_0.P_1 + P_2.P_3 \mid P_4$$

라고 쓰인 경우 이것은

$$(((vc)(P_0.P_1)) + (P_2.P.3)) \mid (P_4)$$

와 등가다. 그리고 + 또는 | 연산자에 vc를 분배하고 싶을 때는 다음과 같이 기술하면 된다.

$$(vc)(P + Q)$$
$$(vc)(P \mid Q)$$

8.4.3 변수 종속

π 계산에서 변수 종속은 vc와 $c\langle x\rangle$로 이루어진다. 즉, $(vc)P$는 P 안의 자유 변수 c를 종속하고, $c\langle x\rangle.P$는 P 안의 자유 변수 x를 종속한다. 예를 들어

$$(vx)c\langle x\rangle.P$$

와 같은 식에서 첫 번째 x와 두 번째 x는 다른 변수다. 이것은

$$\lambda x.\lambda x.P$$

라는 λ 식이 있을 때 첫 번째 x와 두 번째 x가 다른 것과 마찬가지다. 이는 Rust에서 다음과 같은 변수 섀도잉^{Shadowing}에 해당한다.

`Rust`

```
let x = 10;
let x = 201
P;
```

π 계산의 식 E 안의 자유 변수의 집합을 fv(E), 종속 변수의 집합을 bv(E)로 나타내면 π 계산의 자유 변수와 종속 변수는 다음과 같이 정의할 수 있다.

> **정의** π 계산의 자유 변수
>
> π 계산의 자유 변수의 집합은 다음 식에서 재귀적으로 얻어지는 변수의 집합이다.
>
> $$\mathrm{fv}(a\langle x \rangle) = \{a\}$$
> $$\mathrm{fv}(a\langle x \rangle.P) = \{a\} \cup (\mathrm{fv}(P) - \{x\})$$
> $$\mathrm{fv}((vx)) = \emptyset$$
> $$\mathrm{fv}((vx)P) = \mathrm{fv}(P) - \{x\}$$
> $$\mathrm{fv}(\bar{a}x) = \{a, x\}$$
> $$\mathrm{fv}(\bar{a}x.P) = \{a, x\} \cup \mathrm{fv}(P)$$
> $$\mathrm{fv}(P \mid Q) = \mathrm{fv}(P) \cup \mathrm{fv}(Q)$$
> $$\mathrm{fv}(P + Q) = \mathrm{fv}(P) \cup \mathrm{fv}(Q)$$
> $$\mathrm{fv}(!P) = \mathrm{fv}(P)$$
> $$\mathrm{fv}(0) = \emptyset$$

> **정의** π 계산의 종속 변수
>
> π 계산의 종속 변수의 집합은 모든 변수의 집합에서 자유 변수의 집합에 나타나는 변수를 제외한 집합이다. 즉, 종속 변수의 집합은 다음과 같이 구한다.
>
> $$\mathrm{bv}(E) = \mathrm{all}(E) - \mathrm{fv}(E)$$
>
> 여기서 $\mathrm{all}(E)$는 E 안의 모든 변수의 집합이다.

8.4.4 α 변환

이 절에서는 π 계산에서의 α 변환을 설명한다. 8.2.6절 'α 변환'에서 설명한 것처럼 α 변환을 이용하면 종속 변수의 변수명을 변경해 같은 의미의 식을 도출할 수 있다. α 변환은 π 계산에서도 완전히 동일하게 적용할 수 있다. 즉, π 계산에서의 α 변환은 다음과 같이 정의할 수 있다.

> **정의** π 계산에서의 α 변환
>
> $(vx)P$ 또는 $c\langle x \rangle.P$라는 식에서 $x \notin \mathrm{fv}(P)$이고 $P\{x \mapsto y\}$일 때 P 안의 식이 새롭게 y를 종속하지 않는 경우에 한해 $(vx)P$ 및 $(vy)P\{x \mapsto y\}$와 $c\langle x \rangle.P$를 $c\langle y \rangle.P\{x \mapsto y\}$로 변환할 수 있으며, 이 조작을 α 변환이라 부른다.

α 변환의 예를 보자.

$$(vx)c\langle y\rangle.\bar{y}x.\,0$$

라는 식이 있을 때 종속 변수 x의 치환을 생각해보자. 예를 들어 종속 변수 x를 변수 z로 치환하는 α 변환은 다음과 같다.

$$(vx)c\langle y\rangle.\bar{y}x.\,0 \to_\alpha (vz)c\langle y\rangle.\bar{y}z.\,0$$

하지만 종속 변수 x를 변수 c로 치환할 수는 없다. 즉,

$$(vc)c\langle y\rangle.\bar{y}c.\,0$$

이라는 식과 예로 제시한 식은 등가가 아니다. 마찬가지로 예로 제시한 식 안의 종속 변수 x를 변수 y로 치환할 수도 없다. 이는

$$(vy)c\langle y\rangle.\bar{y}y.\,0$$

이라는 식은 예로 제시한 식과 의미가 다르기 때문이다.

8.4.5 조작적 의미론

이 절에서는 π 계산의 조작적 의미론을 설명한다. 다음에 π 계산의 조작적 의미론을 나타냈다.

π 계산의 조작적 의미론

$$\text{INTR} \quad (\bar{a}x.P + M) \mid (a\langle y\rangle.Q + N) \to P \mid Q\{y \mapsto x\}$$

$$\text{PAR} \quad \frac{P \to P'}{P \mid Q \to P' \mid Q} \qquad\qquad \text{SUM} \quad \frac{P \to P'}{P + Q \to P'}$$

$$\text{STRUCT} \quad \frac{P' \equiv P \quad P \to Q \quad Q \equiv Q'}{P' \to Q'} \qquad \text{RES} \quad \frac{P \to P'}{(vc)P \to (vc)P'}$$

INTR 규칙은 채널을 통한 데이터 송수신 규칙이다. 예를 들어

$$\bar{c}x.\,0 + 0 \ \mid \ c\langle y\rangle.\bar{y}z.\,0 + 0$$

은 INTR 규칙이며, 다음과 같이 전이한다.

$$\bar{c}x.\,0 + 0 \ \mid \ c\langle y\rangle.\bar{y}z.\,0 + 0 \ \rightarrow \ 0 \mid \bar{x}z.\,0$$

여기에서 $P + 0$과 같이 P에 $+\,0$이 추가된다. 사실 $P + 0$은 P와 같으므로 본질적으로 의미는 없지만 INTR 규칙 중에 있는 M과 N에 맞추기 위해 도입한 것이다. 따라서 이 전이는 $\bar{c}x.\,0 \mid c\langle y\rangle$ 전이인

$$\bar{c}x.\,0 \ \mid \ c\langle y\rangle.\bar{y}z.\,0 \rightarrow \ \bar{x}z.\,0$$

과 같은 의미가 된다. 단, 이것은 INTR 규칙과 STRUCT 규칙을 이용해 유도해야 한다.

이를 증명하기 전에 π 계산에서의 식의 등가성에 관해 설명한다. π 계산의 +와 | 연산자에서는 다음이 성립한다.

- 연산 순서를 바꾸어도 된다(치환 가능).
- 2개 이상의 동일 연산자가 나열되어 있을 때는 어떤 순서로 계산해도 좋다(결합 법칙).
- 항등원을 갖는다.

이 조건들을 만족하는 연산 구조를 변환 가능한 모노이드^{monoid}라 부른다. 항등원이란 임의의 값으로 연산을 수행해도 달라지지 않는 값을 말한다. 예를 들어 곱셈이면 1, 덧셈이면 0이 항등원이 된다. 이 성질을 종합하면 다음과 같이 된다.

π 계산에서의 등가성

$$
\begin{aligned}
P \mid Q &\equiv Q \mid P & P + Q &\equiv Q + P \\
(P \mid Q) &\equiv P \mid (Q \mid P) & (P + Q) + R &\equiv P + (Q + R) \\
P \mid 0 &\equiv P & P + 0 &\equiv P
\end{aligned}
$$

단, 여기에서 $P \equiv Q$는 P와 Q가 의미적으로 등가인 식이라는 것을 의미한다. π 계산의 등가성에 관해 나타내면

$$\bar{c}x.\,0 \ \mid \ c\langle y\rangle.\bar{y}z.\,0 \rightarrow \ \bar{x}z.\,0$$

이 되는 것을 아래에 제시한다.

1 $\bar{c}x.\,0 \mid c\langle y\rangle.\bar{y}z.\,0 \equiv \bar{c}x.\,0 + 0 \mid c\langle y\rangle.\bar{y}z.\,0 + 0$ (등가성에서)

2 $c\langle y\rangle.\bar{y}z.\,0 \to_{\alpha} c\langle x\rangle.\bar{x}z.\,0$ (종속 변수 y에서 x로의 변환)

3 $\bar{c}x + 0 \mid c\langle y\rangle.\bar{y}z.\,0 + 0 \to 0 \mid \bar{x}z.\,0$ (2행과 INTR 규칙에서)

4 $0 \mid \bar{x}z.\,0 \equiv \bar{x}z.\,0$ (등가성에서)

5 $\bar{c}x.\,0 \mid c\langle y\rangle.\bar{y}z.\,0 \to \bar{x}z.\,0$ (1, 3, 4행과 STRUCT 규칙에서)

6 Q.E.D

PAR 규칙과 SUM 규칙은 동시 합성과 비결정적 실행에 관한 규칙이다. 이 규칙은 이미 설명했으므로 자세한 설명은 생략한다.

단, 보충 설명으로

하위 규칙 1

$$\frac{Q \to Q'}{P \mid Q \to P \mid Q'}$$

과

하위 규칙 2

$$\frac{Q \to Q'}{P + Q \to Q'}$$

두 규칙에 관해 설명한다. 이 규칙들은 PAR 규칙과 SUM 규칙의 조건이 $P \to P'$에서 $Q \to Q'$으로 변한 것이지만 이 규칙들은 STRUCT 규칙을 이용하면 도출할 수 있으므로 조작적 의미론의 추론 규칙에 포함하지 않는다. 실제로 이 규칙들은 다음과 같이 도출할 수 있다.

하위 규칙 1의 증명

1 $Q \to Q'$ (전제)

2 $P \mid Q \equiv Q \mid P$ (등가성에서)

3 $Q \mid P \to Q' \mid P$ (1행과 PAR 규칙에서)

4 $Q' \mid P \equiv P \mid Q'$ (등가성에서)

5 $P \mid Q \to P \mid Q'$ (2, 3, 4행과 STRUCT 규칙에서)

6 Q.E.D

하위 규칙 2의 증명

1 $Q \rightarrow Q'$ (전제)

2 $P + Q \equiv Q + P$ (등가성에서)

3 $Q + P \rightarrow Q'$ (1행과 SUM 규칙에서)

4 $Q' \equiv Q'$ (당연)

5 $P + Q \rightarrow Q'$ (2, 3, 4행과 STRUCT 규칙에서)

6 Q.E.D

다음으로 INTR 규칙을 적용할 때 주의할 점을 설명한다. 예를 들어 다음 식이 있다고 하자.

$$(vx)\bar{c}x.\,0 \mid c\langle y\rangle.\bar{y}x.\,0$$

이 식에 대해 단순히 INTR 규칙을 적용시키면 종속 변수 x가 자유 변수 x와 충돌하게 된다. 즉,

$$(vx).\,0 \mid \bar{x}x.\,0$$

이 되어 x에 x를 송신하는 식이 된다. 따라서 종속 변수를 송신할 때는 기존의 자유 변수와 충돌하지 않는 변수명으로 α 변환한 뒤 INTR 규칙을 적용해야 한다. 즉,

$$(vx)\bar{c}x.\,0 \mid c\langle y\rangle.\bar{y}x.\,0 \rightarrow_\alpha (vz)\bar{c}z.\,0 \mid c\langle y\rangle.\bar{y}x.\,0 \rightarrow 0 \mid \bar{z}x.\,0$$

으로 해야 한다. 그리고 다음과 같은 식

$$\bar{c}x.\,0 \mid c\langle y\rangle.(vx)\bar{y}x.\,0$$

에 대해 단순히 INTR 규칙을 적용하면 자유 변수 x가 종속 변수 x로 새롭게 종속되어 버린다. 즉,

$$0 \mid (vx)\bar{x}x.\,0$$

이 되어 x에 x를 송신하는 식이 된다. 따라서 종속 변수 x를 α 변환한 뒤 INTR 규칙을 적용해야 한다.

$$\bar{c}x.\,0 \mid c\langle y\rangle.(vx)\bar{y}x.\,0 \rightarrow_\alpha \bar{c}x.\,0 \mid c\langle y\rangle.(vz)\bar{y}z.\,0 \rightarrow 0 \mid (vz)\bar{x}z.\,0$$

MATCH 규칙, MISMATCH 규칙, RES 규칙은 표기 그대로의 의미이므로 달리 설명하지 않는다.

8.4.6 다항 π 계산

일반적으로 단일 인수만 받는 함수를 **단항 함수**[monadic functions], 여러 인수를 받는 함수를 **다항 함수**[polyadic functions]라 부른다. 지금까지는 채널에 단일한 값만 동시에 송신할 수 있는 단항 계산을 설명했다. 이 절에서는 채널로 동시에 여러 값을 송신할 수 있는 다항 π 계산을 설명한다. 다항 π 계산은 다음과 같은 구문을 새롭게 추가해서 표현할 수 있다.

$$\bar{c}[x_1,\ldots,x_n]$$
$$c\langle[x_1,\ldots,x_n]\rangle$$

이것은 각각 x_1부터 x_n까지의 동기 송신과 수신을 나타낸다. 이 조작적 의미론은 다음 PolyINTR 규칙으로 부여된다.

$$\text{PolyINTR} \quad (\bar{a}[x_1,\ldots,x_n].P + M) \mid (a\langle[y_1,\ldots,y_n]\rangle.Q + N)$$
$$\rightarrow P \mid Q\{y_1 \mapsto x_1,\ldots,y_n \mapsto x_n\}$$

PolyINTR 규칙에서는 n개의 값 $x_1,\ldots,x_n$을 채널 a를 통해 송신하고, 수신 측에서는 $y_1,\cdots,y_n$에 값을 받는다. 이 다항 π 계산은 단항 π 계산에서 에뮬레이션할 수 있다. 이를 설명하기 전에 먼저 단순 에뮬레이션으로는 실패하는 것을 보여주겠다. 단항 π 계산에서 단순히 여러 값을 송신하는 식은 다음과 같이 생각할 수 있다.

$$\bar{a}x_1.\cdots.\bar{a}x_n.P \mid a\langle y_1\rangle.\cdots.a\langle y_n\rangle.Q$$

얼핏 잘 작동할 것 같지만 이 식은 실패할 가능성이 있다. 예를 들어

$$\bar{a}x_1.\cdots.\bar{a}x_n.P \mid \bar{a}z_1.\cdots.\bar{a}z_n.R \mid a\langle x_1\rangle.\cdots.a\langle x_n\rangle.Q$$

와 같이 2개의 프로세스가 여러 값을 채널 a에 송신하면 수신 측에서는 어떤 프로세스에서 송신했는지 판별할 수 없게 된다.

이를 방지하기 위해 여러 값을 송신하기 위한 채널을 별도로 준비하고 그 채널을 통해 송수신한다. 구체적으로는 다음과 같이 함으로써 단항 π 계산으로 여러 값을 문제없이 송신할 수 있다.

$$(vs)\bar{a}s.\bar{s}x_1.\cdots.\bar{s}x_n.P \mid a\langle t\rangle.t\langle y_1\rangle.\cdots.t\langle y_n\rangle.Q$$

여기에서는 송신측이 (vs)로 새 채널 s를 생성하고, 채널 a에 s를 송신하고 수신측에서는 생성된 s를 통해 여러 값을 수신한다. 이렇게 하면 2개 이상의 프로세스가 송신할 때도 문제가 발생하지 않는다. 예를 들어 송신 프로세스가 2개일 때는 다음과 같은 식이 된다.

$$(vs)\bar{a}s.\bar{s}x_1.\cdots.\bar{s}x_n.P \mid (vu)\bar{a}u.\bar{u}z_1.\cdots.\bar{u}z_n.R \mid a\langle t\rangle.t\langle y_1\rangle.\cdots.t\langle y_n\rangle.Q$$

이 사실에서 알 수 있는 것은 본질적으로는 단항과 다항 π 계산의 계산 능력이 같다는 점이다. 단, 다항 π 계산에서는 송신측과 수신측에서 몇 개의 값을 보낼 것인지에 합의되어야 하며, 이는 타입 시스템으로 해결할 수 있다. 즉, 3개의 값을 동시에 송수신하는 채널과 4개의 값을 동시에 송수신하는 채널은 그 타입이 다르다고 생각해 타입 지정을 하는 방법이 있다. 타입 시스템에 흥미가 있는 독자는 참고 문헌[61]을 참조하기 바란다.

8.4.7 배리어 동기

이 절에서는 계산을 통해 배리어 동기를 구현하는 예를 보인다. 덧붙여 배리어 동기를 수행하는 노드 수를 3으로 한다. 먼저 배리어 동기용 프로세스를 다음과 같이 정의한다.

$$\text{barrier} \stackrel{\text{def}}{=} c\langle x\rangle.c\langle y\rangle.c\langle z\rangle.(vd)\bar{x}d.\bar{y}d.\bar{z}d.0$$

이 프로세스는 먼저 채널 c로부터 다른 채널을 3번 수신한다. 그 후 수신한 채널에 대해 새롭게 채널 d를 생성해 송신한다.

다음으로 배리어 동기를 수행하는 노드를 다음과 같이 정의한다.

$$\text{node} \overset{\text{def}}{=} (va\,)\bar{c}a.a\,\langle d\rangle.0$$

이 노드는 채널 c에 대해 새로운 채널 a를 송신한다. 그 후 채널 a로부터 응답이 돌아올 때까지 대기한다. 그러므로 3 프로세스로 배리어 동기를 수행하는 계산은 다음과 같이 기술할 수 있다.

$$(vc)(\text{barrier} \mid \text{node} \mid \text{node} \mid \text{node})$$

이를 전개해서 계산을 진행하면 다음과 같이 된다.

$(vc)(\text{barrier} \mid \text{node} \mid \text{node} \mid \text{node})$

$= (vc)(c\langle x\rangle.c\langle y\rangle.c\langle z\rangle.(vd)\bar{x}d.\bar{y}d.\bar{z}d.0 \mid (va_1)\bar{c}a_1.a_1\langle d\rangle.0 \mid (va_2)\bar{c}a_2.a_2\langle d\rangle.0 \mid (va_3)\bar{c}a_3.a_3\langle d\rangle.0)$

$\rightarrow (vc)(c\langle y\rangle.c\langle z\rangle.(vd)\bar{a}_2d.\bar{y}d.\bar{z}d.0 \mid (va_1)\bar{c}a_1.a_1\langle d\rangle.0 \mid (va_2)a_2\langle d\rangle.0 \mid (va_3)\bar{c}a_3.a_3\langle d\rangle.0)$

$\rightarrow (vc)(c\langle z\rangle.(vd)\bar{a}_2d.\bar{a}_3d.\bar{z}d.0 \mid (va_1)\bar{c}a_1.a_1\langle d\rangle.0 \mid (va_2)a_2\langle d\rangle.0 \mid (va_3)a_3\langle d\rangle.0)$

$\rightarrow (vc)((vd)\bar{a}_2d.\bar{a}_3d.\bar{a}_1d.0 \mid (va_1)a_1\langle d\rangle.0 \mid (va_2)a_2\langle d\rangle.0 \mid (va_3)a_3\langle d\rangle.0)$

$\rightarrow (vc)((vd)\bar{a}_3d.\bar{a}_1d.0 \mid (va_1)a_1\langle d\rangle.0 \mid (va_2)0 \mid (va_3)a_3\langle d\rangle.0)$

$\rightarrow (vc)((vd)\bar{a}_1d.0 \mid (va_1)a_1\langle d\rangle.0 \mid (va_2)0 \mid (va_3)0)$

$\rightarrow (vc)((vd)0 \mid (va_1)0 \mid (va_2)0 \mid (va_3)0)$

여기에서는 먼저 α 변환을 이용해 각 노드 프로세스 안의 종속 변수 a를 다른 변수로 치환한다. 그 후 배리어 동기용 프로세스와 데이터를 송수신해서 계산을 진행한다. 이렇게 배리어 동기는 공유 변수를 이용하지 않고 채널만으로 구현할 수 있다. 배리어 동기 외에도 Mutex나 세마포어 또한 채널을 이용해 구현할 수 있다.

다음 코드는 Rust 언어로 채널을 이용한 배리어 동기를 구현한 예다.

```rust
use std::sync::mpsc::{channel, Sender}; // ❶

fn main() {
    let mut v = Vec::new();

    // 채널 작성 ❷
    let (tx, rx) = channel::<Sender<()>>();
```

```rust
    // 배리어 동기용 스레드 ❸
    let barrier = move || {
        let x = rx.recv().unwrap();
        let y = rx.recv().unwrap();
        let z = rx.recv().unwrap();
        println!("send!");
        x.send(()).unwrap();
        y.send(()).unwrap();
        z.send(()).unwrap();
    };
    let t = std::thread::spawn(barrier);
    v.push(t);

    // 클라이언트 스레드 ❹
    for _ in 0..3 {
        let tx_c = tx.clone(); // ❺
        let node = move || {
            // 배리어 동기 ❻
            let (tx0, rx0) = channel();
            tx_c.send(tx0).unwrap();
            rx0.recv().unwrap();
            println!("received!");
        };
        let t = std::thread::spawn(node);
        v.push(t);
    }

    for t in v {
        t.join().unwrap();
    }
}
```

---

❶ 채널용 함수와 타입 임포트

❷ channel 함수로 채널 생성. tx는 송신용, rx는 수신용 채널이다.

❸ 배리어 동기용 스레드. 채널 송신단을 수신하고 해당 송신단을 이용해 값을 송신한다.

❹ 배리어 동기를 수행하는 클라이언트 스레드

❺ 송신단은 클론 가능. 즉 각각의 송신단으로부터 단일 수신단으로 송신 가능

❻ 배리어 동기용 채널을 새로 만들고 그 송신단인 tx0을 송신하고, rx0으로 대기

이 코드에서는 앞에서 보인 π 계산의 예와 마찬가지로 채널을 사용해 채널을 송신한다. Rust에

서 채널은 일반적으로 송신용과 수신용으로 나뉘며 이를 송신단, 수신단이라 부른다. 여기에서는 송신단 tx_c에 대해 송신단 tx0 자체를 송신한다. 글로 설명하기는 다소 복잡하므로 코드를 보는 것이 좋다.

Rust는 정적 타입 언어이므로 채널로 송신할 데이터 타입은 컴파일 시점에 결정되어야 한다. 예를 들어 이 코드에서는

```
let (tx, rx) = channel::<Sender<()>>()
```

로 Sender<( )> 타입이라고 하는 데이터를 송수신하기 위한 채널을 생성한다. 구체적으로 송신단 tx의 타입은 Sender<Sender<( )>>, 수신단 rx의 타입은 Receiver<Sender<( )>>다. 그리고 Sender<( )> 타입은 송신단 타입이며 이는 ( ) 타입을 송신하기 위한 송신단이다. 즉, tx와 rx는 다른 채널의 송수신단을 송수신하기 위해 이용한다.

또 다른 예로 u64 타입 데이터를 송신하는 채널의 생성과 송수신은 다음과 같다..

예제 8-1 u64 타입 데이터 송수신   `Rust`

```
let (tx, rx) = channel::<u64>();
tx.send(10).unwrap();
let n = rx.recv().unwrap();
```

tx와 rx의 타입은 각각 Sender<u64>와 Receiver<u64>다. 이처럼 channel 함수를 이용하면 채널을 생성할 수 있으며, 이 채널은 비동기 통신을 수행하는 채널이 된다. mpsc에서는 동기 통신을 수행하는 채널도 이용할 수 있다. 동기 송수신을 수행하는 채널은 다음과 같이 sync_channel 함수를 이용해서 작성한다.

예제 8-2 동기 채널   `Rust`

```
use std::sync::mpsc::sync_channel;
let (tx, rx) = sync_channel::<u64>(0); // (SyncSender, Receiver) ❶

thread::spawn(move|| {
    tx.send(2).unwrap(); // ❷
});

let n = rx.recv().unwrap(); // ❸
```

❶ sync_channel 함수로 비동기 채널을 생성. 인수는 버퍼 수이고, 송신단은 SyncSender 타입이다.

❷ 데이터 송신. recv가 호출될 때까지 블록

❸ 데이터 수신

sync_channel 함수에서 채널을 작성할 때는 인수에 버퍼 수를 지정한다. 만약 버퍼가 가득 차면 송신단의 send 함수 호출이 블록된다. 따라서 버퍼 수를 0으로 하면 동기 통신이 된다. 이러한 버퍼를 갖지 않은 블록 채널을 **랑데뷰 채널**rendezvous channel이라 부른다. 랑데뷰란 프랑스어로 만난다는 의미이며 채널을 통해 만나기 때문에 이런 이름으로 불린다.

이와 같이 Rust에서는 채널 생성과 송수신도 손쉽게 수행할 수 있다.

8.4.8 세션 타입

Rust에서는 채널에도 정적 타입이 붙기 때문에 채널을 통해 송수신 가능한 데이터는 채널 작성 시 추론한 타입이 된다. 즉, u64 타입의 채널은 u64 타입의 값만 송수신할 수 있다. 하지만 일반적인 통신은 u64 타입의 값을 송신한 뒤 bool 타입의 값을 수신하는 등의 다양한 형태로 생각할 수 있다. 즉, 시퀀스 다이어그램으로 나타내면 다음과 같다.

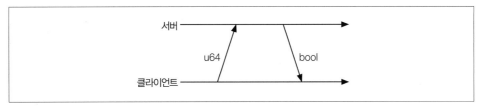

그림 8-5 u64를 송신하고 bool을 수신하는 시퀀스 다이어그램

이처럼 통신에 관한 약속을 일반적으로 프로토콜 또는 통신 규약이라 부른다. 앞의 프로토콜은 u64를 송신하고 bool을 수신하는 채널의 타입이라고 생각할 수 있다. 여기에서 타입 T의 값의 송신을 !T, 수신을 ?T로 표기하면 이 채널의 타입은

!u64.?book.0

이라고 π 계산과 비슷하게 기술할 수 있다.

그런데 Rust의 채널 예나 [그림 8-4]에서 알 수 있듯이 채널에는 적어도 2개의 엔드포인트가 존재한다. 따라서 이 채널의 반대쪽 엔드포인트는 송수신이 뒤집혀진 형태가 될 것이다.

```
?u64.!bool.0
```

즉, 한쪽 엔드포인트에서 u64 타입의 값을 송신하면 다른 엔드포인트에서는 u64 타입의 값을 수신하게 된다. 이렇게 뒤집혀 있는 관계를 **쌍대성**^{duality, 이중성}을 가진다고 부른다.

통신에서는 값 송신뿐만 아니라 어떤 조건도 송수신한다고 생각할 수 있다. 예를 들어 고객이 돈을 지불할 때 무언가 주문을 하지만 돈을 받는 측은 주문 내용에 따라 상품을 선택한다. 이것은 **선택**^{select}과 **제시**^{offer}로 형식화할 수 있다. 예를 들어 u64 타입의 값을 송신한 뒤 그 값을 2제곱(square)할 것인지, 짝수 판정(even)을 할 것인지 요청할 수 있다고 하자. 그러면 선택을 ⊕로 표시한다고 하면 이 통신 타입은 다음과 같이 된다.

```
!u64.⊕{square: ?u64, even: ?bool}.0
```

다시 말해

1 u64 타입의 값을 송신
2 square를 선택하면 u64 타입의 값을 수신
3 event를 선택하면 bool 타입의 값을 수신

이라는 프로토콜 타입을 결정할 수 있다. 제시를 &로 나타낸다고 정의하면 이 프로토콜의 쌍대 타입은 다음과 같이 된다.

```
?u64.&{square: !u64, even: !bool}.0
```

다시 말해

1 u64 타입의 값을 수신
2 square를 선택하면 u64 타입의 값을 송신
3 book을 선택하면 bool 타입의 값을 송신

한다. 이런 프로토콜 형식화 방법 또는 채널에 관한 형식을 세션 타입이라 부른다. 세션 타입은 이론적으로는 선형 타입 시스템을 적용한 π 계산상에서 형식화되는 경우가 많지만,^[62] 오토 예스페르센[Otto Jespersen]이 Rust를 이용한 구현도 제안했다.[63] 여기에서는 예스페르센의 구현을 이용해 설명한다.

세션 타입의 크레이트는 crates.io에도 업로드되어 있으나 GitHub의 버전이 보다 최신이므로 이를 이용한다. 따라서 Cargo.toml은 다음과 같다.

예제 8-3 Cargo.toml

`TOML`

```toml
[dependencies]
session_types = { git = "https://github.com/Munksgaard/session-types.git" }
```

다음으로 채널 타입 지정은 다음 코드에 기반해 설명한다.

예제 8-4 채널 타입

`Rust`

```rust
#[macro_use]

extern crate session_types;
use session_types as S; // ❶
use std::thread;

type Client = S::Send<u64, S::Choose<S::Recv<u64, S::Eps>, S::Recv<bool, S::Eps>>>;
// 클라이언트의 엔드포인트 타입 ❷
type Server = <Client as S::HasDual>::Dual; // 서버의 엔드포인트 타입 ❸

enum Op {
    Square, // 2제곱 명령
    Even,   // 짝수 판정 명령
}
```

❶ 세션 타입 라이브러리를 S로 임포트
❷ 클라이언트의 엔드포인트 타입. !u64.⊕{square: ?u64, even: ?bool}.0에 해당
❸ 서버의 엔드포인트 타입. 클라이언트 엔드포인트와 쌍대 타입이 된다.

예스페르센의 구현에서는 세션 타입은 제네릭스 타입을 이용해서 구현되었다. 즉, Send<V, T>로 했을 때는 V 타입의 값을 송신하고 T라는 세션 타입의 값(채널의 엔드포인트)을 반환한다. 예를 들어

```
Send<u64, Send<bool, T>>
```

로 기술하면 u64와 bool 타입의 값을 송신하고 T라는 세션 타입의 값을 반환한다. 여기에서 세션 타입은 Send 등으로 구현된 타입을 말한다. 즉, 이 타입 자체도 세션 타입이다.

수신은 Recv로 기술한다. 즉,

```
Recv<u64, Recv<bool, T>>
```

라는 타입은 u64와 bool 타입의 값을 수신하고 T라는 세션 타입의 값을 반환하는 타입이다.

채널의 엔드포인트는 Eps 타입으로 나타낸다. 예를 들어

```
Recv<u64, Recv<bool, Eps>>
```

라는 타입은 u64와 bool 타입의 값을 수신하고 해당 세션을 종료하는 타입이다.

선택은 Choose라는 타입으로 기술한다. 오리지널 세션 타입에서는 선택과 제시에는 임의의 라벨을 이용할 수 있었지만 예스페르센의 구현에서는 Choose 타입에 구현된 Left와 Right만 이용할 수 있다. 예를 들어 다음과 같은 세션 타입을 생각해보자.

```
Choose<Recv<u64, Eps>, Recv<bool, Eps>>
```

이 타입은 Left인지 Right인지 선택하는 것을 의미하며, Left를 선택하면 u64 값을 수신한 뒤 종료하고 Right를 선택하면 bool 값을 수신한 뒤 종료한다. 제시는 Offer 타입을 이용해 기술할 수 있다. 따라서 위 쌍대 타입은 다음과 같이 된다.

```
Offer<Send<u64, Eps>, Send<bool, Eps>>
```

이렇게 예스페르센의 구현에서는 세션 타입을 2조의 타입을 이용해 중첩해서 표현함으로써 구현한다.

NOTE_ select라는 함수명은 전통적으로 IO 다중화용 함수에 이용되어 왔다. 그렇기 때문에 IO 다중화와의 혼동을 피하기 위해 Choose로 한 것으로 생각된다. 이 책에서는 설명하지 않지만 예스페르센의 구현에서도 채널 IO 다중화를 위한 select! 매크로를 제공한다.

다음 코드는 서버 스레드용 함수다.

```Rust
fn server(c: S::Chan<(), Server>) {
    let (c, n) = c.recv(); // 데이터 수신 ❶
    match c.offer() {
        S::Branch::Left(c) => { // 2제곱 명령 ❷
            c.send(n * n).close(); // ❸
        }
        S::Branch::Right(c) => { // 짝수 판정 명령 ❹
            c.send(n & 1 == 0).close(); // ❺
        }
    }
}
```

❶ 데이터 수신. 새 엔드포인트를 변수 c에, 수신한 값을 변수 *n*에 할당한다. 새로운 엔드포인트 c의 타입은 Offer<Send<u64, Eps>, Send<bool, Eps>>가 된다.

❷ Left(2제곱 명령) 선택. 새로운 엔드포인트 c의 타입은 Send<u64, Eps>가 된다.

❸ 2제곱한 값을 송신하고 세션 종료

❹ Right(짝수 판정) 선택. 새로운 엔드포인트 c의 타입은 Send<bool, Eps>가 된다.

❺ 논릿값을 송신하고 세션 종료

이렇게 세션 타입을 이용한 구현에서는 엔드포인트를 소비해 송수신을 수행하고 새로운 엔드포인트를 얻는다. 비유적으로 말하자면 양파의 껍질을 하나씩 벗기는 것과 같다. 세션 타입에서는 엔드포인트의 타입이 Send 타입인 경우에는 송신만, Recv 타입인 경우에는 수신만 가능하므로 프로토콜 위반이 되는 구현으로 컴파일 에러가 된다.

클라이언트의 스레드는 다음과 같다.

```Rust
fn client(c: S::Chan<(), Client>, n: u64, op: Op) {
    let c = c.send(n); // ❶
    match op {
        Op::Square => {
            let c = c.sel1();        // 첫 번째 선택지 선택 ❷
            let (c, val) = c.recv(); // 데이터 수신 ❸
            c.close();               // 세션 종료 ❹
            println!("{}^2 = {}", n, val);
        }
```

```
            Op::Even => {
                let c = c.sel2();          // 두 번째 선택지 선택 ❺
                let (c, val) = c.recv(); // 데이터 수신 ❻
                c.close();                 // 세션 종료 ❼
                if val {
                    println!("{} is even", n);
                } else {
                    println!("{} is odd", n);
                }
            }
        }
    };
}
```

❶ u64 타입의 데이터 송신. 새로운 엔드포인트 c의 타입은 Choose<Recv<u64, Eps>, Recv<bool, Eps>>가 된다.

❷ 첫 번째 선택지, 즉 Left(2제곱)를 선택. 새로운 엔드포인트 c의 타입은 Recv<u64, Eps>가 된다.

❸ u64 타입의 데이터 수신. 새로운 엔드포인트 c의 타입은 Eps가 된다.

❹ Eps이므로 세션 종료

❺ 두 번째 선택지, 즉 Right(짝수 판정)를 선택. 새로운 엔드포인트 c의 타입 Recv<bool, Eps>가 된다.

❻ bool 타입의 데이터 수신. 새로운 엔드포인트 c의 타입은 Eps가 된다.

❼ Eps이므로 세션 종료

클라이언트도 서버와 거의 비슷하며 송수신과 선택 및 제시만 반대로 되어 있다. 엔드포인트로부터의 송수신을 수행하면 양파처럼 타입이 벗겨지면서 Eps에 가까워지는 것을 알 수 있다.

다음 코드는 세션 타입을 이용한 서버와 클라이언트 구현 예다.

`Rust`

```
fn main() {
    // Even 예
    let (server_chan, client_chan) = S::session_channel();
    let srv_t = thread::spawn(move || server(server_chan));
    let cli_t = thread::spawn(move || client(client_chan, 11, Op::Even));
    srv_t.join().unwrap();
    cli_t.join().unwrap();
```

```
    // Square 예
    let (server_chan, client_chan) = S::session_channel();
    let srv_t = thread::spawn(move || server(server_chan));
    let cli_t = thread::spawn(move || client(client_chan, 11, Op::Square));
    srv_t.join().unwrap();
    cli_t.join().unwrap();
}
```

이 코드를 실행하면 Even인 경우에는 논릿값, Square인 경우에는 2제곱된 u64 타입의 값이 표시된다.

반복에 관해 알아보자. 많은 통신 프로토콜에서는 같은 작동을 반복하는 경우가 있다. 예를 들어 단순한 Key-Value 타입의 데이터베이스를 생각해보자. 이런 데이터베이스 서버로의 커넥션을 접속한 뒤에는 put이나 get 같은 몇 가지 조작을 할 수 있다. 즉, 서버의 엔드포인트는 다음과 같은 타입의 반복이 된다.

&{put: ?u64.?u64, get: ?u64.!u64}

즉, put을 선택하면 u64 타입의 키와 u64 타입의 값을 수신한다. get을 선택하면 u64 타입의 키를 수신하고 그에 대응하는 u64 타입의 값을 송신한다. 세션 타입에서는 반복을 μ로 기술할 수 있다.

μ a(&{put: ?u64.?u64.a, get: ?u64.!u64.a}

이것은 직관적으로는 a가 출현하면 μ a로 점프하는 것으로 해석할 수 있다. 이론적으로는 μ a(S)로 치환하는 의미와 같다. 따라서 a는 단순한 변수이므로 b, c를 사용해도 문제가 없다.

여기에 종료 명령인 quit를 추가하면 다음과 같은 타입이 된다.

μ a(&{put: ?u64.?u64.a, get: ?u64.!u64.a, quit: 0})

그리고 쌍대 클라이언트 타입은 다음과 같다.

μ a($\oplus${put: !u64.!u64.a, get: !u64.?u64.a, quit: 0})

예스페르센의 Rust 구현에서 반복은 Rec와 Var<Z>로 수행한다. 예를 들어

Rec<Send<u64, Var<Z>>>

일 때 Var<Z>는 Rec의 특정 위치로 점프한다고 읽을 수 있다. Z는 제로를 나타내고, S<Z>는 1, S<S<Z>>는 2를 나타낸다. S는 Successor의 약어로 인수의 다음 값(증가한 값)을 나타낸다. Rec은 스택으로 관리되며 Rec이 출현할 때마다 스택에 쌓인다. 그러면 Var<Z>는 스택의 가장 위 Rec을 나타내며 Var<S<Z>>가 스택의 가장 위에서 하나 아래의 Rec을 나타낸다. 예를 들어

```
Rec<Recv<u64, Rec<Send<bool, Offer<Var<Z>, Var<S<Z>>>>>>
```

일 때는 Var<Z>는 Rec<Send<bool까지, Var<S<Z>>는 Rec<Recv<u64까지의 점프를 나타낸다.

TIP 변수를 Z, $S(Z)$, $S(S(Z))$로 표현한 것은 페아노 공리계$^{Peano's\ axioms}$를 따른 것이다.

지금부터 이 데이터베이스 서버와 클라이언트를 Rust로 구현한 예를 살펴보자. 다음 코드는 서버와 클라이언트의 세션 타입이다.

Rust

```rust
type Put = S::Recv<u64, S::Recv<u64, S::Var<S::Z>>>;
type Get = S::Recv<u64, S::Send<Option<u64>, S::Var<S::Z>>>;

type DBServer = S::Rec<S::Offer<Put, S::Offer<Get, S::Eps>>>;
type DBClient = <DBServer as S::HasDual>::Dual;
```

DBServer는 서버 타입이다. 이 타입은 Put, Get 또는 종료를 제시하고 각각에 대응하는 타입을 실행한다. Put 타입은 u64 타입의 값을 2개 수신하고 다시 DBServer의 선두에 있는 Rec으로 점프한다. Get 타입은 u64 타입의 값을 수신하고 u64 타입의 값을 송신하고 마찬가지로 Rec으로 점프한다. 종료가 선택되면 Eps로 세션을 클로즈한다. DBClient 타입은 서버 타입의 쌍대 타입이다.

다음 코드는 서버 스레드용 함수다.

Rust

```rust
fn db_server(c: S::Chan<(), DBServer>) {
    let mut c_enter = c.enter(); // ❶
    let mut db = HashMap::new(); // DB 데이터

    loop {
        match c_enter.offer() { // Put이 선택됨 ❷
            S::Branch::Left(c) => {
                let (c, key) = c.recv();
```

```
                    let (c, val) = c.recv();
                    db.insert(key, val); // DB에 데이터 삽입
                    c_enter = c.zero();   // Rec으로 점프 ❸
                }
                S::Branch::Right(c) => match c.offer() { // Get 또는 종료 ❹
                    S::Branch::Left(c) => { // Get이 선택됨 ❺
                        let (c, key) = c.recv();
                        let c = if let Some(val) = db.get(&key) {
                            c.send(Some(*val))
                        } else {
                            c.send(None)
                        };
                        c_enter = c.zero(); // Rec으로 점프 ❻
                    }
                    S::Branch::Right(c) => { // 종료가 선택됨 ❼
                        c.close(); // 세션 클로즈 ❽
                        return;
                    }
                },
            }
        }
    }
}
```

❶ enter 함수에서 Rec에 정의된 타입을 실행

❷ Left가 선택되면 Put 처리를 실행

❸ Var<Z>는 zero 함수에 해당하는 Rec으로 점프

❹ Right가 선택되면 Get 또는 종료 처리

❺ Right, Left가 선택되면 Get 처리를 실행

❻ zero 함수에서 Rec으로 점프

❼ Right, Right가 선택되면 종료 처리

❽ close 함수에서 커넥션 클로즈. close 함수를 호출하지 않으면 실행 시 에러 발생

이렇게 Rec 타입인 경우에는 enter 함수로 처리를 계속하고, Var<Z> 타입인 경우에는 zero 함수를 호출해 Rec까지 점프한다. 또한 Var<S<Z>>인 경우에는 succ 함수를 호출한 뒤 zero 함수를 호출해야 한다.

다음 코드는 클라이언트용 함수다.

```rust
fn db_client(c: S::Chan<(), DBClient>) {
    let c = c.enter(); // Rec 안에서 처리를 실행
    // Put을 2회 실시
    let c = c.sel1().send(10).send(4).zero();
    let c = c.sel1().send(50).send(7).zero();

    // Get
    let (c, val) = c.sel2().sel1().send(10).recv();
    println!("val = {:?}", val); // Some(4)

    let c = c.zero(); // Rec으로 점프

    // Get
    let (c, val) = c.sel2().sel1().send(20).recv();
    println!("val = {:?}", val); // None

    / 종료
    let _ = c.zero().sel2().sel2().close();
}
```

이 코드에서는 Key-Value 페어를 두 번 Put하고 두 번 Get한다. 첫 번째 Get에서는 Key가 10일 때의 값을 얻으므로 Some(4)를 수신하며, 두 번째 Get에서는 Key가 20일 때의 값(존재하지 않음)을 얻으므로 None을 수신한다. 종료 처리는 Branch의 오른쪽, 오른쪽을 선택해야 하므로 sel2 함수를 두 번 호출하고 close를 호출한다.

다음 코드는 Key-Value 타입 DB를 구현한 예다.

```rust
fn main() {
    let (server_chan, client_chan) = S::session_channel();
    let srv_t = thread::spawn(move || db_server(server_chan));
    let cli_t = thread::spawn(move || db_client(client_chan));
    srv_t.join().unwrap();
    cli_t.join().unwrap();
}
```

이렇게 먼저 session_channel 함수로 서버와 클라이언트용 엔드포인트를 작성한 후 스레드를 생성한다.

Offer를 이용한 분기를 쉽게 기술하기 위해 offer! 매크로가 제공된다. 다음 코드는 offer! 매크로를 이용한 분기 이용 예다.

Rust

```rust
fn db_server_macro(c: S::Chan<(), DBServer>) {
    let mut c_enter = c.enter();
    let mut db = HashMap::new();

    loop {
        let c = c_enter;
        offer! {c, // ❶
            Put => { // ❷
                let (c, key) = c.recv();
                let (c, val) = c.recv();
                db.insert(key, val);
                c_enter = c.zero();
            },
            Get => {
                let (c, key) = c.recv();
                    let c = if let Some(val) = db.get(&key) {
                        c.send(Some(*val))
                    } else {
                        c.send(None)
                    };
                    c_enter = c.zero();
            },
            Quit => {
                c.close();
                return;
            }
        }
    }
}
```

❶ offer! 매크로를 이용해 경우를 나눌 수 있다. c는 Offer 타입이어야 한다.

❷ Put 처리. 이 이름은 무시되므로 어떤 이름을 사용해도 좋다.

이렇게 Offer 타입이 중첩되어 있을 때는 offer! 매크로로 경우를 나눌 수 있다.

세션 타입에서는 채널을 통해 채널의 엔드포인트를 송수신할 수도 있다.

```rust
type SChan = S::Chan<(), S::Send<(), S::Eps>>; // ❶
type ChanRecv = S::Recv<SChan, S::Eps>; // ❷
type ChanSend = <ChanRecv as S::HasDual>::Dual;

fn chan_recv(c: S::Chan<(), ChanRecv>) {
    let (c, cr) = c.recv(); // 채널의 엔드포인트를 수신 ❸
    c.close();
    let cr = cr.send(()); // 수신한 엔드포인트에 대해 송신 ❹
    cr.close();
}

fn chan_send(c: S::Chan<(), ChanSend>) {
    let (c1, c2) = S::session_channel(); // 채널 생성
    let c = c.send(c1); // 채널의 엔드포인트를 송신 ❺
    c.close();
    let (c2, _) = c2.recv(); // 송신한 엔드포인트의 반대 측에서 수신 ❻
    c2.close();
}
```

❶ 채널을 통해 송수신할 채널의 엔드포인트 타입

❷ SChan 타입의 엔드포인트를 수신하는 채널 타입

❸ 채널을 통해 다른 채널의 엔드포인트를 수신

❹ 앞에서 수신한 엔드포인트에 대해 데이터 송신

❺ 채널을 통해 채널의 엔드포인트를 송신

❻ 앞에서 송신한 엔드포인트의 반대 측에서 수신

다소 복잡하지만 이 방법을 이용하면 채널의 엔드포인트 자체를 송수신할 수 있다. 이것은 프록시와 같은 작동을 하는 프로토콜 형식화가 가능하게 한다. 예를 들어 전화 접수 담당자와 전담 업무 담당자가 서로 다를 때 일정 수준까지의 처리는 전화 접수 담당자가 수행하다가 대화가 어느 정도 진행된 뒤 전담 업무 담당자에게 처리를 부드럽게 옮길 수 있게 된다.

Rust는 선진적이고 강력한 타입 시스템을 갖추고 있으나 현재 Rust의 타입 시스템은 세션 타입을 완벽히 다룰 수 없으므로 다소 볼품이 없어 보이기도 한다. 세션 타입은 Rust 이외의 언어에서 연구 및 구현이 진행되고 있다. 예를 들어 OCaml 언어의 경우 기후대학岐阜大学의 이마이今井 교수 등이 제안한 OCaml-MPST[64],[65]로 구현되어 있다. 이 절에서 소개한 세션 타입

은 일대일 통신에 한정된 것이지만 이마이 교수의 구현은 다대다 통신도 다룰 수 있다. 이런 세션 타입을 **멀티파티 세션 타입**^{Multiparty Session Type}이라 부른다.

이 절에서는 세션 타입에 관해 설명했다. 세션 타입을 이용하면 프로토콜 형식화와 프로토콜에 따른 구현 여부를 컴파일 시점에 검사할 수 있다. 현재 RFC 등 다양한 표준화 문서는 자연어로 기술되어 있다. 이 때문에 애매한 부분이 생기며, 표준화 문서의 내용과 구현에 다소 차이가 발생하기도 한다. 하지만 세션 타입을 이용하면 누가 읽어도 동일한 내용으로 해석할 수 있는 표준화 문서를 작성할 수 있으므로 사용과 구현의 차이를 크게 줄일 수 있다. 향후에는 세션 타입을 이용해 프로토콜 표준화를 수행하는 것이 바람직할 것이다.

AArch64 아키텍처

Arm은 영국 암 홀딩스^{Arm Holdings} 산하 기업 중 하나인 Arm Ltd.가 설계하고 개발한 CPU 아키텍처다. 이 책 집필 기간 현재 저전력 소비 특성 때문에 스마트폰 등 모바일 장치에서 지배적으로 이용되고 있다. Arm 버전 7인 Armv7까지는 32비트 사양의 아키텍처였지만 Armv8부터는 64비트 사양으로도 이용 가능(32비트와 64비트 모두 대응하고 있어 이용 시 선택 가능)해져 이를 구별하기 위해 전자를 AArch32, 후자를 AArch64라 표기하게 되었다. 또한 AArch32부터는 빅 엔디안^{big endian}과 리틀 엔디안^{little endian} 모두 지원했지만 AArch64부터는 리틀 엔디안만 지원한다. 이 책에서는 특히 AArch64를 이용해서 설명하므로 여기에서는 AArch64에 대해 간단하게 설명하겠다. 이 책을 읽기 위해 꼭 필요한 정도의 내용만 설명하므로 자세히 알고 싶다면 Arm Architecture Reference Manual[66] 또는 Arm 64-Bit Assembly Language[67]를 참조하기 바란다.

> **NOTE_** 2016년에 소프트뱅크가 암 홀딩스를 인수해 일시적으로 소프트뱅크^{Softbank} 그룹 산하의 기업이었으나 이후 엔비디아^{NVIDIA}가 소프트뱅크 그룹으로부터 인수했다.

어셈블리 언어 학습은 직접 구현한 C 프로그램을 최적화 없이 컴파일한 뒤 역어셈블리^{reverse assembly}하는 것부터 시작하면 좋다. 최적화 없이 컴파일할 때는 clang -O0와 같이 -O0 옵션을 붙여서 수행하며(gcc도 동일함) 역어셈블리는 출력된 파일에 objdump -d로 수행할 수 있다. 예를 들어 다음과 같이 하면 hello.c의 어셈블리를 얻을 수 있다.

```
$ clang -O0 -c hello.c
$ objdump -d hello.o
```

A.1 레지스터

이 절에서는 AArch64의 레지스터에 관해 간단히 설명한다. 다음 표는 AArch64의 모든 레지스터와 그 의미다.

표 A-1 AArch64의 레지스터

레지스터	의미
x0 ~ x30	범용 64비트 레지스터
w0 ~ w30	범용 32비트 레지스터(wn 레지스터는 xn 레지스터의 하위 32비트, $0 \leq n \leq 30$)
xzr	64비트 제로 레지스터
wzr	32비트 제로 레지스터
v0 ~ v31	부동소수점 레지스터
sp	64비트 스택 포인터
wsp	sp 레지스터의 하위 32비트
pc	프로그램 카운터

AArch64는 x0에서 x30까지의 64비트 범용 레지스터 31개, w0에서 w30까지의 32비트 범용 레지스터 31개를 가지고 있다. 단, xn 레지스터의 하위 32비트 부분이 wn 레지스터(여기에서 $0 \leq n \leq 30$)로 되어 있으며 물리적인 기억 영역을 공유한다. 이를 합쳐 rn 레지스터로 쓴다. 이 상태를 그림으로 나타낸 것이 다음 그림의 rn이다. 예를 들어 w0 레지스터에 값을 쓰는 경우에는 x0 레지스터의 값은 파기된다.

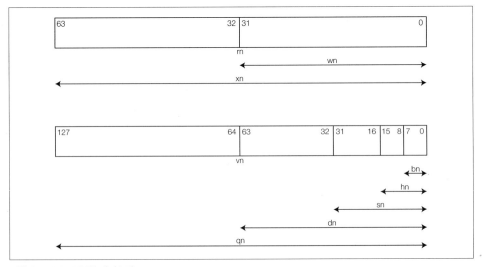

그림 A-1 AArch64의 레지스터

xzr과 wzr 레지스터는 제로 레지스터$^{zero\ register}$라 불리며 이 레지스터들의 값을 읽으면 그 값은 반드시 0이다. 그리고 이 레지스터들에 값을 쓰면 그 값은 그냥 파기된다.

v0에서 v31까지의 32개 레지스터는 부동소수점수 레지스터이며 부동소수점 연산 또는 벡터 연산을 수행하기 위해 이용된다. 이것도 [그림 A-1]에 있는 vn의 그림에서 나타낸 것처럼 비트 크기에 따라 이름이 달라진다. 128, 64, 32, 16, 8비트 크기의 부동소수점 레지스터를 각각 qn, dn, sn, hn, bn으로 표기한다. 예를 들어 세 번째 128비트 부동소수점 레지스터는 q3이 된다. 이 레지스터들은 부동소수점 값뿐만 아니라 벡터 계산에도 이용되므로 SIMD 레지스터라고도 불린다.

sp 레지스터는 스택 포인터용 레지스터이며, wsp 레지스터는 sp 레지스터의 하위 32비트 부분에 해당한다. 그리고 스택 포인터는 16바이트에 맞추어야 한다(즉, 하위 4비트가 0이어야 한다). Arm에는 예외 레벨이라는 개념이 있으며 EL0부터 EL3까지의 네 가지 레벨이 정의되어 있다. 각 예외 레벨은 EL0은 애플리케이션, EL1은 커널, EL2는 하이퍼바이저, EL3은 시큐어 모니터로 정의되어 있다. 그리고 각 예외 레벨별로 별도의 스택 포인터용 레지스터가 존재하고 SP_EL0과 같이 표기한다(Armv8에서는 예외 레벨 전환 시 AArch64와 AArch32도 동시에 전환할 수 있으므로 wsp 레지스터가 존재한다고 생각할 수 있다). 단, 단순히 SP라 쓴 경우에는 현재 작동 중인 예외 레벨의 스택 포인터를 가리킨다. 예외 레벨의 상세한 내용은 Arm의 공식 매뉴얼을 참조하기 바란다.

pc 레지스터는 프로그램 카운터$^{program\ counter}$를 나타내는 레지스터이며 CPU가 내부적으로 이용하는 레지스터다. 따라서 직접 pc 레지스터를 읽고 쓸 수는 없다.

AArch64의 조건 플래그에 관해 설명하겠다. 조건 플래그란 어떤 연산을 수행한 후 특정 조건을 만족하는지 판별하기 위한 플래그(1비트값)이며, 이 값에 기반해 조건 분기 등을 수행한다. 다음 표에 AArch64의 조건 플래그를 나타냈다. 표에 나타낸 것처럼 N, Z, C, V라는 4개의 플래그가 있다.

표 A-2 AArch64의 조건 플래그

플래그	1	0
N	음의 값	0 또는 양의 값
Z	제로(0)	그 외
C	자리올림 발생 또는 자리빌림 없음	그 외
V	오버플로 발생	그 외

즉, 각 플래그는 다음의 조건을 만족할 때 바뀐다.

N 플래그

연산 결과가 음의 값이면 1, 0 또는 양의 값이면 0이 된다.

Z 플래그

연산 결과가 0이면 1, 그렇지 않으면 0이 된다.

C 플래그

덧셈에서 자리올림이 발생하면 1, 그렇지 않으면 0이 된다. 뺄셈에서는 자리를 빌려오는 경우에 0, 그렇지 않으면 1이 된다.

V 플래그

연산 시 오버플로가 발생하면 1, 그렇지 않으면 0이 된다.

A.2 기본 연산 명령

CPU는 기계어라 불리는 바이너리 프로그램을 읽어 무언가 처리를 수행하지만 바이너리 상태 그대로는 사람이 읽기 어렵다. 그렇기 때문에 사람이 쉽게 해석할 수 있도록 어셈블리 언어라 불리는 프로그래밍 언어를 이용해 기술한다. 이 절에서는 AArch64의 어셈블리 언어를 설명한다.

다음 코드는 x0과 x1 레지스터의 값을 바꾸는^{swap} 어셈블리 언어의 예다.

ASM AArch64

```
mov    x2, x0 ; x2 = x0
mov    x0, x1 ; x0 = x1
mov    x1, x2 ; x1 = x2
```

mov는 니모닉이고 x0, x1, x2는 피연산자이며 ; 이후는 주석이다. mov 명령은 두 번째 피연산자의 값을 첫 번째 피연산자에 대입한다. 여기에서는 1행에서 x0 레지스터의 값을 x2 레지스터에 복사하고, 2행에서 x1 레지스터의 값을 x0 레지스터에 복사한 후 마지막으로 3행에서 x2 레지스터의 값을 x1 레지스터에 복사한다. 덧붙여 어셈블리 코드에서는 니모닉과 레지스터에서 대소문자를 구별하지 않으므로 어떻게 표기하더라도 의미는 같다.

> **NOTE_** 이 책에서는 GNU Assembler(GAS) 스타일 표기를 채용했다. GAS에서는 C 언어 스타일의 주석인 /* */(블록 주석)나 //(1행 주석), 셸 스타일의 주석인 #(1행 주석)을 모두 사용할 수 있다.

다음 표는 레지스터 간 데이터 전송을 수행하는 mov 명령 목록이다. mov와 movs 명령은 데이터를 그대로 전송하며, mvn과 mvns 명령은 비트를 반전한 뒤 데이터를 전송한다.

표 A-3 AArch64의 레지스터 간 데이터 전송 명령

명령 포맷	의미	플래그
mov dst, src	dst = src	
movs dst, src	dst = src	✓
mvn dst, src	dst = src의 비트 반전	
mvns dst, src	dst = src의 비트 반전	✓

명령 끝에 s가 붙은 movs와 mvns 명령은 명령 실행과 동시에 조건 플래그 값도 변경한다. 데이터 전송 명령뿐만 아니라 조건 플래그를 업데이트하는 명령은 모두 끝에 s가 붙는다.

다음 표에 AArch64의 기본 연산 명령을 나타냈으며 이들 명령의 포맷은 다음과 같이 3개의 피연산자를 갖는다.

```
opcode dst, src1, src2
```

표 A-4 AArch64의 기본 연산 명령(3개의 피연산자)

명령	의미	플래그	시프트	즉시값	확장
add	dst = src1 + src2		✓	✓	✓
adds	dst = src1 + src2	✓	✓	✓	✓
sub	dst = src1 − src2		✓	✓	✓
subs	dst = src1 − src2	✓	✓	✓	✓
and	dst = src1 & src2		✓	✓	
ands	dst = src1 & src2	✓	✓	✓	
orr	dst = src1 | src2		✓	✓	
orn	dst = src1의 비트 반전 | src2의 비트 반전		✓		
eor	dst = src1 ⊕ src2		✓	✓	
eon	dst = src1의 비트 반전 ⊕ src2의 비트 반전		✓		
bic	비트 클리어		✓		
bics	비트 클리어	✓	✓		
adc	자리올림 덧셈				
adcs	자리올림 덧셈	✓			
sbc	자리올림 뺄셈				
sbcs	자리올림 뺄셈	✓			

레지스터 사이의 데이터 전송 명령과 마찬가지로 피연산자 끝에 *s*가 붙는 명령은 조건 플래그를 업데이트한다. 이 표에서는 플래그열이 조건 플래그를 업데이트하는지 나타낸다. 그리고 시프트, 즉시값, 확장열은 세 번째 피연산자(src2)를 얻을 수 있는 형식을 나타내며 각각 시프트 완료 레지스터, 즉시값, 확장 레지스터의 약자다. 단, 자리포함 덧셈과 뺄셈에서는 세 번째 피연산자에 단순히 레지스터 지정만 할 수 있다.

다음 표에 기본 연산 명령의 세 번째 피연산자인 src2가 가질 수 있는 표기와 의미를 설명했다.

표 A-5 AArch64의 기본 연산 명령(세 번째 피연산자, src2)

표기	의미
reg	단순 레지스터 지정 또는 시프트 완료한 레지스터
reg, shift #amount	시프트 완료한 레지스터
#num	즉시값
#num, LSL #amount	즉시값
reg, extend	확장 레지스터
reg, extend #amount	확장 레지스터

여기에서 reg는 레지스터를, num과 amount는 정숫값을 나타낸다. 그리고 shift는 비트 시프트량과 그 방법, extend는 비트 확장 방법을 나타내며, 배커스-나우어 표기법으로 나타내면 다음과 같다.

```
shift  := LSL | LSR | ASR | ROR
extend := {U|S}TAIL | LSL
TAIL   := XTB | XTH | XTW | XTX
```

시프트 완료 레지스터에서는 레지스터, 시프트 방법 및 시프트량을 수치로 지정할 수 있다. 예를 들면

```
x0, LSL #3
```

과 같이 표기한다. 이것은 x0 레지스터의 값을 3비트만큼 논리적으로 왼쪽으로 시프트한 값이라는 의미다.

#amount에서 # 이후 부분에 수치를 지정했다. 어셈블리 언어에서는 이 표기를 즉시값이라 부른다. 단, 시프트량이 0인 경우에는 시프트 방법과 시프트량을 생략할 수 있다. 다음 표는 shift

에 지정할 수 있는 타입을 보여준다. 덧셈과 뺄셈인 경우에는 LSL, LSR, ASR을 이용할 수 있고, 논리 연산인 경우에는 추가로 ROR을 이용할 수 있다.

표 A-6 시프트 타입 목록

시프트 타입	의미	덧셈 및 뺄셈	논리 연산
LSL	왼쪽 논리 시프트	✓	✓
LSR	오른쪽 논리 시프트	✓	✓
ASR	오른쪽 산술 시프트	✓	✓
ROR	오른쪽 순환 시프트		✓

확장 레지스터는 부호 있는 또는 부호 없는 정수를 부호 확장하기 위해 사용하며 예를 들어

```
x0, SXTB, #1
```

과 같이 기술한다. 이것은 x0을 8비트의 부호 있는 정수로 간주해 부호 확장한 후 왼쪽으로 1비트 시프트한 값이라는 의미다.

extend에는 어떻게 확장할 것인지 지정하고, #amount에는 부호 확장 후 왼쪽으로 시프트할 양을 0부터 4 범위에서 지정한다(#amount는 생략 가능하다). 부호 확장이란 예를 들어 0xFF라는 8비트의 정숫값이 있고, 이를 부호 있는 정수로 간주해 32 또는 64비트 레지스터로 부호 확장하는 경우 상위 비트가 1로 부호 확장되고, 부호 없는 정수로 간주하면 상위 비트가 0으로 부호 확장된다. 앞에서 나타낸 것처럼 extend에는 UXTB 또는 SXTH 등을 기술한다. 첫 문자가 U면 부호 없음, S면 부호 있음을 의미하며 마지막 문자의 B, H, W, X는 각각 8, 16, 32, 64비트 수치에서 확장했음을 의미한다. 또한 LSL을 지정한 경우에는 부호 없는 확장이 된다(전송지와 세 번째 레지스터가 동일 비트 폭인 경우에만 이용 가능하다).

즉시값은 이름 그대로 수치로 지정하는 방법이며, 덧셈과 뺄셈의 경우에는 12비트 정숫값(0부터 4095까지)을 지정할 수 있고 0비트 또는 12비트의 왼쪽 논리 시프트만 지정할 수 있다. 예를 들어

```
#4095, LSL #12
```

와 같이 12비트 왼쪽 시프트(4096배)를 할 수 있다. 그리고 시프트 지정을 생략하면 0비트 시프트로 취급된다.

TIP AARc64에서 가상 메모리의 페이지 크기는 4096의 배수이며 이는 페이징^{paging} 계산을 수행하기 위한 최적 값이다.

논리 연산에서의 즉시값은 어떤 특정 비트 패턴을 따르는 상수만 지정할 수 있다. 이것은 비트마스크 즉시값이라 불리는 즉시값인데, 사실 비트마스크에 관해서는 Arm의 매뉴얼만으로는 이해하기 어렵다. 다음은 Arm 공식 문서에서 인용한 설명이다.

> The Logical (immediate) instructions accept a bitmask immediate value that is a 32-bit pattern or a 64-bit pattern viewed as a vector of identical elements of size e = 2, 4, 8, 16, 32 or, 64 bits. Each element contains the same sub-pattern, that is a single run of 1 to (e − 1) nonzero bits from bit 0 followed by zero bits, then rotated by 0 to (e − 1) bits. This mechanism can generate 5,334 unique 64-bit patterns as 2,667 pairs of pattern and their bitwise inverse.
>
> (번역: 논리(즉시값) 명령은 크기가 e = 2, 4, 8, 16, 32, 64비트인 동일 요소로 보이는 32 또는 64비트 패턴의 비트마스크 즉시값을 받는다. 각 요소들은 같은 하위 패턴을 포함한다. 즉, 단일한 1부터 (e − 1)의 연속한 0이 아닌 비트와 0부터 (e − 1)의 순환이다. 이 메커니즘은 2,667 패턴과 각 패턴의 비트를 반전시켜 총 5,334개의 고유한 64비트 패턴을 생성할 수 있다.)

위 내용은 읽어도 무엇을 의미하는지 이해하기 어려울 것이다. 위 설명은 잊어버리고 먼저 0+1+라는 정규 표현에 매치하는 N 문자의 문자열을 생각해보자. 여기에서 0+는 0이 1회 이상 반복되는 것이며, $N \in \{2, 4, 8, 16, 32, 64\}$이다. 예를 들어 $N = 4$면 이 정규 표현에 매칭하는 문자열은 다음 3개다.

- 0001
- 0011
- 0111

이 문자열을 하위 패턴으로 하는 길이가 32인 문자열을 얻고 싶다면 이를 8회 반복하면 된다. 즉, 위 하위 패턴으로부터 길이가 32인 다음의 문자열을 얻을 수 있다.

- 0001 → 0001 0001 0001 0001 0001 0001 0001 0001
- 0011 → 0011 0011 0011 0011 0011 0011 0011 0011
- 0111 → 0111 0111 0111 0111 0111 0111 0111 0111

이 값을 0부터 31의 범위에서 순환 시프트해서 얻어지는 문자열이 최종적으로 생성 가능한 문자열이 된다. 여기에서는 문자열로 설명했지만 이를 비트 열로 생각한 값이 논리 연산에서 이용 가능한 즉시값이 된다. 이미 알고 있겠지만 64비트의 경우에는 하위 패턴의 반복 횟수가 32비트의 배수가 되며 순환 시프트 가능한 범위가 0부터 63이 된다.

피연산자 2개를 갖는 기본 연산 명령을 알아보자. 다음 표에 피연산자 2개를 갖는 기본 연산 명령을 나타냈다.

표 A-7 AArch64의 기본 연산 명령(피연산자 2개)

명령 포맷	의미	플래그	시프트	즉시값	확장
neg dst, src	dst = src의 비트 반전		✓		
negs dst, src	dst = src의 비트 반전	✓	✓		
tst op1, op2	ands zero, op1, op2	✓	✓	✓	
cmp op1, op2	subs zero, op1, op2	✓	✓	✓	✓
cmn op1, op2	adds zero, op1, op2	✓	✓	✓	✓

neg와 negs 명령은 비트 반전 명령이며, negs는 조건 플래그를 업데이트한다. tst, cmp, cmn 명령은 각각 ands, dubs, adds의 앨리어스이며 이들은 테스트 명령, 비교 명령, 비교 부정 명령이라 불리는 조건 분기를 수행할 때 이용된다. 표 안의 zero는 제로 레지스터를 나타낸다.

여기에서 예를 들어 부호 없는 비교 명령을 생각해보자. 비교 명령을 실행한 후에는 피연산자의 값에 따라 제로 플래그(Z)와 자리 플래그(C)가 다음 표와 같이 변화한다. 따라서 이들 조건 플래그를 확인하면 $a > b$ 또는 $a \le b$ 등을 검사할 수 있음을 알 수 있다.

표 A-8 cmp a, b 이후의 조건 플래그

	Z	C
$a < b$	0	1
$a > b$	0	0
$a = b$	1	0

이어서 즉시값을 레지스터에 읽는 명령을 알아보자. 다음 표에 피연산자에 즉시값을 지정하는 레지스터로의 데이터 전송 명령을 나타냈다.

표 A-9 AArch64의 즉시값 읽기 명령

명령	의미
movz dst src	dst = src
movn dst src	dst = src의 비트 반전
movk dst src	dst = src. 단, 대상 비트만 값이 변화

이 명령들은

```
opcode dst, #imm, LSL #shift
```

로 기술되며, 표 안의 src는

```
#imm, LSL #shift
```

을 나타낸다. 단, 후반의

```
LSL #shift
```

는 생략할 수 있다. #imm에는 16비트 정숫값을 지정할 수 있다. #sfift에 지정할 수 있는 값은 dst 레지스터에 따라 달라지며, 32비트 레지스터일 때는 0 또는 16을, 64비트일 때는 0, 16 또는 32를 지정할 수 있다.

mov 명령은 두 번째 피연산자로 즉시값을 지정할 수 있다. mov 명령의 즉시값 읽기는 movz, movn, movk, orr 명령의 앨리어스이며 지정한 값에 기반해 어셈블러가 적절한 명령으로 변환한다. 만약 1 명령으로 읽을 수 없는 즉시값이 전달되면 에러가 발생하므로 이 경우에는 여러 명령을 이용해 읽어야 한다. 다음 어셈블리 코드는 여러 명령을 이용해 10x0123456789ABCDEF 라는 값을 x0 레지스터에 전송한다.

ASM AArch64

```
movz    x0, #0xCDEF
movk    x0, #0x89AB, LSL #16
movk    x0, #0x4567, LSL #32
movk    x0, #0x0123, LSL #48 ; x0 = 0x0123456789ABCDEF
```

AArch64에서는 이렇게 여러 명령으로 전송할 수 있으며 이는 RISC[Reduced Instruction Set Computer] CPU에서는 모두 동일하다. RISC의 모든 명령은 길이가 고정되어 있기 때문이다. 예를 들어 AArch64는 각 명령에 대해 반드시 32비트 바이너리 코드로 변환되며, 32비트보다 큰 즉시

값은 원칙적으로 1 명령으로 표현할 수 없게 된다. 다음 절에서 소개할 x86-64로 대표되는 CISC^{Complex Instruction Set Computer} CPU에서는 명령의 길이가 달라질 수 있이 때문에 1 명령으로 64비트 즉시값을 다룰 수 있다.

다음 코드는 기본 연산 명령 이용 예다.

ASM AArch64

```
mov   x0, x1                   ; x0 = x1
adds  x0, x1, x2               ; x0 = x1 + x2
add   x0, x1, x2, LSR #4       ; x0 = x1 + (x2 >> 4)
sub   x0, x1, #0xFF, LSL #12   ; x0 = x1 + (0xFF << 12)
mov   x0, #0xFFFF              ; x0 = 0xFFFF
```

기본적으로는 지금까지 설명한 내용과 동일하다. 16진수의 표기는 C 언어와 같이 0x의 마지막에 16진수 표기로 숫자값을 쓰면 된다.

A.3 메모리 읽기 쓰기

이 절에서는 메모리 읽기 쓰기에 관해 간단히 설명한다. 가장 기본적인 메모리 읽기 쓰기 명령은 ldr과 ldur 명령이며, 그 의미는 다음 표에 나타낸 것과 같다. 의미 열의 memory[base]는 base 번지의 메모리 값을 나타낸다.

표 A-10 ldr과 ldur 명령

명령 포맷	의미
ldr dst, [base], #sn	dst = memory[base], base += #sn
ldr dst, [base, #sn]!	base += #sn, dst = memory[base]
ldr dst, [base]	dst = memory[base]
ldr dst, [base, #un]	dst = memory[base + #un]
ldur dst, [base, #sn]	dst = memory[base + #sn]

이들은 모두 base 레지스터와 오프셋(#sn 또는 #un)이 가리키는 메모리 위치로부터 dst에 지정된 레지스터로 값을 읽어 들이는 명령이다. 읽기 바이트 수는 dst가 wn 레지스터일 경우 4바이트, xn 레지스터일 경우 8바이트가 된다.

ldr 명령은 오프셋 지정 방법이나 ! 마크의 유무라는 미묘한 표기의 차이에 따라 그 의미가 달라지므로 주의해야 한다. [표 A-10]의 첫 번째 행의 명령은 데이터 읽기 후에 base 레지스터의 값이 업데이트되고, 두 번째 행의 명령은 데이터 읽기 전에 base 레지스터의 값이 업데이트된다. 네 번째 행의 명령은 base 레지스터의 값은 업데이트되지 않고 오프셋값도 보다 넓은 범위로 지정 가능하나 이때 오프셋값에 음숫값을 지정할 수 없으며 dst가 wn일 때는 4의 배수, xn일 때는 8의 배수여야 한다.

ldur 명령을 이용하면 오프셋값에 음숫값이나 4 또는 8의 배수 이외의 값을 지정할 수 있으며, 지정 가능한 값은 −256에서 255 범위로 한정된다. 실제로 [표 A-10]의 네 번째 표기에서 오프셋에 음숫값이나 4 또는 8의 배수 이외의 값을 지정하면 어셈블러가 자동적으로 ldur 명령으로 변환한다. 이때 오프셋값이 너무 크면 컴파일러 에러가 된다.

ldr 명령은 4 또는 8바이트 단위의 메모리 읽기 명령이며 메모리 읽기를 할 때는 이외의 바이트 단위로 읽고 싶을 때가 있다. 다음 표에 ldr 명령 이외의 메모리 읽기 명령을 나타냈다. 이들 명령은 표에 나타낸 단위로 메모리를 읽는다.

표 A-11 AArch64의 메모리 읽기 명령

명령	의미
ldrb	8비트, 부호 없음
ldrsb	8비트, 부호 있음
ldrh	16비트, 부호 없음
ldrsh	16비트, 부호 있음
ldrsw	32비트, 부호 있음
ldr	32 또는 64비트

부호 없음과 부호 있음의 명령이 다른 것은 전송지 레지스터보다 작은 메모리 크기의 읽기를 수행할 때 부호를 확장해야 할 필요가 있기 때문이다. 두 번째 피연산자나 오프셋값 지정 방법은 [표 A-10]과 같으므로 자세한 설명은 생략한다. [표 A-10]에서는 오프셋값을 즉시값으로 지정했지만 레지스터에서 지정할 수도 있다. 레지스터에서 오프셋값을 지정하는 방법은 설명을 생략하니 자세한 내용은 AArch64 매뉴얼을 참조하기 바란다.

다음은 쓰기 명령이다. 쓰기 명령은 읽기 명령과 거의 같으며, 비트를 확장할 필요가 없으므로 읽기 명령보다 명령 수가 적다. 다음 표에 메모리 쓰기 명령을 나타냈다. 피연산자 지정 방법은 읽기 명령과 같으며, 첫 번째 피연산자에 나타난 레지스터 값을 지정한 메모리 위치에 써넣는다.

표 A-12 AArch64의 메모리 쓰기 명령

명령	의미
strb	8비트
strh	16비트
str	32 또는 64비트

다음 코드는 메모리 읽기 쓰기 명령 이용 예다.

```
ldr    x0, [x1] , #16    ; x0 = memory[x1] , x1 += 16
ldr    x0, [sp, #-8] !   ; sp -= 8, x0 = memory[sp]
ldr    x0, [x1, #4096]   ; x0 = memory[x1 + 4096]
ldr    x0, [x1, #3]      ; ldur x0, [x1, #3]
ldr    x0, [x1, #301]    ; 컴파일 에러
ldrsw  w0, [x1, #20]     ; w0 = memory[x1 + 20]
                         ; (32비트 부호 있는 읽기)
ldrb   w0, [sp, #-4]     ; w0 = memory[sp - 4]
                         ; (8비트 부호 없는 읽기)
str    x0, [sp]          ; memory[sp] = x0
strh   w0, [sp, #-2] !   ; sp -= 2, memory[sp] = w0
                         ; (16비트 쓰기)
```

이렇게 같은 명령이라도 피연산자 지정 방법에 따라 의미가 달라지므로 주의해야 한다.

마지막으로 레지스터 페어의 읽기 쓰기를 수행하는 ldp, stp 명령을 간단히 소개한다. 이 명령은 2개의 레지스터 값을 지정한 메모리에서 읽거나 쓰는 명령이며, 그렇기 때문에 한 번에 최대 128비트의 값을 읽고 쓸 수 있다. 이들 명령에서는 첫 번째와 두 번째 피연산자에 읽고 쓸 레지스터를 지정하고, 세 번째 피연산자에 메모리상의 주소를 지정하며, 메모리 주소 지정 방법은 ldr 명령과 거의 같다. 레지스터 페어 읽기 쓰기 명령은 스택에 데이터 쓰기에 많이 이용된다.

A.4 조건부 명령 실행과 점프

이 절에서는 조건부 명령 실행과 점프에 관해 설명한다. A.1절 '레지스터'에서 설명했듯이 AArch64에는 N, Z, C, V라는 조건 플래그가 있으며, 이 플래그들로 조건을 결정한다. 그리고

A.2절 '기본 연산 명령'에서 간단히 설명했듯이 이들 플래그는 cmp 명령 등으로 업데이트된다. 다음 표에 AArch64에서 이용 가능한 조건 명령과 의미 그리고 조건 플래그를 나타냈다. 표에서는 정숫값에 관해서만 나타냈다. 이들 조건 명령은 부동소수점수에도 이용된다. 부동소수점 명령도 기본적으로는 같은 의미지만 의미가 다른 부분도 일부 있으므로 자세한 내용은 매뉴얼을 참조하기 바란다.

다음 표에 조건부 실행 명령을 나타냈으며 이들 명령의 포맷은 다음과 같다.

```
opcode dst, src1, src2, cond
```

표 A-13 AArch64의 조건부 실행 명령

명령	의미
csel	if cond then dst = src1 else dst = src2
csinc	if cond then dst = src1 else dst = src2 + 1
csinv	if cond then dst = src1 else dst = src2 비트 반전
csneg	if cond then dst = src1 else dst = -src2

cond 부분에 이 표에 나타낸 조건을 지정한다. 지정한 조건이 참이면 단순히 dst 레지스터에 src1 레지스터의 값이 복사되고, 거짓이면 src2 레지스터의 값에 명령에 맞는 연산을 수행한 후 dst 레지스터에 값이 복사된다.

다음 표에 cond에 지정할 수 있는 명령을 나타냈다. 표에서는 정숫값에 관해서만 나타냈으며, 이들 조건 명령은 부동소수점수에도 이용된다.

표 A-14 AArch64의 조건 명령

명령	의미	조건 플래그
eq	같다	Z == 1
ne	같지 않다	Z == 0
cs	자리 리셋	C == 1
hs	크거나 같다(부호 없음)	C == 1
cc	자리 클리어	C == 0
lo	작다(부호 없음)	C == 0
mi	음의 값	N == 1
pl	음의 값 또는 제로	N == 0
vs	오버플로(부호 있음)	V == 1
vc	비오버플로(부호 있음)	V == 0

명령	의미	조건 플래그
hi	크다(부호 없음)	(C == 1) && (Z == 0)
ls	작거나 같다(부호 없음)	(C == 0) || (Z == 1)
ge	크거나 같다(부호 있음)	N == V
lt	작다(부호 있음)	N != V
gt	크다(부호 있음)	(N == 0) && (N == V)
le	작거나 같다(부호 있음)	(Z == 1) || (N != V)
al	항상 실행	

다음 표에 조건부 실행 명령을 나타냈다. 이들 명령의 포맷을 다음과 같으며 cond에는 [표 A-14]에 나타낸 조건을 지정한다.

```
opcode reg, cond
```

표 A-15 AArch64의 조건 셋 명령

명령	의미
cset	if cond then reg = 1 else reg = 0
csetm	if cond then reg = -1 else reg = 0

다음 코드는 조건부 명령 이용 예다.

ASM AArch64

```
; ❶
cmp x1, x2
csel x0, x1, x2, hi ; if x1 > x2 then x0 = x1 else x0 = x2
; ❷
cmp x1, x2
cset x0, eq ; if x1 == x2 then x0 = 1 else x0 = 0
```

❶ x1과 x2 레지스터를 비교하여 큰 쪽을 x0 레지스터에 저장

❷ x1과 x2 레지스터를 비교하여 같으면 x0 레지스터에 1을, 그렇지 않으면 0을 설정

라벨과 점프 명령에 관해 알아보자. 라벨은 사람이 알기 쉽도록 행 번호를 알파벳과 숫자로 나타낸 것으로 행 번호의 별명이라고도 부른다. 점프Jump는 명령 처리를 지정한 주소로 변경하는 것이다. 라벨은 콜론으로 끝나는 문자열로 나타내며, 마지막 콜론을 제외한 문자열이 라벨명이다. 니모닉이나 레지스터와 달리 라벨명은 대문자와 소문자를 구별한다. 실행 파일 포맷의 하

나인 ELF^{Executable and Linkable Format}에서 .L로 시작하는 라벨은 로컬 라벨로 간주되어 함수 안의 점프는 로컬 라벨을 이용해 표현한다.

라벨 및 지정한 주소로의 점프는 무조건 분기 명령 또는 조건 분기 명령으로 수행할 수 있다. 다음 표는 무조건 점프 명령의 목록을 나타낸 것으로 점프 대상지에는 라벨 또는 레지스터를 지정한다.

표 A-16 AArch64의 무조건 점프 명령

명령 포맷	의미
b label	label로 점프
br reg	reg가 가리키는 주소로 점프
bl label	label로 점프하고 x30 = pc + 4
blr reg	reg가 가리키는 주소로 점프하고 x30 = pc + 4
ret	x30이 가리키는 주소로 점프
ret reg	reg가 가리키는 주소로 점프

bl과 blr 명령은 함수 호출에 이용되며, 이 명령들을 이용해 점프한 경우 함수로부터의 반환 주소가 x30 레지스터에 자동으로 저장된다. ret 명령은 함수로부터 복귀 시 이용된다.

다음 표에 조건부 점프 명령을 나타냈다. 이들 명령은 조건이 만족될 때만 지정한 주소로 점프한다.

표 A-17 AArch64의 조건부 점프 명령

명령 포맷	의미
b.cond label	cond가 참이면 라벨 label로 점프
cbnz reg, label	레지스터 reg가 0이 아니면 라벨 label로 점프
cbz reg, label	레지스터 reg가 0이면 라벨 label로 점프
tbnz reg, #un, label	레지스터 reg의 #un번째 비트가 0이 아니면 라벨 label로 점프
tbz reg, #un, label	레지스터 reg의 #un번째 비트가 0이면 라벨 label로 점프

그리고 b.cond 명령의 cond 부분에는 [표 A-14]에 나타낸 조건을 지정한다. 그리고 #un에는 0~63의 즉시값을 지정하고, 이 값으로 판정할 비트의 위치를 결정한다.

점프의 간단한 예로 루프를 생각해보자. 구체적으로는 다음 C 언어 코드의 어셈블리 코드를 생각해본다.

```
for (i = 0; i < 10; i++) {
    // 무언가 처리
}
```

위 코드는 다음 AArch64 어셈블리 코드와 같이 변환된다. .Lloop와 .Lend는 라벨이다.

```
    mov x0, xzr    ; x0 = 0 ❶
.Lloop:
    cmp x0, #10    ; ❷
    b.hs .Lend     ; if x0 >= 10 then go to .Lend
    ; 무언가 처리

    add x0, x0, #1 ; x0 += 1 ❸
    b .Lloop       ; go to .Lloop
.Lend:
```

❶ x0 레지스터의 값을 0으로 설정한다. C 언어의 i = 0에 해당한다.

❷ 비교 명령이며, C 언어의 i < 10에 해당한다. x0 레지스터의 값이 10 이상이면 루프를 벗어나기 위해 .Lend 라벨로 점프한다. C 언어에서는 <라는 조건을, 어셈블리에서는 >=라는 조건을 사용하며 의미적으로는 동일하다.

❸ 루프 안의 처리를 마쳤다면 x0 레지스터의 값에 1을 더하고 .Lloop 라벨로 점프한다.

A.5 호출 규약

여기에서는 AArch64의 호출 규약인 Procedure Call Standard for the Arm 64-bit Architecture[AAPCS64][68]에 관해 간단히 설명한다. 호출 규약이란 함수 호출 시 지켜야 할 약속을 말하며, 레지스터의 용도 등이 정의되어 있다. AAPCS64는 리눅스 등에서도 채택한 표준 호출 규약이지만 윈도우나 맥의 iOS에서는 자체적인 호출 규약을 채택하고 있다.

다음 표에 AAPCS64에 정의되어 있는 레지스터의 용도를 나타냈다. 여기에서 rn은 범용 레지스터, vn은 부동소수점 레지스터다.

표 A-18 AAPCS64에 정의된 레지스터 용도

레지스터	용도
sp	스택 포인터
r30	링크 레지스터
r29	프레임 포인터
r19 ~ r28	callee 저장 레지스터
r18	플랫폼 레지스터 또는 임시 레지스터
r17	제2프로시저 호출 시의 임시 레지스터 또는 보통의 임시 레지스터
r16	제1프로시저 호출 시의 임시 레지스터 또는 보통의 임시 레지스터
r9 ~ r15	임시 레지스터
r8	반환값용 레지스터(주소 전달)
r0 ~ r7	인수 또는 반환값용 레지스터
v16 ~ v31	임시 레지스터
v8 ~ v15	callee 저장 레지스터(하위 64비트만)
v0 ~ v7	인수 또는 반환값용 레지스터

sp 및 r19 ~ r28, v8 ~ v15는 callee, 즉 호출된 측에서 저장해야 할 레지스터로, 함수 실행 중이들 레지스터를 이용하는 경우에는 함수에서 반환하기 전에 함수 호출 시의 값으로 복귀시켜 두어야 한다. 그 외의 레지스터는 함수 실행 시 파기될 가능성이 있으므로 필요에 따라 호출하는 측에서 호출하기 전에 저장해두어야 한다.

함수의 인수는 r0 ~ r7, v0 ~ v7 레지스터 또는 스택을 통해 수행된다. 반환값도 이 레지스터들을 이용해 수행한다. 단, 큰 데이터를 반환하고 싶을 때는 r8 레지스터를 이용해 주소를 전달해 반환한다.

r16과 r17 레지스터는 링커가 이용하는 레지스터이며, 한 번에 점프할 수 없는 먼 주소로 점프할 때 이용된다. 그 외에는 일반적인 임시 레지스터로 이용된다. r18은 OS 등에 의존해 이용되는 레지스터이며 AArch64에서 어셈블리 코드를 작성하는 경우에는 이 레지스터의 이용을 권장하지 않는다.

r30 레지스터는 링크 레지스터라 불린다. 이 레지스터는 [표 A-16]에서 설명한 것처럼 함수 반환 시 반환되는 주소를 저장하는 레지스터이며, ret 명령에서 인수를 생략하면 이 레지스터에 저장된 주소로 반환한다. 그리고 bl, blr 명령으로 함수를 호출하면 자동으로 반환 주소가 이 레지스터에 저장된다.

r29 레지스터는 프레임 포인터^{frame pointer}이며 함수 안에서 스택 영역의 원하는 위치를 지정할 수 있다. 많은 구현에서는 함수가 호출될 때 sp 레지스터가 가리키는 값을 프레임 포인터로 이용하는 경우가 많다. sp 레지스터는 스택 포인터이므로 반드시 스택의 가장 위를 가리켜야 하지만 프레임 포인터는 그렇지 않다. 스택 포인터는 스택에 push/pop할 때마다 값이 달라지지만 프레임 포인터는 함수 호출 시 스택 포인터의 값으로 하면 함수 안에서는 항상 같은 값을 유지하기 때문에 어드레싱을 간단히 할 수 있는 장점이 있다.

A.6 예

이 절에서는 실제 AArch64 어셈블리의 코드를 이용해서 설명한다. 그전에 지금까지 설명하지 않았던 몇 가지 명령을 알아보자. 이를 다음 표에 나타냈다.

표 A-19 AArch64의 기타 명령

명령 포맷	의미
adr dst, label	label 위치의 주소를 dst에 읽음
udiv dst, src1, src2	dst = src1 / src2 (부호 없음)
msub dst, src1, src2, src3	dst = src1 - src2 × src3
svc #imm	슈퍼바이저 호출

svc 명령은 수퍼바이저 호출이며 유저랜드에서 OS 코드, 다시 말해 시스템 콜을 호출하기 위해 이용된다. #imm에는 16비트의 부호가 없는 정수를 지정할 수 있으며 Linux 시스템 콜의 경우에는 이 값에 0, x8 레지스터에 시스템 콜 번호, x0 ~ x5 레지스터에 인수를 지정한다. 시스템 콜 번호는 Intel X86-64 아키텍처와 기본적으로 동일하며, 그 값은 Linux의 include 파일에 정의되어 있다(보통 /usr/include/as,-generic/unistd.h에 위치한다). 예를 들어 write 시스템 콜은 64번, exit 시스템 콜이 93번이다. svc 이외의 명령은 위 표를 보면 알 수 있을 것이므로 자세한 설명은 생략한다.

> **TIP** 시스템 콜 호출 규약에 관해서는 리눅스 매뉴얼의 syscall 섹션을 참조하기 바란다. 여기에서는 반환값이 x0과 x1 레지스터에 저장되어 있다고 정의한다.

다음 코드는 실제로 AArch64 리눅스에서 작동하는 어셈블리 코드다. 이 코드는 FizzBuzz라 불리는 유명한 게임을 구현한 것이다. FizzBuzz는 1부터 100까지 순서대로 나열하면서 3으로 나누어떨어지면 Fizz, 5로 나누어떨어지면 Buzz, 3과 5 모두로 나누어떨어지면 FizzBuzz를 출력하는 게임이다.

예제 A-1 fizzbuzz.S

`ASM AArch64`

```asm
        .text
        .global _start // ❶

        .align 4        // ❷
 _start:                // ❸
        mov     x19, #1 // ❹
 .Lloop:
        cmp     x19, #100
        b.hi    .Lend0
        mov     x0, x19
        bl      FizzBuzz // ❺
        add     x19, x19, 1
        b       .Lloop
 .Lend0:
        mov     x0, xzr  // ❻
        mov     x8, #93  // exit
        svc     #0

 FizzBuzz: // ❼
        stp     x19, x20, [sp, #-16] !

        // if x0 % 15 == 0 then go to .LFB // ❽
        mov     x20, #15
        udiv    x19, x0, x20
        msub    x19, x19, x20, x0
        cmp     x19, xzr   // x0 % 15 == 0
        b.eq    .LFB

        // if x0 % 3 == 0 then go to .LF
        mov     x20, #3
        udiv    x19, x0, x20
        msub    x19, x19, x20, x0
        cmp     x19, xzr   // x0 % 3 == 0
        b.eq    .LF
```

```
    // if x0 % 5 != 0 then go to .Lend1
    mov    x20, #5
    udiv   x19, x0, x20
    msub   x19, x19, x20, x0
    cmp    x19, xzr    // x0 % 5 == 0
    b.ne   .Lend1
    adr    x1, buzzStr // ❾
    mov    x2, #5    // legth of "Buzz\n"
    b      .LWrite
.LF:
    adr    x1, fizzStr
    mov    x2, #5    // legth of "Fizz\n"
    b      .LWrite
.LFB:
    adr    x1, fizzBuzzStr
    mov    x2, #9    // legth of "FizzBuzz\n"
.LWrite:
    mov    x0, xzr
    mov    x8, #64  // write
    svc    #0
.Lend1:
    ldp    x19, x20, [sp] , #-16 // ❿
    ret

.data // ⓫
fizzBuzzStr:
    .string "FizzBuzz\n"

fizzStr:
    .string "Fizz\n"

buzzStr:
    .string "Buzz\n"
```

TIP .text와 .data는 섹션 시작을 나타낸다. ELF 파일에는 몇 가지 섹션이 존재하며 text 섹션에는 실행 가능한 코드, data 섹션에는 초기화된 데이터가 저장된다. 이 밖에도 초기화되지 않은 데이터를 저장하기 위한 bss 섹션과 디버그 정보를 입력하는 섹션 등이 있다.

❶ _start 라벨은 글로벌(외부 객체로부터 참조 가능)로 지정한다.

❷ 4바이트로 정렬할 것을 지정한다. 이 코드에서는 지정할 필요가 없지만 데이터 등을 삽입했을 때 4바이트로 정렬하지 않는 경우가 있으므로 필요하다.

❸ 기본적으로 아무런 외부 링크가 없는 어셈블리 코드는 _start 라벨이 프로그램의 기점이 된다. C 언어 프로그램에서는 crt.o라 불리는 객체 안에 _start가 정의되어 있으며, 거기에서 몇 가지 단계를 거쳐 main 함수를 호출할 수 있다. 이 어셈블리 코드는 외부 라이브러리를 전혀 이용하지 않으므로 스스로 _start를 정의한다.

❹ x19 레지스터에 1을 설정하고, x19 레지스터의 값이 100보다 큰지 확인하여 큰 경우에는 .Lend0 라벨로 점프한다.

❺ FizzBuzz 함수를 호출한 뒤 x19 레지스터의 값을 증가해서 .Lloop 라벨로 점프한다.

❻ exit 시스템 콜 호출. exit 시스템 콜에 전달하는 인수를 0으로 하고, exit 시스템 콜 번호 93을 x8 레지스터에 설정한다. 그 후 svc 명령을 이용해 시스템 콜을 호출한다.

❼ FizzBuzz 함수 정의. 이 함수 안에서는 x19와 x20 레지스터를 이용하며, 이 2개의 레지스터는 AAPCS64에 따르면 callee 저장 레지스터이므로 스택으로 회피한다.

❽ 인수인 x0 레지스터의 값 15를 이용해 나머지를 구한다. AArch64에는 직접 나머지를 구하는 명령이 없으므로 몫을 구한 후 나머지를 계산해야 한다. 그 후 나머지가 0인지(즉, 15로 나누어떨어지는지) 확인해서 0이면 .LFB 라벨로 점프한다. 다음 단계도 기본적으로 동일하다.

❾ x1 레지스터에 FizzBuzz\n이라는 문자열 주소를 설정하고, x2 레지스터에 FizzBuzz\n 문자열의 길이를 설정한다. 그 후 표준 출력을 나타내는 0을 x0 레지스터에, write 시스템 콜 번호인 64를 x8 레지스터에 설정하고, 시스템 콜을 호출한다.

❿ 함수에서 반환하기 전에 이전에 저장했던 x19, x20 레지스터의 값을 스택에서 복귀시킨 뒤 함수에서 반환한다.

⓫ 정적 데이터 문자열을 나타내며 이 문자열을 write 시스템 콜을 이용해서 출력한다.

여기에서 보여준 예는 매우 단순하지만 이것만 이해하면 책에서 설명하는 코드를 읽는 데 어려움은 없을 것이다. 모든 어셈블리 명령을 기억할 필요는 없으며, 모르는 부분만 그때그때 확인해보면 된다. 위 어셈블리 코드를 컴파일할 때는 다음과 같은 Makefile을 준비하거나 같은 내용을 커맨드라인에서 실행한다.

`Make`

```
all: fizzbuzz

fizzbuzz: fizzbuzz.o
    ld fizzbuzz.o -o fizzbuzz
```

```
fizzbuzz.o: fizzbuzz.S
    as fizzbuzz.S -o fizzbuzz.o

clean:
    rm -f *.o fizzbuzz
```

x86-64 아키텍처

1971년에 Intel은 4004라는 4비트 마이크로프로세서를 발매했다. 그 후 1974년에 8비트 마이크로프로세서인 8080, 1978년에 16비트 마이크로프로세서인 8086을 발매했다. x86 아키텍처는 8086에서 확장된 아키텍처다. 8086 발표 후 Intel은 1985년에 32비트 CPU인 80386을 발표했다. 하지만 이어진 64비트 버전 CPU는 Intel이 아니라 AMD가 x86 호환 64비트 CPU 아키텍처인 AMD64를 발표했다.

AMD64가 등장할 때까지는 Intel의 x86 아키텍처를 AMD가 호환 CPU로 발매했지만 AMD64 등장 후에는 AMD의 AMD64 아키텍처를 Intel이 호환 CPU로 발매하고 있다. x86-64는 이 아키텍처들을 총칭하는 것이며 x64 등으로 불리기도 한다. x86-64는 현재 PC와 서버 용도의 주류 CPU 아키텍처이지만 x86부터 호환성을 유지하면서 계속 확장되어 왔기 때문에 8086 실행 바이너리도 재컴파일하지 않고 작동한다. 실제로는 OS나 라이브러리 등의 제약이 있어 어려운 면도 있지만 40년 이상 오래된 코드가 작동한다는 것은 실로 대단한 일이다. 이 장에서는 x86-64 아키텍처를 간단히 설명한다.

B.1 레지스터

x86-64에서는 [표 B-1]에 나타낸 것처럼 16개 정숫값을 저장할 수 있는 레지스터를 제공한다.

표 B-1 x86-64 정숫값 레지스터

레지스터	용도
rax	범용 레지스터, 가산기
rbx	범용 레지스터, (베이스 레지스터)
rcx	범용 레지스터, 카운터 레지스터
rdx	범용 레지스터, 데이터 레지스터
rsi	범용 레지스터, 소스 인덱스 레지스터
rdi	범용 레지스터, 데스티네이션 인덱스 레지스터
rbp	범용 레지스터, 베이스 포인터
rsp	스택 포인터
r8 ~ r15	범용 레지스터

이 중 rax ~ rdx에 접근하는 방법은 다소 특수하다. 8 ~ 15비트의 1바이트에 접근하기 위한 레지스터가 별도로 제공된다. [그림 B-1]의 첫 번째 그림이 이를 나타낸다.

즉, rax 레지스터의 경우 하위 8비트의 al, 하위 8 ~ 15비트의 ah, 하위 16비트의 ax, 하위 32비트의 eax 레지스터로 접근할 수 있다. rbx 등의 레지스터도 rax와 같이 접근할 수 있으며, rax의 a 부분이 b와 c가 된다.

rsi ~ rsp 레지스터는 [그림 B-1]의 가운데 부분처럼 접근 가능하다. rsi 레지스터를 예로 들어보면 하위 8비트의 sil, 하위 16비트의 si, 하위 32비트의 esi 레지스터로 접근할 수 있다. 다른 레지스터의 경우는 rsi의 si 부분이 di나 bp로 바뀐다. 그리고 r8 ~ r15 레지스터의 접근 방법은 [그림 B-1]의 아래쪽에 나타낸 것처럼 rsi 등과 거의 같다.

rsi ~ rsp의 16비트 이하의 레지스터는 8086부터 이용할 수 있는 레지스터다. 한편 r8 ~ r15는 64비트화에 따라 새롭게 추가된 레지스터다. [표 B-1]에서 나타낸 것처럼 rsp 이외의 레지스터는 범용 레지스터로 이용할 수 있으며 rax ~ rbp 레지스터는 특정 용도로 이용되기도 한다.

rax 레지스터는 가산기^{accumulator}로 이용된다. 즉, 연산한 결과가 rax 레지스터에 저장된다. rbx는 현재 단순한 범용 레지스터로 이용된다. 리얼 모드^{real mode}라 불리는 16비트 CPU 모드에서는 1개 레지스터에서 64KiB까지의 메모리 공간만 다룰 수 있지만 레지스터 2개를 조합해 주소를 부여하면 1MiB까지의 메모리 공간을 다룰 수 있다. 그때는 베이스 주소로 bx 레지스터가 이용되었지만 64비트 CPU 모드에서는 이 주소 방식이 이용되지 않는다. rcx 레지스터는 루프 카운터 등에 이용되지만 현재는 대부분 범용 레지스터로 이용된다. rdx는 데이터를 저장하는 레지스터로 64비트 레지스터끼리의 곱셈 결과 128비트 중 상위 64비트를 저장하는 목적이나 범용 레지스터로 이용된다. rbp는 베이스 포인터 또는 범용 레지스터로 이용된다. 함수 호출 시에는 스택에 필요한 데이터가 push되기 때문에 스택 포인터가 변경되며, 베이스 포인터란 함수 호출 시의 데이터가 push되기 전의 스택 포인터가 가리키는 주소를 나타낸다. rsp는 스택 포인터, r8~r15는 범용 레지스터로 이용된다.

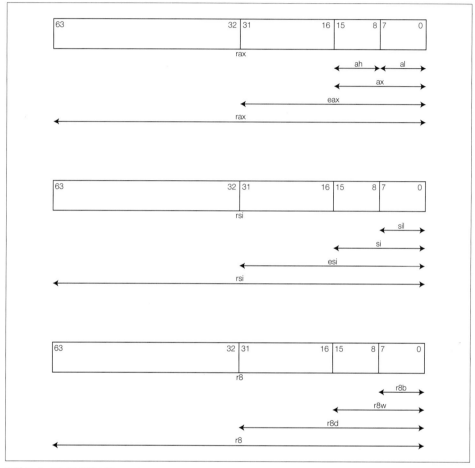

그림 B-1 x86-64 레지스터

B.2 AT&T 기법

x86-64 어셈블리 언어의 기법에는 두 가지 계열이 있다. 이 책에서는 Gnu Assembler 등에

서 채택한 AT&T 기법이라 불리는 기술을 이용한다. AT&T 기법 외에 Intel 기법도 있는데, AT&T 기법을 채택한 이유는 gcc나 clang 같은 컴파일러를 이용할 때 이 기법을 접할 기회가 많다고 생각했기 때문이다. AT&T 기법에는 몇 가지 약속이 있으므로 먼저 이에 관해 설명한다.

B.2.1 오퍼레이션 서픽스

니모닉이란 명령의 종류를 나타내는 것으로, 예를 들어 레지스터 사이의 데이터 복사인 mov 명령, 덧셈을 하는 add 명령이 있다. AT&T 기법에서는 이 니모닉 뒤에 인수인 피연산자의 크기를 나타내기 위해 서픽스를 사용한다. 서픽스는 6가지 종류가 있으며 각각 b(byte)가 8비트, s(short)가 16비트, w(word)가 16비트, l(long)이 32비트, q(quad)가 64비트, t가 80비트 부동소수점수를 나타낸다. 예를 들어 64비트 레지스터에 대한 mov 명령은 다음과 같이 기술하고

`ASM x86-64`

```
movq %rbx, %rcx ; rbx의 값을 rcx에 복사
```

32비트 레제스터에 대한 add 명령은 다음과 같이 기술한다.

`ASM x86-64`

```
addl %ebx, %ecx ; ebx와 ecx를 더한 결과를 ecx에 저장
```

B.2.2 소스와 데스니테이션의 위치

AArch64 기법과 AT&T 기법에서는 소스와 데스티네이션 레지스터의 위치가 반대다. 즉, movl %eax, %ebx라고 기술한 경우 eax가 소스 레지스터, ebx가 데스티네이션 레지스타가 된다. AArch64 기법에서는 이와 반대로 mov x0, x1이라고 기술하면 x1이 소스 레지스터, x0이 데스티네이션 레지스터가 된다. 참고로 Intel 기법도 AT&T 기법과 반대다. 즉, AArch64 기법과 같다.

B.2.3 메모리 어드레싱

메모리 어드레싱은 디스플레이스먼트^{displacement}(베이스 레지스터, 오프셋 레지스터, 스케일러)

라는 최대 4개의 파라미터를 지정해서 수행한다. 다음 코드는 완전한 어드레싱의 예다.

```
; rbp - 8 + (rdx * 8)의 메모리상의 데이터를 rax로 전송
movq -8(%rbp, %rdx, 8), %rax ; ❶
movq -8(%rsp), %rax ; rsp - 8의 메모리상의 데이터를 rax로 전송 ❷
movq (%rbx), %rax    ; rbx의 메모리상의 데이터를 rax로 전송 ❸
```

❶ 4개의 파라미터를 모두 지정한 예

❷ 전형적인 파라미터 2개만 지정해 -8(%rsp)라고 기술하거나

❸ 1개만 지정해 (%rbx)로 기술하는 경우가 대부분이다.

B.3 기본 연산 명령

여기서는 이 절에서 이용하는 기법을 설명한 뒤 x86-64의 기본 연산 명령을 설명한다. AArch64 등의 ISC CPU에서는 메모리 접근과 연산 명령이 완전히 분리되어 있지만 x86-64 에서는 기본 명령의 피연산자에도 메모리 주소를 지정할 수 있다. 그러므로 이 절에서는 다음 과 같은 피연산자 표기를 이용한다.

표 B-2 피연산자 표기

표기	의미
imm	즉시값
r	레지스터
m	메모리
r/m	레지스터 또는 메모리
r/imm	레지스터 또는 즉시값
S	즉시 또는 레지스터 또는 메모리 주소

실제로는 피연산자의 조합에 따라 불가능한 패턴도 있지만 이들을 나열하면 종류가 너무 많아 지므로 이 책에서는 모든 패턴을 기술하지 않는다. 실제로 어셈블리를 쓸 때는 아키텍처 매뉴 얼을 참조하기 바란다.[69],[70]

B.3.1 데이터 복사

다음 표는 기본적인 데이터 복사 명령이다.

표 B-3 데이터 복사 명령

명령과 피연산자	의미	설명
mov S, r/m	r/m = S	데이터 복사
movabsq imm, r	r = imm	8바이트 즉시값 읽기
movs S, r	r = S	부호 있는 정수의 부호 확장 읽기
movz S, r	r = S	부호 없는 정수의 부호 확장 읽기
pushq S	%rsp = %rsp - 8; (%rsp) = S	스택에 push
popq r/m	r/m = (%rsp); %rsp = %rsp + 8	스택에서 pop

mov 계열 명령이 레지스터, 메모리, 즉시값을 레지스터 또는 메모리로 읽는 명령이다. pushq와 popq 명령은 스택 조작 명령이며 스택 포인터를 저장하는 rsp 레지스터의 값도 변경된다. 여기에서는 서픽스에 q가 붙어 있으므로 8바이트 단위로 읽는 스택 조작 명령이 되며, 다른 바이트에도 수행할 수 있다. 단, x86-64에서는 함수 호출 시 스택 포인터가 반드시 16바이트를 경계로 정렬되어 있어야 한다는 점에 주의해야 한다.

B.3.2 산술 및 비트 연산 명령

다음 표에 덧셈, 뺄셈 및 비트 연산 명령을 나타냈다. 왼쪽 산술 시프트와 왼쪽 논리 시프트는 결과가 같으므로 어떤 쪽을 사용해도 좋다.

표 B-4 덧셈, 뺄셈 및 비트 연산 명령

명령과 피연산자	의미	설명
inc r/m	r/m = r/m + 1	증가
dec r/m	r/m = r/m - 1	감소
add S, r/m	r/m = S + r/m	덧셈
sub S, r/m	r/m = r/m - S	뺄셈
neg r/m	r/m = -r/m	부호 반전
not r/m	r/m = ~r/m	비트 반전
xor S, r/m	r/m = S ^ r/m	배타적 논리합
or S, r/m	r/m = S | r/m	논리합

명령과 피연산자	의미	설명
and S, r/m	r/m = S & r/m	논리곱
sal r/imm, r/m	r/m = r/imm ≪ r/m	왼쪽 산술 시프트
shl r/imm, r/m	r/m = r/imm ≪ r/m	왼쪽 논리 시프트
sar r/imm, r/m	r/m = r/imm ≫ r/m	오른쪽 산술 시프트
shr r/imm, r/m	r/m = r/imm ≫ r/m	오른쪽 논리 시프트

다음 표는 8바이트 곱셈 및 나눗셈 명령이다.

표 B-5 곱셈과 나눗셈 명령

명령과 피연산자	의미	설명
imulq S	%rdx:%rax = S × %rax	부호 있는 곱셈
mulq S	%rdx:%rax = S × %rax	부호 없는 곱셈
idivq S	%rdx = %rdx:%rax mod S; %rax = %rdx:%rax / S	부호 있는 나눗셈
divq S	%rdx = %rdx:%rax mod S; %rax = %rdx:%rax / S	부호 없는 나눗셈

곱셈 명령은 곱셈 결과 16바이트 중 상위 8바이트가 rdx 레지스터, 하위 8바이트가 rax 레지스터에 저장된다. 나눗셈 명령은 16바이트의 나눗셈으로 수행되어 몫과 나머지가 동시에 계산된다. 나누어진 수 16바이트 중 상위 8바이트를 rdx 레지스터, 하위 8바이트를 rax 레지스터에 설정하면 rdx 레지스터에 나머지, rax에 몫이 저장된다.

B.3.3 비교와 점프 명령

다음 표는 비교와 점프 명령의 일부다.

표 B-6 비교와 점프 명령

명령과 피연산자	설명
cmp S, r/m	비교 명령(뺄셈)
jmp label	무조건 점프
je label	같으면 점프
jne label	같지 않으면 점프
jl label	작으면 점프
jle label	작거나 같으면 점프

명령과 피연산자	설명
jg label	크면 점프
jge label	크거나 같으면 점프
call label	함수 호출
ret	반환

AArch64와 마찬가지로 x86-64에도 플래그 레지스터가 있으며 제로 플래그, 자리올림^{carrier}
과 자리빌림^{borrow} 플래그 등의 플래그가 연산 결과에 따라 설정된다. cmp 명령은 실제로는 뺄
셈 명령이며 cmp S, r/m이라는 명령은 r/m - S의 결과에 따라 플래그가 변경된다. 그 후의 점
프 명령에서는 이들 플래그에 따라 점프 수행 여부를 결정할 수 있다. 결정 방법은 AArch64의
경우와 거의 같으므로 자세한 설명은 생략한다. call 명령은 함수 호출이며, ret 명령은 함수에
서 반환하기 위한 명령이다. call 명령은 call 명령의 다음 주소를 스택에 push한 뒤 점프하고,
ret 명령은 스택에서 돌아올 주소를 pop한 뒤 점프한다.

다음 코드는 x6-64로 팩토리얼을 계산하는 fact 함수를 구현한 예다.

예제 B-1 fact.S

ASM x86-64

```
.global fact     ; ❶

fact:            ; ❷
    movq $1, %rax ; ❸
L1:
    cmpq $0, %rdi ; ❹
    je L2
    mulq %rdi     ; ❺
    decq %rdi
    jmp L1
L2:
    ret           ; ❻
```

❶ fact 라벨을 글로벌로 지시한다.

❷ fact 함수의 정의다.

❸ 1을 rax 레지스터에 설정한다.

❹ rdi 레지스터가 0인지 검사해서 0이면 L2로 점프한다.

⑤ rdi와 rax 레지스터의 값을 곱해 그 결과를 rax 레지스터에 저장한다. 그 후 rdi 레지스트의 값이 감소되고 L1로 점프한다.

⑥ 호출했던 함수로 반환한다.

여기에서 함수명은 리눅스나 BSD의 경우 fact로 괜찮지만 macOS의 경우 _fact로 해야 한다. x86-64의 호출 규약에는 몇 가지 종류가 있으며, 여기에서는 System V ABI^{Application Binary} Interface[71]에 기반해서 기술한다. System V ABI는 리눅스 등에서도 이용되는 호출 규약이다. System V ABI에서는 rdi, rsi, rdx, rcx, r8, r9의 레지스터가 정숫값 맨 앞부터 6진수를 전달하는 데 이용되며 반환값은 rax에 저장된다.

다음 코드는 fact 함수를 C 언어에서 호출하는 예다.

예제 B-2 main.c

C

```c
#include <stdio.h>

extern unsigned int fact(unsigned int); // ❶

int main(int argc, char *argv[]) {
    unsigned int n = fact(10); // ❷
    printf("%d\n", n);
    return 0;
}
```

❶ 양의 정수 타입 값을 받아 양의 정수 타입 값을 반환하는 함수를 fact 함수로 정의한다.

❷ 간단히 C 언어의 함수와 같이 fact 함수를 호출한다.

컴파일은 다음과 같이 수행할 수 있다(clang 대신 gcc를 이용해도 동일하다).

```
$ clang fact.S main.c
```

이상으로 x86-64 아키텍처와 AT&T 기법을 이용한 어셈블리 설명을 마친다. x86-64의 모든 것을 설명하면 책 한 권 분량이 되므로 매우 간단하게 설명했다. 흥미 있는 분은 어셈블리 관련 서적[7]을 살펴보면 좋을 것이다.

1장 동시성과 병렬성

[1] D. A. Patterson and J. L. Hennessy. コンピュータの構成と設計 第5版. 日経BP社, 2014

2장 프로그래밍 기본

[2] The Rust Programming Language. https://doc.rust-jp.rs/book-ja/index.html

[3] S. Oualline. C 実践プログラミング 第3版. オライリー・ジャパン, 1998

[4] MMGames. 苦しんで覚えるC言語. https://9cguide.appspot.com/

[5] MMGames. 苦しんで覚えるC言語. 秀和システム, 2011

[6] 林 晴比古. 明快入門 C. SB クリエイティブ, 2013

[7] Ed Jorgensen. x86-64 Assembly Language Programming with Ubuntu. http://www.egr.unlv.edu/~ed/assembly64.pdf

[8] R. Reese. 詳説 C ポインタ. オライリー・ジャパン, 2013

[9] D. A. Turner. Some History of Functional Programming Languages. Trends in Functional Programming (Invited Talk). 13th International Symposium, Lecture Notes in Computer Science, Vol. 7829, pp. 1-20, Springer, 2012

[10] T. Jim, J. G. Morrisett, D. Grossman, M. W. Hicks, J. Cheney, and Y. Wang. Cyclone: A Safe Dialect of C. USENIX Annual Technical Conference 2002, pp. 275-288, USENIX, 2002

[11] J. Blandy and J. Orendorff. プログラミング Rust. オライリー・ジャパン, 2018

4장 동시성 프로그래밍 특유의 버그와 문제점

[12] B. Qin, Y. Chen, Z. Yu, L. Song, and Y. Zhang. Understanding memory and thread safety practices and issues in real-world Rust programs. 41st ACM SIGPLAN International Conference on Programming Language Design and Implementation, PLDI 2020, pp. 763-779, ACM, 2020

[13] A. Silberschatz, P. B. Galvin, and G. Gagne. Operating System Concepts Tenth Edition, John Wiley & Sons, Inc., 2018

[14] W. R. Stevens and S. A. Rago. 詳解 UNIX プログラミング 第3版. 翔泳社, 2014

[15] Command Line Applications in Rust – Signal handling. https://rust-cli.github.io/book/in-depth/signals.html

5장 비동기 프로그래밍

[16] Tokio. https://tokio.rs/

[17] libevent – an event notification library. https://libevent.org/

[18] libev. http://software.schmorp.de/pkg/libev.html

[19] M. E. Conway. Design of a separable transition-diagram compiler. Commun. ACM, Vol. 6, No. 7, pp. 396-408, 1963.

[20] 遠藤 侑介. 「コルーチン」とは何だったのか?. n月刊ラムダノート, Vol. 1, No. 1, pp. 37-53, 2019

[21] H. G. Baker and C. Hewitt. The incremental garbage collection of processes. SIGART Newsl., Vol. 64, pp. 55-59, 1977

[22] R. H. Halstead Jr. Multilisp: A Language for Concurrent Symbolic Computation. ACM Trans. Program. Lang. Syst., Vol. 7, No. 4, pp. 501-538, 1985

[23] B. Liskov and L. Shrira. Promises: Linguistic Support for Efficient Asynchronous Procedure Calls in Distributed Systems. ACM SIGPLAN'88 Conference on Programming Language Design and Implementation, pp. 260-267, ACM, 1988

[24] S. Marlow. Haskell による並列・並行プログラミング. オライリー・ジャパン, 2014

[25] async-std. https://github.com/async-rs/async-std

[26] smol. https://github.com/smol-rs/smol

[27] glommio. https://github.com/DataDog/glommio

6장 멀티태스크

[28] I. Dobrikov, M. Leuschel, and D. Plagge. LTL Model Checking under Fairness in ProB. Software Engineering and Formal Methods — 14th International Conference, Lecture Notes in Computer Science, Vol. 9763, pp. 204-211, Springer, 2016

[29] C. S. Wong, Ian K. T. Tan, R. D. Kumari, and F. Wey. Towards achieving fairness in the Linux scheduler. ACM SIGOPS Oper. Syst. Rev., Vol. 42, No. 5, pp. 34-43, 2008

[30] C. S. Wong, I. K. T. Tan, R. D. Kumari, J. W. Lam, and W. Fun. Fairness and interactive performance of O(1) and CFS Linux kernel schedulers. International Symposium on Information Technology 2008, Vol. 4, pp. 1-8, 2008

7장 동기 처리 2

[31] G. Taubenfeld. Synchronization Algorithms and Concurrent Programming, Prentice Hall, 2006

[32] Ticket spinlocks [LWN.net]. https://lwn.net/Articles/267968/

[33] J. M. Mellor-Crummey, and M. L. Scott. Algorithms for Scalable Synchronization on Shared-Memory Multiprocessors. ACM Trans. Comput. Syst., Vol. 9, No. 1, pp. 21-65, 1991

[34] T. Craig. Building FIFO and Priority-Queuing Spin Locks from Atomic Swap. Technical report, 1993

[35] V. Luchangco, D. Nussbaum, and N. Shavit. A Hierarchical CLH Queue Lock. Parallel Processing, 12th International Euro-Par Conference, Lecture Notes in Computer Science, Vol. 4128, pp. 801-810, Springer, 2006

[36] M. A. Auslander, D. J. Edelsohn, O. Y. Krieger, B. S. Rosenburg, and R. W. Wisniewski. Enhancement to the mcs lock for increased functionality and improved programmability, U.S. patent application 10/128,745, 2003

[37] S. Boyd-wickizer, M. Frans Kaashoek, R. Morris, and N. Zeldovich. Non-scalable locks are dangerous, 2012. https://www.kernel.org/doc/ols/2012/ols2012-zeldovich.pdf

[38] D. Dice, R. Shalev, and M. Shavit. Transactional Locking II. 20th International Symposium, DISC 2006, Lecture Notes in Computer Science, Vol. 4167, pp. 194−208, Springer, 2006

[39] CVE-2019-11135: TSX Asynchronous Abort condition on some CPUs utilizing speculative execution may allow an authenticated user to potentially enable information disclosure via a side channel with local access. https://cve.mitre. org/cgibin/cvename.cgi?name=CVE-2019-11135

[40] CVE-2020-0549: Cleanup errors in some data cache evictions for some Intel(R) Processors may allow an authenticated user to potentially enable information disclosure via local access. https://cve.mitre.org/cgi-bin/ cvename.cgi?name=CVE-2020-0549

[41] New Technologies for the Arm A-Profile Architecture. https://community. arm.com/developer/ip-products/processors/b/processors-ip-blog/posts/ newtechnologies-for-the-arm-a-profile-architecture

[42] M. Herlihy, N. Shavit, V. Luchangco, and M. Spear. The Art of Multiprocessor Programming 2nd Edition. Morgan Kaufmann, 2020

[43] I. Calciu, J. Gottschlich, T. Shpeisman, G. Pokam, and M. Herlihy. Invyswell: a hybrid transactional memory for haswell's restricted transactional memory. International Conference on Parallel Architectures and Compilation, PACT '14, pp. 187

[44] A. Matveev and N. Shavit. Reduced Hardware NOrec: A Safe and Scalable Hybrid Transactional Memory. Proceedings of the Twentieth International Conference on Architectural Support for Programming Languages and Operating Systems, ASPLOS '15, pp. 59-71. ACM, 2015

[45] M. Zhang, J. Huang, M. Cao, and M. D. Bond. Low-overhead software transactional memory with progress guarantees and strong semantics. Principles and Practice of Parallel Programming, PPoPP 2015, pp. 97-108. ACM, 2015

[46] T. Harris, J. Larus, R. Rajwar, and M. Hill. Transactional Memory, 2nd Edition. Morgan and Claypool Publishers, 2010

[47] M. M. Michael. Hazard Pointers: Safe Memory Reclamation for Lock-Free Objects. IEEE Trans. Parallel Distributed Syst., Vol. 15, No. 6, pp. 491-504, 2004

[48] A. M. Yang and T. Wrigstad. Type-assisted automatic garbage collection for lock-free data structures. International Symposium on Memory Management, ISMM 2017, pp. 14-24, ACM, 2017

[49] J. Kang and J. Jung. A marriage of pointer-and epoch-based reclamation. International Conference on Programming Language Design and Implementation, PLDI 2020, pp. 314-328, ACM, 2020

[50] M. Herlihy, V. Luchangco, and M. Moir. Obstruction-Free Synchronization: Double-Ended Queues as an Example. In 23rd International Conference on Distributed Computing Systems, ICDCS 2003, pp. 522-529, IEEE, 2003

8장 동시 계산 모델

[51] A. M. Turing. Computability and λ-Definability. J. Symb. Log., Vol. 2, No. 4, pp. 153-163, 1937

[52] T. Stuart. アンダースタンディング コンピュテーション ── 単純な機械から不可能なプログラムまで. オライリー・ジャパン, 2014

[53] B. C. Pierce. 型システム入門 プログラミング言語と型の理論. オーム社, 2013

[54] C. Hewitt, P. Boehler Bishop, and R. Steiger. A Universal Modular ACTOR Formalism for Artificial Intelligence. 3rd International Joint Conference on Artificial Intelligence. pp. 235-245, William Kaufmann, 1973

[55] G. Agha, I. A. Mason, S. F. Smith, and C. L. Talcott. A Foundation for Actor Computation. J. Funct. Program., Vol. 7, No. 1, pp. 1-72, 1997

[56] C. A. Varela. Programming Distributed Computing Systems: A Foundational Approach. The MIT Press, 2013

[57] C. Hewitt. Actor Model of Computation for Scalable Robust Information Systems. Symposium on Logic and Collaboration for Intelligent Applications, 2017

[58] R. Milner, J. Parrow, and D. Walker. A Calculus of Mobile Processes. I. Inf. Comput., Vol. 100, No. 1, pp. 1-40, 1992

[59] R. Milner, J. Parrow, and D. Walker. A Calculus of Mobile Processes. II. Inf. Comput., Vol. 100, No. 1, pp. 41-77, 1992

[60] R. Milner. Functions as Processes. Mathematical Structures in Computer Science, Vol. 2, No. 2, pp. 119-141, 1992

[61] D. Sangiorgi and D. Walker. The Pi-Calculus ─ a theory of mobile processes. Cambridge University Press, 2001

[62] O. Dardha, E. Giachino, and D. Sangiorgi. Session types revisited. Inf. Comput., Vol. 256, pp. 253-286, 2017

[63] T. B. L. Jespersen, P. Munksgaard, and K. F. Larsen. Session types for Rust. 11th ACM SIGPLAN Workshop on Generic Programming, WGP@ICFP 2015, pp. 13-22. ACM, 2015

[64] K. Imai, R. Neykova, N. Yoshida, and S. Yuen. Multiparty Session Programming with Global Protocol Combinators (Artifact). Dagstuhl Artifacts Ser., Vol. 6, No. 2, pp. 18:1-18:2, 2020

[65] K. Imai. OCaml-MPST. https://github.com/keigoi/ocaml-mpst/

부록 A AArch64 아키텍처

[66] Arm Architecture Reference Manual Armv8, for Armv8-A architecture profile. https://developer.arm.com/docs/ddi0487/latest/arm-architecture-reference-manualarmv8-for-armv8-a-architecture-profile

[67] W. U. and L. D. Pyeatt. ARM 64-Bit Assembly Language. Newnes, 2019

[68] Software Standards for the Arm architecture. https://developer.arm.com/architectures/system-architectures/software-standards

부록 B x86-64 아키텍처

[69] AMD64 Architecture Programmer's Manual Volume 1: Application Programming. https://www.amd.com/system/files/TechDocs/24592.pdf

[70] Intel 64 and IA-32 Architectures Software Developer's Manual. https://www.intel.com/content/dam/www/public/us/en/documents/manuals/64-ia-32-architectures-software-developer-instruction-set-reference-manual-325383.pdf

[71] H. J. Lu, M. Matz, M. Girkar, J. Hubička, A. Jaeger, and M. Mitchell. System V Application Binary Interface AMD64 Architecture Processor Supplement (With LP64 and ILP32 Programming Models), 2021. https://gitlab.com/x86-psABIs/x86-64-ABI

마치며

이 책에서는 동시성 프로그래밍의 구조를 설명했다. 책 서두에 동시성 프로그래밍에는 2종류의 어려움이 있으며 그중 하나가 동시성 프로그래밍의 구조를 이해하지 못해서 발생하는 '어려움'이라 말했다. 이 책을 읽은 독자는 이러한 어려움을 해소했을 것이다. 설령 전부 읽지 않았거나 절반 정도만 이해했다 하더라도 큰 학습이 되었을 것이므로 자신을 가지기 바란다.

여기서는 소프트웨어 구현 시 필요한 설계 지침과 추천 서적을 소개하겠다.

설계 지침

이 책에서는 몇 가지 동기 처리 알고리즘과 동시성 프로그래밍의 프로그래밍 모델에 대해 설명했다. 그러나 이들을 어떻게 사용하는지는 설명하지 않았으므로 간단히 설계 지침을 이야기하겠다. 설계 지침은 구현하는 소프트웨어에 따라 크게 달라지므로 단지 참고만 하기 바란다.

먼저 일반적인 유저랜드 애플리케이션에 관해 설명한다. Rust 언어를 이용해 유저랜드 애플리케이션을 구현할 때는 async/await를 가장 첫 번째 선택지로 꼽을 수 있다. async/wait에서는 채널이나 뮤텍스 등의 동기 처리를 이용할 수 있으며, 먼저 채널을 이용한 설계를 권장한다. 채널을 이용함으로써 데이터 공유를 줄일 수 있고 소프트웨어 형태도 향상시킬 수 있다. async/await와 채널을 이용한 조합이 현재의 Rust에서는 가장 추상도가 높고 가장 먼저 고려해야 할 설계다. 일반적인 클라이언트와 서버 소프트웨어를 구현할 때는 async/await를 이용하면 된다.

실행 속도나 메모리 이용 효율이 특히 중요하다면 스레드와 뮤텍스, 스레드와 채널 또는 아토믹 처리 이용을 고려해야 한다. async/await가 아닌 스레드가 적합한 소프트웨어는 다루는 파일 디스크립터나 IO 수가 동적으로 크게 변화하지 않는 소프트웨어다. 예를 들어 네트워크 스위치나 라우터 등이 이에 해당한다.

OS나 장치 드라이버 등 하드웨어에 가까운 레이어에서 작동하는 소프트웨어에서는 아토믹 처리가 중요하다. Rust에서 제공하는 아토믹 처리를 사용함으로써 CPU 아키텍처에 의존하지 않는 소프트웨어를 구현할 수 있으므로 꼭 습득하기 바란다. 현재의 OS나 장치 드라이버에서 스레드나 async/await를 이용하는 것은 어렵다. 몇 가지 넘어야 할 장애물이 있지만 장기적으로는 async/await를 이용해 OS나 장치 드라이버를 기술할 수 있을 가능성이 있다. 미래의 이야기겠지만 이후의 발전이 기대된다.

추천 서적

동시성 프로그래밍에 관한 서적들 중 필자가 개인적으로 좋다고 생각하는 서적을 소개하겠다.

- Douglas Earl Comer, 『Xinu オペレーティングシステムデザイン 改訂2版(Xinu 오퍼레이팅 시스템 디자인 개정2판)』, KADOKAWA, 2020

OS의 핵심 기능 중 하나인 OS 프로세스 관리를 이해함으로써 동시성 프로그래밍을 보다 깊이 이해할 수 있다. OS에 관한 책이 더러 있지만 개인적으로 이 책을 추천한다. 구현을 포함해 OS 프로세스 관리를 설명하고 있으며, 우리 책에서 다루지 않은 프로세스 우선순위도 다루고 있다.

- Simon Marlow, 『Haskell による並列 · 並行プログラミング(Haskell을 이용한 병렬/동시성 프로그래밍)』, オライリー · ジャパン, 2014

Rust 언어를 주로 설명하며, Haskell이라는 함수형 언어를 이용해 병렬/동시성 프로그래밍을 설명한다. Haskell에서는 병렬과 동시를 타입으로 표현하므로 병렬/동시에 관한 새로운 관점을 얻을 수 있다. Haskell은 이 책에서도 설명한 소프트웨어 트랜잭셔널 메모리를 실전에서 이용할 수 있는 몇 안 되는 프로그래밍 언어이므로 읽어볼 가치가 있다.

- Joe Armstrong, 『プログラミング Erlang(프로그래밍 Erlang)』, オーム社, 2008
- Dave Thomas, 『プログラミング Elixir(第2版)(프로그래밍 Elixir(2판))』, オーム社, 2020

Erlang 언어는 분산 컴퓨팅이 장점인 프로그래밍 언어다. Elixir 언어는 Erlang으로 구현된 프로그래밍 언어이며, BEAM이라 불리는 Erlang을 실행하기 위한 의사 머신상에서 작동한다. Erland과 Elixir에서는 로컬 PC 안의 프로세스간 통신과 PC 사이의 프로세스간 통신을 거의 동일하게 기술할 수 있으며, 내장애성을 고려한 설계를 손쉽게 할 수 있다. 개인적으로는 Erlang과 Elixir는 분산 컴퓨팅이라는 관점에서만 본다면 현재 고를 수 있는 가장 좋은 선택지라고 생각한다.

- Maurice Herlihy, Nir Shavit, Victor Luchangco, Michael Spear, 『The Art of Multiprocessor Programming, 2nd Edition』, Morgan Kaufmann, 2020

병렬/동시성 프로그래밍을 설명하며 특히 락프리 데이터 구조를 자세히 설명하고 있다. 우리 책에서는 락프리 데이터 구조의 기초적인 내용만 설명했다. 그러므로 락프리 데이터 구조를 보다 자세히 알고 싶다면 이 책을 참조하기 바란다. 이용하는 프로그래밍 언어가 Java인 것이 어려운 점이기는 하다. 영문 번역판으로 『The Art of Multiprocessor Programming : 프로그램의 원리부터 실천까지』(아스키 미디어 웍스, 2009)가 있다.

- Daniel Jackson, 『抽象によるソフトウェア設計Alloyではじめる形式手法(추상을 이용한 소프트웨어 설계, Alloy로 시작하는 형식 기법)』, オーム社, 2011

구현뿐만 아니라 형식적인 모델화를 통한 동시성 프로그래밍을 이해하는 것도 좋은 방법이다. Alloy는 모델 검사라 불리는 방법으로 소프트웨어의 설계와 검증을 수행하기 위한 도구다. 모델 검사에서는 대상을 논리적으로 기술해 특성을 명확히 한다. Alloy를 이용함으로써 이 책에서 설명한 알고리즘을 깊이 이해할 수 있으며, 또한 알고리즘의 검증도 수행할 수 있다. 모델 검사 자체는 아직 미미한 존재지만 상태가 복잡해지기 쉬운 동시성 프로그래밍에서는 매우 강력한 도구다.

INDEX

INDEX

INDEX

INDEX